Олександр Бондаренко
Тетяна Петкова

100 БЕСІД ІЗ ПСИХОЛОГОМ

ТОМ 1

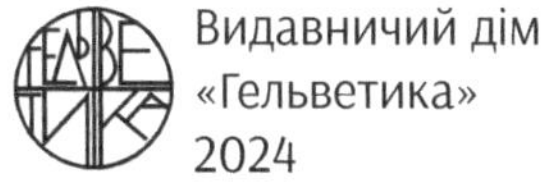
Видавничий дім
«Гельветика»
2024

УДК 615.851+159.923
Б81

Бондаренко О.

Б81 100 бесід із психологом : у 2-х т. Т. 1 / О. Бондаренко, Т. Петкова. – Вид. 2-ге – Одеса : Видавничий дім «Гельветика», 2024. – 428 с.

ISBN 978-617-554-257-6

До збірки інтерв'ю психолога-психотерапевта Олександра Бондаренка і журналістки й психологині Тетяни Петкової увійшли кращі бесіди на теми, які хвилюють кожну людину: як подолати любовну залежність; що таке зрада і як до неї правильно ставитися; чи можна уникнути обманів; як обернути страх віку собі на користь; хто такі «легкі» та «важкі» люди; які пастки чатують на щасливе подружжя і що потрібно знати про повторні шлюби; як вилікуватися від образ, що отруюють настрій та псують здоров'я; як перестати жити чужим життям і почати жити своїм; чи справді наші думки впливають на нашу долю та багато іншого.

Книга – унікальний формат психологічних бесід. Кожне інтерв'ю – своєрідний сеанс психотерапії. Читач отримає професійні відповіді на запитання, що його цікавлять.

Розраховано на широке коло читачів.

УДК 615.851+159.923

ISBN 978-617-554-256-9
ISBN 978-617-554-257-6 (Т. 1)

Зміст

Передмова

Вам пощастило, дорогі читачі. Тому що ця книга здатна замінити сто сеансів психотерапії. Або навіть тисячу – це вже скільки кому потрібно часу, щоб розібратися із собою та своїм життям.

Є хороша психологічна методика – називається «Мудра Людина». Вона допомагає, коли життя зайшло в глухий кут, ви розгублені, не розумієте, що відбувається і як вибратися з похмурого лабіринту. І якщо йти до психотерапевта не хочеться або не можеться (все буває), фахівці рекомендують придумати собі якусь Мудру Людину і вести з нею уявний діалог, по ниточці розплутуючи клубок своїх відчуттів, почуттів та переживань. Психологи кажуть, що внутрішніх ресурсів людини іноді вистачає, щоби самостійно полікувати свою душу. Іноді, але не завжди.

Щоб одужання душі було гарантованим, дві реальні, а не уявні Мудрі Людини написали цю книгу. А точніше – наговорили: упродовж багатьох років журналістка і психологиня Тетяна Петкова та психолог-психотерапевт Олександр Бондаренко ведуть бесіди – про любовну залежність та зраду; заздрість та подружні зради; феномен наврочення, родового прокляття та магії наших думок; чоловічі та жіночі страхи і комплекси та про багато інших сюжетів, із яких складається наше життя.

Бесіди з психологом публікувалися в українському глянсовому журналі для жінок, і ця книга – збірка найкращих ста інтерв'ю, що вийшли з 2000 по 2014 роки. Тож не дивуйтеся, помітивши в деяких бесідах прикмети часу: автори навмисне нічого не стали «фотошопити», щоб розмова залишалася живою та щирою. Подарунок для читачів – нотатки психотерапевта: «соло» від професора Олександра Бондаренка.

«Сто бесід із психологом» – чудовий посібник для тих, хто...

...не бажає почуватися жертвою обставин, а збирається жити своє авторське життя – наповнене тими подіями та людьми, якими хочеться;

...мріє розпрощатися з комплексами та страхами;

...хоче зрозуміти, як влаштоване життя, і як змусити все, що в ньому відбувається, працювати на себе;

...жити за трьома принципами: вільно, спокійно, щасливо.

Ваша
Мудра Людина

1. Чоловік у памперсах

Вчені пропонують нову теорію: подібно до модного стилю унісекс, нас скоро поглине нове мислення – УНІПСИХО. Тобто чоловіки все більше думають і чинять по-жіночому, а жінки, відповідно, по-чоловічому.

Тетяна Петкова: Існує кілька версій того, як саме змінюються чоловіки і жінки протягом останніх десятиліть. Причому стосуються вони як психологічних, так й фізіологічних особливостей.

Фахівці-андрологи зробили висновок: кількість безплідних пар зростає переважно з вини партнерів. Щорічно здатність чоловіків до запліднення знижується на два відсотки. І в той же час підвищується маскулінність жінок – вони стають сильнішими, витривалими, стійкими до стресів. Що відбувається, Олександре Федоровичу?

Олександр Бондаренко: Змінюється психофізіологічний статус як чоловіка, так і жінки. Спостерігається фемінізація суспільства. На мій погляд, це тимчасове явище, своєрідна «хвиля», «приплив» у суспільній психології. Навіщо далеко ходити і розмірковувати про зниження чоловічої репродуктивності – взяти хоча б те, що видно неозброєним оком: сучасну технологію видовищ. За останні тридцять років образ артиста – чи то театрального актора, чи то естрадного співака – фемінізувався. Тенденція «уніпсихо», про яку ви говорите, безумовно, простежується. Порівняйте кумирів минулого – Френка Сінатру, Моріса Шевальє, Марка Бернеса, Шарля Азнавура – з нинішніми! Чоловік-виконавець де він? Де цей мачо сьогодні? Бути мужнім сьогодні немодно, бо невигідно: фемінізація – це психологічний захист чоловіків від морального обов'язку.

Т.: У побуті справжніх мужчин теж катастрофічно мало. Все частіше і частіше знайомі чоловіки демонструють неадекватну реакцію на складні моменти у житті. Вони не бажають брати на себе відповідальність за те, що відбувається, а то й істерично верещать «Я так втомився від проблем». Чоловік однієї з моїх приятельок влаштовує їй скандали з рефреном «Коли ти влаштуєш мене на роботу». Ще одна подруга називає чоловіка та сина «старшенький і молодшенький». Старшенькому, між іншим, 43 рочки стукнуло, а він досі просить у «мамочки» гривню на проїзд до роботи та п'ятірку – на каву з бутербродами... І це не поодинокі випадки. «Чоловіків у памперсах» повно і у сім'ях, і в офісах. Може, ми рухаємось до матріархату?

О.: Все-таки мені здається, що хвиля фемінізації чоловіків протримається ще трохи, а потім піде на спад і спричинить вирівнювання статусів. Щоби прогнозувати подальший розвиток подій, давайте з'ясуємо, чому фемінізація сильної статі набула останнім часом такого розмаху.

Т.: Медики нещодавно припустили, що одна із причин цього явища криється в... пристрасті чоловіків до м'яса. Оскільки останнім часом при вирощуванні тварин і птиці для підвищення продуктивності використовуються жіночі гормони, то, з'ївши стейк чи курячу ніжку, суворі мужики потихеньку перетворюються на тендітних панянок.

О.: Думаю, причина в іншому. Про майбутню фемінізацію чоловіків чудово писав у середині 50-х Карл Юнг. Він вважав, що чоловіки у XX столітті дискредитували себе безглуздою політикою, жорстокими війнами, варварським ставленням до довкілля. Тому природа ніби ввімкнула інстинкт самозбереження, відсунувши чоловіче начало убік і замістила його жіночим. Адже жінки менш агресивні та відповідальніші. У жінок є інстинкт материнства, який проеціюється на людство загалом, тому жінка ніколи не стане воювати і руйнувати лише для задоволення власних амбіцій.

Т.: У пострадянському суспільстві те, про що ви кажете, особливо яскраво виражено. Адже протягом останніх ста років ми тільки й робили, що чекали чудового майбутнього. Лютнева революція, Жовтнева, репресії, голод, війна, Хрущов обіцяє комунізм, потім Горбачов – нове життя. Ось закінчується двохтисячний рік, і що ми маємо? На мою думку, так, як дискредитували себе наші чоловіки, і Юнгу не снилося.

О.: Так, ви маєте рацію, на рубежі століть ми переживаємо крах ілюзій, жінки втрачають віру у супутників життя. Адже ми зараз говоримо не просто про зміну ролей чоловіка і жінки, ми вже підійшли до проблеми переструктурування сім'ї. Згадайте підвалини православної культури: чоловік у сім'ї – голова, дружина – його помічниця. Після 1917-го року все зруйнувалося, відбулася деформація: жінку штучно поставили на місце чоловіка. Оскільки Сталін був батьком усіх народів, то роль чоловіка ніби скасовувалася, адже двох батьків не може бути. Зверніть увагу: в плануваннях радянських квартир у чоловіка навіть немає свого місця! У жінки – кухня і вітальня, у дитини – дитяча. Ну, спальня ще. Поняття «кабінет» залишилося там, у буржуазному минулому, і відроджується лише зараз.

Тому я з обережністю поставився б до жіночого екстремізму на кшталт: «чоловіки – сволота, ні біса не роблять, пора їх винищувати». Радянська влада позбавила чоловіка авторитету. Пам'ятаєте: Павлик Морозов, син за батька не відповідає тощо? Зрадити власного батька – це ж культурний феномен! Сім'я для цього має бути не просто пораненою, а понівеченою більшовицькою сокирою.

Т.: Якщо в нашому суспільстві такі сильні традиції патерналізму (від лат. pater – «батько»), то радянська жінка мала би після розчарувань у «батьках»-правителях виховати вождя зі свого власного чоловіка.

О.: А натомість вона сама стає вождем. У своєму житті, звісно. Керує, заробляє гроші, міняє колеса у своєму автомобілі, виховує дітей. Та, яку ми захоплено називаємо «бізнес-леді» – насправді радянський феодал-директор, лише у спідниці. Хтось бачив дружин «червоних директорів»? Ні, тому що вони реалізовували компенсаторне бажання задавити дружину, відсунути на другий план. Сьогодні чоловіки з легкістю дозволяють жінкам тіснити їх, із задоволенням відходять на другорядні позиції. Зростає і поширюється контингент, який я називаю «чоловіки-охоронці». Зверніть увагу, скільки у нас з'явилося молодих хлопців – міцних, здорових, які, перепрошую, ні фіга не роблять! Просто сидять десь у магазині чи офісі й нічим не займаються. Вони проїдають своє життя. Нещодавно мене вразило відвідування телеканалу, де ми записували передачу. Режисер – жінка, оператор – жінка, кореспондент – жінка, всі бігають, працюють. І два охоронці в кутку п'ють каву, дивляться телевізор. П'ять баб бігають у поті чола – і двоє мужиків відпочивають. «Охоронці» – адже це я умовно назвав. Рожевощокі, випещені, вгодовані чоловіки, які створюють видимість діяльності та власної значущості, можуть бути «охоронцями» й на інших посадах.

Мене, як психолога, лякає те, що по-справжньому відповідальних чоловіків, готових вирішувати проблеми сім'ї і держави, я, на жаль, бачу дуже мало.

Т.: Фемінізація сильної статі – це загальна тенденція. А як кожен конкретний чоловік уникає вирішення проблем?

О.: Перше – щоб не вирішувати проблему, чоловік просто хворіє. «Що ви хочете від хворого?» Це так званий психосоматичний відхід від відповідальності. Друге – чоловік займається псевдодіяльністю: «Ну я ж щось роблю!» Третє – інфантилізація: «Сюсі-пусі, все добре, ніяких проблем немає».

Четверте – алкоголізм: «Я був п'яний, я не міг допомогти». Є ще й п'ятий, найстрашніший компенсаторний механізм, ознака крайньої безпорадності – піти в агресію. У цьому стані чоловік – руйнівник. Він знищує сім'ю, бізнес, йде війною на сусідню державу і руйнує її теж. Аби не вирішувати свої проблеми.

Т.: Та-ак... Діагноз нашим чоловікам, бойфрендам і колегам поставлено. Давайте тепер про жінок. Як деформувався їхній статус на тлі «уніпсихо»?

О.: Залежно від категорії жінки переживають рольову плутанину по-різному. Є категорія «рабині ситуації» – це жінки, схильні до мазохізму, готові за шматок хліба терпіти побиття, приниження, все, що завгодно. Сьогодні таких чимало – утриманок багатих чоловіків. Є жінки, які вважають, що «чоловік має бути!», нехай поганенький, невдаха, але чоловік. Їх так виховали, і вони вважають, що бути незаміжньою – ганьба. І є такі, яким глибоко начхати на чоловіка як на партнера, з яким можна прожити життя. Вони ставляться до протилежної статі суто споживчо: використала і викинула. Чоловік для цієї категорії жінок – нижча, некорисна істота.

Т.: Якось дуже сумно ми зустрічаємо нове тисячоліття: мужики обабилися, жінки озлобилися... Є ж люди, які реагують на проблеми припливом сил та конструктивною діяльністю! Хто вони – справжні чоловіки, справжні леді?

О.: За будь-яких умов своє психофізіологічне здоров'я зберігають ті, у кого мозок запрограмований на виділення налоксону – гормону активності. Якщо людина в стресовій ситуації не лежить на дивані й не плаче, а хоч щось робить, як мінімум, зарядку, прибирання, у неї виробляється гормон активності. І цей гормон полегшує вирішення проблеми, знаходиться вихід із стресу.

У мене була пацієнтка – журналістка, у якої чоловік потрапив до в'язниці, а згодом трирічна дитина загинула в автокатастрофі. Вона хотіла накласти на себе руки. Я питав її: що ви вмієте? Грати на чомусь? Співати? Малювати? Вона пожвавилася лише на слові «малювати». Я порадив їй купити фарби. Це було десять років тому. Нині ця жінка живе на Заході, стала відомою художницею.

Головне – «запустити» налоксон і почати щось робити.

Як відрізнити чоловіка від жінки?

1. У жінок і чоловіків різні хромосомні набори та вага мозку.

2. У чоловіків більш досконалий зір, слух і нюх. У жінок незрівнянно краще розвинений смак та вазомоторна збудливість (жінки швидше червоніють, хвилюються і впадають в істерику).

3. У жінок більш розвинене почуття інтуїції, у чоловіків – ситуативної логіки (вона відчуває, а він знає, як треба вчинити).

4. У чоловіків і жінок різне ставлення до часу. Жінки часто спізнюються, але не тому, що погано виховані. Дослідження показують, що для жінки час психологічно тягнеться довше. У її годині в середньому не шістдесят хвилин, а... ну хоча б на сім хвилин більше!

2. Раба кохання

Класичний приклад «неправильного» кохання – Анна Кареніна – зовсім не є надуманою літературною красивістю. Десятки тисяч реальних жінок розчавлені хворобливою пристрастю – емоційною залежністю від чоловіків. Десятки тисяч жінок проклинають своїх коханих та єдиних. Посилають до біса. Бажають, щоб вони зникли, тому що вже не можуть терпіти це злоякісне кохання. І в той же час не уявляють собі життя без них. У народі про таких кажуть: він їй білий світ затулив. А психіатри хитають головою: хвороба є хвороба.

Тетяна Петкова: Олександре Федоровичу, на мою думку, будь-який потяг до чоловіка – чи то закоханість, чи більш глибоке почуття – обов'язково передбачає залежність від нього. Якщо ти небайдужий до людини, ти шукаєш її поглядом, думаєш про неї, бажаєш їй сподобатися... Так чи інакше об'єкт нашої уваги – загарбник: він займає наші думки, спонукає чинити дії, про які ми й не думали. Це ж залежність, хіба ні? Де ж знаходиться межа між природним «поневоленням» і патологічним?

Олександр Бондаренко: Межу між здоровим і нездоровим коханням провести важко, проте можна. Нездорове, тобто невротичне кохання – це, по суті, хронічна емоційна травма. Дослідження, проведені вітчизняними фахівцями, дозволили визначити одну із головних ознак хворобливої емоційної залежності – відсутність позитивного впливу на життя людини. Адже справжнє кохання завжди творче: утворюються сім'ї, народжуються діти, будуються будинки, пишуться романи...

Петрарка залишив безсмертні вірші до Лаури, Ейнштейн, бувши закоханим у свою першу дружину, створив теорію відносності. Людина в стані любові готова до того, щоб стати кращою. Погодьтеся, навіть якщо кохання нерозділене, жінка все одно прагне зробити щось, аби довести: я тебе гідна! Закохана жінка худне, у сто разів інтенсивніше доглядає себе, оновлює гардероб... Це – нормально. А болісна залежність начебто і схожа на нормальне кохання – той, хто нездужає, живе винятково інтересами іншої людини, – але в реальному житті НІЧОГО ХОРОШОГО НЕ ВІДБУВАЄТЬСЯ. Замість створення своєї сім'ї, дому, жінка роками зависає в ілюзії, не народжує дітей, не радіє життю...

Т.: Ми схильні бачити своїх коханих не в реальному світлі, а в прикрашеному: наділяти їх ідеальними рисами, сприймати трішки по-казковому, як принців і принцес. Скажіть, а жінка, що застрягла, теж вважає, що її коханий – най-най?

О.: Якраз ні! Багато моїх клієнток зізнаються: «Все розумію: він мене не любить, до того ж – повний нікчема, жадібний, може зрадити, обдурити, але я нічого з собою не можу вдіяти! Люблю, не можу жити без нього». Перше запитання, яке я ставлю жінці, що прийшла по допомогу, це: «Скільки часу ви перебуваєте в такому стані?» Справа в тому, що зазвичай закоханість триває від дев'яти до дванадцяти місяців. Після цього закоханість або трансформується в надцінне ставлення до іншої людині (тобто справжнє кохання), або згасає. У будь-якому випадку стан закоханості викликає в житті закоханого конструктивні зміни, про які ми говорили вище. Але якщо закоханість пішла третім шляхом – не переросла в нормальне почуття і не згасла, а переродилася на емоційну травму, доводиться її лікувати.

Т.: Напевно, психологи вже визначили групу ризику для емоційної залежності. Які жінки найбільш схильні до руйнівної пристрасті?

О.: У згубну залежність від іншої людини ризикують потрапити люди з певною особистісною структурою. Це тривожні, сором'язливі жінки, які відчувають постійну внутрішню напругу, сумніваються в собі. Вони схильні вірити усьому без доказів, поглинуті безліччю незадоволених бажань. Або ж надмірно екзальтовані, ще не вийшли з періоду дівчачого романтизму. Як правило, такі жінки надзвичайно вимогливі й прискіпливі у виборі партнера.

Ну і, звісно, жінки схильні до психологічного застрягання частіше за чоловіків, тому що для них емоційний бік життя безсумнівно набагато важливіший, ніж для сильної статі. Чоловік і жінка зовсім по-різному розглядають сценарій міжособистісних стосунків. Зазвичай жінка горда, незалежна, непоступлива, поки у стосунках не настає переломний момент – секс. Після цього Він відчуває несвідоме бажання якнайшвидше звільнитися від надто тісних стосунків, а Вона, навпаки, починає щосили чіплятися за них. Так відбувається не тому, що, як вважають жінки, мужики – негідники. Просто у чоловіка і жінки різні цикли розвитку взаємин. Він сприймає інтимні стосунки як взяття фортеці: «Я переміг». Можна розслабитися, адже безглуздо напружуватись, якщо територія вже належить тобі. А жінка розуміє під «здачею фортеці» початок нових взаємин: «Все, я твоя. Я житиму тобою». Вона стає вразливою, підвладною чоловікові.

Т.: Деякі психоаналітики пояснюють виникнення психологічної залежності таким чином: нібито у підсвідомості багатьох жінок існує образ ідеального чоловіка – матриця бажаного партнера. І коли суто випадково реальний чоловік збігається з цією матрицею, відбувається «замикання»...

О.: Як я розумію, це питання про психологічні механізми емоційної залежності. Так, фіксація на образі – один із них. Припустимо, у дівчинки був у дитинстві дуже хороший батько, але він раптово помер, і вона ніколи не бачила його п'яним, грубим, старим і немічним – у такої дівчини, швидше за все, виникнуть проблеми із чоловіками. Вона буде прагнути вибирати собі супутника життя за образом і подобою батька. А насправді обранець може бути дуже далеким від ідеалу – і це змушуватиме її шукати знову і знову... Ще один механізм виникнення болісної прив'язаності – фіксація на об'єкті. Приклад із лабораторних експериментів добре його пояснює. Уявіть собі два столики: на один ми саджаємо мишку, на інший кладемо металеву пластинку. На пластинку – шматочок сиру. Миша стрибнула на пластинку – отримала їжу. Стрибнула – заробила сир. І так вона стрибатиме доти, доки в неї не закріпиться рефлекс – там, на тарілці, їжа. Тепер вона може стрибати на пластинку, коли голодна, а може спокійно сидіти на іншому столику, якщо їсти не хочеться, і байдуже поглядати на сир. Але якщо подати на пластинку струм – несильно, але досить неприємно – з мишкою починають коїтися дивні речі. Вона не може зупинитися і стрибає, як заведена, туди-сюди.

Тепер уявіть собі ситуацію: жінка познайомилася із чоловіком. Він дуже галантний, ввічливий, ніжний. І раптом під час сварки її вдарив. І тут же приголубив. Що відбувається із жінкою? Її роздирають протиріччя: як же так, я його люблю, а він мене вдарив, але ще вчора було все добре... Вона не може відразу відмовитися від чоловіка, хоче розібратися, що ж сталося. Якщо, зрештою, жінка простить чоловіка (що частіше всього і трапляється), і він, можливо, знову стане шовковим, а потім знову несподівано її вдарить, вона так і буде, як мишка, стрибати: то геть від нього, то знову до нього. І не зможе відокремити «сир» від «удару струмом». Це і є фіксація залежності.

Т.: Гаразд, а як же пояснити ті випадки западання на чоловіка, коли жінка не те, що не мала з ним інтимних контактів, але навіть малознайома чи зовсім не знайома з об'єктом обожнювання?

О.: Це ще один механізм виникнення емоційної залежності – соціокультурний. Якщо ви згадаєте казки «Тисячі та однієї ночі», то виявите, що в них юнаки і дівчата закохувалися одне в одного на відстані: арабський принц почув про те, що в далекому халіфаті живе прекрасна принцеса, і пристрасно покохав її. І захотів з нею одружитися. Так само відбувається і з нашими жінками, які закохуються в акторів, політиків, спортсменів... У цьому випадку можна говорити про компенсаторне заповнення порожнечі та безглуздості життя образом людини, яка визнана суспільством, досягла висот, успішна. Простіше кажучи, жінка замінює відсутність кохання почуттям до якоїсь моделі чоловіка, до соціальної маски.

Ще одна причина виникнення жіночої «захворюваності» чоловіком – коли він маніпулює нею, тримає на гачку, не говорить так чи ні. Найпростіша маніпуляція: жінці обіцяють щасливе майбутнє – щось типу «Я на тобі одружуся». Як тільки... (називається безліч причин, з яких одруження поки неможливе) – так і відразу. Жінка купується на це й підвисає на довгі роки. Втім, є й інші причини...

Т.: Я сама помічала такий різновид емоційної залежності, яку я називаю «Мене не люблять – це мінус, але й не женуть – це плюс». Чоловік нічого не ініціює – не телефонує, не наполягає на зустрічах. Все це робить жінка. Коли він двічі-тричі не передзвонив, це ще якось можна виправдати. Але коли постійно дзвонить і запрошує на побачення жінка, а він неохоче підкоряється, хіба не зрозуміло: перестань, люба, напрошуватися?

О.: Звісно, більшість жінок розцінять таку поведінку свого обранця як ввічливу відмову, і, швидше за все, матимуть рацію. У таких стосунках із чоловіком найчастіше опиняються жінки з м'якою формою депресії. У депресивному стані знижується розумова і фізична активність, не хочеться нічого робити, заводити нові зв'язки, знайомитися з новими чоловіками. Тому легше і простіше зациклитись на одному.

Т.: Мені відомі випадки, коли жінка терпить, що її коханий приводить додому інших жінок, вибачає йому побиття, хамство.

Одна моя знайома приносить своєму коханцю (він неодружений і не збирається на ній одружуватися) харчі на роботу, забирає у нього брудну білизну. Хтось глузує з неї, хтось дивується, хтось зневажає. Ще одна приятелька дев'ять років намагається переконати мене, що живе гостьовим шлюбом із чоловіком, хоча – я знаю! – він благополучно одружений і нічого не збирається міняти у своєму житті.

О.: Цей механізм називається заміщенням. Своєрідна імітація щастя. Такий, можливо, не зовсім етичний приклад. Собака у дворі бере кісточку і зариває у землю. Але якщо він не на вулиці, а у квартирі, то все одно – несе кісточку в куток, робить лапками і носом рухи, начебто закопує – і задоволений йде геть. А кістка залишається лежати на паркеті. Це – символічне заміщення. Так само і залежна жінка: вона начебто виконує всі функції дружини, але справжня дружина інша.

Т.: Що ж заважає розумній, красивій жінці зрештою сказати: «Досить! Досить принижень! Я варта кращого життя»? Чому вона не розуміє, що її просто використовують?

О.: Ось бачите, яка справа: вона все чудово розуміє, але НЕ МОЖЕ відмовитися від цього чоловіка. Психологічне застрягання спрацьовує як рефлекс. Одна з моїх клієнток, яка розлучилася із чоловіком, але продовжувала жити з ним в одній квартирі, так сформулювала свої скарги: «Олександре Федоровичу, я «розумом» не хочу з ним спати! Він взагалі мені не потрібний. Але він так на мене діє, що я не можу без сексу з ним. Я ніби кролик перед удавом. Що робити?» Розумієте, цей рефлекс легко закріпити, але позбутися його дуже проблематично.

Сумно, але любовна хвороба може тривати роками. Мені відомі випадки, коли жінки були «замкнені» на чоловікові по 10–15 років. Спочатку він обіцяв розлучитися з дружиною, потім казав, що дружина нездорова і кидати її аморально, потім ще щось вигадував. Як це не жорстоко звучить, але дівочий вік коротенький, і ось уже жінці 40, 45... Вона розуміє: відбувається щось не те. І в кращому разі йде до психотерапевта.

Т.: Я читала, щодо проблеми сексуальної залежності існує теорія «ключика та замка»: мовляв, саме цій жінці потрібен саме цей чоловік і ніхто інший – тільки ці руки, тільки цей запах, тільки цей образ... Деякі американські психотерапевти вважають цю поведінку відхиленням, надперебірливою реакцією, і навіть помістили в підручники з психології це питання до розділу «Сексуальні девіації» (відхилення). Хоча особисто мені було б украй сумно так вважати...

О.: Не засмучуйтесь. Адже ми не американці. Ми – інші. В тому стані війни, в якому перебувають чоловіки і жінки в гранично комерціалізованих соціумах, психологічна залежність набуває гротескно вираженої форми саме сексуальної залежності. Наші жінки ставляться до чоловіків набагато приязніше, і в нас все ж таки на першому плані не секс, а саме емоційні, душевні переживання.

Т.: Фахівці, які вивчають любовну залежність, зробили страшне відкриття: жінки, що застрягли на чоловікові, довго не живуть.

О.: Справа в тому, що жіноча гормональна система не витримує такого навантаження, як тривала емоційна напруга і постійне очікування, що ситуація успішно вирішиться. Знижується імунітет, послаблюються життєві сили організму, що часом загрожує захворюваннями, погано сумісними із життям, наприклад, онкологічними.

Т.: Як же лікуються ці розлади? Років п'ятнадцять тому західні фахівці дійшли висновку, що лікувати жінок від нездорового кохання треба на кшталт анонімних алкоголіків і почали об'єднувати їх в групи «залежних». Потім почали пробувати ще масу методів, включаючи гіпноз, але однаково ефективність лікування залишається невисокою. Американка Сьюзен Гіверц нещодавно запропонувала свій метод, запозичений у індіанців Тихоокеанського узбережжя: з воску ліпиться фігурка чоловіка, потім «залежна» за допомогою терапевта на краю урвища відламує від «коханого» частини тіла і кидає вниз.

О.: Про це можна багато корисного прочитати у класиків психоаналізу. Я ж можу тут нагадати слова відомого філософа: «Знання законів мислення так само мало допомагає самому процесу мислення, як знання законів травлення роботі шлунку».

Т.: Але невже жінка самостійно не в змозі впоратися з безглуздими стосунками?

О.: Жінка може, і справляється. Але ж ми говоримо про залежність. А це як наркотик: наркоман теж розуміє, що доза – смерть, але покинути не може. Так і в невротичному коханні. На жаль, залежність буває настільки сильною і глибокою, що самостійно вирватися з кола не виходить. Але психотерапія може допомогти. За два-три місяці з допомогою спеціальних методик позбутися нездорової любові можна. Щоправда, повинен попередити: лікування буває болісним. Не у фізичному сенсі, а в душевному. Але ж багаторічне рабство – це ще болючіше...

3. Кіно про мене

Ми кажемо: вони – різні люди. А чому різні? Руки-ноги однакові, ходять однаково, їдять схоже. Що психологи вкладають у поняття «різниці», коли йдеться про ставлення до дійсності, про ту «сценарну заявку», яку ми презентуємо найгеніальнішому, різножанровому і зухвалому режисерові – життю?

Тетяна Петкова: Зустрічаю якось свою однокурсницю. Та скаржиться на чоловіка, причому в таких чудових кінематографічних виразах, що я заслухалася. Каже: «Як же можна з ним жити, якщо він – герой бойовика, завжди в нього якісь пригоди. А мені потрібна тиха мелодрама, спокійне «мило»...

Що, власне, це таке – сценарій, за яким ми знімаємо свої «фільми», просто кажучи, живемо?

Олександр Бондаренко: Життєвий сценарій – це сукупність певних життєвих подій, не тільки очікуваних, прогнозованих автором (тим, хто живе у цих подіях), але й багато в чому приписаних йому його сім'єю. Це певне уявлення про життя, зумовлене традиціями сім'ї, що передається батьками, бабусями-дідусями дитині. Наприклад: «Ти – дуже розумний хлопчик, у тебе все буде добре» або «Ти – найкрасивіша дівчинка, тебе всі любитимуть». Якщо дитину привчити до думки, що вона – най-най і в неї все в житті вийде, це може стати основою сценарію «Я заслуговую на успіх».

Т.: Тільки сім'я допомагає сформувати свій сценарій? А як же люди, що відірвалися від сім'ї, які будують своє життя всупереч батькам?

О.: Є соціальні та сімейні сценарії. Соціальні – сукупність міфів, загальноприйнятих у соціумі: сценарій-катастрофа і сценарій-диво. Сценарій-диво виглядає приблизно так: «Життя – це чарівна пригода. Будь-якої хвилини може статися щось фантастичне і все змінити». Інший полюс – це сценарій-катастрофа: «Життя – покарання, огидна штука. Треба бути готовим до кінця світу, нічого хорошого не чекати». У нашому східнослов'янському суспільстві популярний сценарій-казка. У нашого народу сильна віра в чудо, і ця віра культивується з покоління в покоління.

«Казка» і «катастрофа» розпадаються на безліч індивідуальних сценаріїв. Ви здивуєтеся, але вони дуже добре відображені у народних казках. Згадайте, як часто дівчатка і хлопчики потрапляють до рук злих чарівниць. Хлопчики частіше опиняються у полоні у відьми чи Баби-Яги, так званої «негативної матері». Дівчата потерпають у лапах дракона, огидного чаклуна чи вовка – це «негативний батько». Якщо ви простежите, хто частіше потрапляє у полон, то з'ясується, що це дівчатка. Дівчатка – жертви обставин, і хлопчики їх рятують: «Царівна-жаба», «Кривенька качечка» і т. д. Хлопчики, вскочивши в халепу, рятуються самі.

Т.: А як же «Снігова королева» і «Червоненька квіточка»?

О.: Так, тут жертви – хлопчики, і їх рятують своєю любов'ю дівчатка. Але ця ситуація менш поширена. Як і у житті. Дівчина набагато частіше покладає на чоловіка надії щодо порятунку, ніж навпаки. Саме жінка чекає, що з'явиться чоловік і витягне її з бідності, висмикне з провінційного містечка до столиці, подбає про неї, зробить її нудне життя змістовним і таке інше. Чоловік рідше відводить жінці роль рятівниці. Ось вам приклад жіночого і чоловічого сценарію. Жіночий – «Я жертва і чекаю на рятівника». Чоловічий – «Я сам рятівник». Чоловічий сценарій – сильніший, активніший. Навіть якщо в ньому присутня жінка-рятівниця, то вона – нагорода чоловікові за його працю.

Т.: Припустимо, дівчина по життю – «спляча красуня», не вважає за потрібне боротися з обставинами і чекає на свого чоловіка, який прийде і розбудить. Сценарій у неї пасивний. Ось вона зустріла, нарешті, свого єдиного. Чекає, що він кинеться знімати з неї чари. А в нього, розумієте, такі самі очікування щодо неї – що вона йому допоможе зробити кар'єру, наповнить життя змістом. І ось вони сидять одне проти одного і чекають: ну, давай, роби з мого життя казку!

О.: Таке буває, і якщо вчасно цій парі не пояснити, що з ними відбувається, може статися розлучення. Але, знаєте, зі своєї практики я роблю висновок, що найчастіше причиною розлучення чоловіка і жінки є не стільки їх особисті сценарії, скільки сценарії, нав'язані їм батьками. Уявіть ситуацію: одружилися він та вона. Стали разом жити. Погодьтеся, у кожного є внутрішня система самоконтролю, яка іноді «висвічує на табло» контрольні питання: я правильно живу? все відбувається так, як я хочу? чи таке життя мені насправді потрібне? чи та ця людина, з якою мені комфортно і спокійно? Жінка ніби постійно випробує свого обранця. Дивиться, як на нього реагують подруги, знайомі. І, поза всяким сумнівом, на те, як тато і мама сприймають чоловіка. Для дівчаток особливо важливо, що скаже мати.

Я знаю багато прикладів, коли мама, підтримуючи сценарій «Стерпиться-злюбиться», ламала життя дочки. Вона казала: «Ой, ти знаєш, стільки жінок незаміжніх, нехай він у тебе придурок, але все-таки чоловік». Скільки ж доль покалічив цей сценарій!

Якщо мама наполягає на тому, що «не ти перша, не ти остання, терпи, донечко», – ясно, що вона в полоні свого сценарію. Якщо ж вона вигукне: «Та кидай ти його до бісової матері!» – немає гарантій, що це теж не сценарій, ім'я якому «Обійдемося без цих мужиків». Найбільш правильна відповідь – та, яка не пропонує прямої рекомендації. Краще сказати: «Знаєш, ми не очікували, що так буде. Але якщо твій чоловік так себе поводить, можливо, він має для цього підстави?» До речі, рекомендую всім читачкам, перш ніж робити поспішні висновки «Ось він такий-сякий», розпізнати, чи не мучать чоловіка якісь проблеми. Важливо постаратися знайти ключик до людини, змусити її розповісти про причини такої поведінки.

Ось приклад вдалого поєднання сценаріїв. Вона бачить себе у ролі домогосподарки, все життя мріяла не працювати. Він теж заклав у свій сценарій те, що дружина повинна сидіти вдома і пекти пироги. Звичайно, така пара знайде спільну мову. А якщо вона вважає, що жінка не повинна заробляти гроші, а він упевнений у зворотному? Отут і виникають конфлікти.

Добре, якщо сценарії чоловіка і дружини не збігаються, а доповнюють один одного. Наприклад, авторитарна жінка обирає чоловіка, який, грубо кажучи, згоден спати на килимку під дверима. М'яка скромна дівчина тягнеться до чоловіка-лідера. Звідки беруться коханці та коханки? Це дві сценарні матриці, що взаємно доповнюють одна одну. Якщо в їхніх сім'ях бракує елемента, що доповнить матрицю і такий знаходиться на стороні – його беруть у «фільм», адже сценарій це передбачає!

Т.: Які ще бувають жіночі сценарії?

О.: Візьмемо таку непросту ситуацію, як заміжжя. Якщо раніше сценарій нареченої (і мами) називався «Аби людина була хороша», то сьогодні сценарій підправлений: «Аби він був багатий». Але якщо ви думаєте, що це два різні сценарії, то помиляєтеся. Це одна вистава, але вивернута, як шкарпетка, навиворіт. І той, і інший підхід – неповноцінний, тому що не можна цінувати людину лише за те, що вона хороша, або тільки за те, що багата. Може, він хороший, але лінивий і безвідповідальний? Або багатий, але підлий і любить погуляти? Крім тих сценаріїв, про які ми вже згадали – «Стерпиться – злюбиться» і «Всі чоловіки – негідники, обійдемося без них», – є ще один, дуже яскраво виражений у наших жінок: «З бруду та у князі». Якщо ми добре придивимося до багатьох панянок, котрі сьогодні популярні, на людях, перемагають у різноманітних номінаціях різних конкурсів, то здивуємося: адже вона аж ніяк не найкраща, зовсім не талановита і не найдостойніша. За радянських часів цей сценарій був відпрацьований до автоматизму: знаходили якусь усереднену комсомолку-свинарку і робили її народним депутатом. Зараз так само знаходять, припустимо, співачку без голосу, модно її одягають, стильно підстригають – і роблять «зірку». Хоча вона не здатна бути «зіркою»: у неї просто немає даних. Важливо при цьому розрізняти сценарії «З бруду та у князі» і «Я сама себе зробила». У першому випадку передбачається, що особливо напружуватися не треба, дочекайся нагоди і вміло використовуй її. А в другому, навпаки, роби все можливе, щоб було так, як хочеш.

Т.: Одна талановита людина вигадала слоган: «Без плану життя ти просто турист». Чому, власне, не розглядати сценарій як план, що у цьому поганого?

О.: У сценаріях криється величезна небезпека. Вони настільки узагальнюють можливі варіанти розвитку подій, що абстрагуються від усього багатства життя. Людина вже не може зробити крок у бік від задуманого: «все має бути тільки так, як має бути або ж нехай не буде ніяк». Це по-перше. А по-друге, план життя і сценарій – не одне і те саме. Наприклад, сценарій жінки звучить так: «Я – хазяйка життя, я незалежна, я підкорюю собі обставини». Одним словом, амазонка. А тепер уявіть, що ця амазонка нічого не робить для того, щоб її сценарій реалізувався. В результаті – крах ілюзій, депресії. Сценарій гарний, але фільм не було знято. Інша жінка діє за планом: спочатку мені треба здобути освіту, потім пройти стажування, знайти хорошу роботу, у 25 можна виходити заміж, у 30 народжувати дитину, постійно доглядати за собою, удосконалюватись, щоб не вилетіти з обойми... У другому випадку це план, який допомагає реалізувати сценарій «Амазонка».

Або такий випадок. Уявіть, що поруч з вами працює непомітна дівчинка – сіренька мишка. Ніхто її думкою не цікавиться, нічого видатного вона не робить. Ви їдете у тривале відрядження на рік. Повернувшись, виявляєте, що мишка перетворилася на левицю: розквітла, стала владною, здобула посаду, яку обіцяли вам. Вона реалізувала свій сценарій, але ніяк не план: вона ж не могла передбачити, що ви поїдете. Сценарій завжди передбачає елемент несподіванки. В той час як життєвий план конкретний і відповідає на запитання: «Що я маю зробити, щоб придбати те й те».

Ще приклад. «Вийти заміж за мільйонера» – це сценарій. Жодна жінка не може так розпланувати свої дії, щоб отримати стовідсотковий результат. А просто «Вийти заміж» – план. Я знаю жінку, яка на моїх очах чотири рази виходила заміж: у Прип'яті (Чорнобильська зона), Афганістані, Мурманську – тобто в тих місцях, де водяться чоловіки. Вчетверте вона вийшла заміж за американця по Інтернету. Таким чином, вона активно реалізовувала свій сценарій «Хай там що, а я маю бути заміжньою!».

Т.: А чи може людина не мати сценарію, просто жити, як живеться, одним днем, не замислюючись про такі складні речі? Знаю багатьох жінок, які із задоволенням про себе скажуть: я особа раптова і непередбачувана, не потрібні мені ваші міркування.

О.: Щоб зрозуміти сценарій, потрібна рефлексія, тобто аналіз, обмірковування способів своєї поведінки у життєвих ситуаціях. Безумовно, хтось схильний аналізувати кожен прожитий день, а хтось замислюється про життя лише раз на десять років – коли стукне черговий ювілей. Те, що не всі можуть зрозуміти психологію, ще не означає, що психологія не може зрозуміти їх. І якщо комусь здається, що він живе без сценарію, це не так. Просто ніхто не дав йому назву. Якщо жінка впевнена, що пливе по життю, злегка дрейфуючи і не напружуючись, значить її «фільм» так і називається: «Будь що буде».

Т.: Олександре Федоровичу, а як пояснити те, що часом нас начебто хтось підслуховує з паралельного світу? Допустимо, якійсь жінці подобаються чоловіки певного типу – і раптом весь простір навколо заповнюється високими блондинами спортивної статури. Або хтось мріяв про роль телеведучої – будь ласка, надається можливість попрацювати на ТБ.

О.: Справа в тому, що життєві сценарії мають таку силу, яка називається «прогноз, що сам підкріплюється». Тобто якщо ви дасте собі установку на певні події, ви самі знаходитимете ці події. Це не добре і не погано. Це даність. Але сценарні вистави небезпечні тим, що роблять свідомість вибірковою щодо певних подій і осіб. І заплющують нам очі на те, що не вписується у наш сценарій. Виходить, ви пройдете повз невисокого брюнета лише тому, що він не у вашому «фільмі» – а насправді, можливо, він зробив би вас щасливою. Або ви будете терпляче очікувати шанс опинитися на телебаченні, не помічаючи інших хороших пропозицій. Найкраще знімати свій «фільм» у вільному жанрі: так більше ймовірності, що він вийде змістовним.

4. Фантом першого кохання

Ми не будемо говорити про дитсадівське захоплення чи про те, як хтось закохався у когось у третьому класі. Ми також не аналізуватимемо неминуче для підліткового віку гормональне завихрення на тлі статевого дозрівання. Ми говоритимемо про фантомний біль першого почуття – про те, що турбує і саднить душу навіть через багато років.

Тетяна Петкова: Ця історія настільки ж реальна, як і неймовірна. Сталася вона у Києві певний час тому. Марині тоді було 27 років. Успішна кар'єра, люблячий чоловік, двоє чарівних дітлахів і дім – повна чаша. Зовні молода жінка була абсолютно щасливою. Ніхто і не здогадувався про те, що вона живе подвійним життям, постійно сподіваючись на зустріч зі своїм першим коханням – Андрієм, із яким вони розсталися після закінчення школи. До першої ювілейної зустрічі випускників Марина вирішила зробити косметичну операцію: вона боялася, що Андрій розчарується у ній, адже він пам'ятав її 17-річною. У ті роки пластична хірургія ще тільки ставала на ноги, і жінка потрапила до рук дилетантів. Їй спотворили обличчя.

Коли жінка зрозуміла, що трапилося, вона подзвонила на телефон довіри і сказала, що вирішила піти з життя. Старання чергового психолога ні до чого не привели: Марина, перерізавши вени, лягла у ванну з водою. На щастя, вчасно прийшов чоловік. Якому вона сказала: «Я не люблю тебе. Іди геть і дай мені вмерти. Без нього життя не має сенсу». Але чоловік не відходив від дружини ні на крок і витяг Марину з чорної діри.

Зараз їй 48 років, живе у мирі та злагоді з чоловіком, зробила кілька повторних операцій і привела зовнішність до ладу... Начебто не згадує свого Андрія. Олександре Федоровичу, ця моторошна мелодрама – патологія?

Олександр Бондаренко: Ну, звичайним цей випадок не назвеш, хоча фабула досить поширена. Я вам також розповім схожу історію. Доросла 42-річна жінка зустріла на вулиці свого колишнього коханого, з яким у неї у студентські роки був роман. І втратила голову. Пристрасть була настільки сліпучою, що розсудлива загалом жінка не змогла без допомоги психотерапевта впоратися з першим коханням, яке знову нахлинуло.

Справа в тому, що, з погляду психології, перше кохання – це перше справжнє особистісне випробування для людини. Від того, як ви переживете період свого першого кохання, залежить остаточна «добудова» вашої особистості. Лише нещодавно фахівці схаменулися, що дотепер психологія приділяла велику увагу впливу сім'ї, соціальних умов на людину і зовсім не зважала на феномен першої прив'язаності. Адже шкільне чи студентське кохання впливає на долю не менше, а може іноді й більше інших чинників.

Подивіться, що виходить: це абсолютно нічим і ніким не регламентоване почуття, абсолютно ірраціональне. Хлопець чи дівчина навчаються у школі чи виші, знають, що критерії їх успішності – щоденник, заліковка. Спілкуються зі своїми домочадцями, друзями – тут також існують свої норми поведінки. А правил першого кохання немає. Ти сам вирішуєш, як чинити, сам собі складаєш іспит і виставляєш оцінки. Перше кохання задає людині абсолютно вільний масштаб її особистості: саме в цьому почутті ви вперше розкриваєтеся по-справжньому – не як здібний учень, не як дбайливий син своїх батьків, не як хороший товариш. Ви розкриваєтеся у ставленні до іншого – таким, яким ви є.

Т.: До того ж перше почуття ще не засмічене соціальними установками на кшталт того, яка у обранця зарплата, чи має дачу, чи багаті батьки тощо. Позбавлене важкої «життєвої доцільності», романтичне кохання сприймається найчистішим, найсвітлішим.

О.: Мені здається, що надміру романтизувати та зітхати: «Ах, яке чисте кохання!» не варто. Якщо відокремити від першого почуття неминуче розчулення і сюсюкання, ми отримаємо величезне особисте переживання. 15-літнього хлопця покохала дівчина – не за те, що має іномарку, не за те, що він подарував їй морський круїз. А за те, що він такий, який є. Його визнали як особистість, як особливий потік енергії Всесвіту, даруйте за пафос. Так само для дівчини – її обрали, її люблять, незважаючи на статус батьків і доходи дідуся. Це перше випробування на особистісну значимість.

Т.: Оскільки перше кохання напевно буває у всіх, виходить, воно – щось штибу дитячої хвороби, на яку потрібно перехворіти, щоб організм набув імунітету?

О.: Справжнє перше кохання – рідкість. Ясна річ, небагато знайдеться дівчаток чи хлопчиків, які не закохувалися у школі й не переживали перші хвилюючі почуття. Опитайте своїх знайомих, чи вони пам'ятають свою першу симпатію? Хтось згадає, посміхнеться, хтось забув про те, як цілувався у кіно. Але є такі люди, які не переживали перше кохання взагалі. І на іншому полюсі – ті, хто так і не зміг розлюбити ту дівчинку чи того хлопчика з далекого минулого.

Т.: Чим це загрожує у тому й іншому випадку?

О.: Та жінка чи той чоловік, які не відчули всієї повноти першого почуття, можуть дожити до сорока років і вперше в житті закохатися. Це катастрофа. У мене на прийомі плакали справжні амбали – офіцери спецназу і «афганці», які пройшли кров і смерть. Я лікував їх від першого кохання. Пристойні сім'янини, які виховують дітей і люблячі чоловіки, вони, як хлопчаки, божеволіли, закохавшись безоглядно. Так, у нього в житті було багато жінок, він думав, що весь із себе козирний хлопець, одружився «як треба» – і раптом уперше любить по-справжньому. І без цієї жінки життя втрачає сенс. Все летить до біса. У цьому небезпека запізнілого першого кохання.

Т.: Це ви кажете про випадки, коли перше почуття нахлинуло в зрілому віці. А як бути з тими ситуаціями, коли він і вона, які любили одне одного п'ятнадцять, двадцять років тому, випадково зустрічаються – і... хтось із них розуміє, що друга половинка – ось вона, що все теперішнє життя не має сенсу без нього чи неї. Що це – феномен однолюбства? Гонитва за молодістю? Мене свого часу вразив фільм Франсуа Трюффо «Сусідка». Чи буває таке у житті – і не лише у французів, а й у нашому соціально стурбованому суспільстві?

О.: Психологи вважають, що перша любов обов'язково має бути завершеною. Після про неї можна і треба згадувати – або з посмішкою, або зі світлим смутком, хто як хоче – але тужити за нею, а тим паче повертатися до колишніх стосунків я, як психотерапевт, не раджу. Буде боляче. Розповім таку історію зі своєї практики. Сергій та Ольга були студентами, шалено любили одне одного. Потім він виїхав за кордон на стажування. Спочатку вони листувалися, передзвонювалися, присягалися одне одному в коханні й обіцяли чекати. Але стажування було тривалим – три роки, почуття притупилися. Сергій повернувся, одружився з іншою дівчиною. Оля теж незабаром вийшла заміж. Життя потекло своїм плином. Пройшло 12 років, і наші герої випадково зустрілися... І що? Виявляється, вони не переставали думати одне про одного весь цей час. Грянув грім, обидві родини втратили спокій.

Сергій сказав своїй дружині: «Я йду до Олі». Те саме почув і Олін чоловік. Закохані воз'єдналися в такому потужному любовному пароксизмі, що, здавалося, вони житимуть вічно і щасливо. Через два місяці Сергій і Ольга розлучилися. Вони зрозуміли, що за 12 років змінилися, стали іншими людьми. Зовсім не тими, якими уявлялися одне одному у таємних мріях. На щастя, я увесь цей час працював з покинутою дружиною Сергія і з чоловіком Ольги. І наші герої змогли повернутися у свої сім'ї якщо не безболісно, то принаймні без зайвих нервів. А якби поруч не було психотерапевта? Порахуйте, скільки зламаних доль! Так, можна все життя згадувати своє перше кохання, тужити за ним, потім зустріти – і відчути величезне розчарування, за яким прийде полегшення: ви – різні люди, того хлопчика і тієї дівчинки вже немає і ніколи не буде. Втім, часом обставини складаються так, що зустріч із колишнім коханим через роки стає камінцем, що викликає снігову лавину. Причому накочує настільки сильне почуття, яке не піддається контролю, що жінка просто пише чоловікові записку: «Я тобі потім все поясню», збирає валізу і йде. Певний час закохані живуть, насолоджуючись, а потім починають думати про те, що покинутому чоловікові треба купити ліки, що в залишеній квартирі тече дах, що дітей добре би вивезти на відпочинок, а з ким залишити собаку?... І жінка повертається із казки у реальність.

Т.: Але чому ви вважаєте, що справжнє життя – те, опробуване, обкатане? Як може психотерапевт, нехай і блискучий фахівець, брати на себе сміливість і вирішувати, що казка, а що реальність? Якось я сиділа в черзі до нотаріуса і познайомилася з літньою парою. Чоловік допомагав жінці оформити продаж квартири. Слово за слово – і з'ясувалося, що вони обидва закінчували один московський інститут. Любили, хотіли одружитися. А потім вона поїхала як молодий фахівець за розподілом до Києва. І вони загубили одне одного. Тільки тоді, коли обоє поховали своїх подружніх партнерів, виростили дітей, вони змогли знову зустрітись. Знаєте, що сказав мені старий чоловік, з любов'ю дивлячись на розпатлану сиву жінку? «Я чекав на свою Соню 45 років!»

О.: Я цей випадок не коментуватиму: у природі, як відомо, трапляється все. А мій скепсис з приводу життєздатності першого кохання має тверду підставу: досвід роботи психотерапевтом. З власної практики я роблю висновок, що жінка, яка зруйнувала своє життя заради чоловіка з минулого, дуже рідко буває щасливою.

Т.: Ви геть-чисто заперечуєте можливість того, що перша любов і є та найсправжніша? Цікаво, а психологи можуть помилятися?

О.: Психолог може помилятися, але наука – малоймовірно. Так, є такі випадки, коли він і вона, зустрівшись через роки, починають нове життя і знаходять щастя. Але частіше відбувається навпаки. Жінка довгі роки згадувала про свого першого коханого як про якийсь ідеал і, зустрівшись з ним, розуміє: він звичайна людина зі своїми проблемами та комплексами. Багато моїх клієнток зізнаються: «Знаєте, після зустрічі з першим коханням я по-іншому стала дивитися на свого чоловіка. Він набагато розумніший, сильніший, щасливіший, ніж той, за ким я сумувала всі ці роки».

І ось що характерно: буває, що жінка, покинувши чоловіка через перше кохання, потім йде і від цієї людини теж. Не тому, що зустріла третього, а тому, що доленосна зустріч допомогла їй зрозуміти щось дуже важливе про себе, і вона вирішила все почати з нуля. Вона зрозуміла, що чоловіка не любить, але й перше кохання їй не потрібне. І жінка йде в самотність. Зрозумійте: перше кохання – це ірраціональна, психологічна подія. Але не життєва. Не можна двічі увійти в ту саму річку. Ви йдете на зустріч зі своїм першим коханням, заздалегідь сприймаючи його чи її як образ 20-річної, припустимо, давності. Але перед вами інша людина. Інша особистість, незвична, незнайома вам. Тому я впевнений: місце першого кохання – у золотому фонді ваших спогадів. Але не поряд у повсякденному житті.

Т.: І все одно дехто не погодиться з вами і не захоче відправляти своє перше кохання на антресолі, де припадають пилом дитячі книжки, шкільні сукні й плюшевий ведмедик. Хоч би що говорила наука психологія, багато хто – і жінки, і чоловіки – зберігають своїх шкільних чи студентських коханих в якомусь паралельному світі, пам'ятають про них і не бажають сприймати лишень як перший зуб. Є люди, для яких перше кохання – це більше, ніж досвід першого поцілунку чи перших відвертих слів. Хто вони – однолюби? Невротики? «Неправильні» люди?

О.: Один із факторів застрягання на першому коханні – невдалий шлюб. Звичайно, якщо жінка не зустріла чоловіка, з яким би відчула себе щасливою, вона буде згадувати про втрачені можливості, жити наче в умовний спосіб: «А ось якби...» Відсутність кохання у справжньому житті змушує підживлюватися коханням з минулого.

Другий чинник – потрібна специфічна, шизоїдна структура особистості. Не лякайтеся цього слова, шизоїд – абсолютно нормальна людина, просто схильна до роздвоєння почуттів. Однією стороною душі вона любить чоловіка, а іншою – весь час програє варіанти: «що буде, якщо я зроблю те й те». Такий собі доктор Джекіл і містер Хайд, пам'ятаєте у Стівенсона? Таким натурам властиве двояке ставлення до свого життя.

Третій фактор – застрягання на першому коханні характерне для жінок з нарцисичними нахилами, які дуже люблять себе. Самозадоволення, захоплення собою не дозволяють жінці забути про той час, коли нею захоплювалися, а вона була молодою дівчиною.

Але, на мій погляд, найважливіший фактор, який змушує жінку сумувати за першим коханням, – це особливі стосунки з часом. Є така градація людей: ті, хто живе минулим (для них важливим є лише те, що вже пережито); сьогоденням (минуле і майбутнє не мають сенсу, важливо лише «тут і тепер»); майбутнім (такі особи не звертають уваги на минуле, підминають під себе сьогодення, сподіваючись, що все найпрекрасніше – попереду). І є особлива категорія, для якої психологічно не існує жодного часу – ні минулого, ні сьогодення, ні майбутнього – крім часу «Завжди». Така жінка не здивується дзвінку колишнього коханого, який з'явився через 20 років. Він був у її житті завжди. Неважливо, що у нього за плечима – три шлюби, п'ять років в'язниці та купа дітей. Вона сприймає його як частину свого життя: він мій і все тут. Він завжди був «її», тому що вона не поділяє минуле і сьогодення.

Одна жінка з категорії «Завжди» розповідала мені, як переїжджала з батьківської квартири у нову, свою власну. Вона поклала свої дитячі книжки, шкільні сукні, запакувала старі платівки. І, лише побачивши здивування мами, схаменулась і розпакувала валізу. Все правильно: вона не ділила предмети на ті, що з минулого, і ті, що знадобляться у майбутньому. «Всі мої, всі зі мною». Так само такі жінки ставляться до людей з минулого: всі мої, всі беруть участь у моєму житті. Хоча, безперечно, це не так.

Т.: А знаєте, Олександре Федоровичу, чому ваша статистика настільки сумна і випадків, коли перше кохання виявляється найголовнішим у житті, так мало? Та тому що коли люди щасливі, їм нема чого йти до психотерапевта. Напевно, ми з вами просто не знаємо про тих обраних, для яких перше кохання стало останнім. І єдиним.

До фахівця йдуть тоді, коли погано. Що найчастіше непокоїть жінку, перед якою вивалився із шафи скелет її першого кохання?

О.: Страх. Жінка боїться, що реанімоване почуття захопить її, зламає життя, завдасть болю чоловікові, вона відчуває провину перед дітьми... Це неможливо передати словами: хто не відчув, тому важко зрозуміти. Почуття, що повернулося, захоплює жінку цілком і повністю. Найголовніша проблема: вона не може зрозуміти, де справжнє, де гра уяви, що для неї життєво важливе, а що ні? Люди в такому стані кидають роботу, їдуть в інше місто, винаймають квартири, пропадають на довгий час. Це – стихія. У психотерапевта жінка запитує: «Як розібратися, де моє справжнє життя?» Я не роздаю поради: звідки ж я знаю, що для неї – справжнє? Я допомагаю жінці прийти в себе. Заспокоїтись. І самій зробити вибір.

5. Анатомія розлучення

Зі сторони це має вигляд математично простий: із суми віднімається одиниця. У залишку – теж одиниця. Було двоє, стало один і одна. Наскільки нехитра алгебра людських стосунків, настільки складна їхня хімія. Реакції часом непередбачувані, а суміш емоцій часто вибухонебезпечна. І здається, що витримати катастрофу під назвою «розлучення» неможливо.

Тетяна Петкова: Якось моя приятелька Світлана, з якою ми рідко бачилися, подзвонила і запросила до кафе. За столиком нас було четверо давніх подруг, які знають одна про одну майже все. Привід для зустрічі, як виявилося, нікому не був відомий. Світлана замовила шампанське, десерт і, коли ми наповнили келихи, удавано весело сказала: «Ну, дівчата, вип'ємо за свободу: я розлучилася!» Від несподіванки ми заговорили всі одночасно, стали промовляти якісь банальні фрази. Загальний зміст вечірки звівся до хвацького «Нам без них краще», і під завісу ми вітали Світлану з визволенням від рабства і все в такому дусі. Але, коли ми розходилися, у Світлани в очах стояли сльози. А одна з нас, яка за столом кричала: «Світлячок, як я тобі заздрю!», тихенько шепнула мені на вухо: «Добре все-таки, що це сталося не з нами, правда?» Загалом обивательський погляд на розлучення приміром такий: «Ай-я-я, ну, нічого страшного, вітаю з початком нового життя та полегшенням страждань». А насправді кого більше у вашій практиці: тих, кого можна привітати, чи тих, кому треба співчувати?

Олександр Бондаренко: Розлучення – припинення колишнього життя. Вдумайтеся в слова «припинення колишнього життя», що вам вони нагадують? Чи не так, схоже на смерть? На відміну від обивательського, як ви кажете, погляду на розірвання шлюбу – для когось це полегшення, комусь радість – психологи мають власну думку, що ґрунтується на досвіді роботи із подружніми парами. Адже розлучення часто не приносить полегшення. Говорячи професійною мовою, це множинна емоційна травма. Невипадково люди не хочуть розлучатися майже ніколи, роблячи це як би силувано, ніби поступаючись страшній логіці обставин. Буквально одиниці з сотні моїх клієнтів промовляли: «Я хочу розлучитися».

Т.: І все одно багато хто розлучається. Я читала, що у великих містах планети розпадається понад 50% перших шлюбів, зокрема й у Києві. І справді – якщо в сім'ї щось не влаштовує, якщо з цією людиною погано, чому не розлучитися з нею без жалю, чого боятися?

О.: Парадокс у тому, що люди, страждаючи у шлюбі, не хочуть проходити через ще одне додаткове страждання – через розлучення. Крім того, часто колишнє подружжя після розлучення продовжує підтримувати сексуальні стосунки. Вже знаючи, розуміючи, що разом вони не житимуть ніколи. Така сила інерції буття. Цей наступний період може тривати від півтора до трьох років. Багато пар, розійшовшись, не поспішають оформляти розлучення офіційно: штамп у паспорті лякає їх, позбавляє ілюзії колишнього ставлення до себе.

Т.: Проте ж є випадки, коли колишнє подружжя спілкується, радиться одне з одним, практикує кавування на нейтральній території, в ресторанчику. Це як розуміти?

О.: Це нормальна, цивілізована модель стосунків, що дозволяє уникнути тієї самої трагічності, про яку ми говоримо.

На жаль, у нас так не заведено. Наш максималізм «або люблю – або ненавиджу» змушує розлучатися ворогами. Бачте, слово «шлюб» тюркського походження. Birak означає «союз». Справді, хіба людина не має права вийти з колишнього союзу і укласти новий? Я думаю, що розлучення страшне не тільки самим фактом відмови від супутника життя, а й тим, що лякає невідомістю. Страхає самотність. Думаю, цей страх і викликає агресію до колишнього партнера.

Т.: Я знаю кілька пар, які мешкають разом тільки в режимі благополуччя. Як тільки хтось занедужує, чи в сім'ї виникає фінансова криза, або у когось із родичів з'являються проблеми, чоловік і дружина відразу ж розбігаються по різних квартирах. Мовляв, ти залагодиш все, усунеш причину, що заважає нашому щастю – і ми знову заживемо в любові та злагоді. Така форма шлюбу теж має право на існування?

О.: На психотерапевтичному сленгу подібна модель шлюбу називається терміном «гармошка». Адже є різні види шлюбних союзів: гармонійний, коли подружжя живе душа в душу; паралельний, коли кожен живе сам по собі; деструктивний, де одна половина руйнує іншу, як у сім'ях алкоголіків; комерційний союз, де, як правило, стосунки будуються на основі писаного чи неписаного контракту; дисгармонійний, коли подружжя не співпадають за жодним із параметрів психологічної сумісності; деструктогенний, коли особиста патологія одного з подружжя – наприклад, конфліктність, – спотворює і підриває подружні взаємини.

З іншого боку, існують основні фази подружніх стосунків. Перша – це власне вибір партнера. Припинення орієнтовано-пошукової діяльності та фіксація уваги на одній-єдиній або одному-єдиному. Друга – романтизація стосунків. Це стосунки своєрідного симбіозу, коли молоде подружжя бачить одне одного через рожеві окуляри. Третя стадія – це формування стилю подружжя, вироблення правил спільного життя.

Четверта – розвиток, видозміна колишнього стилю стосунків, коли люди навчаються разом проживати конфлікти, кризи, перемоги та поразки. І, нарешті, п'ята – це стадія підбиття підсумків, оцінки якості спільного життя, коли вирішується питання – справжнім чи випадковим був цей шлюб. Розлучення, власне, і є не що інше, як перескакування на останню фазу з колишнього періоду спільного життя.

Т.: Ви маєте на увазі так зване правило сімки, коли загроза розриву найімовірніша через 3, 7, 14, 21 рік подружнього життя?

О.: Ну, не до такої вже точності. Хоча, безумовно, протягом перших трьох років сімейного життя спливає назовні те, що раніше було глибоко заховано. Це можуть бути хвороби чоловіка і дружини, нерозв'язні проблеми родичів, безпліддя одного з подружжя, неприйняття батьками дружини чоловіка і навпаки – словом, все, що не можна перевірити до походу у загс. І якщо у цей період не знайти відповіді на запитання: «Що нас утримує разом?», шлюб розпадеться. У цей період найголовнішою декларованою причиною для розлучення стає: «Я його розлюбила» або «Він мене розлюбив». Насправді ж йдеться не про кохання. Просто у цього подружжя за перші три роки не з'явилося нічого такого у стосунках, що переконало б їх: так, ми маємо бути разом. І це «щось» набагато важливіше і сильніше за найпристрасніше і гаряче кохання, яке, до речі, не може тривати довго.

Другий період настає приблизно через шість-сім років. Як правило, вже з'явилися діти, жінка змінила своє ставлення до чоловіка та життя взагалі. Діти зараз рідко народжуються здоровими, приносять багато клопоту, хворіють, плачуть ночами. З іншого боку, і чоловіки сьогодні вимушені багато працювати, йдуть із головою у бізнес, мало відпочивають. І теж, зрозуміло, вимагають до себе уваги. Відкрию вам одну таємницю, добре відому психотерапевтам: жодна жінка, якою б вона не була великодушною по відношенню до свого чоловіка, не пробачила в душі йому те, що коли немовля плакало ночами, той спокійнісінько собі спав і не вставав до нього! А чоловіки щиро не розуміють: як це я можу встати до дитини, якщо я приходжу о 12 годині ночі вичавлений, як лимон?! Саме на цей час виникає психологічна втома.

Ще одна обставина, яка несе загрозу шлюбу в ці роки, – те, що поки дружина сидить удома з дитиною, чоловік розширює своє життя, знайомиться з новими людьми, чомусь навчається – збільшує діапазон соціальної взаємодії. Він, до речі, й інших жінок у цьому діапазоні підмічає. А дружина сидить удома в халаті та капцях, ніби випадаючи на кілька років із зовнішнього життя. Дозволю звернути увагу ось на що: вкрай небажане розлучення, коли є дитина у віці від 3-х до 5-ти років. Саме в цей період у неї формується психологічна статева приналежність. Грубо кажучи, краще поганий тато, ніж його відсутність. Інакше це загрожує і хлопчикам, і дівчаткам порушенням психологічної статевої ідентифікації.

Т.: А далі?

О.: А далі підростають діти, стають більш незалежними. Ті, у кого є в сім'ї підліток, чудово розуміють, що я маю на увазі. Подружжя, зрозуміло, також не молодшає. Так уже в природі влаштовано, що біологічні цикли розвитку у чоловіків і жінок не збігаються. А природа щороку «викидає» все нових і нових молоденьких дівчат, вони з'являються просто у величезних кількостях. І старіючий чоловік, бачачи навколо цих «відьмочок у соку», може з собою не впоратися. Дівчина, на яку він кидає погляд, це вже не та бойова подруга, яка разом з ним долала труднощі й дерлася на вершину благополуччя. Він уже хоче з панського плеча когось нагородити собою, хоче когось вразити, облагодіяти. Я знаю чимало випадків, коли чоловіки віком за 40 і з великим досвідом сімейного життя купували малознайомим дівчатам квартири, машини, возили їх курортами. Одним словом, йому хочеться показати, який він, власне, класний мужик. Перед дружиною хвіст не розпустиш, вона знає цьому ціну. А дівчина захоплено ахне, стане обожнювати.

Якщо в перші сім років спільного життя розлучення найчастіше ініціює жінка, оскільки має ще запас часу, то в третьому і четвертому кризових періодах «винуватцем» переважно стає чоловік. Через появу молоденької пасії.

Т.: З чим йдуть до психотерапевта: «Ми розлучаємося, допоможіть це зробити безболісно» або «Врятуйте наш шлюб»? Чи завжди потрібно наполягати на збереженні сім'ї?

О.: Приходять, звісно, із проханням врятувати сім'ю. На жаль, іноді це неможливо. Як ніби пацієнт просив лікаря врятувати руку, на якій почалася гангрена. Руку треба відрізати, інакше можна загинути самому. Мова, по суті, про те, щоб визначити природу і масштаби емоційної травми, яку подружжя свідомо чи мимоволі завдали одне одному; встановити, чи сумісна ця травма з існуванням шлюбу, і, якщо так, зробити все для його порятунку. Уявіть собі таку ситуацію. Чоловік любить книги, збирає бібліотеку, а дружина йому періодично заявляє: «Твої книги лише пил збирають і займають місце. Краще гроші заробляв би. Толку від твого читання!» Ось вам і зазіхання на систему цінностей людини, з якою жінка живе, їсть, спить, виховує дітей. А любовні трикутники зради, а сексуальна дисгармонія, а гроші? Запитань більше, ніж відповідей.

Т.: Олександре Федоровичу, навряд чи знайдеться родина, яка не переживала б коливань від «Як добре, що ми разом» до «Який жах, треба терміново розлучатися». Це ж зрозуміло: бувають хвилини гармонії, трапляються – розлади. Як перевірити, чи живий у тебе шлюб чи все-таки гангренозний?

О.: Є психологічні симптоми, вісники неблагополуччя. Наприклад, якщо вночі ви прокидаєтеся від туги і думаєте: «Боже, невже ця людина – все, чого я гідна в житті?»

Або, припустимо, вам не хочеться йти після роботи додому, ноги просто не несуть. Або ви, перебуваючи вдома, часом ловите себе на думці: «Що я тут роблю? Що це за людина поряд, чому я маю йому готувати, вислуховувати?» Накочує відчуття штучності, ненатуральності того, що відбувається: «Це чуже, це не моє». Виникає потреба знайти притулок і втекти: деякі в такому стані винаймають квартири, дехто їде на дачу, заводить інтрижку на стороні. Якщо таке прозріння трапилося одного разу, можливо, нічого страшного не відбувається, просто хвилинне непорозуміння. Якщо ж часто, варто замислитися.

Т.: Що робити, коли шлюб розпадається?

О.: Коли шлюб розпадається, насамперед слід подумати про порятунок дітей і самої себе. Важливо не загинути під його уламками. Адже у стані передрозлучного стресу можна підхопити небезпечну хворобу, потрапити в аварію, ухвалити неправильне рішення і на роботі, і в житті. Загалом, наробити дурниць. Коли корабель подружнього життя потопає, треба рятуватися. Кінець однієї з форм життя зовсім не означає кінця життя як такого. Союзники тут – психолог-психотерапевт, адвокат, священик, добрі друзі, іноді – батьки. До того ж слід врахувати: з 10 пар, які прийшли до психотерапевта у передрозлучному стані, 8 насправді мають зовсім інші проблеми, які не пов'язані з подружнім життям. Важливо відокремити невдоволення власним життям від інших причин, що викликають дискомфорт, і не переносити свої особисті проблеми на стосунки з подружнім партнером.

6. Ляльковод і його жертви

Немає людини, яка хоча б раз у житті не піддавалася маніпулюванню. Тільки одні стають виконавцями чужої волі вряди-годи, не відчуваючи особливого дискомфорту, часом навіть не помічаючи, на чию руку зіграли. А є справжні маріонетки, що дозволяють оточенню смикати за ниточки та нав'язувати свої правила гри. Їм не подобається власна залежність від карабасів-барабасів. Вони розуміють, що настав час зупинити маніпулятора. Але не знають, як це зробити.

Тетяна Петкова: Розмірковуючи про тему сьогоднішньої бесіди, я згадала яскраві приклади маніпулювання: папугу Кешу з відомого мультика і Бузикіна з «Осіннього марафону». Кеша, щоб привернути до себе увагу і виторгувати право дивитися телевізор, чого тільки не витворяє! «Ах, ось ти який!» – б'ється в істериці, задерши догори лапи і закотивши очі. Ну хіба не хитрущий маніпулятор? А безвідмовний Бузикін? Йому би послати подалі бездарну і нахабну подружку, а він мчить переробляти її роботу за першим покликом.

Олександре Федоровичу, як же вдається одним людям безсоромно крутити іншими?

Олександр Бондаренко: Суть маніпулятивної діяльності – підміна істинних цілей, намірів того, хто маніпулює, оманливими. Але вам при цьому здається, що ви бачите справжні події та відчуваєте справжні почуття. Найпростіша маніпуляція – концерт під фонограму. Ви бачите, як співак, тримаючи в руках мікрофон, відкриває рота і, дотримуючись логіки, робите висновок: він співає. Хоча тут є заміна діяльності. Вами маніпулювали: змусили повірити, що спів живий, ви аплодуєте, захоплюєтеся концертом – тобто поводитесь саме так, як потрібно маніпулятору. У цьому суть маніпулювання – досягти вигідного для себе результату. При цьому зробивши так, що той, ким маніпулюють, щиро вважає, що він діє самостійно.

Класичний приклад маніпуляції – взаємини Буратіно з лисою Алісою та котом Базіліо. Буратіно приймає рішення начебто самостійно, але, безумовно, не на свою користь. Аліса і Базіліо спрацювали за хрестоматійною схемою маніпуляції: здійснили заміну цілей («Ти розбагатієш» замість «Дозволь нам вкрасти твої гроші»), дали правдоподібні, але хибні поради. І у Буратіно склалося враження, що він розпорядився капіталом на власний розсуд.

Т.: Наскільки часто, на думку психологів, нас хтось смикає за мотузочки?

О.: Дуже часто. Немає сфери життєдіяльності людини, позбавленої маніпуляцій. Існує таке поняття як повсякденна брехня. Як би ми не прагнули до абсолютної правдивості та чесності, досягти цього неможливо. Якщо ми будемо чесні з усіма до кінця, неминучі конфлікти і непорозуміння. Уявіть собі, що ви кажете чоловікові: «Ти маєш у цих штанях потворний вигляд. Ну і фігура у тебе – як у Вінні Пуха!» Звичайно ж, він образиться. Напевно, ви придумаєте інше пояснення і попросите чоловіка переодягтися. Ви маніпулюєте ним? Так. Але це буде хороша маніпуляція – невинний обман, до якого ми вдаємося, щоб не образити людину. Однак предмет нашої сьогоднішньої бесіди – погане маніпулювання.

Т.: Як я розумію, арсенал засобів у хорошої маніпуляції і у поганої – однаковий. Все та ж похвала, оманлива мета, обман... Редактор однієї з газет любить повторювати: «Компліменти здешевлюють робочу силу». Я сама стільки разів опинялася в такій ситуації: мені дають завдання написати матеріал, причому часу обмаль – буквально треба зробити «на вчора». Доведеться сидіти за комп'ютером вихідні, відкласти усі справи. Загалом мені страшенно не хочеться виконувати цю роботу, яка до того ж не стосується моїх прямих обов'язків. Але я чую: «На вас одна надія. Так, як напишете ви, ніхто не зробить», розумію, що мене використовують, – і погоджуюся!

О.: Про маніпуляції на роботі можна говорити нескінченно. Пам'ятаєте рекламу, де дві пані бальзаківського віку говорять про свого привабливого начальника: «Скаже шеф працювати у суботу – ну, треба, так треба?» Якщо начальник вміє майстерно смикати за мотузочки, він панує над підлеглими. Крім маніпуляції, про яку ви говорите – «На вас одна надія», поширені ще такі хитрощі, як «Заохочення». Шеф нагороджує підлеглого: грошовою премією, путівкою, подарунком. Той почувається ніяково: начебто нічого особливого не робив, а його відзначили. Через певний час шеф починає нещадно експлуатувати співробітника: навантажує роботою, підкидає нові обов'язки. І бідолаха вовком виє, але відмовитися не може – його ж нагородили! Але шеф подарував на копійку, а вимагає на гривню. З цієї ж серії – традиція влаштовувати із підлеглими теплі вечірки, обмінюватися милими подарунками. Начебто ваші стосунки з шефом стають дружніми – і вам все важче відмовити йому.

Начальники, між іншим, також бувають жертвами. Знаєте, хто саме – тонкі та вправні маніпулятори? Секретарки. Гарненька тямуща дівчина-секретар займає позицію дитини: постійно хниче, що в неї проблеми. То дах у квартирі протік, то треба родича покласти на операцію, то немає чим додому дістатися – і так до нескінченності. «Так, я спізнилася на роботу, але мама з ранку закотила мені такий скандал: їй не подобається, що я багато працюю, схудла сильно...» Якщо начальник охоче опікується «невезучою дитиною», маніпулювання не закінчиться ніколи. Як тільки шеф зупиняє скарги, «дитина» відразу стає дорослою жінкою. Щоправда, у цьому випадку маніпуляція «Поспівчувайте мені» може змінитись грою «Шеф, я знаю всі ваші таємниці».

Т.: Олександре Федоровичу, але ж таким чином можна ігнорувати будь-які прохання шефа і шарахатися від підлеглих, підозрюючи, що усі вас використовують. Як відрізнити звичайне прохання чи завдання від маніпуляції?

О.: Якщо прохання «ховається» в словах, які безпосередньо стосуються вас, ваших почуттів – це, безперечно, маніпуляція. Шеф, даючи термінове завдання, може сказати, що це дуже важливо для фірми. Але тиснути на те, що крім вас його ніхто не зробить, – нечесно. Якщо ваша подруга просить вас зробити щось, чого вам не хочеться робити, і благає: «Ну, заради мене» – це маніпуляція. Запам'ятайте: маніпулятор працює винятково із почуттями. Спробуйте відмовити маніпулятору – він одразу образиться: «Як?! Ти не хочеш допомогти?» Вам стає соромно, незручно: «Справді, яка я погана», і ви погоджуєтеся.

Ще одна ознака маніпуляції – вона неприємна. Підсвідомо ви відчуваєте дискомфорт від необхідності зробити те, до чого вас підштовхують. Десь навіть усвідомлюєте – вас відверто використовують. Але потім заспокоюєте себе: «Адже я сама прийняла рішення».

Навіщо маніпулятору потрібно досягти результату? Перше – зняти з себе відповідальність. На фірму налетіла з перевірками податкова інспекція. Директор телефонує заступникам, прикидається хворим і просить залагодити справи. Друга мета – не робити того, що ти маєш робити. У сім'ї дуже популярна маніпуляція «Хвора дружина», вічно вона скаржиться то на головний біль, то на втому. Якщо чоловік поспостерігає, то побачить, що дружина хворіє саме тоді, коли підходить час прибирання квартири або святковий обід. Чоловік прибирає і готує сам. Зрозуміло, дружина може хворіти насправді. Але якщо вона образиться на відмову чоловіка пилососити й варити борщ, найімовірніше, це маніпуляція. Адже головна мета маніпулятора – схилити людину до вигідної для себе діяльності.

Я знаю одну пару. Чоловік маніпулює дружиною, займаючи по відношенню до неї позицію батька. Він зневажливо ставиться до її інтересів, і, зрештою, вона починає думати, що нічого особливого не являє собою. Коли вона одного разу спекла грандіозний торт, чоловік сказав: «Дуже смачно. І як це ти примудрилася приготувати таке?» Ось вам і тонке нагадування: знай своє місце.

Але взагалі в сім'ї – я маю на увазі, здоровій, благополучній сім'ї – маніпуляції, як правило, нешкідливі. Допустимо, чоловік, прийшовши з роботи, стогне: «Люба, у мене болить голова». Ви буркнули: «Випий анальгін» і уткнулися в телевізор. За якийсь час чоловік знову охає. Відірвіться від телевізора! Швидше за все чоловік хоче, щоб його пожаліли, приголубили, розпитали про справи. Але ж він сильний, він же не може похникати (хоча дуже хочеться). Піддайтеся на цю маніпуляцію, приготуйте йому чаю з лимоном, вкладіть на диван, зробіть масаж. Хіба сімейний мир не вартий таких безневинних жертв? І боронь Боже маніпулювати чоловіком у ліжку. Психологи попереджають: не можна говорити про гроші, про те, що вам потрібна нова шубка або новий автомобіль, – словом, використовувати сексуальні стосунки для досягнення своїх цілей неприпустимо.

Т.: Напевно, найблагодатніший ґрунт для маніпулювання – торгівля. Якщо раніше в наших магазинах продавці нагадували партизанів на допиті, то сьогодні спостерігається протилежна тенденція. Продавчині накидаються на покупця, як піранії: «У нас є на вашу фігуру сукня», «Це – ваш стиль, потрібно приміряти!» тощо. У багатьох бутіках просто неможливо роздивитися речі, бо тебе пресують з усіх боків. Незручно піти без покупки, доводиться купувати якусь дрібницю.

О.: Купивши щось із міркувань «Мені незручно піти з порожніми руками», ви видали результат, потрібний продавцю. Його маніпуляція називалася «Я приділяю тобі стільки уваги, стараюся щосили – то невже ти нічого в мене не купиш?!» Вас охоплює хибний сором: справді, про мене так піклувалися, дай я куплю в них щось. Ще одна маніпуляція – «Це не для вашого гаманця». Показуючи вам товар, продавець ніби зауважує: «Це з дешевих. У нас є дорожче, але навряд чи вас зацікавить...» І робить удавано збентежену паузу: мовляв, вам це не по кишені. Покупець, природно, обурений, що його мають за жебрака, і рішуче вимагає показати йому найдорожчі речі. Ціль вражено. Ви йдете з покупкою, яка коштує вдвічі дорожче, ніж ви планували.

Т.: Ще одна маніпуляція – «На вашій дружині це буде мати чудовий вигляд». Деякі продавці, побачивши в магазині жінку з супутником, тут же починають обробляти його: показувати якісь сукні, сумочки, шарфи. Чоловік спочатку розгублено озирається на дружину, потім сердиться, дратується. А продавець каже: «Хіба ваш чоловік не хоче, щоб ви мали чудовий вигляд?» Тобто натякає, що чоловік сердиться через жадібність, не хоче купувати. Хоча насправді багато чоловіків губляться у відділах жіночого одягу і терпіти не можуть, коли їх змушують брати участь у шопінгу.

О.: Продавець у жодному разі не повинен зачіпати почуття та відчуття покупців. Яка його справа, що думає ваш чоловік? Яке право має продавець оцінювати вашу фігуру і вирішувати, що вам слід приміряти? Потрібно чітко розрізняти, де вами маніпулюють, щоб не танцювати під чужу дудку. Коли кажуть: «Можна запропонувати вам подивитися нову колекцію?» – це нормальна професійна фраза. Якщо ви чуєте: «Я бачу, ви знаєтеся на елітних речах. Ось у нас є колекція, яка вам обов'язково сподобається» – це вже маніпуляція.

Згадайте, як працюють різні агенти з продажу. Вам кажуть: «Я нічого не продаю, я просто показую зразки». Якщо погодились подивитися товар – ви вже на гачку. Існує психологічний закон «восьми хвилин»: якщо людина вісім-десять хвилин займається якоюсь діяльністю, вона залучається до неї. Шкільні психологи добре знають, як важливо посадити дитину, яка упирається, вчити уроки і втримати її перші вісім хвилин. Далі вона уже втягнеться. Так і з покупками: розглядаючи зразки, ви непомітно захоплюєтеся, у вас виникають наміри, бажання щось купити.

У продавців – і про це завжди слід пам'ятати – одна мета: обсяг продажів. Їх не цікавить ні ваша фігура, ні ваші стосунки з чоловіком, ні ваш рівень доходів. Їхнє завдання гранично зрозуміле: спонукати, змусити, надихнути вас на покупку. Адже кожен має свою роботу. Тому я порадив би, перш ніж піддаватися на умовляння чи погоджуватися виконати прохання, добре подумати і відповісти собі на кілька запитань. Перше: «Кому вигідний результат?» Друге: «Чим особисто мені загрожує ігнорування прохання?»

Т.: Мені здається, що жертвами «лялькоцодів» стають, перш за все, добре виховані люди, які не вміють відмовляти іншим. Чи існують такі техніки, які допомагають припинити маніпуляцію і не скривдити при цьому людину?

О.: По-перше, якщо боїтеся образити людину – це ознака того, що вами вже маніпулюють. Спочатку маніпулятор змушує себе полюбити, потім він вимагає заради цієї любові змінити систему цінностей. Подруга каже вам: «Як, ти не можеш випити зі мною чаю через свою паршиву роботу? Тобі важливіша прес-конференція чи я?» І ось ви, боячись образити приятельку, скасовуєте важливу зустріч і, чортихаючись у думках, п'єте у неї на кухні чай, знаючи, що провалено частину роботи. Не треба боятися образити маніпулятора – інакше ви ніколи не втечете від свого Карабаса-Барабаса.

По-друге, невірно думати, що справа тут у природній інтелігентності чи вихованості. Жертвами маніпуляції найчастіше стають люди, які недостатньо поважають і цінують себе. Є безліч способів ввічливої відмови. Що, професор Преображенський був грубий зі Швондером, коли той намагався продати йому журнали на користь голодуючих дітей? Пам'ятаєте: «Вам що, не шкода дітей?» – «Шкода». – «Чому ж ви не купуєте журнали?». – «Не хочу». Ось вам чудовий приклад того, як була припинена маніпуляція: професор просто скористався своїм правом сказати «не хочу».

Крім того, жертвами «ляльководів» стають люди, нездатні до самостійного судження, рефлексії. Як правило, вони наївні та довірливі. Або ще одна категорія – ті, кому не вистачає дружніх, теплих взаємин: як зауважив Ніцше, самотній надто часто відгукується на співчуття. Таким людям незручно вимовляти: «Я не робитиму цього», «Я не хочу». Замість того, щоб відмовити, вони беруться пояснювати, починають виправдовуватися. Ніколи не виправдовуйтесь. Вас тут же залучать до гри: «Ти мене недостатньо любиш», «Хто тобі важливіший» і таке інше. Модель спілкування з нав'язливими продавцями може бути такою: «Дякую, мені не потрібна допомога, коли знадобиться – я вас покличу». Або ж спробуйте скористатися вишуканою відповіддю а-ля Остап Бендер («Вибачте, по п'ятницях не подаю»): «Я сьогодні не маю наміру робити покупки».

Пам'ятайте: чесність і серйозність – головна протиотрута проти маніпуляції. Припинити її можна, якщо назвати речі своїми іменами. Тож якщо подруга дорікає: «Для тебе робота важливіша за мене», скажіть: «Ні, ти дорожче, але мені потрібно виконувати свої обов'язки. І я розраховую зараз на твоє розуміння та підтримку». Не-маніпулятор зрозуміє і не ображатиметься.

7. Танго утрьох

Слово «любов» у множині сприймається якось неприродно. Ну що це таке – «любові»? Прийнято вважати, що любов – єдина, най-най, неповторна. А якщо їх дві, і обидві – єдині? І неможливо вибрати, бо потрібні обидві, і вбити одну – значить вбити частину себе?
Що це таке – любовний трикутник? Збочення? Покарання Господнє? Химерна мутація почуттів?

Тетяна Петкова: Олександре Федоровичу, з позиції життєвої логіки любити двох, м'яко кажучи, негарно. Оточення відразу поставить діагноз: або «вибирає найкращий варіант, а другого тримає про запас» або «розпусна жінка». Ще кажуть: якщо любиш двох, значить, нікого не любиш. Відкинемо моралізаторство. Що таке любовний трикутник із погляду психології?

Олександр Бондаренко: Однак же нікого не бентежить той факт, що у часовій послідовності може бути кілька кохань. Колись ви любили одного, зараз іншого, і це здається природним, правда? Чому ж нам так важко примиритися з тим, що й у відношенні простору теж може бути кілька кохань? Звичайно, ці кохання відрізняються одне від одного. Наприклад, коли чоловік любить двох жінок, то одна для нього рідна, товариш, друг. А друга – бурхлива пристрасть. Але, говорячи про трикутник, ми в жодному разі не стверджуємо, що це поширена, нормальна ситуація. Кохання втрьох трапляється набагато рідше, ніж «звичайне». Але трапляється. І майже завжди любовний трикутник – це вузол проблем.

Приклад із психотерапевтичної практики. Живуть чоловік із дружиною душа в душу. Але ось дружина серйозно захворіла по жіночій частині, гінекологічні операції слідують одна за одною. В результаті 38-річна жінка перетворюється на інваліда, всілякі сексуальні стосунки стають неможливими. А чоловікові – 42, він до неї дуже прив'язаний і не думає розлучатися з коханою. До того ж вона – прекрасна господиня, з тих, на кому всі чотири кути в домі тримаються. Певний час вони живуть без сексу – два, п'ять, десять місяців. А потім дружина сіла навпроти чоловіка і серйозно сказала наступне: «Знаєш, я не хочу тебе втрачати. У вас у офісі працює дівчина, яка тобі подобалася. Її звати Олена. Зустрічайся з нею. Будь ласка». Цей трикутник існує вже шість років.

Така сама ситуація з точністю до навпаки. Я знаю одну жінку, яка вже дев'ять років доглядає психічно неврівноваженого чоловіка. Їй 37 років, чоловікові трохи більше. Причому, як я розумію, вона його не кидає не з міркувань милосердя чи порядності. Вона не мислить без нього життя. Він дуже талановитий, але страждає на запойний алкоголізм, до того ж періодично впадає у депресію. Іншими словами, як сексуальний партнер – більше ніж проблематичний. Соціально інфантильний, він не може їй дати того, чого вона хотіла б і заслуговує. Але вона терпляче веде його до психотерапевта, відвідує в психіатричній лікарні (двічі на рік чоловік лягає в стаціонар для лікування депресії), їздить з ним до моря, терпить його примхи. І в той же час жінці хочеться, щоб поряд був не розчавлений життям невдаха, а сильний і турботливий переможець. І вона закохується в такого чоловіка, і почуття її настільки ж щирі та глибокі. Але, як ви розумієте, це зовсім інше кохання. Та й той, інший, чоловік теж, як ви здогадуєтеся, не голлівудський небожитель. У нього купа своїх проблем і власні погляди на життя. Чи є у нас моральні підстави засуджувати ці дві сім'ї? На мій погляд, ні. І знаєте чому? Тому що людські нещастя диктують інші, далекі від звичайних, норми поведінки і систему цінностей.

Т.: Тобто перша причина виникнення трикутника пов'язана із здоров'ям одного з «кутів». А коли ще з'являється третій, який не зайвий?

О.: Крім здоров'я тілесного і психічного, є ще особистісне. Буває, що чоловік і жінка не можуть жити одне без одного, але водночас перебувають у міжособистісному конфлікті. Наприклад, у них різні смисли життя, різні системи цінностей. Скажімо, чоловікові в сім'ї постійно дорікають, що він мало заробляє. Ніхто не збирається з ним розлучатися, та й діти його люблять, а всі скандали через гроші. Його зарплати дружині не вистачає, щоб улаштувати своє життя так, як вона мріє. Чоловік самолюбний, та його самооцінка, збита дружиною, потребує зміцнення. Тут з'являється третій «кут» – жінка, яка приймає його таким, як є, не звертаючи уваги на зарплату. Коханка каже: «Ти такий розумний, я тебе обожнюю». Ось і утворився трикутник, у якому компенсується нестача кохання.

Не секрет, що нинішнє складне життя для багатьох чоловіків зробило проблему імпотенції близькою і зрозумілою. Ті, хто опинилися за бортом і не зуміли реалізуватися, перетворилися на духовних і фізичних калік. На іншому полюсі – успішні чоловіки, які витрачають стільки сил і нервів, аби утриматися на висоті, що їхня психосексуальна енергія часто просто нульова. На повноцінні стосунки з жінкою їх уже не вистачає. Поява третього допомагає дружині не почуватися обділеною, а чоловікові – знизити почуття провини за власну фізичну неспроможність. І такі стосунки, в яких психологічна милиця не дає обвалитися всій конструкції, сьогодні досить поширені. Ось чому французи жартують: «Коханка зміцнює сім'ю».

Т.: Напевно, я не помилюся, назвавши третю причину виникнення трикутників: тонізуючу. Щоб тримати себе у тонусі, творчі люди – актори, музиканти, художники – потребують нових романів, неземних пристрастей...

О.: Можливо. Адже справжні люди на відміну від героїв кінобойовиків такі недосконалі, такі вразливі. А реальне життя складніше за будь-які сценарії. Напевно, є такі особливі дружини чи чоловіки у творчих людей, які вже давним-давно махнули рукою на те, що «танцюють танго утрьох». У таких трикутниках два кути постійні – це подружжя. А третій кут змінний – це «муза», яка на даний момент надихає чоловіка або дружину на написання музики або картини. Це абсолютно різні ролі! Ось реальні ситуації: чоловік актриси, відомий бізнесмен, заплющує очі на те, що вона вважає за краще подорожувати світом з іншими чоловіками. Він знає: їй це потрібно. Щоб не втратити блиск в очах, грати яскраво, відчувати кураж. Й інша сім'я: дружина піклується про талановитого режисера, пече йому пироги і в'яже шкарпетки. Але «літає» він з іншою, і дружина в курсі його пригод. Вона розуміє, що у неї роль хранительки вогнища, а в тієї, іншої – дороговказної зірки.

Перша з цих ситуацій, до речі, почерпнута мною з газетного інтерв'ю. Друга – з моєї практики. Тому я не знаю насправді, чим зайнятий чоловік-бізнесмен, поки його дружина-акторка ловить натхнення. Зате мені добре відомо, якою є ціна, яку платить хранителька вогнища. Але ми з вами розпочали бесіду з відмови від моралізаторства. І я продовжую цю лінію. Адже головне в нашій темі – це любов чи її відсутність. Головне – якість людських взаємин, ступінь внутрішньої свободи та поваги одне до одного. Ніхто з нас не є власністю іншого і не має права нав'язувати іншим свої уявлення про життєві правила. Бувають, можливо, такі трикутники, яким можуть позаздрити деякі подружні пари, які вважають себе благополучними. Щоправда, це штучні випадки, психологічний раритет. Буває кохання на трьох від багатства внутрішнього світу, від відчуття повноти життя. Кажуть, Пікассо любив двох різних жінок, й іскра, яку висікали ці стосунки, робила його творцем. Але спочатку треба бути все-таки Пікассо, правда?

Т.: Класичний приклад – сімейство Бриків-Маяковського. Літературознавці сором'язливо натякають на виняткову сексуальність Лілі, на чудасії творчих особистостей. В яку «скриньку» поклали цю трійцю психологи?

О.: Таких тріад відомо багато. Нагадаю хоча б деякі з імен: Інеса Арманд, Карл Юнг, Юрій Живаго. Коли намагаєшся винести судження про виняткових людей, завжди страшно. Я хочу наголосити: таємницю людських взаємин не розгадав ще ніхто. Можливо, трикутник Бриків-Маяковського існував тому, що чоловіки дружили і ніжно ставилися один до одного. Осип Брик захоплювався талантом Маяковського, це відомо. Багато дослідників говорять, що він пішов на ці стосунки тому, що боявся втратити Лілю. Я думаю, що Осип не менше дорожив стосунками з Маяковським. Вони були як брати, котрі люблять один одного. До того ж Маяковський, незважаючи на маску мужньої людини, в коханні був дитиною. Можливо, страждання, яке воно завдавало, підживлювали його творчість. Такий, знаєте, мазохізм, що стимулює.

Т.: Чи правильно я зрозуміла, що у трикутнику не може бути двох однакових ролей: чоловік не любитиме одночасно двох жінок-вамп або двох затишних тьоть, що пахнуть ваніллю. А жінка не зможе захопитися одночасно двома «синочками» або двома успішними і сильними хазяями життя?

О.: Безумовно, інакше трикутник втратить свій основний зміст: доповнювати, відновлювати багатовимірність людських переживань. Припустимо, чоловік у віці любить молоденьку дівчинку. І коли він запевняє свою дружину: «Я тебе не розлюбив!», та не вірить. Хоча він насправді любить їх обох: дружину як частину самого себе, як свою руку, своє серце. А коханку – як істоту, яка потребує його захисту, заступництва, як жінку, яка дарує йому зовсім інші переживання.

Я знаю випадок, коли жінка п'ятдесяти років, яка не має дітей, але має дуже розвинені материнські почуття, свідомо створила трикутник, запросивши у сім'ю молоденьку дівчину. Вона так сильно любила чоловіка, свого ровесника, що перенесла на нього нереалізований материнський інстинкт, дозволивши любити більш привабливу, свіжу дівчинку. Хтось скаже – дурепа, хтось – розумниця, а хтось згадає традиції японського подружжя. Людські взаємини – це не два кути, не дві фарби, чорна і біла. Це – різнобарвний багатогранник. Дуже просто затаврувати: «Так не повинно бути!» Але від того, що так не повинно бути, так бути не перестане.

Ще одна причина, через яку виникають трикутники – гра. Те, що обивателі називають «щоб не нудно було». Є люди, які шукають розваг заради розваг, їм нудно жити правильно, відповідати стандартам. Так цікавіше – жити втрьох, зображати тих, що височіють над натовпом, оригіналів. Я гадаю, це випадок своєрідної духовної бідності, емоційного та морального убожества.

Т.: Які трикутники зустрічаються частіше – чоловік і дві жінки, чи навпаки – жінка і двоє чоловіків, і чи є між ними різниця?

О.: Найчастіше зустрічається трикутник, у якому один чоловік любить двох жінок. Що стосується відмінностей, то тут справа чи то тонка, чи то темна. Я б не наважився виводити якісь правила або закономірності щодо таких інтимних рухів людських душ. Адже те, про що ми говоримо, – таємний бік життя. І дізнатися, що насправді відбувається у серцях людей, часто неможливо – це ж не електорат опитати, мовляв, 25 % віддають перевагу Петрову, 28 % – Іванову, а решта не визначилася.

У моїй практиці мені доводилося зустрічатися і з першим варіантом любовного трикутника, і з другим. І я вас запевняю: ні тому, ні іншому не позаздриш. Для чоловіків, які ділять між собою жінку, це взагалі нестерпна ситуація, якщо, звісно, вони про це дізнаються. І якщо ця жінка їм небайдужа. Для жінок ситуація трикутника не менш болісна, якщо, повторюся, чоловік їм небайдужий. А якщо в подружній парі настала психологічна втома одне від одного, цілком можливі й протилежні реакції.

Так що справа тут не в конструкції стосунків, а в якості людей, залучених до них. Чи наділена людина даром любові й прощення, даром мудрості й шляхетності, чи вона дріб'язкова, підла і ница – ось у чому насправді витоки тієї чи іншої реакції людей у конкретній життєвій ситуації.

Трикутник завжди небезпечний. Це неблагополучна фігура. У стосунках двох люблячих людей завжди повно складнощів і «підводних течій», а уявіть складне життя всередині трикутника!

Т.: Можливо, людей мучають протиріччя не всередині ситуації, а поза нею? Я маю на увазі, що всім учасникам кохання на трьох таке життя, можливо, подобається, але вони знають, що суспільство їх засуджує, і страждають від того, що на них навісили ярлик «погані хлопчики і дівчатка»?

О.: Трикутник часом стрясають внутрішні протиріччя такої сили, що думка оточення для нього вже й не така важлива. Як, наприклад, вирішувати проблему з дітьми, які народилися в «трьох кутах»? З батьками, яким важко пояснити, що відбувається? Як розібратися зі своїми почуттями, нарешті? Давайте все ж таки скажемо прямо: кохання втрьох – це не норма. Гармонійних трикутників немає. Неординарних людей, здатних на неординарні стосунки, дуже мало. Адже не слід забувати про те, про що ми сьогодні не говоримо: про так зване «побутове мусульманство», коли чоловік живе з кількома жінками і вважає їх нижчими істотами; про вульгарні трикутники через відсутність моральних принципів. Є ще й комерційні трикутники: чоловік-невдаха, дружина і багатий коханець, який утримує подружжя, не бажаючи при цьому нічого міняти, скажімо, через те, що він уже був одружений двічі невдало, і втретє одружитися просто боїться. Тут взагалі кохання поставлене на комерційні рейки. Грубо кажучи, дай дружину на ніч – куплю пральну машину, відпусти її зі мною на курорт – зроблю ремонт у квартирі і т. д. Чоловік мириться з цією купівлею-продажем, оскільки з ситуацією мириться його кохана дружина. Але як би там не було, це патологічні стосунки.

Т.: Хто ризикує опинитися у ситуації трикутника?

О.: Будь-яка дисгармонія в сім'ї загрожує появою третього кута, тому що більшість людей не може жити без кохання. Лише деякі компенсують відсутність тепла, ніжності, турботи фанатичним заробляннням грошей чи алкоголем. В основному всі, хто опинився в ситуації «самотність удвох», хочуть компенсувати втрачену свіжість стосунків, але вже з іншою людиною. Неувага до коханої людини, байдужість до її турбот, емоційні конфлікти, гіпертрофована опіка або, навпаки, надмірна дистанційованість можуть вбити радість і сенс спільного життя. І коли залишається лише почуття обов'язку, тоді з'являється третій. Як сказано у поета: «Нас цей замінить і той. Природа не терпить порожнечі».

Т.: Як довго можуть жити трикутники і чим зазвичай закінчуються такі стосунки?

О.: Тут немає правил. Бувають захоплення-одноденки. І бувають прив'язаності на роки. Колись у мене проходила курс психотерапії жінка, яка прожила довге і щасливе життя з чоловіком, що трагічно загинув в автомобільній катастрофі. Але лікувалась вона не від горя втрати. На психотерапію вона прийшла після того, як одного разу на могилі чоловіка зустріла невтішну подругу по нещастю, про існування якої й не підозрювала. Ця інша жінка була там не одна. З нею був хлопчик – копія загиблого.

Ну, а чим зазвичай закінчуються такі стосунки, я можу перерахувати. Перший варіант: трикутник розпадається і перетворюється або на колишню, або на нову діаду. Другий варіант: він розсипається на три самотні істоти, що живуть з незагоєною наскрізною душевною раною. Третій варіант: трикутник існує й існує як психологічна молекула, в якій змінюються лише атоми, а стосунки залишаються. Втім, про це краще читати в детективах або дивитися в кіно, а не переживати в житті.

8. Вдаха і невдаха

«Добре тобі, – зітхнула одна. – Тебе чоловік забезпечує, можеш байдикувати». Вона замовкла, задумавшись про те, що завтра треба зробити масу справ і зателефонувати багатьом людям. «Тобі краще, – заперечила друга. – Ти потрібна всім: на роботі, вдома. А я...» І вона знудьговано подивилася довкола. Обидві відчайдушно заздрили одна одній: кожна мала те, чого бракувало іншій. Одна – престижну професію та цікаву роботу. Друга – заможного чоловіка та купу вільного часу.
Що ж це за невловимий Синій птах такий – жіноче щастя, жіночий успіх?

Тетяна Петкова: Що таке чоловічий успіх, більш-менш ясно. Тут наші кохані мало чим відрізняються від людиноподібних мавп: справжній чоловік має бути ватажком зграї, займати високе становище, зривати найсоковитіші плоди і впливати на ситуацію. А що таке жіночий успіх?

Олександр Бондаренко: Жіночий успіх – більш складне поняття, бо здавна ми перебуваємо у полоні стереотипу про справжнє призначення жінки. Наприклад, мати-героїня. Згадайте, як за радянських часів прославляли жінку-матір з натрудженими руками та втомленою посмішкою. Але чи прийнятні сьогодні такі критерії? Сумніваюся, що сучасні жінки погодяться з таким показником їхньої особистісної реалізованості.

З чоловіками зрозуміло: їх компоненти успіху схожі – хороший автомобіль, пристойні гроші, солідна посада. Жоден чоловік, що має перелічене, не скаже собі, що він невдаха. А жінка, придбавши все це і ставши зовні благополучною, зовсім не обов'язково буде вважати себе успішною. Тому що, за великим рахунком, їй глибоко байдужі соціальні показники щастя. Жінка – поза ситуацією, вона має власні міркування щодо щастя. Вона настільки об'ємніша та багатша за своєю природою, аніж куці обивательські поняття про успіх, що поєднати її із загальноприйнятими рамками благополуччя складно. Тому щодо жінки варто говорити не стільки про соціальні маркери успіху, скільки про внутрішній стан: щаслива вона чи ні.

Т.: Чоловічий погляд безпомилково визначає, «вдаха» перед ним чи «невдаха». На все життя запам'ятався такий епізод. Ми їхали в таксі. Я – на передньому сидінні, ззаду розташувалися двоє чоловіків, що підсіли по дорозі. Таксі зупинилося в пробці, і ми, нудьгуючи, почали розглядати перехожих. Мене зацікавила ефектна брюнетка в «тигровій» блузці та шкіряних штанях. Жінка була вродлива, впадала в око. Як тільки вона порівнялася з нашою машиною, раптом із заднього сидіння почулося: «Що ж вона нещасна така, з її бюстом!» Другий із пасажирів додав: «Напевно, їй ніхто не сказав, що у неї груди красиві, ось вона і комплексує!» – «Ну, то я зараз скажу!» – реготнув чоловік. Таксі рушило з місця. Я була вражена: як вони встигли роздивитися, що жінка нещаслива, закомплексована? Олександре Федоровичу, питаю як чоловіка і як психолога: які знаки вказують на те, що душа жінки не на місці, що глибоко всередині вона вважає себе невдахою?

О.: Справді, уважні чоловіки швидко визначають нещасливу жінку. Про це свідчить відсутність «лампочок» – згаслі очі. Я знаю багатьох жінок, які обіймають високі посади і заробляють купу грошей. Зовні вони мають всі атрибути успіху: дорогий одяг, автомобіль, елітні аксесуари та можливість кілька разів на рік відпочивати на островах. Однак очі їх виказують: у них немає блиску – лише втома. Ще я помітив, що такі пані часто одягаються надміру продумано. У їх зовнішності не вистачає тієї чарівної недбалості, яку собі дозволяє впевнена, щаслива жінка. Якщо жінка щаслива, задоволена життям, її не зіпсує злегка розпатлана зачіска або шарфик не в тон одягу. А «внутрішні» невдахи старанно вибудовують, вимальовують свій образ. І цю ретельність відразу видно: кліпси під колір нігтів, брошка під сумочку, хусточка перегукується з колготками, і вся вона така детально причесана, залакована... Крім того, жінка, яка не реалізувалася в житті, як правило, внутрішньо озлоблена, агресивна, дуже напружена.

Т.: Якщо жінка не любить свою справу, не заробляє достатньо, щоб мати можливість дбати про себе і не боятися завтрашнього дня, вона може бути щасливою? Я маю на увазі тих безтурботних реготух, яким все «по барабану», які стверджують, що живуть одним днем, не потребуючи ні кохання, ні грошей, ні кар'єри.

О.: Ми ж з вами розсудливі люди і не можемо оспівувати жінку, яка босоніж гуляє лугом по коліно в росі, розмовляє з птахами і при цьому цілком щаслива. Вона ж не блаженна, правда? Звісно ж, кожній жінці хочеться мати гарний вигляд і знати, що і завтра, і післязавтра вона зможе реалізувати свої бажання. Інша річ, якщо вона має чоловіка, який заробляє гроші, поки вона спілкується із природою. Але, на мій погляд, рано чи пізно нашій лісовій феї захочеться самореалізації.

Тут треба сказати про одну важливу річ – жінка не самодостатня. Можливо, багатьом читачкам це не сподобається, але психологи добре знають, що, як правило, жінку ми сприймаємо у певному антуражі: в парі з чоловіком, поруч з дитиною. На відміну від чоловіка, жінка рідко може бути щаслива у самотності. Навіть досягши професійних успіхів і зробивши кар'єру, вона все одно відчуває потребу бути потрібною комусь, дбати про когось. Що скажуть сусіди на лавочці про успішного холостяка? «Який завидний наречений! Звісно, у його становищі він ще довго вибиратиме наречену». А ось незаміжній успішній пані поспівчувають: «Все є – гроші, квартира, машина – а щастя немає». Відчуваєте різницю?

Т.: Мені здається, подібні судження були актуальними кілька десятків років тому. Хіба сьогодні сильна жінка, яка добре заробляє, не може вважатися успішною, якщо вона не має при цьому сім'ї? І взагалі, хіба не змінилися критерії жіночого щастя за останні тридцять років?

О.: Від сучасної жінки більше, ніж раніше, вимагається особистісне начало. Мало, щоб вона була лише привабливою жінкою з гарною фігурою, яка вчасно підчепила перспективного мужика і вдало вискочила заміж. Сьогоднішнє жіноче щастя – це не тільки «був би милий поруч», хоча це, мабуть, найважливіша умова. Ще потрібне те, що психологи називають результатами життя. Так, ти доглянута, гарно одягнена. А що в тебе є? Чого ти досягла? Чого ти хочеш у житті? Чи знаєш, як цього досягти?

Мені часто доводиться шукати відповідь на запитання: чи може бути щасливою соціально успішна жінка, якщо в неї не реалізовано материнський інстинкт? І, знаєте, я так і не знайшов однозначної відповіді. Мабуть, вся справа в ціннісних пріоритетах. Є жінки, які дуже хотіли би мати дітей, для них це головна умова успіху. Але з якихось причин вони не можуть народити. Такі жінки шукають себе в педагогічній діяльності, у всіляких фондах допомоги дітям. А якщо вони начальниці, то свій сильний материнський інстинкт реалізують у специфічному стилі спілкування з підлеглими: дбають про них, беруть усю відповідальність на себе. А є жінки, для яких не так важливо, будуть у них діти чи ні. Питання кар'єри, творчості, стосунків із протилежною статтю для них набагато вагоміші.

Т.: Я знайома із двома жінками, які часто сперечаються між собою. Одна виховує маленького сина і заявляє: «Головне – дитина, а мужики – це лише потенційні батьки моїх майбутніх дітей. Виберу найвродливішого і народжу ще дівчинку. Навіщо мені заміж? Щоб завагітніти, не обов'язково мати постійного партнера». Друга заміжня, обожнює свого чоловіка, дітей не мають. «Ну і що? – заперечує вона приятельці. – Нам добре удвох. Дитина – це другорядне...»

О.: У ваших приятельок різне розуміння власної успішності. Хто має право назвати жінку невдахою, якщо в неї немає чогось (що має бути за загальноприйнятими мірками), але вона не вважає це «щось» важливим для себе? Хіба можна вважати невдахою жінку без чоловіка, яка виховує самостійно дитину, якщо вона і не ставила собі за мету вийти заміж? І хіба можна сумніватися в успішності жінки, яка не має дітей, але живе з чоловіком щасливо, якщо для неї потомство – не ідея-фікс?

Хоча все-таки для наших жінок чоловік і діти – на першому місці в рейтингу критеріїв успішності. Для західних жінок – ні. Там абсолютно не важливо, які в тебе стосунки з чоловіками і чи є в тебе діти. Професійна кар'єра – ось головний аргумент успіху західної феміни.

Т.: Давайте згадаємо культову жіночу прозу, якою ми зачитувалися раніше. За Вікторією Токарєвою, жіночий успіх – це якась ситуативна гармонія. У конкретному просторі – чи то квартира, чи то будинок відпочинку, дача – жінка почувається органічно і на своєму місці. Дрібні побутові радості дають відчуття, що тут і тепер життя вдалося. Це Токарєва 70–80-х. Сьогодні мої подруги читають Марію Арбатову і сповідують її принципи: жінка – незламний термінатор, який крокує по трупах чоловіків до своїх цілей; жінка живуча, вона витримає те, від чого сильна стать загнеться...

О.: Щодо Токарєвої, я згоден: у ті роки поняття жіночого щастя обмежувалося теплою домівкою із затишною кухнею. І щоб діти не хворіли. Щодо Арбатової готовий сперечатися. Сьогодні нормативи жіночого успіху розмиті. Не можна стверджувати, що тільки жінка-бульдозер може бути успішною та щасливою, позаяк мужики перевелися. Адже ми вже казали, що й мати-одиначка, і незаміжня банкірша, і дружина політика, яка сидить вдома і не працює, можуть символізувати вершину жіночого успіху. Якщо вони самі цього хотіли.

Інша річ, що життя за останні роки дуже змінилося, стало більш енергоємним і вимагає нових навичок. Жінка вчить іноземні мови, здобуває другу освіту, ходить на різні курси, збирає гроші на автомобіль і сідає за кермо не тому, що все це сьогодні круто, а тому що такі вимоги життя. Потрібно відвезти дитину до ліцею на інший кінець міста. Необхідно якось конкурувати з молодшими колегами по роботі. Добре було б отримати ще якусь спеціальність, щоб не залишитися за бортом. Не думаю, що при цьому жінки кажуть самі собі: «О, зроблю я так-то і так, і буду мати успішний вигляд». Ні, вони просто вибудовують своє життя і роблять це грамотно. Багато жінок не замислюються про успіх, просто прагнуть жити на розмах крил, дихати на повні груди. І в них це так чудово виходить, що вони мають вигляд процвітаючих леді, хоча, можливо, якихось особливих досягнень не мають. І навпаки: жінка, яка має солідний рахунок у банку, високопоставленого чоловіка та особистий літак, схожа на розчавлену життям невдаху, бо їй щось заважає радіти кожному дню.

Т.: Олександре Федоровичу, а як реагують чоловіки на успішну жінку? Вам не здається, що вони її трохи побоюються і на такому тлі бліднуть та дрібнішають?

О.: Чоловіки раптом виявили, що за інтелектом, професіоналізмом і працездатністю жінки часто перевершують їх. Але наша сильна стать ще не розуміє, що інтелект не має статевої приналежності, й тому розумним жінкам доводиться час від часу стикатися з проявами чоловічого шовінізму: а-а, ти тут така розумна, так? Йшла би краще додому борщ варити. Поки що сила традицій не на боці жінки. Чоловіки сприймають соціально визнаний жіночий успіх з оглядкою, ревниво, агресивно.

Т.: Ось два приклади з життя. Є дві родини, у яких успіху досягли саме дружини. Коли настав важкий час, чоловік однієї запив, а іншої – впав у депресію. Але жінки не розгубилися. Одна змінила професію, інша знайшла додаткові джерела заробітку. І обидві, як кажуть, «піднялися». Тепер один чоловік всіляко ображає дружину: мовляв, закинула сім'ю, працює як кінь, все їй грошей, ненаситній, мало. А в іншій родині дружина сама свідомо применшує свій успіх: приховує від чоловіка, скільки заробляє, занижує ціну покупок, постійно підбадьорює свого депресивного коханого…

О.: Так чоловікові легше змиритися з успіхом дружини. Часто чоловік прагне принизити дружину, щоб відчувати свою перевагу, хоча насправді ніякої переваги й немає! Просто він виявився невдахою і ніяк не хоче це зрозуміти. А успішні чоловіки, навпаки, часто підтримують своїх дружин: приємно, коли твоя обраниця не просто класна жінка, а й відмінний фахівець, різнобічна особистість.

Розумна жінка, якщо вона не хоче дражнити власним успіхом чоловіка, обере правильну тактику. Це вона на роботі міністр. А вдома нехай побуде міністром чоловік, а вона перетвориться на слабку істоту, яка потребує захисту. Секрет у тому, що чоловікові потрібно видавати «ярлик на статус»: яким його жінка «побудує», таким він і буде.

Т.: Навіщо ж себе обманювати і вдавати, що твій обранець – сильний? А якщо він все-таки, вибачте, цілковитий нікчема, який не зумів нічого здобути в цьому житті?

О.: А може, він приголомшливий коханець? Чудовий тато? Душевний співбесідник? Якщо дружину влаштовує такий стан речей – вона заробляє гроші, а він у цей час дбає про дітей і варить борщі, – то їхньому сімейному благополуччю нічого не загрожує. Вони розподілили обов'язки так, як зручно обом. Хоча, звичайно ж, успішній сильній жінці важко знайти собі партнера – гідного для неї чоловіка. Як там у поета: «Де мені знайти такого, щоб потягнув спів зі мною». У неї в голові – тисячі проектів, в кишені – сотні купюр, вона затребувана багатьма людьми, у неї – серйозний бізнес. А він – скромний службовець із невеликою зарплатою і відсутністю перспектив. Чи легко їм буде разом? Це, мабуть, головна проблема успішних жінок.

Однак і успішну пані можна завоювати. Хочете, я підкажу чоловікам – як? Здійснити подвиг. Будь-яка жінка готова служити тому, хто здатний на справжній вчинок. Я знаю випадки, коли жінки-кандидати наук виходили заміж за монтерів, а керівниці банків – за водіїв. Просто ці чоловіки давали цим жінкам щось таке, від чого життя ставало гармонійним і щасливим. А не лише успішним.

9. Дочки-матері

Немає нічого сильнішого за материнське кохання і немає нічого страшнішого конфлікту між матір'ю та дитиною. Пуповина, якою бігли соки від мами до доньки, має вчасно відсохнути та відпустити дівчинку на волю. Але іноді все складається інакше. Зростають дочки, старіють мами, а невидима нитка між ними не поспішає рватися, обплутуючи жінку, зв'язуючи їй руки і ноги.

Тетяна Петкова: Олександре Федоровичу, у моїх подруг свої, особливі стосунки з мамами. Одна ділиться з матір'ю всіма подробицями власного життя, включаючи інтимні. Друга, навпаки, вирішила мамі нічого не розповідати й обходиться загальними фразами. Третя поїхала до іншого міста за півтори тисячі кілометрів, і тепер вони з мамою раз на місяць передзвонюються. І що цікаво – всі три подруги вважають, що їхні стосунки з мамами не зовсім нормальні, і кажуть: «Так не повинно бути». Але хіба можна з певністю сказати, що у взаєминах матері та дорослої дочки правильно, а що ні?

Олександр Бондаренко: Ви навіть не уявляєте, скільки клієнток психотерапевтів приходять на прийом з проханнями допомогти вирішити конфлікт із матір'ю! Таких жінок дуже багато. Ситуації, перераховані вами – крапля у морі варіантів стосунків між мамою та донькою.

Наприклад, поширена така модель: живуть мати та дочка. Мати обожнює свою доню і в п'ять, і в п'ятнадцять років, і в тридцять п'ять... Потім у п'ятдесят, шістдесят... А потім мати вмирає, а дочка не знаходить своє особисте щастя. Нерідко «мамина донька», яка прожила під крилом батьків все життя, ніколи не виходить заміж. Буває й таке: дочка зможе вискочити заміж чи народити дитину (або і те, й інше), але рано чи пізно повернеться до мами. Причому розлучиться вона з чоловіком тому, що він мамі ніколи не подобався!

Часто трапляється така ситуація: мати виховує дівчинку одна; тато, як ведеться, їх покинув (варіанти: спився, помер, потрапив до в'язниці). Махнувши рукою на своє жіноче щастя, мати повністю перемикається на дочку. А та живе як паразит: мати її годує, одягає-взуває, працює на знос. Дочка виростає і не думає злазити з маминої шиї. До того ж її обранець також «усиновлюється» мамою, і тепер вони живуть усі разом. Мама продовжує контролювати життя дочки, втручається у всі сімейні справи... Зрештою, чоловік розуміє: він одружився з двома жінками! І йде геть.

Т.: Ось ви сказали: «усиновлює доньчиного чоловіка». А в чому принципова відмінність стосунків «мати-син» від «мати-дочка», чому більш болісні та поширені саме останні конфлікти?

О.: Бачте, існує боротьба статей, і вона проявляється і в стосунках матері з донькою. У когось статеве суперництво виражене дуже слабко – це у випадках, коли і мати, і дочка – відбулися, розвинені та реалізовані особистості. Але у жінок сильніше, ніж у чоловіків, розвинене почуття заздрості та суперництва. Є оповідання у когось із класиків про те, як мати на народному гулянні вирішила перетанцювати свою молоду вродливу дочку і померла від розриву серця. Отож перший фактор, що впливає на розвиток конфлікту матері та дочки, це жіноча заздрість.

Другою причиною, через яку стосунки «дочки-матері» виходять за рамки норми, є бажання мами, щоб дочка «помстилася» світу за невдале мамине життя. Якщо мати вважає, що її доля занапащена, вона перемикається на доньку і пристрасно чекає від неї якихось неймовірних успіхів, фантастичних поворотів долі. У взаєминах мами і сина цей фактор відсутній.

Третя ситуація – ненависть матері до доньки. Це неусвідомлене почуття, проте досить сильне. У моїй практиці був такий випадок. Чоловік покинув родину. Причому – і це дуже важливо – пішов він не по-доброму, а дуже брудно, зі скандалом, образами та погрозами. Словом, завдав своїй дружині сильної психічної травми. А їхній дитині, дівчинці, на той момент було 12 років. І вона, дорослішаючи, з кожним роком все більше і більше ставала схожою на свого батька – і зовні, і характером. Мати постійно закидала дівчинці, що вона негарна, нерозумна, нікому не цікава. У це важко повірити, але пізніше матір зізналася, що наполягала, аби доньці видаляли аденоїди, потім гланди, потім апендикс. Схоже, вона відчувала дивне задоволення від страждань дитини, мотивуючи все це турботою про її здоров'я. Коли дівчинка виросла, мати відправила її до пластичного хірурга і змусила вставити силіконові імпланти, сказавши: «З такими курячими грудьми на тебе ніхто навіть не подивиться». Все це робилося під гаслом: «Я дбаю про тебе і хочу добра». Хоча, безумовно, діями мами керувала неусвідомлена ненависть до доньки. Можливо, через те, що та схожа на тата, який їх покинув. Взагалі, я скажу ось що: так зіпсувати життя дитині, як може мати, вдається рідко кому. Чоловіки-батьки у цьому плані менш шкідливі: вони просто перебувають далі від дитини.

Т.: До речі, чому ми говоримо про материнський інстинкт як про найсильніше почуття, що зносить усе на своєму шляху, і не згадуємо інстинкт батьківства?

О.: Материнство і батьківство – різні речі. У материнському – біологічне начало, а у батьківському – соціальне. Батьківські обов'язки полягають у тому, щоб забезпечити сім'ю, оточити її турботою відповідно до соціально прийнятих норм. Материнство – це сліпе кохання, тваринний інстинкт. А батьківство – соціальне ставлення, психосоціальне дійство. Батько розуміє, що він батько лише тоді, коли вводить дитину в соціальне життя. А сліпа материнська любов часто так і не виходить за межі біологічного інстинкту. Створюються взаємини з приставкою «гіпер»: гіперопіка, гіперконтроль, гіперобраза, гіперскандали... І в цій атмосфері не залишається місця для становлення нормальних особистісних стосунків.

Т.: Чого, здавалося б, простіше: тікай з-під маминого впливу, та й годі! Адже ми говоримо не про немовлят, не про підлітків, а про дорослих жінок. Хіба їм невтямки, що постійна роль маминої доньки ні до чого доброго не приведе?

О.: Справа в тому, що ухилитися від шкідливого впливу мами потрібно вчасно, а саме – у підлітковому віці, коли людина переживає другу кризу самостійності (перша настає у 3–4 роки). У 14–15 років дівчинка бореться за себе, обстоюючи свою автономію. У цей дуже важливий час відбувається формування або правильних стосунків з мамою, або патологічних. Правильні – це стосунки мами і доньки як подружок, партнерів. Неправильні – жахливо заплутаний садомазохистський клубок мук, коли мати та дочка одночасно і люблять, і ненавидять одна одну. Цей клубок дуже важко розплутати.

Чесно кажучи, не можна не погодитись з Фрейдом, який вважав, що конфлікт «дочки-матері» – не підлягає вирішенню. Він не лікується. Його вкрай складно подолати. Адже якщо дочка не здобула автономії, будучи підлітком, протиріччя з мамою сягнуть свого піку, коли їй виповниться 30–40 років.

Т.: По-моєму, ми налякаємо багатьох жінок, котрі обожнюють своїх дочок. Прочитавши все вищевикладене, вони засумніваються: «Цікаво, сліпа у мене любов чи нормальна»? Чи є якісь ознаки «занадто біологічної» материнської любові? Хто ризикує потрапити у деструктивні взаємини?

О.: Проблеми у стосунках з дочками виникають, перш за все, у жінок, чиє особисте життя не склалося. Я знаю багато сімей, де чоловік і дружина люблять одне одного більше, ніж дітей. Вони дотримуються такої філософії: любов найважливіша на світі, діти виростуть і підуть із сім'ї, а наші стосунки залишаться, вони найголовніші. І це нормально! Подивіться, як будуються стосунки на Заході: мати зрідка зустрічається з дочкою в кафе за чашкою чаю, і вони півтори години теревенять як подруги, діляться новинами, обговорюють обновки. А потім кожна поспішає додому, до свого чоловіка. Можливо, у цьому теж є певна крайність. Однак в радянській країні спостерігався детоцентризм: дитина відразу ставала сенсом життя жінки, ніби до того часу воно було порожнім і безглуздим. Може, пояснення в тому, що у Радянському Союзі не було інших смислів – ні бізнесу, ні подорожей, ні можливостей реалізувати себе. На особистому житті ставився хрест, у кращому разі – чоловік із мужчини перетворювався на «татуся». Ви ж, як і я, знаєте багато пар, де молоде подружжя, у віці 35–40 років, називають одне одного «тато» і «мама», повністю замкнувшись на власній дитині, розмовляючи її мовою? Відкрию вам секрет Полішинеля: багато чоловіків і жінок живуть разом лише через дітей. Хіба це не деформація подружніх стосунків?

Замість того, щоб будувати особисте життя, жінка по самісіньку маківку занурюється в свою дочку. І тут сліпа любов починає перетворюватися на руйнівне почуття: спочатку вона калічить життя матері, потім – дочки. Якщо особистим життям заради доньки пожертвувала сильна, владна жінка, вийде «мати-тиран», «мати-кат». Така підпорядкує собі дочку, критикуватиме всіх її обранців, не дасть вийти заміж. Жахливі метаморфози відбуваються з «матерями-тиранами» у глибокій старості: вони часто залишаються у дочки на руках, розбиті хворобою або навіть паралічем. І ось, уявіть собі цю мить прозріння: коли 80-річна стара просить вибачення за зіпсоване життя у своєї 60-річної доньки, старої діви, змушеної виносити з-під неї судно... А мені відомий не один випадок, коли мати лише на схилі літ розуміла, якою була жорстокою та егоїстичною стосовно дочки. Шекспіру таке й не снилося!

Ризикують потрапити в «неправильні» стосунки з дочкою і ті жінки, які не хочуть працювати над собою як особистістю. Жінка думає: «Навіщо мені розвиватися, здобувати освіту, робити кар'єру, заробляти гроші? Я – мати, і цим все сказано». Для такої жінки фанатичне материнство – заповнення екзистенційних, смислових порожнеч у житті. Це виправдання власної інертності, лінощів. Потім дочка виростає, а жінка не відпускає її, спрацьовує «ефект чіпляння»: адже з уходом дочки в житті знову виникнуть порожнечі, а заповнювати їх немає чим... У цьому випадку ми маємо справу з поняттям «мати-жертвениця», «мати-невдаха».

«Жертвениця», яка прожила нецікаве, бездарне життя, вимагає від дочки все нових і нових «смислів». Я знаю 37-річну жінку, яка шалено втомилася підгодовувати мамине марнославство і втілювати в життя її нереалізовані фантазії. Вона скаржиться: «Маму не влаштовують мої скромні досягнення, більш-менш стабільна зарплатня. Будь-якої хорошої новини їй вистачає на пару тижнів, потім вона знову починає мене смикати і питати, що в мене новенького. Я бачу, що відсутність якихось екстраординарних подій у моєму житті дратує її. Мамі потрібно, щоб я виграла «суперприз»: спокусила арабського мільйонера або знайшла під кущем сто тисяч доларів. Вона чекає на якісь неземні пристрасті, бурхливі любовні романи. Їй потрібно, щоб за мене билися на дуелі чи мої шанувальники гарцювали під моїм балконом на конях... А я живу звичайним життям: чоловік, квартира в панельному будинку, дитина, яка хворіє на діатез. Моя звичайність бісить маму».

Є ще «мати-споживач», яка вимагає оплати за рахунками («Я на тебе життя витратила, відмовляла собі в усьому...»). Від такої матері дочка відкуповується грошима і дорогими подарунками. У житті, як правило, всі ці патології зустрічаються не в чистому вигляді, а в комбінованому.

Т.: Хоч Фрейд і вважав проблему «дочки-матері» нерозв'язною, напевно, можна якось залагодити справу. Як?

О.: Жодного особливого секрету я не повідомлю. Рецепт один: вчасно відірватись від мами. Я не маю на увазі заходи типу переїхати на власну квартиру або навіть в інше місто, хоча часом і вони виправдані. Відірватися від матері означає усвідомити себе цільною, сильною особистістю. І дати зрозуміти мамі, намагаючись не образити її, що ви тепер самі будуватимете своє життя.

«Перерізання пуповини», як правило, проходить болісно. Але воно необхідне, якщо жінка хоче прожити своє, а не мамине життя. Інша справа, якщо у жінки знижена самооцінка, якщо їй вдома навіяли, що вона нікчема, нікому не потрібна і ніхто її не полюбить, то зважитися на такий крок дуже важко. Донька має два шляхи: «рабиня» та «бунтівниця». «Рабиня» так і не виривається з-під маминого впливу. «Бунтівниця» бореться за свободу.

Знаєте, які жінки найчастіше успішно завойовують автономію? Красиві. Їх ще з підліткового віку оточують шанувальники, такі дівчатка знають, що привабливі й заслуговують на краще, що є в житті (тобто мають високу самооцінку). Іноді місію «визвольника» виконує чоловік: закохавшись, дочка йде від матері до нього.

Словом, для дочок порада одна: будувати власне життя окремо від мами. А мамам хочу нагадати східну приказку: «Дитина – це гість у вашому домі».

10. Здоровий нарцисизм

Важко знайти жінку, задоволену тим, що дісталося їй у подарунок від природи. Хтось хотів би мати менші вуха, хтось – ноги довші. Але якщо одним «неправильні» вуха і ноги не заважають насолоджуватися життям, то іншим білий світ не милий через далеку від ідеалу зовнішність. Ці нещасні, подивившись у дзеркало, одразу відвертаються. «Я себе не люблю» – найбільш «лагідні» із слів, які вони повторюють як заклинання. Не знаючи, що дають собі установку на нелюбов оточення.

Тетяна Петкова: Олександре Федоровичу, поняття «нарцисизм» у мене асоціюється із чимось негативним. Відразу на думку спадає хтось манірний, самозакоханий, егоцентричний... Всім відомий міф про прекрасного юнака Нарциса, який так і помер через любов до себе. А що з цього приводу каже психологія?

Олександр Бондаренко: У побутовому спілкуванні ми часто використовуємо термін «нарцисизм» із осудливими нотками. Але з погляду психології нарцисизм – це механізм дорослішання людини – раз; особлива особистісна якість – два; індивідуальний малюнок поведінки – три. Як механізм дорослішання, нарцисизм «включається» з раннього віку. Найперша любов, яку ми відчуваємо, це любов до самих себе. Дитина любить себе, свої ручки-ніжки, своє тіло. Якби ми не були нарцисами, у нас не сформувалася б самосвідомість. Нарцисизм просто необхідний людині, як, наприклад, кальцій. Дефіцит кальцію в організмі веде до поганих зубів і крихких кісток. А брак нарцисизму – до низької самооцінки і проблем у реалізації себе як особистості. В одних випадках нарцисизм допомагає людині прийняти і зрозуміти себе, покращити стосунки з оточенням, досягти успіху. А в інших (коли нарцисизму занадто багато) – спотворює картину реальності, роблячи людину зарозумілою і вкрай егоцентричною. Зоряна хвороба – не що інше, як надлишок нарцисизму.

Т.: Кого більше серед «недолюблених собою» – чоловіків чи жінок?

О.: Це непросте запитання. Жінки набагато нарцисічніші за чоловіків, але водночас прекрасна стать набагато більше схильна до комплексів через зовнішність, аніж сильна. Психологи добре знають, що 90 відсотків клієнток різних клінік пластичної хірургії – це ті, хто себе не любить. А 10 відсотків – жінки, яким потрібно мати гарний вигляд за родом діяльності (актриси, телеведучі), і ті, кому операція дійсно потрібна через явні фізичні недоліки.

Проблема в тому, що для більшості жінок важливіше не так кохати, як бути коханою. І ось психологічна неможливість для цих нарцисичних натур любити самих себе змушує їх бігати від хірурга до хірурга. Адже любов до себе – це любов, насамперед, до свого обличчя, до тіла. Багато жінок зізнаються: «Я ненавиджу свої груди (стегна, щоки, руки)!» Це не що інше, як деформація здорового нарцисизму, який мав сформувати позитивний «Я-образ», «Я-ідеал».

У чому тут справа? Чому багато по-справжньому красивих жінок вважають себе негарними? Я особисто знайомий із красунями – топ-моделям поряд з ними нема чого робити! – які однак цілковито переконані, що негарні. Їх нарцисизм підірваний чи то суворими батьками, які казали дівчинці: «Ти потвора, подивися на себе, яка ти страшна», чи то травмою в ранніх стосунках із протилежною статтю, чи то невдалим заміжжям. У результаті – негативна самооцінка, неприйняття себе, безліч особистісних конфліктів.

Т.: Хвилинку! Мені здається, хай хоч тисяча не дуже розумних людей буде твердити, що жінка негарна, але вона бачить себе в дзеркалі! Вона дивиться на свої довгі, від зубів, ноги, на приголомшливі очі, дивовижні груди...

О.: ...і бачить, уявіть собі, кривоногу каракатицю з маленькими оченятами та страшною фігурою. У це важко повірити людині з нормальною самооцінкою, правда? Але, повірте, дуже багато жінок таємно ненавидять себе. Якщо чоловік скаже такій, що вона гарна, жінка скукожиться і подумає: «Навіщо він знущається?» Відсутність ніжного ставлення люблячих батьків до своєї дитини – ось у чому страшний секрет цього виду психологічного розладу.

Т.: У Стівена Кінга вичитала здорову, на мій погляд, думку: «Те, як ми сприймаємо реальність, набагато більше, ніж ми вважаємо, залежить від нашої оцінки власної статури». На мою думку, у тих, хто себе не любить, часто виникає комплекс того, хто «біжить попереду автопробігу». І це не просто слова. Серед моїх знайомих є жінки, які впевнені, що їхні успіхи незаслужені. Що рано чи пізно хтось крикне над вухом: «Та вона ж халтурить, женіть у шию її!» Вони думають так: всі навколо кращі за мене, всі – справжні учасники автопробігу, а я, як Бендер, обманюю.

О.: Через низьку самооцінку у такої жінки розвивається відчуття, що вона нічого не може, не вміє. Навіть якщо силами знань і таланту у неї все виходить, вона все одно полохливо втягує голову в плечі й думає: «Ой-ой, скоро все скінчиться, скоро всі побачать, яка я нікчемна, як я всіх обдурюю». Чи можна з такою установкою досягти успіху? Звичайно ж ні. Тому що оточення бачить, як ви себе подаєте. Якщо ви вважаєте себе потворною, то й поводитесь як потворна. І будьте готові до того, що вас скоро почнуть так і сприймати. А в особистому житті відсутність здорового нарцисизму просто катастрофа! Адже чоловіки відчувають, що жінка себе не любить, що вона кожен зацікавлений погляд протилежної статі сприймає як нагороду, а не як належне. Хіба таку хочеться завойовувати?

Чоловіки знають, як змінюється сприйняття ними жінки з другого, третього погляду. Перший погляд – зрозуміло, тут чоловік відразу «схоплює» ноги, груди і таке інше. Зайде красуня, припустімо, в офіс, мужик захоплюється: «Ах, яка жінка!» Потім дивишся: адже вона «не розбуджена», сама не знає, яке чудо. Соромиться, комплексує, говорить недоладно...

Коли жінка знає, що гарна, її тілесний образ доповнюється такою незбагненною красою, такою чарівністю, що оточення непомітно для себе починає обертатися навколо неї. У такої жінки все складається, все виходить. Вона вселяє в людей впевненість у собі, тому що сама у собі впевнена. Мої слова стосуються не лише загальновизнаних красунь (таких не так вже багато), а й тих жінок, яких гарними за класичними канонами не назвеш. Візьміть Анні Жірардо, Інну Чурикову – що, вони сліпучі красуні? Але в їхньому вигляді прихована така магія, такий магнетизм! Відразу ясно: вони люблять себе, приймають цілком і повністю.

Т.: Тобто відомий постулат «Гарним легше досягти успіху в житті» потрібно доповнити уточненням: «Тим, хто впевнений, що гарний», так?

О.: Розповім вам чудову історію. Історія схожа на притчу, але вона є реальною. Нонна, назвемо так героїню, – ефектна 39-річна жінка, лікар. Повірте мені на слово, вона дуже гарна: висока, струнка, густе кучеряве рудувате волосся, зелені очі. З дитинства їй мама – між іншим, парторг школи – вселяла: «Ти некрасива, не смій дружити з хлопчиками, у тебе жахливе волосся і незграбна фігура». І все таке інше. Як я розумію, мама бачила, що дочка росте красунею, і щосили старалася вберегти її від гріха (парторг таки!). Нонна розповіла такий епізод: коли однокласниці записалися в танцювальний гурток (і вона разом із ними), хореограф попросила дівчаток займатись у легких хітонах. Всім мами пошили красиві різнокольорові хітони. А Нонні мама пошила чорні сатинові шаровари на резинках. «Більшого приниження, ніж у тих шароварах, я не відчувала, – зізнається жінка. – Я благала маму пошити мені щось інше, але вона сказала, що я все одно танцюю гірше за інших, обійдусь і штанами». Потім Нонна виросла, перетворилася на справжню красуню, але образ чорних сатинових штанів переслідує її досі. Вона, як і раніше, впевнена, що «танцює найгірше». Ненавидить своє тіло, соромиться роздягатися на пляжі. Заміж Нонна вискочила без кохання, за першого-ліпшого: «Я зраділа, що на мене хоч хтось звернув увагу». Напевно чоловіки, побачивши її, вивертають шиї. Але глибоко всередині вона так і залишилася «в сатинових штанях» і не вірить, що може комусь подобатися. До речі, вона лікар від Бога, і, якби любила себе більше, вже давно стала б відомою особистістю, заможною людиною. Їй двічі пропонували стажування за кордоном, але вона сказала: «Я боюся, що розчарую всіх». Великий Фрейд називав ці переживання, що принижують саму себе, «збідненням Я».

Т.: Якщо ми вже заговорили про одяг, то, судячи з моїх спостережень, жінка, яка себе не любить, одягається або дуже дорого та шикарно, або геть невдало, поганенько. Як ви поясните таку різнополюсну поведінку?

О.: Бачите, нарцисизм має пряме відношення до еротики, оскільки бере свій початок в аутоеротизмі. А одяг – це спосіб подавання, презентування тілесності. Та жінка, яка обирає найдорожчий одяг престижних марок, маскує свою невпевненість цінником сукні. Вона зазвичай любить робити дорогі подарунки близьким, тим самим ніби вибачаючись: «Знаю, що я нецікава, так дозволь компенсувати тобі незручність гарною річчю». Це один варіант самознищення. Інший, «вивернутий навиворіт», вид самоприниження – одягатися в найгірше: «Адже я негарна!» Почуваючись непривабливою, жінка прагне посилити свою непривабливість, ховає фігуру під невдалими фасонами, вибирає кольори, які їй не личать. Не те щоб вона це робила свідомо, ні. Просто нею керує підсвідоме відчуття «втрати форми»: вона не приймає себе, не любить, не знає, який вигляд їй слід мати. Говорячи науковою мовою, у неї відсутній «Я-ідеал».

Жінка, яка себе любить, завжди має гарний вигляд, бо вона природно сексуальна. Вона керується здоровим інстинктом пред'явлення себе оточенню: я – явище, я обдаровую собою світ, я його найкраща частина! Люблячи себе жінка має добрий вигляд і в діловій обстановці, і вдома, і на ринку, де вона купує овочі. Я не маю на увазі, що, йдучи за морквою, вона вбирається у вечірню сукню і робить зачіску. Але її важко захопити зненацька у стані «я не у формі»: вона природна і органічна всюди. Вона бачить себе такою, яку себе любить, і цього достатньо, щоби подобатися іншим.

Т.: Ще, на мою думку, жінка, яка має здоровий нарцисизм, не робитиме те, чого їй не хочеться. Вона, напевно, зможе побудувати своє життя так, що її правила гри та її право на автономію будуть шанувати інші. Вона скаже тверде «ні» на пропозицію шефа попрацювати у вікенд безкоштовно; вона відмовить настирливим приятелям, які напрошуються в гості; вона не буде підлабузницею перед впливовою людиною... Олександре Федоровичу, а що в поведінці жінки викликає у чоловіка думку «Це ж як треба себе не любити!»

О.: Запобігливий погляд. Невпевнені рухи. Згорблені плечі. Така жінка надмірно сором'язлива, постійно за щось просить вибачення. Вона надокучає чоловікові, благає його про зустрічі, «розмазується по стінах», готова служити всім вдень і вночі. Якщо зробити їй комплімент «Маєш класний вигляд», вона негайно заперечить: «Ой, що ти! Я стара, у мене кофта стара, і взагалі, останні зуби вчора випали».

У жінки, яка себе не любить, дуже слабеньке его. Вона не вірить, що комусь потрібна. Наприклад, не вірить, що їй можуть зателефонувати – по роботі чи з особистих справ. Коли вона чекає дзвінка, і він запізнюється, вона не витримує, дзвонить перша і питає, що сталося.

Т.: Якщо психологи так нещадно препарують нас, напевно, вони знають рецепт, який навчить любити себе. Поділитеся?

О.: Є маса життєво правильних і всім відомих рецептів: доглядати себе, стежити за фігурою, робити фізичні вправи. Додам ще один. Щодня дотримуйтесь правила – не роби того, що тобі неприємно, і зроби хоч щось, що принесе задоволення. Я знаю багатьох жінок, чиє гасло «Аби всім було добре» змушує їх збиватися з ніг і падати від утоми. Вони вирішують проблеми близьких і далеких родичів, виконують доручення чоловіка, при цьому допомагають подрузі скласти бухгалтерський звіт... І увечері плачуть від образи: «Я всім догоджаю, а яка подяка?».

Хочете прогулятися містом на самоті, але боїтеся, що не встигнете приготувати вечерю? Та біс із нею, з вечерею, купіть домашнім піцу, зрештою! Ідіть та гуляйте! Хочете випити з подругою по келиху дорогого вина та не наважуєтеся витратити гроші? Витрачайте! Мрієте про чудову французьку білизну вартістю в півзарплати? Купуйте! І місяць, до речі, посидіть на овочах, тільки користь собі принесете. Робіть не лише те, що приємно іншим, але й те, що вам приємно. І не заощаджуйте на взутті, стрижці та косметиці.

Але, мабуть, найголовніший секрет я сформулював би так. Уявіть собі, що ви Сонце, що обдаровує своїм теплом і світлом світ навколо. Промениста зірка. Любов – це сяйво світла, випромінювання тепла. Як нам усім цього бракує і як ми всі вдячні тим, хто здатний нас ним обдарувати! Адже любов до себе – не що інше, як взаємне відображення любові інших до нас і нашої любові до інших.

11. Полонянка спліну

Осінь – благодатна пора не лише для віршування і освідчення у коханні. Восени, особливо з жовтня, коли дощі стають холоднішими, а оточення – кваплившим і стурбованішим, навалюється депресія. І вже не рятує ні кохання, ні поезія. «Як міллю, з'їдений я сплїном, посипте мене нафталіном...» – хникав свого часу Сашко Чорний, і з ним важко не погодитися: у депресивний осінній період все валиться з рук і нічого не тішить. Хочеться, щоби тебе склали у скриню і поставили на горище – до весни.

Тетяна Петкова: Настрій псується час від часу у всіх. Особливо коли відпустка вже позаду, до Нового року далеко, опалення ще не включили й узагалі – у перспективі довга зима. Однак в одних випадках ми говоримо про банальну хандру, а в інших – про серйозну депресію. Це не одне й те саме?

Олександр Бондаренко: Якщо ви киснете день-два і знаєте з якої причини – вилаяв начальник, посварилися з чоловіком чи виявили зайву складочку на животі – це просто перепади настрою. Хронічне зниження настрою, що тягнеться днями і тижнями – те, що ми називаємо хандрою. Начебто вже всі проблеми владналися, і видимих причин для пригніченого стану немає, а все одно невесело. Це сплін, хандра. Так принаймні раніше іменувалися подібні меланхолійні переживання. Останнє десятиліття дедалі частіше у цьому сенсі й у побуті вживається термін із психіатрії: депресія. Ми сьогодні не говоритимемо про клінічну, або, як висловлюються лікарі, велику депресію, яка потребує лікування в стаціонарі, бо це серйозне психічне захворювання, пов'язане із порушенням роботи мозку. Предмет нашої розмови – численні розлади настрою та поєднане з ними погіршення здоров'я, які називаються депресією в першому, поширеному варіанті, замість колишньої «меланхолії».

Т.: Є думка, що депресія хапає людину на рівному місці, без жодних причин. Жила-жила собі, раптом – бац! Настрій нульовий, самопочуття жахливе. Олександре Федоровичу, чи справді ми не можемо застрахуватися від депресії?

О.: Це тільки на перший погляд здається, що настрій псується сам по собі. Відомо близько сорока видів афективних розладів, і кожен з чимось пов'язаний. Є, наприклад, метеодепресія – коли міняються місцями в атмосфері циклони, антициклони, і одна погода приходить на зміну іншій. У такі періоди деякі жінки пригнічені й засмучені вкрай, хоча самі не підозрюють, що їхній поганий настрій залежить від метеорологічних умов. А як вам темна депресія, яка дуже поширена восени та взимку, коли сонця менше, дні коротші, і людина впадає в кепський настрій? Такі депресії лікуються спеціальними джерелами світла. У Скандинавії, наприклад, де мало сонячних днів, дуже популярні опромінення лампами, що імітують сонячне світло, але не містять згубного для шкіри ультрафіолету.

Т.: Але все-таки багато людей кажуть, що їхній поганий настрій ні з чим не пов'язаний. «Я встала не з тієї ноги», і все тут. Як же розуміти такі розлади настрою?

О.: Тут причини та наслідки можуть мінятися місцями і створювати порочне замкнене коло. Наприклад, у вас був поганий настрій, і ви зірвали важливу зустріч, вам оголосили догану – і настрій зіпсувався ще більше. Жінка вскакує до цього кола і вже не розуміє: чи щось трапилося, і їй погано, чи їй погано, і тому щось трапилося.

Або така картина: вас образили деякий час тому (тиждень, місяць), ви витіснили цю неприємність у підсвідомість. А цієї злощасної ночі вам наснилася стара образа. Ви не пам'ятаєте сон, але «не з тієї ноги» встаєте і перебуваєте у хандрі весь день. Такий самий механізм депресії може спрацювати, коли ви не спите. Їдете містом у автомобілі й раптом побачили щось, що нагадало про давню неприємність. Можливо, ви навіть не усвідомили, що саме побачили, але підсвідомість усе згадала та зіпсувала вам настрій. А ви дивуєтеся: що таке, чому на душі так гидко? Часто хронічне зниження настрою відбувається на фоні дефіциту магнію і заліза в організмі. Такі стани супроводжуються втомою і знесиленістю. Розвивається астенія.

Типовою психологічною причиною хронічного розладу настрою виявляється загальна незадоволеність життям. Робота перестає тішити: жінка розуміє, що її маленька зарплата неадекватна її знанням і вмінням, але нічого не може змінити і впадає в зневіру. А зневіра, між іншим, один із тяжких гріхів. Буває й так: жінка раптом усвідомлює, що не любить свого чоловіка і не хоче з ним жити. Але ж не було і немає жодних видимих причин для таких переживань. Все йде як і раніше, тихо-мирно, і раптом життя здається нестерпним! У чому тут річ? А причина може критися у раптовому порушенні роботи ендокринної системи організму. І психологічні переживання лише відводять людину від справжньої причини страждання.

Т.: З усього виходить, депресія такий хамелеон, що її важко визначити. Але ж фахівці якось розмежовують: це – депресія, а це – просто хвилинна слабкість. Я ось чому питаю: сьогодні дуже модно ставити самій собі діагноз «депресія». Гарно звучить і свідчить про тонку організацію душі. «Ти де пропадала два місяці?» – «Ах, дорогенька, валялася в депресії»...

О.: Так, сьогодні депресією люблять називати будь-яке коливання настрою. Хоча вона має свої чіткі ознаки. При справжній депресії виникає тахікардія – прискорене серцебиття, порушується менструальний цикл, з'являються специфічні тоскні почуття у грудях типу нестерпної тяжкості чи невтішної туги. Характерний депресивний симптом – так звані ранні пробудження, коли людина майже щодня зненацька прокидається о 4–5 ранку і не може заснути. Особлива ознака, добре відома психологам, – так звана «маска депресії». Маска буває двох видів. При страждальній – обличчя втрачає рухливість міміки й справді нагадує скорботну маску. Кутики рота опущені, вираз очей можна охарактеризувати словами: «Боже, як мені все набридло». І другий різновид депресивної маски – усміхнений. Така жінка справляє дивне враження: згаслі очі та глибоко песимістичні висловлювання, але при цьому весела посмішка і чорний гумор. Треба бути дуже обережним та чуйним із людьми у подібному стані. У жодному разі не варто їх навмисне підбадьорювати або, ще гірше, радити «візьми себе в руки». Адже їм все дається через силу.

Т.: На мою думку, ось цей вислів «через силу» дуже точно характеризує депресивний стан. Я згадую приятельок, яким навіть розважатися не хотілося, навіть приємні речі вони робили у цьому стані через силу. Одна моя знайома поїхала до Прибалтики, щоб підлікувати свої емоції. Вона казала: «Уявляєш, плетуся узбережжям моря, всюди краса, в Юрмалі надзвичайно варять каву, в Сігулді – чудове повітря! А я чекаю не дочекаюся, коли ж настане вечір і я ляжу спати!»

О.: У депресивному стані речі, які вас цікавили, втрачають свою значущість. Губиться перспектива життя. Якщо раніше людина планувала своє життя, то тепер постає питання: «Навіщо, кому це потрібно?» Причому бездіяльність підкріплюється песимістичним прогнозом: мовляв, навіщо метушитися, все одно нічого не вийде. Порівняйте: при поганому настрої ви ж не відмовлятиметеся від роботи, від родини, друзів, так? А в стані депресії все це втрачає сенс. З'являються самопринижувальні думки: «Я невдаха», «У мене нічого не вийде». Деякі жінки перестають прибирати в квартирі, мити посуд, хоча в нормальному настрої вони чистюлі.

Т.: Олександре Федоровичу, а що це таке – нормальний настрій? Тобто нам потрібні вагомі причини для того, щоб радіти, або навпаки – потрібні причини, щоб бути невеселими? Що природніше – постійні веселощі чи постійний смуток?

О.: Філософське питання. Спробую простіше відповісти: згадайте поведінку здорової дитини або домашньої тварини. Ось у кого завжди гарний настрій. Є така ознака нормального самопочуття: відчуття внутрішньої рівноваги. Якщо у жінки постійне, стійке відчуття, що все, в основному, складається нормально, його не зруйнує ні конфлікт на роботі, ні сварка із чоловіком. Є дрібниці, а є головне. Дрібниці псують настрій на короткий час, але не вганяють у депресію. Але якщо зруйнувати те саме «головне», зруйнується все. Це як опорні стіни у квартирі: можете чіпати будь-які інші, зносити, що хочете, але ці руйнувати не можна.

Так от, людина в хорошому настрої – це людина, у якої з «опорними конструкціями» все в порядку. Вона вміє радіти сонячному ранку, чашці ароматного чаю, їй хочеться думати про майбутнє, ставити значні цілі та їх досягати. Цих людей психологи називають такими, що самоактуалізуються. Між іншим, у 50-ті роки американський психолог Абрахам Маслоу досліджував психологічні особливості лауреатів Нобелівської премії. Знаєте, чим вони принципово відрізняються від решти? Вони радіють життю як діти і частіше, ніж інші люди, почуваються щасливими.

Т.: Напевно, схильність до депресії якось пов'язана з нашими нервовими запасами. Скажіть, за психотипом можна визначити, чи схильна людина до депресії чи ні?

О.: У певному сенсі, безумовно. Давайте пригадаємо чотири основні типи темпераменту: холероїдний, меланхолоїдний, сангвіноїдний і флегматоїдний. Найменш витривалі меланхолоїди, вони надзвичайно чутливі люди, дуже вразливі, легко засмучуються через дрібниці. Найбільш непохитні – флегматоїди, стовбури їх нервових клітин можна порівняти з товстими кабелями. Флегматичні люди дуже повільно пропускають через себе емоції, якщо, звісно, до них ті доходять. Сангвіноїди швидко перемикаються з одного настрою на інший, а холероїди або просто не встигають впасти в депресію, тому що у них все «згоряє» на ходу, або якщо застрягнуть у ній, то з усією своєю пристрастю.

Т.: Восени ми частіше скаржимося на втому, відсутність позитивних емоцій, небажання та неможливість працювати. Це що – сигнал депресії, що розвивається? Чи всі ми поголовно меланхолоїди?

О.: Справа в тому, що депресію часто плутають з астенією, яка виникає через фізичне чи розумове перенапруження. При астенії теж нічого не хочеться робити, людина дратівлива і втомлена до краю, її мучить безсоння. Мої пацієнтки кажуть: «Немає сил заснути», і я розумію, що мозок виснажений навантаженнями настільки, що не може виконати команду «відпочинок». Але астенію від депресії відрізняє одна особливість: немає туги. Коли відновлюються сили, у жінки знову гарний настрій. Головне лікування тут – повноцінний відпочинок, вітаміни і загальнозміцнювальні процедури.

Ще один «двійник» депресії – апатія. Вона виникає тоді, коли жінка, поклавши всі сили на досягнення якогось результату, не досягає своєї мети. Допустимо, вона п'ять років вчила, як проклята, іспанську мову, мріючи працювати у туристичній фірмі, але в неї не вийшло. Вона думає: «А на біса мені взагалі все це треба», залягає на дно і нічого не робить. Настає глибоке розчарування, а разом із ним приходить апатія. Подібні переживання трапляються, коли кидає кохана людина. Впоратись з апатією можна або самому, або за допомогою психотерапевта. Тут головне – ухвалити правильне рішення. Життєстверджувальне. Як у пісні: «Все одно щасливою стану, навіть і без тебе!»

Третя «сестричка» депресії – агедонія. У протилежність гедонізму (філософії задоволення), агедонія – нездатність радіти приємному. Ніщо не тішить: ні хороша новина, ні вдала покупка, ні добре виконана робота. Дивно, але так часто відбувається, коли у жінки є все: коханий чоловік, здорові діти, чудовий дім і вистачає грошей. Жінка відчуває, що досягла своєї стелі – і більше немає до чого прагнути. «Все є, все вже було». У цей небезпечний стан схильні впадати 35-45-річні жінки. Агедонія не лікується ліками, хоча багато хто приймає антидепресанти. Цей стан взагалі дуже важко лікується, оскільки вичерпується колишній зміст життя. Потрібно вибудовувати нові смисли, а це не так просто зробити. За моїми спостереженнями, добре допомагає творчість: жінка захоплюється живописом, гаптуванням, поезією, танцями, політикою, нарешті – і одужує. Тому що ресурси творчих можливостей людини невичерпні.

Т.: Загалом, я зрозуміла, що депресія – це показник того, що у житті відбувається щось не те. Ми можемо самі вилікуватися від неї чи все-таки без антидепресантів не обійтися?

О.: У стані депресії мозок тимчасово знижує рівень ендорфінів, гормонів задоволення. Тому вкрай важливо доставляти собі маленькі радості! Багато жінок зізнаються, що їм допомагає шоколад. Чому б і ні? Для когось антидепресант – гарна музика, заповітний куточок міста, лісова галявина чи море, томик улюбленого поета. Іноді психологи рекомендують переглянути улюблені фільми.

Ще я порадив би не боятися свого стану і пам'ятати, що депресія – це не назавжди (якщо, звичайно, ви не махнете на себе рукою). І обов'язково чесно проаналізуйте свої взаємини з близькими, колегами, дітьми, начальством, із собою. Коли відкопаєте причину депресії, не закопуйте її знову. Поставте собі кілька простих запитань: чого я, власне, хочу? Що в мене є? У чому проблема? Для чого вона мені? Головне – бути чесним із собою. Адже страждаємо ми, по суті, лише через самообман.

12. Знову криза

Цим скрипучим словом ми називаємо будь-які переживання зі знаком мінус. «Я – у кризі. Душа німа», – скаржився поет. «Все з рук валиться, напевно, настала криза середнього віку», – ставить сама собі діагноз мати сімейства. З відчайдушного бажання жити без криз философи- економісти спорудили навіть цілу доктрину, яка передбачала побудову безкризового суспільства. Втім, у них нічого не вийшло.

Тетяна Петкова: Олександре Федоровичу, час від часу у всіх в житті настає чорна смуга. Навалилися неприємності в сім'ї, на роботі проблеми, все погано і нічого не тішить. Це – криза?

Олександр Бондаренко: У повсякденному мовленні терміни часто плутаються. Ось, скажімо, серйозні розбіжності з чоловіком – це конфлікт чи криза? Дочка посварилася з матір'ю – це криза чи просто стрес? Де ж тут межа?

Справжня криза має одну характерну рису: відчуття неможливості продовжувати колишнє життя. Її початок завжди однаковий: нестерпний відчай і думка, що «свердлить» мозок – «Все, так жити не можна!» І далі – лише два варіанти розвитку подій. Або ви починаєте нове життя і робите для цього все можливе, або з якихось причин нічого не змінюється, і тоді розпадається сама тканина життя. Відчуття «так жити не можна» нікуди не зникає, проте життя вкрай патологізується. Людина впадає у тяжку депресію, шукає забуття в наркотиках і алкоголі. Повторюються по колу одні й ті ж ситуації, що не проживаються: життя ніби робить петлю і безглуздо повертає назад.

Ось тоді можна говорити про кризу. В даному випадку – кризі стагнації, застою.

Тепер подивимося, що відбувається в ситуації конфлікту, сварки. Пошуміли ви з чоловіком одне на одного добряче, а потім вирішили, що варто купувати нову машину (як хотів чоловік) чи не варто (як здавалося вам). Тобто ви вирішили протиріччя, що заважає жити, і нормально зажили собі далі. Загалом якість вашого життя не змінилася, так? А при кризі, якщо новий етап не настає, ви потрапляєте в замкнене коло: і йти далі не хочу, і зупинитись не можу.

Т.: Прямо «День бабака» якийсь! Пам'ятаєте такий фільм: герой змушений проживати один і той же день з ранку до вечора, і завтра ніяк не настане?

О.: Так, і в того, хто потрапив у кризу, таких днів багато. Психологічно людина почувається неживою. До речі, найголовніша ознака того, що криза минула – відчуття нового життя. Ті, що пережили кризу, кажуть приблизно таке: «Я стала іншою», «Тепер все буде не так, як раніше».

Т.: Коли наймовірніше потрапляння у кризу?

О.: Давайте спочатку все ж таки розмежуємо три різні форми криз. У психології розрізняють кризи вікову, ситуативну та особистісну. Прикладом вікової може бути підліткова криза, коли юнак чи дівчина відстоюють свою автономність, незалежність, своє бачення життя. Всупереч, наприклад, авторитету батьків. «Мені так подобається!», «Я так хочу!», «Я вже дорослий!» – ось типові висловлювання особистості в період закономірного вікового бунтарства. Психологічний перелом, що супроводжує вікову кризу, призводить до нової якості життя – у даному випадку до дорослості.

Т.: А якщо не призводить?

О.: Тоді розвиток особистості гальмується, і маємо інфантильного соціопата, який застрягає на підлітковому бунтарстві, все життя конфліктуючи та вередуючи. У таких людей інфантильний період не змінюється конструктивним. Ви бачили жінок у віці, які ведуть себе як маленькі дівчатка – екзальтовані, вередливі? Вони часто вдягнені у всякі рюшики-плюшики, коротенькі сукні, недотепні прикраси. Ось така, наприклад, героїня Лії Ахеджакової у «Іронії долі...»

Йдемо далі. Ситуативна криза – це криза конкретних обставин. Наприклад, несподівана подружня зрада. У цьому випадку або люди долають прірву, що виникла між ними, і зріднюються ще більше вже у новій якості, або невблаганні центробіжні сили розривають шлюб. І він вмирає. Особистісна криза пов'язана зі здатністю людини осмислювати своє життя і проектувати новий зміст. Пам'ятаєте особисту кризу Льва Толстого? У п'ятдесят років великий письменник поставив собі безкомпромісні запитання і під їх тягарем ледь не наклав на себе руки, але потім все ж таки зумів знайти відповіді, які дозволяють жити. Перед кожною мислячою і думаючою людиною рано чи пізно ці питання постають. Дай Бог, щоб вистачило сил витримати тяжкість відповіді.

Т.: Чи бувають суто жіночі кризи?

О.: Я сказав би так: не суто, а типово жіночі. Вони пов'язані, в першу чергу, із проблемою заміжжя і материнства, у другу – із проблемою самореалізації, а в третю – із проблемою раннього зів'янення. Типові жіночі кризи – це криза самореалізації та криза входження у вік після 30 років. На відміну від чоловіків, жінки більш залежні від соціальних стереотипів. Візьмемо простий випадок. У селі, якщо дівчина до 25 років не виходить заміж, вона вважається старою дівою. За сільськими мірками, у неї в житті щось не так. У місті дівчина спокійно може залишатися незаміжньою і в 30, і в 40, і народити дитину під 45. А в Західній Європі взагалі заведено виходити заміж після 30, коли ти вже зробила кар'єру і стала фінансово незалежною. У нас же, хоч про це і не прийнято говорити, досі незаміжня жінка вважається чимось неповноцінним. Наявність законного чоловіка для жінки – підтвердження її адекватності, відповідності соціальній нормі: «Я заміжня – я нормальна, мене хотіли, мене вибрали».

Чи варто споруджувати з невідповідності стереотипам кризу незаміжньої? Хто сказав, що «окільцюватись» обов'язково потрібно з 19 до 25, інакше виникають комплекси та кризи? Життя таке різноманітне, щодня обіцяє нову зустріч і нові враження – чи не дивно, що саме у фіксованому віці, як вважає наш соціум, ви повинні зустріти свою другу половинку? А якщо це станеться у 38, у 42 – що, вже не те? Кожна жінка має право сказати: «Я не хочу виходити заміж». Це абсолютно нормально. Адже заміжжя – результат життєвих обставин, а не питання соціальної норми. Знайшовся той самий чоловік, з яким хочу жити, – виходжу заміж, немає його – не думаю про це, живу самодостатньо.

Т.: Один мій приятель, який одружився в 43 роки на 30-річній жінці, якось зізнався: «Вона мене підкупила тим, що абсолютно не хвилювалася, одружуся я з нею чи ні. Крім мене, у неї було багато усіляких справ, вона жила цікавим життям. І я зрозумів, що Ганна зовсім не комплексує з приводу своєї самотності, навпаки – вона нею дорожить і далеко не кожного чоловіка впустить на свою територію. І мені так захотілося стати тим самим чоловіком!» Вони живуть уже п'ятий рік, і, на мою думку, щасливі.

О.: Мені здається, що здоровий розвиток особистості полягає в тому, щоб чимдалі відходити від натовпу, від стада. Норми і смисли життя жінки повинні визначатися не диктатом стереотипів, а внутрішніми переконаннями. Якщо цього не відбувається, у жінки загострюється залежність від найближчого оточення. Це загрожує проявом нерозв'язної особистісної кризи, в якій справжній зміст проблеми переноситься у пошук зовнішніх рішень. Наприклад, проблему внутрішньої самотності намагаються вирішити чи розвагами, чи сурогатним заміжжям. Днями отримав листа від сестри своєї 33-річної пацієнтки: «Олександре Федоровичу, в Олі зовсім дах поїхав. Розійшлася з Юрою і каже, що жити нема чого». А Юра – приємний хлопець, на якого покладалися таємні матримоніальні надії. Оля – гарна, талановита журналістка. В силу особливостей характеру мами і передчасної смерті батька вона рано замкнулася, так і не змогла подолати почуття недолюбленості. І ось – закортіло вийти заміж. Юрко, як я зрозумів, не в змозі був дати Олі те, що їй насправді треба. Вона для нього надто складна. А Оля його нездатність прийняла за свою неспроможність.

Т.: Олександре Федоровичу, чого більше в цій кризі – заниженої самооцінки «Ніхто зі мною не одружується, адже я нецікава і некрасива» або громадської думки «Кожна пані повинна бути при чоловікові»? Чому в певному віці жінки так фанатично прагнуть до загсу – нехай з кривим, кульгавим, проте законним чоловіком?

О.: Справа тут скоріше у підміні одних переживань іншими. Це стосується тридцятирічних. У цьому віці виникає загроза так званої «кризи самореалізації», коли жінка підбиває перші підсумки: що в мене є, чого немає, що я хочу мати.

30–35 років для жінки – певний Рубікон, чи не так? Їй важко попрощатися з віком «двадцять із гаком», і коли виповнюється 30–35, а вона «сира» саме як особистість – у плані розуміння себе, свого місця в житті, своїх справжніх бажань, намірів, ось тут і починається панікерство. І заміжжя розцінюється як вирішальний доказ власної особистісної спроможності. Але заміжжя часто зовсім не знімає проблем самореалізації! Коли жінка нарешті розуміє, що сім'я є, діти ростуть, чоловік під боком, а нового життя все одно хочеться до сказу, це страшно! У такому стані жінки говорять психотерапевту: «Я хочу іншого життя!

Інших дітей, іншого чоловіка, інший дім. Я неправильно жила, хочу почати все знову!» Але вибачте, куди «чернетку» подіти?

Т.: Чи впливає на кризу усвідомлення того, що молодість проходить? Адже жінка здатна навісніти через нові зморшки!

О.: Кожна людина має індивідуальну динаміку життєвого циклу. Не знаю, чи ви помічали, що одна жінка найбільш приваблива в 16, а в 27 вже в'яне, інша ж у 35–40 тільки розквітає, у неї повільна динаміка дозрівання. Це чиста біологія, нею не можна керувати. Але, звичайно, після тридцяти на жінку впливає фактор часу. Її внутрішнє самопочуття не змінилося: вона, як і раніше, задерикувата, кокетлива і сповнена енергії. Але зовні вона починає змінюватися – втрачається пружність шкіри, з'являється перша сивина, опливає фігура. Нагадують про себе перші страхи перед старістю. Розумніше всього в цій ситуації – як слід зайнятися собою. Жінка повинна розуміти: якщо хочеш мати хороший вигляд, їсти на ніч бутерброди не варто. І тренажерний зал потрібно відвідувати частіше, ніж у студентські роки.

Т.: Отже, знаменита криза середнього віку для жінки – це проблеми з самореалізацією та протистояння зів'яненню?

О.: Не лише. У 40–45 років можлива криза самотності: жінка відчуває, що нікому не потрібна. На роботі у фаворі молодші співробітниці, чоловік вічно зайнятий, діти ставляться до неї споживчо – приготуй-поприбирай. Вона страждає: «Як, і це – те життя, про яке я мріяла у юності? Хіба я цього хотіла?» Причому жінка не може ні з ким поділитися, її просто не зрозуміють, адже зовні у неї все чудово. А вона, хоч лусни, відчуває свою непотрібність, незатребуваність.

Знаєте, саме у цьому віці жінки починають метатися і чинити часом нерозсудливо. Одні витрачають гроші на дорогі косметичні процедури та нескінченні новітні «чудо-креми», інші звертаються до алкоголю. Деякі втрачають інтерес до сім'ї, у них з'являється відчуття проживання чужого життя. Жінка поринає в хронічну депресію, починає мріяти біля телевізора, впадаючи в ілюзії.

Що стосується такого модного сьогодні явища, як криза середини життя, то у кожного своя середина, тому що біологічний і психологічний вік – різні поняття. Я знаю жінку, якій 40 років, а вона належить до тих, що поводяться як 25-річні, думаючи, що все ще попереду. Галя, так її звуть, тільки планує виходити заміж і народжувати дитину – а тим часом її приятельки вже бабусі.

Т.: Це погано?

О.: Нормально, адже психологічний вік Галини набагато менший біологічного. І так само є 30-річні, які психологічно вже ніби на пенсії: їм здається, що все в житті вже було, найголовніше вже сталося. Так от, сумнозвісна криза середнього віку у кожного своя. Правильніше говорити про «кризу застою», до неї найчастіше схильні 38–45-річні жінки. Це дуже небезпечна криза. У цьому віці легко обабитися і залишити собі лише роль матусі. Або бабусі. Можна няньчити онуків, можна жити інтересами дорослих дітей і махнути на себе рукою. А можна зайнятися собою, своєю самоосвітою, саморозвитком та жити повноцінним життям. У багатьох жінок у цьому віці виникає, як вони кажуть, безглузде бажання вчитися: вступити до якогось вишу, закінчити курси, навчитися водити авто. Даруйте, чому ж безглузде? Це ж і є грамотний вихід із кризи – йти вперед. Записуйтесь на всі курси, які вам подобаються. Фліртуйте з усіма до знемоги. Не придушуйте у собі дівчинку, якій цікаво жити. Гумор завжди виручить. І не треба боятися змін. Насправді наше життя – це послідовність кількох циклів, кількох «життів». Криза – сигнал, що час переходити від одного циклу до іншого. Хтось починає нове життя, хтось залишається у старому. Необов'язково нове життя має на меті повну руйнацію колишнього, розлучення і переїзд в інше місто, хоча буває і так. Одна жінка після сорока почала вирощувати дивовижні квіти, і зараз вона авторитетний фахівець у цій галузі. Інша сіла за письмовий стіл і стала популярним автором детективів. Третя придумала собі будинок, довго його будувала за своїми ескізами, розробила інтер'єр. Моя знайома, біолог, раптом почала розводити рибок, потім почала їх продавати й зараз у неї пристойний бізнес.

Це стосується не лише 45-річних, адже на жінку від 50-ти чатує чергова особистісна криза – смислова: «А чи правильно я прожила своє життя?» Тут головне – усвідомити, що життя ще не прожите, що ви можете направити його в нове цікаве русло. Карл Юнг вважав, що справжнє життя починається лише після 60-ти. А у нас у суспільстві – маса умовностей і стереотипів: у цьому віці має бути те, а для цього віку пристойно те... Людина сама вирішує, що для неї важливо і що пристойно, і вік тут ні до чого. Кілька років тому я проходив стажування у Лондонському інституті психіатрії, а мешкав на квартирі у вдови професора імунології. Вона у свої 76 років заочно вступила до Лондонського університету на факультет мистецтвознавства. І просила мене називати її просто Кетрін. Я був захоплений цією невтомною театралкою і дотепною співрозмовницею. Язик не повертається назвати її бабусею! Справжня леді.

Нове життя можна починати у будь-якому віці. Це найкращий рецепт виходу із кризи.

13. Закохана жінка

«Щось я давно не закохувалась...» У перекладі «з жіночої на українську» щось стало нудно, дівчата. Якесь життя без адреналіну пішло: прісне, несмачне, нецікаве. А так хочеться перчинки, пригод, щоб занило солодко всередині, щоб спалахнули очі й засяяла шкіра. Хочеться намазатися чарівним кремом, перетворитися на диявольськи привабливу Маргариту і – літати, літати!

Тетяна Петкова: Зізнайтеся, Олександре Федоровичу, чоловікам, як і нам, теж потрібно час від часу закохуватися, щоб розбурхатися, відчути себе у тонусі?

Олександр Бондаренко: Жінки і чоловіки закохуються по-різному. Закохана жінка – це стихія, що підноситься над соціальними рамками та іншими умовностями. Закоханість для жінки – буря, гроза, після якої вона має свіжіший, молодший вигляд. Прекрасна стать набагато ближче до природи, ніж сильна, тому в коханні жінка не визнає жодних меж. А чоловік набагато більше звертає увагу на соціальні норми та заборони. Закохавшись, він одразу починає ламати голову, а що робити далі, як вплине його закоханість на кар'єру, на стосунки у сім'ї, якщо вона є, тощо. Тому закоханість як спосіб підтримки життєвого тонусу більше властива жінкам. Подивіться на закохану пані: чудо яка гарна! Очі сяють, волосся блищить, грайлива, енергійна, все їй до снаги, все виходить! Адже закоханість – це активація трьох систем організму: ендокринної, імунної та нервової. І це здорово стимулює. До речі, такий стан надихає і чоловіків творчих професій – поетів, художників, композиторів. Їм це вкрай необхідно.

Т.: Але поети і музиканти оспівують не закоханість, а кохання. Як ці стани співвідносяться?

О.: Тоді вже давайте говорити про три види стосунків: закоханість, кохання і секс. Необов'язково вони збігаються. І секс може бути без кохання, і закоханість без сексу. Це різні сторони чуттєвих взаємин чоловіка і жінки. Якщо двома словами, то головна різниця між любов'ю і закоханістю полягає у тому, що закоханість – це тільки емоції, тільки почуття, а кохання – це емоції, почуття і ставлення. Закохана жінка хвилюється, побачивши чоловіка, відчуває піднесення, прагне мати кращий вигляд. Любляча жінка теж. Однак вона відчуває також і глибші почуття до чоловіка – повагу, поклоніння. Любляча жінка сприймає чоловіка як частину свого життя. У закоханості цього немає. Закоханість приносить захоплення і страждання. Любов – милосердя і мудрість.

Т.: Ми, жінки, коли заплутуємось у власних почуттях (а таке, погодьтеся, трапляється із кожною час від часу), ставимо собі дуже прості запитання: чи я хочу готувати йому їжу? Прати сорочки? Варити бульйон, коли він хворіє на грип? І, як правило, все швидко прояснюється. Дізнавшись, що чоловік захворів, любляча жінка відчуває потребу доглядати його, а закохана – досаду: «Як же так, я знову його не побачу!» Закоханість – родичка егоїзму, любов – самопожертви, так?

О.: Дуже влучно. При закоханості людина повністю занурена у своє почуття, у своє «Я», а при коханні вона занурюється в іншого. Я не візьмусь стверджувати, чи любили Ромео та Джульєтта одне одного. Особисто мені здається, що були закохані. Як будь-яке почуття, закоханість швидкоплинна, а кохання як ставлення може тривати довго-довго. До речі, «термін дії» закоханості – від 6 до 12 місяців, така ось психологічна закономірність.

Ну, а секс – це взагалі щось відмінне від закоханості та кохання. Це біологія, фізіологія. Хіба секс без почуттів взагалі – щось незвичайне? Нітрохи! Це так званий механічний секс, коли ні про кохання, ні про закоханість не йдеться. Є думка, що чоловіки віддають перевагу такому ось механічному задоволенню. Відкрию секрет: чоловіки не дуже люблять ходити до повій, бо таке задоволення потреб не зачіпає сферу почуттів. Хоча, звичайно ж, у інтимних стосунках емоційна сторона для жінки важливіша, ніж для чоловіків. Зрада жінки набагато серйозніша, ніж зрада чоловіка: зважитися на близькість із іншою людиною жінці дуже складно, і якщо вона зробила це, значить відчуває почуття. Адже оргазм народжується все ж у мозку передусім, а не в інших органах тіла.

Т.: У такому разі, яка голова швидше «дасть добро» на оргазм – закохана, повністю захоплена пристрастю чи ж заповнена щасливим, спокійним подружнім коханням?

О.: Насолода в ліжку, звичайно ж, пов'язана з високим чуттєво-емоційним градусом, а явище «подружньої нудьги» цьому гарячому стану перешкоджає. Але подружнє кохання може час від часу підігріватися спалахами закоханості одне в одного. Пам'ятаєте, була така пісня – «Закохатися у власного чоловіка?» Це зовсім не поетичний образ. Кохання-ставлення має пульсуючий ритм: періоди «штилю» можуть змінюватися сплесками закоханості, потім настає охолодження, і це нормально.

Щоб закохатися у власного чоловіка чи дружину, потрібно подивитися на них у зовсім новому ракурсі. Одна моя клієнтка закохалася в чоловіка, коли того призначили на керівну посаду і він замість улюблених джинсів і розтягнутих светрів став одягатися у дорогі костюми. Пані розповідала, що, побачивши вперше свого чоловіка у новому образі, відчула приплив пристрасті.

Т.: Сентенція «закохатися у свого чоловіка» на руку чоловікам. Значить, до походу в загс жінка може і має закохуватися в інших чоловіків: як ми вже сказали, це їй лише на користь.

Вийшла заміж – крапка, не смій ані фліртувати, ані закохуватися. Але ж для більшості жінок закоханість зовсім не означає зраду в фізіологічному значенні. Це взагалі жодним чином не зрада: часом чоловік навіть і не підозрює, що став для жінки джерелом натхнення. Тим і відрізняється закоханість від кохання, що нам нічого не потрібно від чоловіка, в якого ми закохуємося! Ми просто хочемо подобатися, не забувати про те, що красиві, привабливі, і флірт у цьому випадку – невинна і корисна вправа. Наче тренажер для певної групи м'язів. Фліртуючи і закохуючись, ми накачуємо самооцінку, впевненість у собі, викликаємо кураж і знову відчуваємо смак до життя. Скажіть, чоловіки це розуміють чи шалено ревнують?

О.: Мудрий чоловік чи дружина, звісно ж, не буде влаштовувати скандал і вимагати розлучення з приводу чергової закоханості найдорожчої половини. Але жінці все ж легше зрозуміти закоханого чоловіка, ніж навпаки: адже у чоловіків переважає потреба у володінні, а у жінок – потреба в приналежності. Тому чоловік, завбачивши, що дружина кимось цікавиться, часто не може змиритися – адже сторонній чоловік займає її думки. Навіть якщо дружина ні сном, ні духом не думає про зраду і не збирається привласнювати собі цього мужчину, її подружній партнер нервує.

Якщо шлюб гармонійний і подружжя визнає право кожного на особисту свободу, то закоханості чоловіка і дружини не завдають шкоди їхньому сімейному життю. Адже чоловік відпускає дружину на виставу? Дружина відпускає чоловіка подивитися футбол? Вони припускають, що кожен має право на отримання приємних переживань – за умови, що ці переживання не руйнують їхні стосунки. А закоханість здебільшого не заважає щасливому шлюбу.

Прагнення завоювати чоловіка закоханості не властиве. Але хочу наголосити на такому моменті: дуже гарні жінки, закохавшись, можуть ставати агресивними. І ось чому. Красуня з дитинства звикла, що нею всі захоплюються: у школі хлопчики билися через неї, в інституті однокашники снопами валилися до ніг. Вона, закохавшись, просто не може утриматися, щоб не наколоти чоловіка, як метелика, на шпильку і не засунути у свою колекцію. Закоханість для неї – не просто тонік, енергетичний газований напій, як для більшості жінок. Для красуні закоханість може перетворюватися на полювання за скальпами. Тобто вона поводиться по-чоловічому, і флíртом цю поведінку ніяк не назвеш.

Т.: Олександре Федоровичу, а що таке флірт з точки зору психолога? Таке грайливе і симпатичне слово, а всі розуміють його по-різному. Ревнивий чоловік гаркне: «Флірт – неподобство», синя панчоха скривиться: «Флірт – зброя доступних жінок», дівчинка-підліток зніяковіє... Моя приятелька видала: «Флірт – це зацікавити чоловіка і в делікатний момент втекти, залишивши його ні з чим».

О.: Те, що мала на увазі ваша приятелька, у міському фольклорі називається, по-моєму, «динамо». А флірт – це, зрозуміло, не неподобство і не свідчення доступності жінки. Це безневинна форма реалізації жіночої потреби подобатися. Це здатність дати собі радість буття у формі гри. І чоловік, учасник флірту, до речі, також отримує задоволення від цієї гри. Розумний досвідчений чоловік, звичайно ж, розуміє, що його «підначують», з ним грають, але, по-перше, майстерний флірт із чарівною жінкою – це здорово, а по-друге, чоловік відгукується на флірт, тримаючи в голові: «Все може бути...» Флірт ближче до самолюбування в хорошому значенні цього слова, ніж закоханість. Це не почуття, не емоція, це – форма стосунків.

Т.: Мені здається, жінка закохується: а) коли їй нудно – від «нічого робити»; б) якщо «хочеться чогось такого»; в) коли вона зустрічає квазі-мрію – «Боже, як він схожий на того артиста!» Ну, ще Тетяна Ларіна закохалася, тому що «душа чекала когось». Цим причини вичерпуються?

О.: У Тетяни Ларіної – це вікове. Стан любовного томління характерний для підлітків, а доросліші жінки закохуються з перелічених вами причин, але не тільки. Бувають закоханості просто від повноти почуттів, від того, що людина подобається, від того, що співзвучні душі потрапляють у резонанс. Буває закоханість як засіб боротьби з депресією – жінці так погано, що вона покладає на об'єкт інтересу місію: «Вилікуй мене, виведи з туги». Небезпека такої пристрасті в тому, що вона сама може стати частиною депресії і не вилікує її, а лише посилить.

Часто закохуються жінки із мазохістським комплексом: їм потрібно страждати, мучитися, виснажувати себе думками про Нього. Це згубна закоханість, тому що вона може призвести до емоційної залежності від чоловіка. Якщо до того ж така жінка зустріне чоловіка із садистичними нахилами (а мазохістки підсвідомо тягнуться до таких) – все: ключик знайшов замок, комплекс активізувався.

Іноді закоханість змушує жінку робити дурниці. Особливо, якщо її у житті щось не задовольняє. Наприклад, чоловік зайнятий бізнесом, дружина страждає через відсутність уваги й закохується у випадкового знайомого. Все! Вона вважає, що знайшла нового супутника життя, оголошує про розрив, просить про розлучення... Світ перекидається догори дригом. Вона збирає валізи та йде. В результаті через пару місяців закоханість випаровується, і жінка із жахом запитує: «Що я наробила?!»

Натворити дурниць жінка здатна і через ситуативну закоханість. Це дуже цікаве явище – коли люди закохуються одне в одного під час або дуже приємної ситуації (карнавал, новорічна вечірка, круїз), або напруженої (аварія, пригода в горах, форс-мажор на роботі). Стрес сприяє закоханості, як не дивно. Ось чому війна та любов часто є сусідами і в літературі, і в житті. Ви здивуєтеся, але заручниці закохуються у терористів. Якщо жінка знайомиться з чоловіком у неординарній ситуації, ймовірність, що вона в нього закохається, – 90 відсотків. І ось це гостре почуття жінка приймає за любов, і вирішує повністю змінити своє життя. Хоча потрібно лише почекати трохи – змінена свідомість прийде до норми, і все стане ясно. Закоханість – щаслива пора життя, але далеко не найкращий час для ухвалення важливих рішень.

Т.: Якщо вже заговорили про важливі рішення, то скажіть: чи можна жінці першою зізнаватись у своїх почуттях? Чого варті роздуми Цвейга на цю тему: «Горе, якщо жінка, подолавши сором'язливість, відкриє серце чоловікові!» Багато жінок не наважуються першими сказати чоловікові про любов з остраху, що той злякається, заметушиться, вдасть, що не почув, а то й зовсім зникне з горизонту... На жаль, здебільшого чоловіки саме так і поводяться. Чому чоловіки бояться жіночих зізнань?

О.: Я б все ж таки уточнив питання словом «деякі». Як один із варіантів – тому, що жінка перехопила ініціативу і тепер незрозуміло, хто командуватиме парадом. Тому що промовчати у відповідь на її визнання неввічливо, а самому сказати «Я тебе теж люблю» язик не повертається: він або не впевнений, що любить, або не хоче брати на себе відповідальність за подальші стосунки. Іноді чоловік розчарований зізнанням жінки: адже він завойовник, йому цікаво боротися за жінку, завойовувати її, а тут вона сама прийшла і здалася. Легка здобич знецінюється. А, до речі, яку мету переслідує жінка, освідчуючись у коханні першою?

Т.: Якщо стосунки невиразні й затягнуті, то жінка хоче ясності, хоче визначити свій статус. Це перша причина. Друга – вона так безоглядно закохана, що поспішає повідомити про це коханому, цілком довіряючи йому. Третя – вона бачить, що чоловік нерішучий, можливо, не впевнений у її почуттях, і вирішує додати йому впевненості. Четверта – для того, щоб зав'язати стосунки, яких ще немає. Ну, такий екстравагантний спосіб знайомства. П'ята – протестувати чоловіка: «От я тобі скажу, що люблю, і подивимося, як ти відреагуєш». І ще приблизно триста сорок вісім причин...

О.: Немає нічого поганого в тому, що жінка першою сказала про свої почуття. Потрібно просто вміти правильно розшифровувати реакцію чоловіка і правильно реагувати на цю його реакцію. Я пам'ятаю випадок зі своєї практики, коли жінка довго мучилася, чи сказати коханому (вона – асистентка на кафедрі, він – її науковий керівник) про своє кохання. Нарешті зважилася. А він, маститий професор, раптом рубанув рукою повітря і гучно прокричав: «Ану припинити це все!» І бідолаха так буквально сприйняла установку «припинити це все», що їй п'ять років довелося лікуватися від аноргазмії. Вона давно вийшла заміж, забула свого професора, але щоб повернути «це все», тобто здатність любити і отримувати задоволення, знадобилися довгі роки. Якщо чоловік у відповідь на ваше визнання мямлить: «Я такий-сякий, тебе не гідний, тобі потрібний інший» – не переконуйте його, що він найкращий. Він просто не хоче вашого кохання. Якщо ховає очі й вимовляє щось на зразок: «Я теж до тебе добре ставлюся» – робіть висновки. Також у відповідь на ваше «Люблю» можете почути: «Я ще не готовий до серйозних стосунків», «Ти впевнена? Тобі, мабуть, здається» або з надривом: «Я, знаєш, не вірю в кохання». Це все відмовки. Але найпідліша «відмазка» – коли чоловік у відповідь на ваше зізнання просто зникає: не дзвонить, не приходить і не пояснює, у чому річ. Він просто боягуз, малодушний товариш. Але, на відміну від Цвейга, я заспокою жінок: це не горе. Просто ви, справді, протестували вашого чоловіка. І результати змусили міцно замислитись: а чи варто в нього закохуватися взагалі?

Втім, один із моїх улюблених афоризмів такий: знання дійсності насправді не звільняє від дійсності. Знаєте чому? Незважаючи на всі наші міркування, маленький Купідончик, син Венери, безтурботно пурхає світом і, майже не цілячись, випускає свої солодкі стріли. І коли стріла пустуна потрапляє в жіноче серце, світ змінюється. Він стає піднесенішим і чистішим, світлішим і затишнішим.

14. Трійка, сімка, туз

Знов у повітрі запахло Різдвом, Новим роком і – таємничими ворожіннями. «Бажаю знати, що буде!» – і ось уже блищать очі, і переривається голос, і шарудять карти. Як ставитися до пророцтв, чи варто боятися наврочення і чи треба будувати своє життя за гороскопом?

Тетяна Петкова: Щось я не пригадаю чоловіків за цим захоплюючим заняттям – ворожінням чи спіритичним вертінням стола. Напевно, сильна стать соромиться займатися такими «дурницями» або їй просто нецікаво зазирати в майбутнє?

Олександр Бондаренко: Французький філософ Роже Кайуа досліджував ігри, в які грає людство, і дійшов висновку, що основних типів ігор всього чотири: «Боротьба» (різні змагання, конкурси, іспити), «Мімікрія» (ляльки, театр, шаради, ритуали), «Жереб» (карти, кістки, рулетка) та «Запаморочення»(пророцтва, передбачення, ворожіння). Нас сьогодні цікавлять два останні типи – «Жереб» і «Запаморочення», тому що ці ігри побудовані на підсвідомому бажанні кожної людини докопатися до сенсу свого життя. Слід зауважити, що до азартних ігор більше схильні чоловіки, вони люблять визначати свій жереб, робити ставку на щасливий випадок. А ось «Запаморочення» – типово жіноча гра. Втім, це зовсім не означає, що чоловіки не хочуть заглядати в майбутнє або що вони зовсім не цікавляться прогнозами і гороскопами. Але все-таки пристрасть до ворожінь і пророцтв більш властива прекрасній статі.

Ці ігри абсолютно не пов'язані з науково-технічним прогресом. Гороскопи і ворожіння будуть присутні в нашому житті завжди, скільки б ми генів не відкрили і скільки планет не дослідили. Інтерес до передбачення – не соціокультурне явище, а суто психологічне, і пояснюється непереборним бажанням зазирнути за межі невідомого.

Т.: Так само, як є люди, які сильніше за інших піддаються гіпнозу, напевно, є психотип, який особливо захоплюється ворожінням та іншою містикою...

О.: Одна людина із задоволенням пограє у футбол, інша відвідає сауну, третя – з не меншим задоволенням розкине карти. Головне – не перевести любов до ворожінь із розряду безневинного особистого задоволення в керівництво, як жити. Адже насправді прагнення дізнатися про майбутнє – не більше ніж особлива форма розваги. Точніше, сублімація таємних дитячих бажань підглянути заборонене. Усі ці сеанси спіритизму, маніпуляції із запаленими свічками та вивчення кавової гущі означають для дорослих людей, особливо для жінок, просто гру, розвагу на зразок атракціонів. Хоча, на жаль, останніми роками дуже багато жінок вдарилися в містику, усілякі ворожіння – і для них це вже серйозно.

Якщо говорити про психотип, то це жінки зі слабким «Я», невпевнені в собі. Справа в тому, що навіюваність жінки тим сильніша, чим гірший її емоційний стан у цей момент. Якщо складно самій собі вибудувати сенс життя, тоді хочеться його вгадати або, що набагато гірше, дізнатися у інших. Звідси – віра у віщі сни і всілякі передбачення.

Т.: Але ж безліч передбачень збувається! Ось два приклади з життя. Багато років тому одну мою однокурсницю, 16-річну дівчину, зупинила на вулиці циганка. Вона не вимагала в неї грошей та прикрас. Просто підійшла і сказала: «Твої чоловіки – на букву «А». Повернулась і пішла. Першим чоловіком однокурсниці був Артем. Потім вона зустрічалася з Антоном і татарином Аміром. Руку та серце їй пропонували Андрій і знову ж таки Антон. За Антона вона і вийшла заміж, зрештою. І другий приклад. Одному чоловікові передбачили, що він зустріне на півдні свою дружину, і її звати Віолетта – погодьтеся, дуже вже конкретне і рідкісне ім'я. Так і вийшло: у Бердянську цей хлопець познайомився з Віолеттою, і вони разом уже років десять.

О.: Бачите, ми пам'ятаємо ті передбачення, що справдилися, із завмиранням серця переказуємо їх одне одному. Але, запевняю вас, збувається настільки мізерна частина прогнозів, що вона ніяк не впливає на загальну картину «правдивості» висновків ворожок. Випадки, про які ви розповідаєте, нічого спільного із ясновидінням не мають. Насправді це не що інше, як самопідкріплення пророцтва, є таке поняття в психології. Сама того не усвідомлюючи, ваша приятелька звертала увагу лише на чоловіків, чиї імена починалися з «А». І ваш знайомий, випадково зустрівши свою Віолетту, тут же закохався в неї, бо він уже був готовий до цієї зустрічі. Як не смішно, якби її звали Галя чи Люба, цілком можливо, він би пройшов повз свою долю.

Розповім схожий випадок із життя свого приятеля. Він був у тривалому відрядженні у Львові, кудись телефонував та помилився номером. На тому кінці зняла слухавку дівчина із приємним голосом. У мого приятеля зав'язався з нею телефонний роман: вони передзвонювалися кожного вечора, розмовляли годинами безперервно. Дівчину звали Ніною. Так вийшло, що хлопець опинився в гостях у однієї львівської провісниці та розповів їй про незвичайний роман. Та урочисто сказала: «Не упусти її. Ніна – твоя доля, ти одружишся з нею». Після такого пророкування мій приятель призначив Ніні побачення. Коли він побачив дівчину, зрозумів, що ворожка мала рацію – коротше, він закохався по вуха, застряг у Львові ще на пару місяців і, зрештою, повів панянку до загсу. І тільки в загсі виявилося, що його обраниця зовсім не Ніна, а її подруга Катя, яку Ніна відправила замість себе. Спочатку Катя хотіла зізнатися у підробці, але, побачивши почуття хлопця, не наважилася і прогавила момент. А потім і сама закохалася. Сьогодні ця пара спокійно собі живе, виховує дітей і не згадує про передбачення ворожки.

Тобто, насправді циганка чи провісниця не пророкують майбутнє, вони програмують вас на певні події. І добре, якщо вони позитивні, а якщо ні? Ми з вами знаємо багато випадків, коли тій або іншій людині ворожка передбачала смерть у конкретному віці, й людина вмирала. Як це пояснити? Та все тим же слабким «Я», невпевненістю у собі, коли людина вірить прогнозу «понад усе», і довгі роки живе з програмою «Я помру в 30 (25, 45...)» Така програма – страшна річ, адже коли кажуть: «Словом можна вбити», мають на увазі саме вербальні, словесні «кодування» на невдачу, хворобу, смерть. Той, у кого психологічний захист сильний, відмахнеться від неприємного передбачення і забуде про нього. А інший повірить. І, знаєте, психотерапевту часом дуже важко переконати клієнта у тому, що своє життя він запрограмував сам.

Пам'ятаєте, у О'Генрі є оповідання про тяжкохвору дівчину, яка, дивлячись на деревце за вікном, сказала: «Я помру, коли впаде останній листочок»? І ось вона лежала, прикута до ліжка, і дивилася на опале листя. Незабаром на дереві залишився лише один листочок, який ніяк не хотів опадати, тримався всю зиму, і дівчина нарешті одужала. Адже це її друг-художник намалював листок і міцно прив'язав його до гілки, щоб «розпрограмувати» кохану та змусити її одужати.

Мені пригадались зараз два випадки з практики. Це жінки, які сліпо вірили в те, що їхні чоловіки – єдино можливий варіант особистого щастя. Одна живе у невдалому шлюбі: вічні сварки, дітей немає, чоловік їй зраджує. Загалом, розлучення було б порятунком. Але ні: «Десять років тому мені ворожка сказала, що чоловік і дощ – запорука мого щастя». А з чоловіком вона познайомилася, як навмисне, у сильну грозу. І одразу вирішила, що ця людина послана їй вищими силами. Вона щосили за ним упадала, одружила його на собі, але життя все одно немає. І розлучатися не хоче. Уявляєте, скільки дощів поливає земну кулю? І скільки чоловіків можна зустріти в зливу? А жінку як перемкнуло: це він і все. Бо якась ворожка так сказала.

Друга клієнтка ніяк не могла відпустити від себе свого коханого, хоча давно вже його не любила: «Розумієте, ми ж народилися того самого числа, і обидва в неділю, як я можу розлучитися з ним?» Бог мій, на Землі живе шість мільярдів людей і всього сім днів на тижні – уявляєте, скільки збігів у датах народження і днях тижня можна нарахувати? Замість того, щоб проаналізувати своє життя як дорослі люди, жінки починають пояснювати події таким ось містичним чином.

Т.: Мені здається, що, вишукуючи таємний зміст і вірячи у чудові збіги, ми хочемо створити самі собі ілюзію, що все склалося не випадково. Бо ж прикро думати: ну, не зустріла б я Петю, вийшла б за Васю. А Коля не побачив би мене того вечора і одружився б з іншою... Нам не хочеться миритися із взаємозамінністю людей, от і переконуємо себе: «Ні, все недарма, ми не могли не зустрітися».

О.: Загалом, ви маєте рацію. Люди, особливо мрійливі, романтичні жінки, не хочуть думати, що можна знайти щастя і з цим чоловіком, і з цим, і з тим... Куди приємніше усвідомлювати, що «ми створені одне для одного». Хоча відомо, що і шлюби з розрахунку, без особливих пристрастей та таємних знаків у вигляді блискавок і пророцтв чаклунів бувають дуже міцними і щасливими. До речі, ось ще одна причина, через яку ми так любимо всілякі ознаки: вони допомагають ухвалити рішення. Особливо якщо рішення важливе, доленосне і ми не знаємо, як краще вчинити. Тоді виникає бажання перекласти частину відповідальності зі своїх плечей на містичні сили. І починається! «От якщо зараз із-за рогу виїде п'ять зелених автомобілів, піду на співбесіду». Або: «Якщо зустріну сьогодні рудого чоловіка з чорним котом, подам на розлучення». Найсмішніше, що в житті можливі всілякі збіги, у тому числі й п'ять зелених автомобілів підряд або рудий чоловік із чорним котом. І якщо знак «спрацював», переконати людину в тому, що це чиста випадковість, неможливо.

Т.: Але ж можна використовувати віру людини в ясновидіння та ворожіння позитивним чином. Допустимо, налаштувати її на удачу так: «Я ходила до ворожки, у тебе буде все добре, не хвилюйся». Хіба це не елемент психотерапії?

О.: Безперечно! Тільки цей вплив має бути дуже конкретним. Адже чим беруть ворожки? Якимось конкретним фактом, вгаданою подією. Людині мало почути, що буде добре, їй треба чітко знати: коли саме? Для програмування – як позитивного, так і негативного – дуже важливі конкретні терміни. Знаєте, коли до мене приходять клієнтки з матримоніальними проблемами, що важко піддаються терапії, я використовую такий «магічний» прийом: «Дорога Світлана (Тетяна, Людмила), я ясно бачу, що ви вийдете заміж упродовж найближчого року». І жінка справді виходить заміж! Розумієте, наша свідомість надзвичайно тендітна річ, і ми весь час шукаємо у сторонніх подіях, чужих людях підтвердження того, що все буде добре. Дивні забобони і таємні знаки – не що інше, як установка, яку людина дає сама собі. Або хтось інший дає нам установку – і не завжди життєстверджувальну. Згадайте, як вам бувало неприємно, коли жаліслива колега, завбачивши вас, кидалася зі словами: «Ой, люба, я такий поганий сон про тебе бачила...» І починала розповідати. В цьому випадку вихід один: йти геть, не слухати жодного слова. Це не має до вас жодного відношення! А ось про емоційний стан колеги говорить дуже промовисто.

Т.: Олександре Федоровичу, але ви ж не станете заперечувати існування наврочення, наслання, коли жінка раптом ні з сього ні з того слабує, чахне, у неї в житті все руйнується, а потім вона знаходить у себе в квартирі циганську голку або мішечок із сушеними курячими лапками. А ворожка хитає головою: «Наврочили». Виходить, у цьому випадку нас програмують без нашого відома, а значить, участі?

О.: Науковою мовою пристріт, наврочення називається психогенією, тобто травматичним переживанням внаслідок будь-якого психологічного впливу. Як ми вже говорили, у кожної людини свій ступінь психологічного захисту від «нехорошого» слова чи погляду. У жінок бар'єр вразливості дуже низький, особливо якщо жінка недовірлива, меланхолійна або переживає якусь психотравмуючу ситуацію. Якщо ви вірите у пристріт – вас обов'язково «пристрінуть», ось таке правило. Якщо ви схильні до психогенії, рано чи пізно відчуєте себе погано. Причому вам здаватиметься, що «пороблено» без вашого відома. Давайте подумаємо ось про що: по суті, у кожного з нас є заздрісники, недоброзичливці. Якщо ворожка повідомляє, що вас «зурочили», ви відразу ж здогадуєтеся, хто б це міг бути і за що з вами нібито так вчинили. Вас недолюблює свекруха, сердиться, що ви забрали у неї любимого синочка? Ось вам і привід для пристріту, думаєте ви, і будь-яке нездужання пояснюєте підступами свекрухи. Суперниця в серцях кинула: «Все одно жити не будеш!» – і, якщо ви надмірно вразливі, ви жахаєтесь, несвідомо запускаєте процеси самонавіювання і... слухняно хворієте! І так далі.

Секрет знаменитих чаклунів вуду – не в нанесенні каліцтв восковим фігуркам, а в психологічному впливі навіювання у примітивних культурах на примітивний людський інтелект. Що стосується нас, то кожна людина час від часу почувається зле. У кожного бувають чорні смуги у житті. А в поганому емоційному стані навіюваність зростає. Якщо жінка, яка підсвідомо відчуває, що до неї хтось погано ставиться, починає хворіти, потім йде до ворожки та підтверджує страшний здогад про «наврочення» – все, її душевну рівновагу порушено. А все тому, що ще раніше психологічний захист був проламаний неприємними емоціями та подіями.

Як професійний психолог я стверджую: сильній, врівноваженій людині ніякі пристріти не страшні. Коли ви йдете повз будинок, і через паркан на вас кидається пес – гавкає, бризкає слиною – ви ж не приймаєте його агресію на свою адресу? Ви поспішаєте подалі від злого собаки, і за п'ять хвилин забуваєте про нього. Так само слід поводитися з тими, хто вас «проклинає», «замовляє» та «кодує». Відійдіть убік і забудьте.

До речі, ворожки завжди підтверджують «діагноз» наврочення, тому що зняття його – їхній бізнес. Тому вони будуть говорити, що випадок тяжкий, занедбаний і вимагає тривалого «лікування» (і чималих фінансових вливань). Якщо ж, як вашій однокурсниці, хтось «погадає» безкоштовно, то тут має місце, так би мовити, корпоративний інтерес: щоб наступного разу призначити ціну.

Ну а любителькам ворожінь я б радив не відмовлятися від своєї розваги на різдвяні свята. Тільки ворожіть безпечним чином, не залучаючи ясновидців, які беруть за це гроші. Робіть це вдома у родинному колі або з подружками, не надаючи особливого значення цій грі. Ігри прикрашають життя.

15. Любий друг

У декого дружба між чоловіком і жінкою викликає асоціації з... поні. Мовляв, поні – це кінь, що не відбувся. А жіночо-чоловіча дружба – кохання, що не відбулося з якихось причин. Втім, деякі індивіди вважають, що саме така дружба і є стосунки, що наближаються до ідеалу: чоловік і жінка не стануть заздрити одне одному з приводу талії; не порівнюватимуть своїх подружніх партнерів; не кинуться боротися за місце під сонцем, оскільки часто грають на різних територіях. А треті й узагалі впевнені, що різностатеві друзі – це привиди: всі про них говорять, але мало хто бачив.

Тетяна Петкова: Олександре Федоровичу, чесно опитала з десяток своїх знайомих. Чоловіки в один голос заявили, що різностатева дружба – вигадка. Тобто він і вона дружать, бо між ними ще нічого не було чи вже все було. Третього, як стверджують, не може бути. Жінки вважають: так, із чоловіком дружити можна.

Олександр Бондаренко: От бачите, яка справа: якщо навіть опитати не десятьох, а тисячу, більшість чоловіків скаже, що дружити з жінкою не можна, а жінки охоче визнають право на існування дружби з протилежною статтю. З кількох тисяч опитаних англійськими психологами хлопців дві третини сказали, що банальне запитання типу «Котра година?» або «Як пройти на таку вулицю?» сприймається ними як запрошення до початку стосунків. Такі психосоціальні стереотипи: чоловік схильний бачити сексуальний підтекст там, де жінка ні про що таке і не думає. Тому ставити людям пряме запитання «Чи вірите ви у дружбу між чоловіком і жінкою?» не зовсім правильно: кожен вкладе у відповідь банальний стереотип під виглядом своєї точки зору. Коректніше цікавитись, що мислить людина під такими стосунками. Напевно, питаючи своїх знайомих про дружбу, ви мали на увазі наявність або відсутність сексу у взаєминах, тому що, коли жінка стверджує: «Ми просто дружимо», це ніби автоматично має означати: «Ми не коханці». А це не факт! Можна дружити з чоловіком і лягати з ним у ліжко; можна кохати, але не бути коханцями.

Т.: «Любити, але не бути коханцями» – це скоріше питання часу та обставин. Хіба можна припустити, що закохані свідомо йдуть на платонічні стосунки? Якщо вони, звичайно, нормальні у фізичному і психічному плані. А дружба, що включає секс, на мою думку, ніяка не дружба, а тривіальна інтрижка, роман, зв'язок – синонімів можна підібрати безліч.

О.: Дозволю собі зауважити, що зараз і ви відтворюєте типовий стереотип: немає сексу – дружба, є – вже щось інше. Насправді, як із семи основних кольорів можна створити скільки завгодно відтінків, так і варіацій стосунків «він – вона» може бути безліч. По суті, у кожної пари – свій формат, своя модель, і, якщо їм комфортно в таких стосунках, яка різниця, як вони називаються? Психологи добре знають, що не наявність чи відсутність сексу є тим самим маркером, який відрізняє дружбу від кохання. Хоча варіант «друзі-коханці» зустрічається набагато рідше, ніж друзі в «чистому вигляді». Друзі-коханці, як і належить друзям, мають спільні інтереси, ходять по виставках, нічних клубах, їм є про що поговорити, і вони ще зрідка вечеряють разом, проводять ніч... При цьому вони зовсім не прагнуть володіти одне одним, як закохані; не будують планів на життя; більше того, питають: «Ну, як у тебе на особистому фронті, скоро вийдеш заміж (одружишся)?» І потім із задоволенням гуляють на весіллі одне одного...

Кохання без сексу – це особливий випадок, і зустрічається набагато рідше, ніж друзі-коханці. Приклади? Цвєтаєва і Пастернак. Напрочуд ніжне, зворушливе листування, палаючі почуття на відстані. Хочете приклад із сучасності? Будь ласка. Максим і Наташа закохані одне в одного з дитинства. Коли їм було по 17 років, Максим емігрував із батьками до Штатів, і ось, через 11 років, вони продовжують кохати, пишуть листи майже щодня, переживають одне за одного. При цьому у кожного – сім'ї, своє життя. І ще одна пара – Роман і Вікторія. Йому – 54, їй – 38. Обидва живуть у Києві, проте не відчувають потреби часто зустрічатися і, тим більше, лягати в ліжко. Вони теж мають свої сім'ї, цілком благополучні. Вікторія щодня посилає електронною поштою своєму коханому своєрідний звіт щодо прожитого дня, розповідає, що вона робила, як себе почуває. Вона знає, що завтра прийде відповідь від Романа, їй це дуже важливо знати. Зрідка вони передзвонюються, дуже рідко зустрічаються – якщо є необхідність. Розумієте, це такий вид кохання – «інший», інопобутовий, з паралельного світу, який зовсім не заважає тим, хто любить жити в реальному вимірі, виходити заміж, одружуватися, народжувати дітей. Ці виняткові взаємини тривають роками, чоловік і жінка можуть по кілька разів одружуватися із зовсім іншими людьми, змінювати роботу, місце проживання. А почуття з іншого виміру залишається: люди пам'ятають одне про одного, живуть одне у одного в серці, але у них не спрацьовує інстинкт володіння одне одним.

Однак сьогодні, як я розумію, ми говоримо про звичайну дружбу чоловіка і жінки.

Т.: Якось усе це складно. Поясніть, будь ласка, з наукової точки зору, що ж таке «середньостатистична», звичайна, без паралельних світів (і без сексу теж) дружба чоловіка і жінки?

О.: Спробую. Давайте пригадаємо, що найперша внутрішньовидова боротьба в історії людства – це боротьба статей. У цій війні є серйозні битви (на зразок боротьби феміністок), є маленькі «розбірки» (з літанням каструль та капців на кухні). І є свої, так би мовити, «зрадники», «перебіжчики», які уклали сепаратний мир одне з одним. Якщо говорити з гумором, то різностатеві друзі – це невірні з протилежних станів, адже вони нібито зраджують своїм. Замість того, щоб кокетувати і спокушати чоловіка, жінка тягає його по магазинах і допитується: «Слухай, а вам, мужикам, подобаються колготки у сіточку? Чи мені придбати такі туфлі, як думаєш?» Замість того, щоб завойовувати подругу, перемагати її, тягнути в ліжко, чоловік випитує в неї різні інтимні подробиці, щоб потім застосувати їх у звабленні іншої жінки. Адже багато жінок обожнюють своїх друзів протилежної статі саме через те, що у них можна багато корисного дізнатися про чоловічу психологію. Завжди цікаво взнати щось про чоловіків від чоловіка. І так само чоловікові цікаво розібратися у стосунках із жінками за допомогою жінки. Добре, якщо є брат чи сестра, і з ними можна відверто говорити. А якщо немає? Тоді й виникає така ось братсько-сестринська дружба.

Т.: А яка ще буває?

О.: Є дружба із соціальним присмаком, те, що ми називаємо трохи затасканим штампом «друг завжди прийде на виручку» (чоловік-захисник). Жінка потребує такого друга, якому можна зателефонувати в будь-який час, і він примчить на допомогу: відремонтує автомобіль, дасть у позику грошей, влаштує дитину до лікарні. Так само і жінка може бути корисною чоловікові у якихось ситуаціях. І нічого поганого у цьому немає. Адже дружба, власне, передбачає насамперед взаємну допомогу, взаємовиручку поза будь-якими умовностями та умовами.

Є дружба особистісна, духовна, заснована на особистій симпатії (друг-гуру; друг-шанувальник). Зрештою, не так багато навколо людей, які були б нам глибоко симпатичні та приємні, з якими можна вийти в кафе випити кави і поговорити про життя. Жінки називають таку дружбу інтелектуальним сексом: чоловік настільки цікавий як особистість, у них знаходиться стільки спільних тем для розмови, що обидва отримують насолоду просто від спілкування. Такі друзі можуть провести ніч на одному дивані, захоплено розмірковуючи про чергову проблему світобудови, і ні сном, ні духом не думати ні про що інше. Часто чоловік і жінка стають друзями, тому що у них спільні інтереси, їх об'єднує смак до життя. Наприклад, ви божеволієте від бардівської пісні. З чоловіком ходити на концерти та їздити на фестивалі не виходить: він абсолютно байдужий до співу під гітару. Ваша подружка теж глуха і німа до цього пісенного жанру. І ось ви знайомитесь із чоловіком, який, як і ви, жити не може без бардів. Ви дружите, обмінюєтеся записами, ходите на бардівські вечори. Ви не захоплені коханням, але вам добре і цікаво разом. Говорячи «смак життя», я не маю на увазі лише хобі та захоплення. Ваш чоловік терпіти не може ресторани та інші злачні місця (можливо, він набагато старший за вас і виріс із дискотечного віку), дружина вашого друга – теж. Зате ви з приятелем чудово проводите час з п'ятниці на суботу, а ваш чоловік і його дружина спокійно відпочивають удома від трудів праведних. Хіба у когось із них є привід сумніватися у вашій вірності та влаштовувати скандали? Взагалі-то, друг або подруга, що з'явилися в когось із подружжя, – це, за великим рахунком, благо. Хіба погано, що у дружини з'явилася можливість розширити світогляд, виплеснути негативні емоції, що накопичилися, відпочити так, як їй подобається? Адже «посада» друга – не тільки «виручатель» і «розважатель», але й психотерапевт. Друг часто виступає своєрідним стабілізатором стосунків у сім'ї. Ну, наприклад, дружина ображається на чоловіка: «Тобі наплювати на мій душевний стан, думаєш, що твої високі заробітки замінять мені спілкування з тобою?» Той сердиться: він із головою занурений у бізнес, і на «а поговорити» його вже не вистачає. Друг дружини бере на себе цю функцію.

Будемо відверті: провести пару годин із іншим чоловіком, поспілкуватися з ним, пообідати у хорошому ресторані – чудова психотерапія для жінки. Або ж, наприклад, у приятеля дружини є можливість часто їздити за кордон у справах. І він пропонує: «Махнемо у Відень, тістечок поїмо?» або «Їду в Амстердам, складеш мені компанію?» Що страшного, якщо чоловік відпустить дружину на прогулянку разом з її приятелем? Він знає: його друга половина у надійних дружніх руках.

Т.: А чому він такий упевнений, що ці надійні руки лише дружні? Погодьтеся, дізнавшись, що дружина потоваришувала з мужчиною, сто зі ста чоловіків напружаться: хто такий, чому не знаю? Хіба можна скидати з рахунків небезпеку того, що дружочок дружини або подружка чоловіка раптом тихою сапою раз-раз, та й переведуть «чисту», без сексу дружбу зовсім в інше русло?

О.: По-перше, у нашому дещо східному соціумі, на відміну від західного, наявність друга у дружини чи подруги у чоловіка завжди викликає якісь підозри і натяки оточуючих. Тим часом, у Європі це цілком нормальне явище. По-друге, все залежить від ступеня тонкості, делікатності й тактовності людей, які до цього залучені. Якщо чоловік мислить середньовічними поняттями й гарчить на кожну особину в штанях, до якої виявляє інтерес дружина, то це часто лише свідчить про відсутність справжньої любові та гармонії у їх сім'ї. Дружині буде завдано психотравми, вона змушена буде критися, приховувати свого друга, тобто автоматично відчувати провину, думаючи, що робить щось погане... А один із секретів справжньої дружби в тому, що вона рятує нашу самооцінку, підносить і зміцнює наш особистий статус. Інакше кажучи, робить нас впевненими у собі та щасливими.

До речі, найчастіше відчувають потребу в особистому другові ті жінки, чиї чоловіки «не друзі». Що таке чоловік-друг? Він знає про всі ваші слабкості, йому можна розповісти про ваше минуле (і він не буде ревнувати), з ним добре потусуватися на вечірці та випити пива на лавці у парку. Але зовсім не обов'язково, щоб чоловік був другом. Багато жінок якраз не бажають показуватися перед чоловіком слабкою і ділитися з ним найпотаємнішим, не хочуть спрощувати свої стосунки з коханим. Так само і далеко не всі чоловіки хочуть дружити зі своїми дружинами, вважаючи за краще жити з жінкою-загадкою.

Головне – віднайти правильну лінію поведінки. Скажімо, жінці, у якої з'явився особистий друг протилежної статі, не потрібно ховати його від чоловіка. Познайомте приятеля зі своїм коханим, залучіть його, наскільки це можливо, у контекст сімейних стосунків: запросіть на домашнє свято, за місто. Нехай чоловік поспостерігає певний час за ним і вами, переконається, що ви не замасковані коханці, а саме друзі. Чоловіку дуже важливо відчувати: цьому мужчині можна довірити дружину.

Чоловікові, який потоваришував із жінкою, слід поводитися точно таким чином: представити подругу дружині, розповісти хто вона, що собою являє. Адже брак інформації завжди залишає місце для домислів і фантазій, а цього якраз важливо уникнути.

Тепер про небезпеку «інтимного перевороту». Так, вона існує. Є така закономірність: із вищого завжди простіше з'їхати в нижче, ніж навпаки. Розвиненій цивілізації нічого не варто скотитися у варварство, друзям – стати коханцями. І тут важливо пам'ятати: відповідальність за перехід дружніх стосунків у любовні лежить на жінці. Тому що саме вона вирішує, бути сексу чи ні. Що чоловік? Він більш примітивний, він далекий від напівтонів, він, прямо скажемо, завжди не проти. Пам'ятайте: «Жінка хоче від одного чоловіка всього, а чоловік – від усіх жінок тільки одне». Але за правильної поведінки жінки у чоловіка «блокується» завойовницький рефлекс. Думати про секс із нею він, звичайно, буде (думки ж не заброниш), але твердо знатиме: або вона тільки друг, або я її втрачаю.

Т.: Я знаю випадки, коли жінки, піддавшись наполегливості своїх друзів, ставали їх коханками. У першій ситуації жінка таким чином висловила свою подяку чоловікові за значну соціальну допомогу (той вирішив її житлове питання, допоміг влаштуватися на престижну роботу і сплатив лікування доньки за кордоном). І багаторічна дружба померла. А ось у другому випадку чоловік ображався і твердив: «Це ненормально, що ти мене не хочеш, може, ти фригідна?» Зрештою жінка здалася. Ці стосунки також припинили існування.

О.: Справді, часто перехід дружби між чоловіком і жінкою у чуттєві стосунки закінчується крахом. (За умови, що дружба була саме дружбою, а не першою сходинкою до кохання.) Багато жінок зізнаються: «Я переспала з ним і втратила друга». Дружба вмирає, а кохання не народжується. Тому що цей конкретний чоловік зовсім не був включений до концепції життя як коханий, коханець. У своєму житті жінка знайома з величезною кількістю чоловіків, але неможливо уявити, щоб у неї з усіма були інтимні стосунки! Хтось їй важливий як діловий партнер, хтось цінний як друг, хтось, можливо, як потенційний герой роману. Але перевести друга в розряд коханця (не бажаючи цього) означає зруйнувати сенс ваших стосунків, сенс даного відрізку життя, в якому все відбувається. Це приблизно так само, як працювати банкіром і вкрасти гроші у власному банку: одне виключає інше.

Не дивно, що ваші знайомі відразу зруйнували багаторічну дружбу. У першому випадку стосунки перетворилися на банальну купівлю-продаж, бартер: ти мені матеріальні блага, я тобі своє тіло. Хочеться запитати цього чоловіка: виходить, ти, сильний і крутий мужик, допомагав їй у житті не як другові, а як жінці легкої поведінки, і тепер пред'явив рахунок за допомогу?! А другий випадок взагалі обурливий. Жінка піддалася на шантаж, чоловік її елементарно «розвів». Мені здається, що в обох ситуаціях чоловіки так і не зрозуміли, що сталося, і напевно дивувалися, чому це подруги не бажають їх більше бачити. Тим часом для жінки «натуроплата» за дружню допомогу майже завжди шок. Це дуже прикро, і, по суті, скидається на зраду.

Поза всяким сумнівом, друг жінки чи подруга чоловіка – це подарунок долі, прикраса життя. Буває, що дружба набагато вища і цінніша за деяке кохання. На жаль, ці унікальні стосунки дуже легко зіпсувати. Добре було б чоловікові та жінці пам'ятати, що їхня дружба – ексклюзив, рідкісна удача, яка буває далеко не у всіх. І вона вкрай потребує дбайливого ставлення.

16. Викрали чоловіка

Які дивні слова ми вибираємо, розповідаючи про те, як чоловік пішов від однієї жінки до іншої! «Увели чоловіка», «відбили», «викрали». А покинута жертва, у свою чергу, «не втримала», «не встежила», «слабко прив'язала». Наче йдеться про, вибачте, барана, якого відбили від стада. Ніби викрадають не дорослого мужика, а машину. Чому ж, змальовуючи ситуацію, ми безпомилково користуємося потрібним словом: цей пішов сам, а цього забрали? Та й хто вони – викрадачки чужих чоловіків?

Тетяна Петкова: Прочитала у статті про те, що останнім часом кількість «викрадень» (коли чоловік йде з начебто благополучної сім'ї до іншої жінки) зросла. Чи дійсно можна говорити про тенденцію чи це пусті вигадки преси?

Олександр Бондаренко: Це правда, і тому є пояснення. За роки незалежності ми пережили зміну цінностей. Змінилося співвідношення благополучних чоловіків і самотніх жінок. Говорячи простіше, з'явилися успішні багаті чоловіки, але їх мало в загальній масі потенційних наречених. Принців мало, і на всіх їх не вистачає. А невдах, нереалізованих чоловіків побільшало. Що стосується жінок, то сучасне життя – більш жорстоке і нещадне – вимагає від них активності. Посилюється боротьба за вимираючий клас – справжніх мужчин, а це призводить до того, що жінки все частіше вдаються до «викрадення» чужих чоловіків. Раніше, коли життя було стабільнішим, люди мали запас часу. Жінка думала: ну не вийду заміж зараз, вийду через кілька років. Сьогодні у неї загострюється спрага жити.

Вона хоче бути заміжньою, хоче ростити дітей. Принцип «на чужому нещасті щастя не збудуєш» для неї – пережиток. Цілком ймовірно, що будь-яку ситуацію спілкування з чоловіком сьогоднішня жінка розглядає переважно з позиції мисливця.

Т.: Олександре Федоровичу, в одній із ваших психологічних книг я прочитала про цікаву класифікацію чоловіків і жінок. З якої виходить, що серед нас є справжні профі щодо викрадання чоловіків, а є пані, котрі, хоч би й скільки намагалися, не здатні навіть нічийного чоловіка припаркувати на свою стоянку. Так само і сильна стать: когось легко взяти за мотузку і відвести за собою, а хтось упреться і нізащо не піде за спокусницею. У чому тут справа: у вихованні, у моральних принципах, у зовнішніх даних?

О.: Архетипи, про які ви кажете, характеризують спосіб життя людини, окреслюють способи її поведінки, впливають на устрій власного світу. Зрозуміло, що у чистому вигляді кожен тип зустрічається вкрай рідко, але, придивившись до свого коханого чоловіка, жінка може знайти в ньому риси, які більшою мірою притаманні тому чи іншому типу. «Мудрець» – чоловік, який височіє над дійсністю і не любить брати участь у щоденному метушінні буття. Ігри, в які грає оточення (кар'єра, заробляння грошей тощо), для нього – суєта, марна витрата сил. Чоловік-«мудрець» намагається осмислити, як улаштований світ, у чому найвище призначення людини. Його цікавлять глобальні події, а не дрібниці життя.

На відміну від мудреців, яких мало, «простаків» серед чоловіків набагато більше. Незважаючи на назву архетипу, ці люди можуть бути розумними, енергійними, заповзятливими, але вони живуть тією логікою обставин, яку їм пропонує життя. Якщо сьогодні порадять продавати горілку, «простак» продаватиме горілку. Завтра хтось скаже, що треба йти в політику – він послухається. Хтось запевнятиме, що він його найкращий друг і хоче йому добра – «простак» повірить. Він сприймає дійсність за щиру правду.

«Герою» нудно жити без пригод та подвигів, тому він часто вплутується в конфлікти, мчить когось рятувати, нав'язує свою волю, позиціонує себе як рятівника. Іноді, за якийсь час, виявляється, що його подвиги нікому не були потрібні. Щоправда, часто йому вдається реалізувати свою функцію захисника і реально допомогти комусь. Будучи підлітком, «герой» мріяв працювати у міліції, щоб ловити бандитів. Або стати бандитом, щоб ганяти міліціонерів. Роль не важлива, головне – романтика.

Наступний поведінковий стереотип – «жертва», побутова назва – «невдаха». Цей чоловік, незважаючи на свої, можливо, непогані ділові якості та неабиякий розум, чомусь завжди виявляється переможеним. За що б він не взявся, логіка обставин його придушить. Іноді такий чоловік не бажає боротися за успіх (лінується або комплексує з приводу можливої невдачі), а іноді просто не вміє бути гнучким, йти на компроміси. Йому трохи бракує здорового авантюризму, сили, хитрощів, щоб протистояти обставинам. Ця людина нічим у житті не вміє розпорядитися. Чоловік-жертва, хизуючись своєю порядністю та чесністю, звинувачує інших, успішніших, ніж він, у всіх смертних гріхах.

Чоловік–«гравець» ловить кайф від авантюри, хитро закрученої інтриги. На відміну від героя, гравець не обов'язково прагне відстояти добро. Для нього головне – зрежисувати інтригу і красиво її зіграти, чи то вдала угода у торгівлі нафтою, чи то стосунки з двома жінками. Таких чоловіків багато всюди. Вони привабливі, розумні, спритні, але їхній розум – «короткохвильовий». Вони генії ситуації. Часто, пішовши від однієї жінки до іншої, вони не знають, що робити далі. Так, він розіграв авантюру під назвою «Мене домоглася довгонога красуня», а далі йому вже нецікаво будувати життя із новою супутницею. Починаються пошуки чергової пригоди.

«Злодій» у побуті – мілкий тиран. Він отримує садистичне задоволення від своїх капостей. Йому подобається принижувати жінку, примушувати її нервувати, плакати. Він підживлюється чужими стражданнями і спеціально ініціює болісні ситуації: у сім'ї, робочій обстановці, у взаєминах із друзями. Завдати комусь болю – це для «лиходія» щось на кшталт ранкової гімнастики. Зіштовхнути лобами двох чи трьох жінок, змусити їх переживати і боротися за нього – просто «розминка». Він може щиро любити одну з них, і так само щиро отримувати задоволення від того, що завдає їй болю.

І, нарешті, тип «художник». Цей чоловік, як правило, не прагне перемогти обставини, та йому й не завжди це вдається. Як альтернатива реальному життю, у нього виникає ідея створити свою дійсність. Образно кажучи, на сірій стіні реальності він малює яскравими фарбами свою картину, населяючи її вигаданими персонажами. Жінки приходять у захват від «художника», оскільки він творить свій власний світ, такий несхожий на реальність за вікном. Він надає значення деталям, для нього не існує дрібниць, він віртуозно володіє мистецтвом залицяння та зваблювання.

Повторюю, більшість чоловіків поєднують у собі кілька рис різних архетипів, які завжди яскраво виражені. Так от, хто потрапляє у пастку спокуси, а хто – ні? Як не дивно, найлегше «викрасти» із сім'ї «героя» і «простака». «Героя» «купують» на його жагу подвигів і порятунок гарних, але нещасних жінок. Багатих «простаків» ловлять на безмірне захоплення ними та лестощі. «Художники» йдуть із сім'ї самі – через свою непередбачуваність. З рештою все непросто. «Мудрець» розуміє, що кожна жінка – це нова проблема, і тому на нові стосунки зголошується зі скрипом. «Гравця» більше «чіпляє» влада і гроші, його може «заарканити» саме багата і самодостатня пані. А для «лиходія» жінка – розмінна монета, і часто та, яка його забрала, згодом сама виявляється жертвою.

Т.: У вашій класифікації відсутній дуже поширений тип «діловий чоловік». Чому?

О.: Одна справа – поведінковий стереотип, інша – робота. Адже і банкір, і власник заводу може бути «гравцем», «лиходієм», «героєм» – ким завгодно. Перерахованих нами архетипів достатньо для того, щоб охарактеризувати ставлення чоловіка до дійсності. Не йдеться, зауважте, ні про його діяльність, ні про виховання. Тільки про модель буття.

Т.: Гаразд, тепер ми ясніше усвідомлюємо, що поруч із нами живе або стійкий олов'яний солдатик, що не піддається викраденню, або чоловік із групи ризику, за яким потрібно приглядати. Залишилося з'ясувати, які бувають жіночі архетипи? У яких жінок відбивають чоловіків, а які самі в кого хочеш відіб'ють?

О.: Почнемо з класичної «злодійки, лиходійки». Вона ж стерва, дияволиця, хижачка. Якщо чоловік-«лиходій» отримує задоволення від руйнування загалом, то «лиходійка» – від руйнування конкретних чужих стосунків. Не має значення, потрібен їй цей чоловік чи ні. Для «лиходійки» головне – взяти чуже. Якщо вона має щодо «об'єкта» далекосяжні плани, то буде розробляти детальний план викрадення, якщо ні – спробує його просто спокусити чи хоча б зацікавити.

Т.: Олександре Федоровичу, але ж у природі жінки закладено бажання подобатися. Кожна з нас підсвідомо прагне звернути на себе увагу, змусити чоловіка обернутися услід. Що ж, ми всі трошки лиходійки?

О.: Чисто жіноче міркування! Одна справа, коли жінка просто хоче сподобатися, і зовсім інша – коли вона вся розточує обіцяння. Вона заворожує. Вона підлаштовується під реакцію чоловіка. Вона – носій абсолютної і позбавленої сенсу спокуси. Хрестоматійний приклад – Клеопатра. Така жінка обіцяє кохання, але рідко вміє кохати: як русалка, вона затягує в безодню, але подарувати насолоду не може (нижче пояса вона риба рибою). Залишається лише втопити цього чоловіка. «Лиходійки» красиві, розумні, привабливі. Мої клієнтки, у яких «забрали» чоловіка, запитують: чим, ну чим вона його приворожила?! Відповідаю: секрет – у обіцянні вічного блаженства.

Всією своєю поведінкою, всім зовнішнім виглядом «лиходійка» дає зрозуміти чоловікові: зі мною на тебе чекає неземне щастя, все, чим ти жив дотепер, – ніщо, зі мною тобі буде краще. Така жінка, як камертон, настроєна на чоловіка, ловить кожне його слово, всіляко підтримує у ньому впевненість, що він супермен і гідний найкращого.

Т.: Але ж окрім неземного блаженства чоловікові хоч іноді потрібна свіжа сорочка та гарячий обід?

О.: Цього мало, і багато жінок «спотикаються», вважаючи, що домашнє вогнище – достатня умова для щасливого шлюбу. Це необхідна, але не достатня умова. Візьмемо архетип «простушка»: довірливі очі та повне нерозуміння контексту того, що відбувається. Як героїні актриси Наталії Гундарєвої: простодушні, надійні. І не більше. На неї можна спертися, попросити допомоги. Але в ній немає жодної загадки: вона вся як на долоні. Мистецтвом спокушати зовсім не володіє. Коли чоловік дратується, вона тихо плаче, не розуміючи, чим його прогнівила: пирогів напекла, білизну попрасувала, а він не в гуморі. Його дратує її передбачуваність! Як колись висловився один із чоловіків у подібній ситуації: «Ну, нехай я прийду хоч раз з роботи, вдома пирогів немає, а вона лежить в ароматизованій ванні й недбало каже: «Милий, що тобі запропонувати замість вечері?» Уловлюєте? У «простушки» відбити чоловіка, як ви здогадуєтеся, нескладно. Достатньо тільки поманити ось цим відсутнім у його житті антуражем, непередбачуваністю, якої йому бракує.

«Невдаха» дуже багато чого хоче і тому почувається вічно незатребуваною. Вона хронічно незадоволена заробітками чоловіка, його друзями, купленою машиною і побудованим будинком. Я вважаю, що це жінки з великою часткою мазохістського компоненту. Вони згодні приносити себе в жертву, але при цьому постійно її оцінюють та нагадують про неї чоловікам. А ті, між іншим, дуже не люблять фрази, що починаються з «Я заради тебе...» Оплата, яку вимагає жінка за свої жертви, зрештою, починає висіти важким тягарем. І чоловік цілком може відгукнутися на заклик іншої жінки, яка не буде пред'являти йому рахунок за «жертву», а просто подарує себе і буде щаслива.

Архетип «репортерка» не має відношення до професії журналіста. Знаєте, бувають такі репортери – зарозумілі, нахабні? Так от жінка-«репортерка» – така ж агресивно-поверхнева особа з претензіями. Вона вважає, що знає про чоловіків щось таке, чого не дано іншим. Бачить їх наскрізь. Рубає з плеча правду-матінку. Чоловіки приймають її самовпевненість за силу, за вміння структурувати життя, і це їм подобається. Така жінка може зацікавити чужого чоловіка тим, що начебто вміє вирішувати всі питання: у неї багато зв'язків, вона хвацько розправляється з проблемами. Якщо у чоловіка дружина-«невдаха», то «репортерка» на її тлі виглядає дуже привабливо.

Як бачимо, «лиходійка» і «репортерка» – це потенційні викрадачки, а «простушка» і «невдаха» – у групі ризику на викрадення чоловіка. Однак є архетип жінки, яка здатна утримати чоловіка, яку би безодню щастя не обіцяла йому спокусниця. Це – «справжня жінка», жінка-нагорода. Вона сама по собі є для чоловіка сенсом життя, привносить в нього завершеність. Така жінка – мрія багатьох, але мало хто її зустрічає у житті. Натомість, зустрівши, чоловік одразу ж впізнає, що це – Вона. Розумієте, в чому річ: по суті, чоловік може жити з різними жінками – і з цією, і з тією. Або взагалі можна жити одному, зрідка навідуючись до когось у гості. Коли він зустрічає «справжню жінку» і закохується в неї, розуміє: все, життя вдалося, я буду тільки з нею. «Справжня жінка» настільки мудра, що зуміє нейтралізувати «лиходійку», ніколи не опуститься до «простушки». Мені особисто не відомі випадки, коли чоловіки залишали би жінок такого архетипу.

Т.: Не всі ми «справжні жінки», але всім хочеться знати: чи існує якась «протиугонна техніка»?

О.: Банально, але іншого рецепта немає: треба бути різною. Якось мені один знайомий сказав: моя дружина то гладшає, то худне, і в мене відчуття, що зі мною живуть дві різні жінки. Це, звичайно, жарт, але насправді кожен чоловік мріє про те, щоб дружина була різною. І простушкою, і стервою, і нахабною, і тихою. Неприступною на людях та розпусною з коханим. Згубно і смертельно бути у спілкуванні з чоловіком прозорою до кінця. Чоловік звикає до однаковості, вона його дратує, навіть якщо це дуже класна однаковість. А на новизну чоловік реагує поведінкою, яку ще Павлов назвав рефлексом «що таке?»

Справжня жінка вірна чоловікові, але не як вітрило кораблю. Вона цінує чоловіка, але не вважає його діамантом, що ніколи не перетвориться на графіт. Вона не буде жертвувати собою і не пред’являтиме рахунок за жертву. Вона то вселяє у нього впевненість, то непомітно чинить так, щоби чоловікові доводилося її завойовувати. По секрету скажу: чоловік постійно у полоні протиріччя між бажанням стабільности та бажанням когось завоювати. Викрадачки-злодійки добре про це знають. Так чому ж цим секретом не користуватися законним дружинам?

17. Зрозумій мене

Не так вже багато психологічних проблем, про які можна сказати: вона притаманна 100 відсоткам люблячих пар. Власне, така проблема всього одна. І хоча наука людських взаємин не терпить категоричності, в даному випадку можна стверджувати, що практично кожна жінка хоч раз у житті вимовляла: «Він мене не розуміє», «Ми говоримо різними мовами».

Тетяна Петкова: Сучасні психолінгвісти виявили, що в деяких мовах існують різні наріччя – для чоловіків і жінок. Та що там наріччя! Є племена в Африці, де чоловіки і жінки говорять на абсолютно різних мовах, використовуючи для спілкування з представником протилежної статі окремі, спільні для чоловіків і жінок, слова та вигуки. Олександре Федоровичу, чому так відбувається, чому жінці й чоловікові часом настільки складно порозумітися: через біологічні відмінності, психологічні чи вся справа в різному вихованні?

Олександр Бондаренко: Чоловічий і жіночий стилі поведінки складалися протягом багатьох тисячоліть. Чоловіки споконвічно були орієнтовані на зовнішній світ, вирішення завдань поза домом. Причому завдань, що вимагають в першу чергу фізичної сили, а в другу – інтелекту. А жіночі завдання завжди були пов'язані з підтримкою вогнища і вимагали від жінки здатності незалежно від зовнішніх умов створювати комфорт у внутрішньому світі – у курені, домі, сім'ї. Це функціональні причини виникнення різних «мов» – чоловічої та жіночої. Є ще поведінкові (біологічні), пов'язані з тим, що у чоловіків провідну роль відіграє ліва півкуля мозку (логіка, раціоналізм), а жінки переважно – істоти правопівкульні (емоційний сенс подій, пізнання світу через відчуття). У чоловіків – коротка дистанція між міркуванням і вчинком: обдумав і зробив. У жінок – прірва між судженням і дією. Всі ці причини ведуть до того, що одні й ті самі висловлювання в устах чоловіків і жінок набувають різної семантики.

Т.: Існує ще теорія гри чи рольова теорія. Деякі фахівці вважають, що так звані сексолекти – чоловічі та жіночі діалекти однієї й тієї ж мови – розвиваються у дитинстві. Справді, адже дорослі по-різному розмовляють з хлопчиком і дівчинкою. Від сина чекають на іншу поведінку, ніж від доньки. Йому постійно вселяють установку: ти чоловік, ти не повинен плакати. Доньці кажуть: не галасуй, не бийся, ти ж дівчинка. Хлопчики для ігор вибирають простір – вулицю, двір, пустир, стадіон. Дівчатка спокійно грають у куточку кімнати, у замкнутому просторі. І ще я помітила, що у зграйці хлопчиків завжди точиться боротьба за лідерство. Саме лідер віддає накази: «Пацани, гайда на стадіон!» або «Погнали на футбол!». У дівчаток, на мою думку, колективне обговорення: «Давайте пошиємо ляльці сукню» або «Можливо, купимо трохи бісеру?»

О.: Ви правильно підмітили. У чоловічій ієрархії завжди є переможці та переможені. Критерій, за яким обирають переможця, – дії, вчинки. Хлопчаки завжди вихваляються своїми вчинками, прагнучи зайняти чільне становище. Чоловікові треба відвоювати собі право віддавати накази, бути ватажком: «Я знаю, як треба робити, ви повинні мене слухатися». У дівчаток не так. В основі їхніх стосунків – довірливість, таємні секрети, обговорення своїх і чужих переживань. Для них головне – поділитися з кимось своїми потаємними думками, розповісти про свій внутрішній світ. У дорослих чоловіків і жінок зберігаються ті самі стратегії поведінки. І проблема в тому, що чоловіки і жінки часом абсолютно не розуміють, з якою метою їхні візаві іншої статі промовляє ті чи інші слова. Ось, наприклад, ви, коли скаржитеся чоловікові, на що розраховуєте – на допомогу чи співчуття?

Т.: Швидш за все, на співчуття. Якщо мені потрібна допомога, я так і скажу: чи не міг би ти зробити те й те. А похникати іноді хочеться, щоб пожаліли, сказали щось на кшталт: маленька моя, як я тебе розумію, все буде добре... Але часто, між іншим, замість очікуваного співчуття отримуєш іншу реакцію. Скаржишся, наприклад, що сьогодні послизнулася і впала на вулиці, а у відповідь: ти знову в демісезонних чоботах, скільки можна говорити, щоб узимку носила черевики на протекторах! Прикро взагалі. Я і сама про черевики знаю. Чому б йому не спитати: ти не забилася, люба?

О.: Оця буцімто черствість сильної статі – одна з основних проблем спілкування між жінками і чоловіками. А все тому, що чоловік не розуміє, навіщо жінка скаржиться. На його внутрішньому дисплеї висвічується: вона скаржиться, їй погано, я маю щось зробити. Ну, як у Шварценеггера-Термінатора: є ціль, її потрібно вразити. Як ми вже сказали, чоловікові зовсім не треба довго і докладно розмірковувати. Він – «виконавець», «вирішувач». Почувши жіноче хникання, він вважає, що вона прийшла до нього, як у бюро добрих послуг, і треба одразу мчати на допомогу.

Т.: Тепер мені ясно, чому багатьох чоловіків жіноче хникання дратує: вони просто не хочуть вирішувати проблеми, котрі, як їм здається, підкидає жінка! Втім, їх можна зрозуміти: адже жінка, скаржачись, часто зовсім і не чекає ніякого вчинку, і у відповідь на репліку чоловіка: «Що я повинен зробити?», ще більше засмучується: «Нічого ти не повинен робити! Ти зовсім не розумієш мене!»

О.: Цілком правильно. Ось ситуація. Дружина дивиться на себе в дзеркало і зітхає: «Ой, як я погладшала, напевно, треба пройти в салоні курс схуднення...» Реакція чоловіка: «Скільки тобі потрібно – триста, п'ятсот?» Дружина: «Що ти одразу про гроші, відкупаєшся від мене, так?» Чоловік, дратуючись: «А що я повинен робити, по-твоєму?» Дружина ображається. Вона ж, говорячи про фігуру, чекала від чоловіка втішних слів на кшталт: «Дорога, тобі личить», «Не вигадуй, у тебе чудові форми», «Я тебе любитиму в будь-якій ваговій категорії». Вона чекала співпереживання! А чоловік одразу взявся вирішувати проблему і, коли дружина надулася, природно, розлютився: що ж від нього ще потрібно?

Жінці важливо, щоб її вислухали. Те, що жінка довго і докладно говорить про проблему, зовсім не означає, що вона збирається її вирішувати. Вона викидає із себе слова, почуття, емоції для того, щоб співрозмовник резонував на її самовідчуття, щоб він поділив її настрій. Жінка може нескінченно говорити, що її хвилює. Співбесідник підказує їй, як треба вчинити, вказує на помилки, пропонує допомогу нарешті, проте вона не чує практичних порад. Їй потрібен відгук на її слова. Зверніть увагу, як спілкуються подружки. Вони, між іншим, часто дають одна одній багато цінних порад. Але не слідують їм. Скільки би подруги не спілкувалися, «віз стоїть на місці». Якщо чоловік стане свідком жіночих теревенів, він через п'ять хвилин здивується: адже все ясно, про що тут можна базікати, потрібно зробити те й те! Чоловіку незрозуміло, як можна довго обговорювати проблему і нічого не робити.

Т.: Напевно, тому чоловіки терпіти не можуть телефонних розмов дружин із подружками, коли ті зависають із слухавкою десь годинки на три! «Про що можна говорити, ви ж учора бачилися!», – «Та ось, чоловік Каті зраджує», – «Ну, нехай розлучається», – «Вона не хоче», – «Так нехай не звертає уваги», – «А вона не може», – «Так чого ж вона тобі голову морочить, твоя Катя?!» А подруга насправді просто хоче, щоб її вислухали!

О.: Чоловік традиційно звик нехтувати емоціями і почуттями. «А, це тільки емоції», – каже він, тим самим показуючи, що не бачить нічого серйозного у проблемі. Для нього важливо, щоб переживання і відчуття були переплавлені в конкретні дії або в слова, які передують цим діям. Чоловіки не люблять, коли жінка пристає із запитанням: «Ти мене любиш?», «Люблю», – найрозумніше, що він може сказати. Але жінка не вгамовується: «А як саме ти мене любиш?» І він починає сердитися: та що ти одне й те саме заторохтіла, мов курка! Йому легше у відповідь поцілувати її, пригорнути до себе, зробити подарунок, запросити до ресторану – вдатися до дій. Слова для нього у цьому випадку мало важать. А жінка ображається: їй здається, що він уникає відповіді, що вона йому байдужа. Проблема в тому, що жінка вірить символам, словам, а чоловік конкретним діям. Але ж символи та образи часто можуть обманювати, спотворювати дійсність. Мистецтво жіноче за своєю суттю, оскільки відтворює символічну реальність. Але, погодьтеся, одну й ту саму картину або мелодію кожна людина сприймає по-своєму. У цьому – вразливість жіночої стратегії спілкування. Чоловік живе в реальності фізичній, матеріальній, «речовій». Його стратегія спілкування – зміна ландшафту реальності. Оскільки чоловік нехтує символічним світом, йому важко, а часом неможливо зрозуміти, що жінка мала на увазі, яку «картину» намалювала.

Такий приклад. Жінка здогадується, що вагітна, і вирішує повідомити про це своєму партнеру. Вона не хоче показувати радість з цього приводу, тому що не впевнена, що він розділить її захват. І тому каже: «Ой, здається, ми маємо проблему. У мене буде дитина, як це недоречно... Це створить нам труднощі, ми не можемо дозволити собі зараз дітей, так?» У глибині душі вона розраховує, що чоловік вигукне: «Що ти, це дуже гарна новина, я шалено радий!» Але ж чоловік чує слово «проблема», бачить удавано засмучене обличчя своєї подруги і діловито пропонує зателефонувати в хорошу клініку, знайти лікаря... Жінка – в істериці: він не хоче дитини, бездушний, жорстокий чурбан! Чоловік у шоці: але ж вона сама не хотіла?! І в результаті – сварка, непорозуміння, взаємні закиди: «Ти сама не знаєш, чого хочеш!» – «А ти ніколи не можеш зрозуміти, чого я хочу!»

Т.: Отже, азбука спілкування з чоловіком – розуміти його вчинки. Значить, азбука розуміння жінки – вникати у її слова? І яких помилок ми найчастіше припускаємося у спілкуванні із протилежною статтю?

О.: Розуміти жінку – значить осягати її тонкий світ образів і відчуттів. Розуміти чоловіка – оцінювати його вчинки. Жінка почувається такою, яку не розуміють, коли її переживання і почуття не сприймаються всерйоз. Чоловік каже, що його не розуміють, коли його дії та зусилля девальвуються жінкою, а бажання щось зробити не вітається. У мене є один знайомий, заможна людина, який захотів зробити меблі на кухні своїми руками. Він любовно збивав полички-шафки, покривав лаком, розвішував. Між іншим, чудово вийшло. Дружина подивилася і сказала: «Навіщо ти стільки вбивався через ці табурети? Є ж гроші, можна було купити італійську кухню, вона набагато краща». І мій приятель досі не може пробачити своїй дружині цю фразу. Чоловіка у жодному разі не можна позбавляти статусу творця, який вміє робити важливу справу.

Ще одна помилка, якої часто припускаються жінки: зневага до зусиль чоловіка. Він старався, щось робив, а дружина пирхнула розчаровано: і це все? Якби ви знали, наскільки це вбиває будь-яку ініціативу! Наступного разу він взагалі нічого не робитиме: навіщо, якщо вона не цінує моїх зусиль? Також чоловіки не люблять, коли ними командують, визначають, що робити. Це розхитує їхній статус лідера, ватажка. Чоловіку можна і потрібно розумно підказати правильне рішення, щось порадити, але віддавати команди і тиснути на нього не можна.

Добре вміють розуміти чоловіків так звані синтонні натури – жінки, що вловлюють тонкощі спілкування з протилежною статтю. Синтонна жінка налаштовується на чоловіка і резонує з ним на одній хвилі. Вона розуміє його вчинки і правильно розшифровує його дії. У свою чергу жінок добре розуміють чоловіки, які вміють слухати. Вони знають, що не треба кричати: «Чого ти від мене хочеш знову?» Достатньо просто дати дружині виговоритися, вислухати її, показати, що її переживання йому небайдужі. Допустимо, дружина часто скаржиться, що у неї трапляються конфлікти на роботі. Чоловік не піде бити морду начальникові, так? А дев'ять із десяти мужиків обуряться: ти хочеш, щоб я розібрався із твоїм шефом? Та краще йди з роботи! І тільки один вчинить правильно: вислухає дружину, поспівчуває їй, дасть насолоду наскаржитися на свого боса. Нещодавно у мене на прийомі була жінка, з якою сталася така історія. Вона працювала у жіночому колективі і, як ведеться, мала звичку скаржитися чоловікові на своїх колег: то вони заздрісні, то підсиджують її, то начальниця чіпляється. Чоловікові ці скарги набридли. Він знайшов їй спокійну роботу і вмовив перейти на нове місце. В результаті жінка впала в депресію, оскільки була позбавлена звичних способів самоствердження.

Т.: Як пояснити той факт, що деякі чоловіки, прийшовши додому, починають докладну розповідь на тему «Як я провів день»? Дружина слухає, підперши щоку рукою, а чоловік доповідає, що робив, куди ходив, з ким бачився. Я знаю кілька таких пар. Це що – жіночий стиль спілкування чи щось інше?

О.: Згадайте, чим займаються чоловіки, про яких ви кажете. Найімовірніше, ваші знайомі – владні чоловіки солідного соціального статусу, обіймають керівні посади. Це компенсаторна поведінка авторитарного чоловіка. Часом людині, яка одноосібно приймає рішення, від якої залежить робота всієї фірми, на якій замикаються всі важливі контакти, необхідно якось урівноважити свою роль. Він так довго на роботі був «батьком», дорослим, що вдома йому хоч трішки хочеться побути «дитиною». Втім, це так само властиво і тому типу чоловіків, які знаходяться в позиції «дитини» і вдома, і на роботі. У цьому випадку жінці треба вміти грамотно поводитися. Наприклад, чоловік починає: «Сьогодні був конфлікт з одним співробітником». Якщо дружина переб'є його фразою «Та що твій конфлікт, тут у мене на роботі колега до Індії з'їздила», то вчинить неправильно.

Не слід також говорити чоловікові: ти мене не грузи своїми проблемами, а я тебе не грузитиму своїми. Не треба й жаліти його: ти в мене такий розумний, а тобі такі дурні, безсовісні співробітники попалися. Найбільш правильний спосіб поведінки – апелювати до його «Я–дорослого»: «І як ти вирішив вчинити зі своїм підлеглим?», «Так, складна ситуація, але крім тебе ніхто не може ухвалити правильне рішення». Потрібно намагатися не займати материнську позицію, яка інфантилізує чоловіка, а підвищувати його статус у його власних очах. Є, щоправда, жінки, які маніпулюють таким чином своїми чоловіками: ах, він бідолашний, він без мене пропаде. Але невідомо, кого вони більше люблять при цьому: його чи себе.

Т.: На які граблі наступають жінки у спілкуванні з чоловіками?

О.: Є кілька позицій у спілкуванні, які чоловіки категорично не приймають. Наприклад, запитання «Будеш вечеряти?» багатьох дратує. Чоловік прийшов після роботи втомлений, голодний, а дружина ще питає! Авжеж він буде вечеряти. Краще запитати: «Що ти хочеш на вечерю?» Чоловіки страшенно не люблять допитів на кшталт: «Де ти був, а хто ще там з тобою був, що ви пили і хто та блондинка на фото праворуч?» Вони сприймають інтерес дружини як тотальний контроль. Ще чоловіки не розуміють, чому жінка відмовляє їм у близькості. Почувши: «Не чіпай мене, голова болить», вони думають, що ними нехтують, хоч і не подають вигляду, що скривджені. Також чоловіки категорично не терплять, коли дружина розповідає мамі чи подружці внутрішньосімейну інформацію.

Ще один знак заборони для жінки – не можна порівнювати свого чоловіка з чоловіком подруги, колегою чи сусідом:

«Василь сам розробив дизайн квартири, а ти не можеш», «У Ліліного чоловіка така крута машина, не те, що у нас». Це ображає чоловіка, адже найбільше вразливе місце сильної статі – самолюбство.

Знаючи про існування цих підводних рифів, ви можете навчитися акуратно обминати їх. Намагайтеся вивчити «чоловічу» мову і завжди намагайтеся почути, що насправді хоче повідомити ваша кохана людина. Повірте, коли ви навчитеся розуміти одне одного, багато чого у стосунках налагодиться.

18. Скандал для двох

Це може статися з кожним, причому часто без будь-яких на те підстав. З'ясовувати, що спричинило сварку, – заняття безперспективне. Капці стоять не паралельно, а перпендикулярно килимку? Мило розкисло у мильниці? Сіль розсипалася? Ось принаймні три причини для бурхливого скандалу, який має один незаперечний плюс – бурхливе примирення.

Тетяна Петкова: У запалі сварки можна почути від коханої людини вбивчі, жахливі слова. У першу мить думаєш: пробачити це не можна. І відповідаєш тим самим. Мені кажуть: «Як ти набридла, хоч би зникла кудись!» А я у відповідь: «А ти мені життя зіпсував, ненавиджу тебе!» Потім, коли лайка уляглась, про ці слова неможливо забути. Здається, залишається одне: розірвати стосунки. Скажіть, звідки беруться ці гидкі слова, чи потрібно їм вірити? Можливо, ми прикидаємось у мирний час, і тільки сварка вивільняє те, що ховається у підсвідомості?

Олександр Бондаренко: Поспішаю вас заспокоїти: «страшним» словам під час сварки вірити не слід і приймати їх близько до серця не варто, а то можна втратити спокій і навіть захворіти. Уявіть собі: непорозуміння давно забуте, а люди пам'ятають всі образливі слова, прокручують у пам'яті образливі моменти, вночі ворочаються уві сні, знемагаючи від думки: невже справді вона мене ненавидить? Невже й справді я йому набридла і він хоче, щоб я зникла? Так можна з глузду з'їхати!

Сварка – це як у пісні: «Марні слова нетрудно я кажу». Слова, сказані в суперечці, найчастіше ніякого відношення не мають ні до істинного змісту стосунків, ні до справжнього внутрішнього стану людини. Погрози та образи, кинуті під час скандалу, це похідні темпераменту того, хто свариться, оголені емоції даного конкретного чоловіка чи жінки. Скажімо, для істероїдної особистості нічого не варто в сварці шпурнути на землю улюблений сервіз, розірвати портьєру і заволати: «Я з тобою не живу, а вмираю, пропади ти пропадом!» Через п'ять хвилин така людина може абсолютно не пам'ятати про те, що сказала. А її партнер буде мучитися: як так можна вчинити?! Тому краще після сварки обом забути про сказане. То кричать не почуття – кричать емоції.

Т.: Чим можна пояснити появу настільки різких слів під час сварки?

О.: Різкі, образливі слова – це розрядка, вихід накопичених негативних емоцій. Якби у сварці люди замість лайки могли свистіти або мукати, ефект був би той самий. Я іноді раджу клієнтам, коли їм хочеться вкусити, ударити якомога дужче того, з ким вони сваряться – словесно, зрозуміло, – просто погарчати чи загавкати. Знайомий розповів, як він якось розлютився на свого сина і, замість того, щоб обзивати того всілякими лайливими словами, просто «погавкав» на нього. Син все зрозумів! Відтоді часу між ними не буває серйозних конфліктів, а коли хтось комусь дуже докучає, досить гавкнути в буквальному значенні цього слова – і все.

Т.: Чому сварки спалахують на рівному місці, через дрібниці?

О.: Сварка – це спосіб взаємодії у певному емоційному стані. У дружини – погане самопочуття, можливо, її здолав передменструальний синдром, а тут чоловік прийшов з роботи – змучений після напруженого спілкування з діловим партнером та півгодинного стояння в автомобільній пробці... На роботі він не міг досхочу покричати, а вдома гальма відмовили. Посварилися, а потім уже й не можуть згадати, через що, власне, відбувся сир-бор. Та й нічого страшного! Згадайте, яке часом полегшення приносить сварка, коли в обох у крові вирує адреналін, очі блищать – ніби гроза пройшла і змила все сміття, що накопичилося. Якщо хочеться, можна трошки покричати одне на одного, погрюкати дверима, можна навіть розбити щось недороге... Зате яке задоволення, погодьтеся, збирати разом уламки, винувато просити вибачення, миритися з поцілунками і ніжностями!

Т.: Мабуть, саме потреба в емоційному розвантаженні викликає стан, коли людина, ну просто, як то кажуть, напрошується на сварку. Знаєте, такий класичний рецепт, коли чоловік приходить з роботи, а дружина каже: «У мене таке відчуття, що ти мені хочеш щось сказати». – «Та ні, не хочу». – «По-моєму, ти все-таки хочеш зі мною поговорити». Чоловік, дратуючись: «Тобі здається». Дружина: «Ах, тобі вже немає чого мені сказати?!» І все, пішло-поїхало!

О.: Один із механізмів, що регулюють наше психоемоційне життя, називається механізмом заміщення. Коли рівень емоцій досягає повного піку, організм повинен якось на це напруження реагувати. Сварка – це клапан, який дозволяє організму не роз'їдати себе, викликаючи хронічні захворювання, а стравлювати непотрібну енергію у прийнятній ситуації. Здивую, напевно, багатьох, але я впевнений: сварка у стосунках чоловіка і жінки є цілком безпечним способом емоційної розрядки. Прийнято вважати, що сварки у сім'ї – ознака неблагополуччя. У деяких виданнях можна зустріти псевдонаукові твердження: мовляв, сварки – явний сигнал, що стосунки дали тріщину. Це далеко не завжди відповідає істині. На мій погляд, має насторожити якраз повна відсутність суперечок між подружжям. Якщо люди ніколи не сваряться, це може свідчити, що між ними величезна дистанція, високий рівень відчуженості. Простіше кажучи, загального емоційного простору такі люди не мають. Або ж у них виставлений глухий психологічний захист, так зване культивування ідеального образу сім'ї: ми такі хороші, ми так любимо одне одного, що просто не в змозі посваритися. Це штучне благополуччя, яке рано чи пізно почне пригнічувати когось із подружжя.

Якось на прийомі один мій клієнт довго розповідав про дружину в таких виразах: «Вона просто ідеальна, вона дивовижна жінка, вона свята». Я запитав: «Вам, мабуть, важко з нею жити?» Чоловік приголомшено вигукнув: «Не те слово! Просто нестерпно». Звичайно ж, я не заперечую, що можливі такі гармонійні стосунки, коли люди живуть разом і ніколи не сваряться, але особисто мені вони ніколи в житті не зустрічалися.

Т.: Я знаю жінку, це мама моєї подруги, яка панічно боїться навіть найменшого натяку на сварку. Вона в буквальному значенні занедужує, якщо хтось із оточення підвищує голос: її нудить, розколюється голова. Подруга називає маму миротворцем за те, що та намагається попередити будь-яку сварку. Але в неї, наскільки я знаю, нечасто виходить зробити так, щоб усім було добре.

О.: Ці люди – переважно психастеніки, тонкі, чутливі, але безпорадні. Вони тікають від негативної інформації, не люблять шуму, крику, бояться поганих новин. Коли у них не виходить роль «домашнього ангела», вони засмучуються. Будь-яка сварка вганяє їх у жах, паніку, буквально вибиває ґрунт з-під ніг. Замість того, щоб сприймати те, що відбувається, з гумором, жартувати, згладжувати шорсткості, такі люди надто переживають, замикаються в собі, страждають.

Т.: Олександре Федоровичу, як я розумію, не надавати значення слід сваркам в оперетковому жанрі: коли двоє люблячих людей просто втомилися одне від одного, накопичилося взаємне роздратування – і спалахнула іскра. Але ж трапляються величезні, стратегічно важливі сварки, коли відбутися жартами і відмахнутися від образливих слів не виходить.

О.: Потрібно розрізняти – де сварка, а де конфліктна ситуація. Якщо сварка – це форма прояву емоцій, зняття агресії, що накопичилася, то в основі конфлікту – протиріччя, що зачіпає потреби чоловіка і жінки, яке часом неможливо розв'язати. Це вже не скандал заради розрядки, це війна за владу, територію тощо. Одна річ – посваритися через те, що чоловік кинув шкарпетки в недозволеному місці, і зовсім інше – поскандалити з приводу свекрухи, яка виявила бажання жити з вами.

Конфлікт можна і треба вирішувати без бойових дій, домовлятися з коханою людиною, йти на поступки. Хочу звернути увагу на такий нюанс: сварка далеко не «оперетка», якщо вона вибухнула внаслідок конфлікту. Про те, що це саме конфлікт, свідчить почуття недосказаності, невдоволення, тяжкості на душі: шуміли-кричали, а проблема залишилася. Якщо після звичайної сварки в італійському стилі подружжя найчастіше під ручку вирушає пити чай на кухню або миритися в ліжко (що цілком нормально), то після сварки-конфлікту, якщо суперечність не вирішена, вони розходяться по різних кутках і довго приходять до тями, усвідомлюючи: нічого не змінилося.

Сварки, які не здатні вирішити конфлікт, шкідливі: вони не приносять полегшення, виснажують нерви та ранять душу. Замість того, щоб спробувати зрозуміти, чого хоче близька людина, ми, не бажаючи йти на компроміси, уникаємо необхідності розв'язувати проблему і влаштовуємо скандал. «Знову ти за своє! Знову хочеш посваритися!» – нещиро обурюємося ми, розуміючи в глибині душі, що протилежну сторону мучить невирішений конфлікт.

Т.: А які взагалі бувають конфлікти між чоловіками і жінками?

О.: Існує кілька поширених типів конфліктів між чоловіком і жінкою. Найпростіший і найшвидше вирішуваний – конфлікт норм. Це коли вона вважає, що свою білизну та шкарпетки він має прати сам, а він вважає, що це виключно жіноча справа.

Хоча конфлікт норм здатний викликати бурхливі скандали, це, власне, нікчемне протиріччя. Насправді, чого варто двом дорослим людям сісти і домовитися: тобі неприйнятно те, для мене те, а в іншому ми знайдемо спільну мову. Цей конфлікт елементарно вирішується за допомогою слова «гаразд»: «Гаразд, якщо ти не хочеш, я буду прати (вигулювати собаку; купувати продукти)». Просто деякі пари не хочуть поступатися одне одному, свідомо провокуючи конфліктні ситуації.

Складніший конфлікт – статусний: хто головний у сім'ї? Тут кожна сім'я виробляє свою тактику. Чоловіки зазвичай вдаються до примусу, вольового нав'язування власної думки: я мужик – я головний. Жінки не можуть утриматися, щоб не пустити шпильку: все одно буде по-моєму, і ти це чудово знаєш! В результаті простий конфлікт можна перетворити на нерозв'язний. Я переконаний, що відповідальність за статусний конфлікт здебільшого лежить на чоловікові. Знаєте приказку: «Хоч маленький господар, зате свій?» Якщо ти, мужик, претендуєш на статус головного, будь ласка, функціонуй у цьому статусі, бери на себе відповідальність за сім'ю, вирішуй основні сімейні питання, і вирішуй розумно, щоб дружині не доводилося переробляти. І обов'язково частину влади треба віддати дружині: він відповідає за це, вона – за те. По-справжньому сильна людина ніколи не боїться поділитися владою. А слабкі, навпаки, готові з піною біля рота битися за владу, але нездатні нею розпорядитися з користю.

Найскладніший – латентний (прихований) конфлікт. У кожної пари – своя причина прихованого конфлікту, і, як правило, вона захована глибоко, про неї не говорять. Сварки і скандали трапляються зовсім не через справжню причину, а через всякі дрібниці, що робить їх непередбачуваними. Промовиста ознака латентного конфлікту – постійні чіпляння одного з партнерів. Чоловіку без кінця дорікають, що він не так повісив піджак; пройшовся по килиму в брудних черевиках; жінці – що вона знову в бігуді; знову суп пересолений, котлети несмачні тощо. Насправді ж ні брудні черевики, ні котлети тут ні до чого.

Якщо копнути глибше, виявляться приховані сексуальні проблеми, особистісна нереалізованість, невдоволення рівнем життя – і ще маса проблем. Якщо пара не хоче подивитися правді у очі, «викопати» причину конфлікту та «убити» її, тоді треба намагатися уникати сварок і дріб'язкових причіпок, сублімуватися: чоловікові частіше ходити на рибалку, дружині – по магазинах і на масаж. Словом, знайти заняття, яке дасть змогу відволіктися.

І найбільш, мабуть, тупиковий конфлікт – садомазохістський. Це коли люди не можуть жити одне без одного, але й не можуть жити разом. Для таких скандали – хліб життя. Вони мучать одне одного, влаштовують сцени, але інакше не можуть. Такі пари приречені на сварки, це їхній спосіб буття, і намагатися втручатися в їхнє життя та давати поради зі сторони – невдячна справа. Адже стосунки можуть існувати по-різному. Люди живуть, наприклад, в окулярах чи без, з протезом чи зі вставними зубами, але ж вони живуть! Так і шлюб: якщо двоє знайшли прийнятну форму спільного життя і не бажають нічого міняти, хай живуть.

Т.: Що потрібно знати людині, яка потрапила у конфліктну ситуацію? Як поводитися?

О.: Постаратися оцінити те, що відбувається, очима протилежної сторони. Ми хоч і говоримо: «Я його розумію», насправді вкрай суб'єктивно підходимо до будь-якого конфлікту. Це чиста фізіологія: наш мозок влаштований так, що в нас «вшита» несвідома установка на захист своїх інтересів. Коли розжарюються емоції, мозок не може побачити дві сторони ситуації (а конфлікт завжди багатовимірний), він бачить тільки одну, вигідну для нас. І зовсім не факт, що наша версія розв'язання проблеми найоптимальніша. Варто постаратися прорахувати найвірніший, найоб'єктивніший варіант виходу із проблеми, незважаючи на власні амбіції.

Т.: Тоді скажіть, до якої межі можна йти на поступки, жертвувати собою? Адже, прагнучи загладити конфлікт і відмовляючись від задоволення своїх інтересів, ми відщипуємо від себе по шматочку на догоду іншому. Так можна покалічити своє «Я», і невідомо ще, чи оцінить твій коханий цю жертву.

О.: Надійний спосіб – зважити, що важливіше: самозбереження чи збереження стосунків? Це, як правило, добре відчувається і на емоційному, і на раціональному рівні. Якщо цінність стосунків перевищує цінність жертви – можна поступатися, відмовлятися від своїх устремлінь, міняти себе, свої звички... Але як тільки ви починаєте відчувати, що людина, заради якої все це робиться, може й чудова, однак втрачати себе заради неї ви не хочете – робіть висновки. Межу, до якої можна йти на поступки, кожен визначає для себе сам.

19. Таємне життя

«Вдень він – успішний бізнесмен, а вночі – таємнича Тінь, що наводить жах на ворогів людства...» Ці рядки з анонсу фільму «Тінь» з Алеком Болдуїном у головній ролі цілком можуть стати епіграфом до сьогоднішньої теми. Чи добре ми знаємо того, кого любимо? Чи готові до несподіваної зустрічі з Тінню свого чоловіка? Чи маємо право читати випадково знайдений щоденник свого нареченого? І чи можна впускати у свій власний паралельний світ близьку людину?

Тетяна Петкова: Із розмови двох подружок: «Він наче скло між нами виставив. До цієї позначки – нормальна людина, відкрита, а потім каже: сюди не лізь, це для тебе заборонена територія». Олександре Федоровичу, скажіть, наявність «забороненої території» притаманна всім? Чи все-таки таємне життя є лише у особливих людей на кшталт розвідників?

Олександр Бондаренко: Життя кожного з нас складається з видимої сторони і невидимої. Є очевидне, є таємне. Відомий психіатр Карл Юнг ввів у психотерапію таке поняття, як «тінь». У кожної людини є своя тінь – компонент її особистості, прихований від сторонніх очей. Тінь складається з двох частин: приховане та сокровенне. Приховане – те, що людина не хоче і/або не може бачити в собі, те, що вона прагне сховати від усіх. Необов'язково щось погане, що засуджується суспільством. Це може бути те, чого людина просто соромиться: фобії, дивні звички або сентиментальні уподобання. Сокровенне – це інтимні переживання, дуже особисті враження, щось надзвичайно важливе, дороге, яким теж зовсім не тягне ділитися з іншими. Наприклад, таємне життя шпигуна – це приховане (за обов'язком служби). А, припустимо, таємне життя поета, яке складається з мільйонів різних вражень, відтінків, почуттів, закоханостей – це сокровенне.

Іноді буває, що саме тінь і є тим справжнім, що собою являє людина. Адже явне – це фасад, те, що прикрашається і визначається соціальною роллю. Але не буває людей без фасаду та без тіні. Якщо почитати романи-антиутопії, досить популярні в 60-70-ті, можна звернути увагу, як їхні автори знущалися з горезвісної мрії політиків тоталітарних держав про прозорість людини. Помисли такої людини зрозумілі всім, її життя відкрите для усіх членів суспільства. На щастя, це недосяжні бажання, адже абсолютно прозора людина – це, вибачте, клінічний ідіот.

Т.: Пов'язуючи життя з іншою людиною, ми хочемо дізнатися про свій об'єкт прихильності буквально все. Так само і та людина хоче, щоб ми відкрили їй свою душу. Наскільки близько можна підпускати до себе кохану людину і посвячувати її у своє таємне життя?

О.: У глибину свого світу не слід нікого впускати. Точно так не потрібно намагатися заглянути в тінь іншої, нехай навіть дуже близької людини. Я багато разів стикався у своїй практиці з тим, що необережне слово, незручне нагадування здатне глибоко поранити того, хто поруч. Бачите, в глибині нашої душі часом ховаються почуття, нерідко навіть нам самим не зовсім зрозумілі. Немає жодної гарантії, що ваші переживання правильно зрозуміють або ви зможете прийняти секрети іншої людини так, як треба. Краще таємний світ відкривати перед своїм духівником або психоаналітиком. Особливо це стосується інформації, яка може завдати травми вашій близькій людині. Як приклад – численні випадки зізнання одного з подружжя в невірності, після якого настає криза. Зрозумійте, я не закликаю нікого зраджувати коханій людині й не захищаю тих, у кого на стороні є зв'язок. Але повідомляти про таємні симпатії тому, кому це неприємно, у жодному разі не варто.

Т.: Але ж колишні зв'язки і закоханості чоловіка чи дружини – саме та тінь, яка цікавить найбільше. Дехто сам розповідає про свої подвиги...

О.: Як правило, спонукання людини розповісти про свій роман на стороні ґрунтується на благих намірах: повинитися. Але тут є егоїстичний момент: розповівши іншій людині про свій гріх, ми вважаємо, що зняли з себе відповідальність. Мовляв, ну я ж покаявся, за що тепер мене страчувати? Ми вважаємо, що, виговорившись як на сповіді, знімаємо з себе провину. Вибачте, а що робити з цим зізнанням іншій людині?

У моїй практиці був такий випадок. Чоловік однієї жінки випадково загуляв. Він дуже любив свою дружину, але пішов у похід у гори – і романтика, альпіністи, пісні Висоцького, багаття, вино. Зрадив він дружині з малознайомою дівчиною. Відразу ж дуже засмутився з цього приводу – так сильно, що, повернувшись із походу, про все докладно розповів дружині. Дружина зрозуміти і вибачити зраду чоловіка не змогла і захворіла на тяжкий нервовий розлад. Для нього зізнання було звільненням від гріха, а для неї виявилося сильним стресом. У жінки розвинулася реактивна депресія, стало випадати волосся, вона змінилася до невпізнання. Їй довелося довго лікуватися, пити антидепресанти, транквілізатори, щоб видертися з важкого стану. Минуло 25 років. Ця подружня пара (йому – під 60, їй – під 50) прийшла на торжество. І чоловік почав активно фліртувати з однією із жінок, запрошених на бенкет. Жінку звали так само, як альпіністку з минулого. І дружина, поспостерігавши цей безневинний, по суті, епізод, знову впала в нервове захворювання, наслідки якого виявилися набагато серйознішими, ніж тоді, чверть століття тому.

Наголошую: викриття не означає прощення. Зізнаватися в чомусь таємному іншій людині, розраховуючи автоматично отримати прощення або схвалення – неправильно. Не можна переносити свої таємні проблеми на тих, хто поруч.

Т.: Скажіть, чи всі люди горять бажанням дізнатися про коханих щось таке, що ретельно приховується?

О.: Є і чоловіки, і жінки, які не заспокояться, доки не дізнаються про усі деталі минулого життя партнера: а де ви зустрічалися? А як це відбувалося? А які були при цьому відчуття? Після отримання докладного звіту деякі йдуть ще далі, випитуючи: а ти досі її (його) пам'ятаєш? А ти зберігаєш її фото? А ти маєш її телефон? І все таке інше. Є й інша категорія: ці знати нічого не хочуть про кохану людину більше того, що вона сама дозволяє відкрити. Зі свого психотерапевтичного досвіду можу судити, що людей першої категорії набагато більше, ніж других. Хоча правильно поводяться саме другі – ті, хто не прагне будь-що зазирнути в чужий світ. Вони інстинктивно відчувають, що зайвих питань ставити не треба, і самі вміють приспати цікавість партнера відповіддю у вірній тональності: «Знаєш, крім тебе, у мене нічого серйозного та важливого у житті не було і немає. Все, що було, не має ніякого значення».

Т.: Олександре Федоровичу, тінь – це ж не лише суцільні вади й гріхи? Адже так можна насправді впасти у стрес, ламаючи голову: що там криється за дверима, які не хоче відмикати коханий? Не інакше як трупи та скелети!

О.: Звичайно, будь-яка таємниця, пов'язана з ім'ям коханої людини, змушує працювати уяву на повну котушку – від приховуваних злочинів до жахливих пороків та інших жахів. Але, запевняю вас, Синя Борода в природі не так часто зустрічається. Більшість «страшних секретів» наших чоловіків і дружин – це коханці та коханки; спосіб заробляння грошей та кількість заробленого; таємні задуми та плани, якими вони просто не хочуть ділитися з нами (або це комерційна таємниця)...

Ви здивуєтеся, але дуже часто люди приховують свій спосіб проведення часу. І не тому, що вони займаються на дозвіллі чимось ганебним чи злочинним. Просто людина не бажає бути прозорою, не хоче, щоб її вираховували. Іноді кожному з нас хочеться піти у свій світ, побути наодинці з собою. А який же це «свій світ», якщо про нього хтось знає? Згадайте, яке розчарування охоплювало в дитинстві, коли дорослі розкривали вашу вигадану країну – на горищі чи в коморі. Відразу ставало нецікаво, правда? Ставши дорослими, ми, як і раніше, прагнемо відвоювати у життєвого простору (сім'я, робота, товариші по службі, клопоти та проблеми) маленький шматочок для придуманої країни, в якій, крім нас, більше немає нікого.

Наскільки я пам'ятаю, раніше чоловіки мали таке таємниче місце під кодовою назвою «гараж». Збираючись піти туди, де його певний час не чіпатимуть, чоловік заявляв: «Я – в гараж». Причому «гараж» міг бути де завгодно: у ресторані, казино, на іподромі, вдома у друзів. Це міг бути навіть затишний куточок парку, де чоловік любив ходити один. Або ж кафе в передмісті, куди йому подобалося приїжджати і грати роль таємничого незнайомця. Та мало що! Нині такий притулок все частіше називають словом «робота». Коли притулок розкривається надто цікавою дружиною чи подругою, чоловік сердиться. По-перше, його позбавили своєї території. По-друге, «викриття» завжди має негативне нашарування, адже жінка вважає: якщо чоловік ховався від неї, значить, займався якимсь неподобством. У жінок також є свій «гараж» – це похід до косметолога чи у студію йоги, наприклад. Жінка може сказати: «Знаєш, я відключу на пару годин телефон, тому що під час процедур відволікатися не можна». І піти туди, куди хочеться. Я не маю на увазі, що вона піде до коханця. Можливо, вона забереться у незнайомий район міста і вип'є у барі келих вина. Може, зустрінеться зі своїм першим коханням, про яке не хоче розповідати чоловікові.

Т.: Скажіть, хто більше схильний до створення таємного світу – слабка чи сильна стать? Чи відрізняються тіні чоловіка і жінки?

О.: Як ми вже сказали, не буває людини без таємниць. І здатність створювати собі «друге життя» ніяк не залежить від статі людини. Принципова різниця лише у тому, що в паралельному житті чоловіка іноді можна зустріти позашлюбних дітей. Чого, зі зрозумілих причин, у жіночому світі бути не може. На наповнення тіні впливає глибина особистості. І, що важливо, чим складніша людина, тим більше поваги вона виявляє по відношенню до чужої таємниці. І навпаки: чим примітивніша людина, тим безцеремонніше поводить себе по відношенню до інших, тим бідніша її тінь. Знаєте, є такі допитливі люди (про них ще можна сказати: прості до непристойності), які поводяться, як погано виховані діти: їм нічого не варто прочитати чужий лист, перегорнути чужий щоденник, зазирнути в чужий гаманець... Так ось, цього по відношенню до чоловіка, коханої людини робити категорично не можна! Не можна брати без дозволу чужі речі й заглядати в чужі переживання.

Інша справа, що деякі люди мають потребу звітувати перед партнером, доповідати про всі свої пересування, посвячувати у свої думки та дії. Це характерно для чоловіків, зафіксованих на образі матері, які не звикли до самостійності й потребують постійного резонансу на свої вчинки. Жінок, які прагнуть посвятити коханого у свій світ, набагато менше, ніж чоловіків. Як правило, це жінки, що з якихось причин побоюються своїх чоловіків і поспішають повністю розкритися перед ними – «щоб нічого не подумав». Або це просто дуже наївні жінки, які помилково вважають, що таким чином вони доводять свою любов і відданість: «Ось бачиш, у мене від тебе немає жодних секретів».

Т.: Чим загрожує проникнення у чужий світ?

О.: Розповім два випадки зі своєї практики. Тетяна – друга дружина Олексія. Чоловік ніколи не розповідав їй про минулий досвід сімейного життя, та вона особливо і не цікавилася. Знала лише, що колишня дружина живе в іншому місті. Якось Тетяна зібралася віднести речі чоловіка до хімчистки і у кишені плаща знайшла квитанцію на грошовий переказ – в інше місто. Колишній дружині. Як розповідала мені Таня, першою її думкою було: ах, підла, дволика людина, ось зараз подзвоню йому і влаштую скандал! Потім вона розсудила, що з'ясовувати стосунки краще не телефоном, а тет-а-тет. Хімчистка була забута, жінка сіла на кухні й стала чекати «негідника». Минав час, Олексій затримувався. Таня подумала трохи і вирішила не влаштовувати чоловікові головомийку, а залишити квитанцію на видному місці: нехай побачить, що все розкрилося! Минуло ще хвилин сорок, Олексія не було. Жінка заспокоїлася і несподівано зрозуміла, що гнів випарувався. Вона запитала себе: хіба Олексій погано ставиться до мене? Ні. Сума переказу обмежує мої інтереси? Аж ніяк, тому що в сімейну скарбницю Олексій кладе набагато більше. Подумавши над цим ще якийсь час, Таня порвала квитанцію і викинула у відро для сміття. Потім вона зізнавалася, що їй, звичайно ж, хотілося дізнатися, чи була інвестиція чоловіка разовою чи він допомагає колишній дружині регулярно; як склалася доля тієї жінки, адже, зважаючи на все, вона живе скромно... Але Тетяна знайшла сили не розпитувати чоловіка ні про що. І правильно зробила: це той випадок, коли народна мудрість каже: «Менше знаєш – міцніше спиш».

А в другому випадку дружині не вистачило такту та терпіння, щоб забути про чужі таємниці. Так вийшло, що у чоловіка Людмили стався гомосексуальний контакт на одній із вечірок. І доброзичливці якимось чином рознюхали про це, донесли жінці новину. Вона могла не повірити. Або не надати значення. До того ж, як вона сама визнавала, у стосунках із чоловіком нічого не змінилося. Напевно, чоловік, протверезівши, жахнувся свого «гріхопадіння» і вирішив забути про нього, як про страшний сон. Але Людмила вирішила розкрутити ситуацію. По-перше, вона трохи не довела чоловіка до суїциду, по-друге, сім'я розпалася: Люда, витягнувши з чоловіка подробиці в яскравому змалюванні, почала пережовувати їх вдень і вночі. І в результаті не змогла впоратися із цим знанням.

Одна клієнтка якось запитала мене: «Чи потрібно розповідати чоловікові про те, що я під час сеансу масажу в косметичному салоні іноді відчуваю оргазм?» Я поцікавився, що вона має на меті, бажаючи повідомити чоловікові про цей інтимний нюанс свого життя. Чи потрібне чоловікові це знання, чи подякує він дружині за таку відвертість? Клієнтка розгубилася: «Я завжди говорю чоловікові про все...» Я порадив їй не забивати голову сумнівами і або припинити ходити на масаж, або перестати відчувати хибну провину. Але не запрошувати до цієї тіньової ситуації чоловіка.

Хочу ще раз нагадати: ми, на щастя, істоти багатоклітинні. Багатоповерхові, багатокімнатні. І цілком нормально, якщо якісь наші «поверхи» та «кімнати» залишаться замкненими для інших. Цього не треба боятися, адже для взаємного спілкування залишається достатньо місця. Бажаєте невеликий тест на перевірку почуттів? Стосунки двох людей можуть вважатися гармонійними, якщо їхня спільна «кімната» більша їх особистих зачинених «кімнат». Іншими словами, якщо ваш спільний світ більший, ширший і глибший за ваші таємні світи – все гаразд.

20. Особисті канікули

Очі все частіше шукають календар, у якому обведене яскравим фломастером заповітне число: перший день відпустки. Швидше б втекти із суворого офісу, зняти діловий костюм і туфлі на підборах, заховати подалі будильник, і – здрастуй, свобода! Два-три тижні, а то й цілий місяць можна робити тільки те, що хочеться, носити те, що хочеться, їсти і пити те, що хочеться. Залишилося тільки з'ясувати: а чого, власне, хочеться?

Тетяна Петкова: Відпустка – це ж не просто сухий профспілковий термін, що означає оплачений відпочинок. Лікар скаже, що відпустка – це оздоровлення. Філософ – що можливість обміркувати своє життя. Юрист – що це одне з прав кожної людини. А що кажуть психологи?

Олександр Бондаренко: Відпустка – від слова «відпускати»: відпустити себе в іншу реальність. Насамперед, відпустка – це зміна способу буття, відмова від буденності. Сучасне життя стає все більш одноманітним, рутинним. Звичний психологічний стан сучасної людини – буденний транс. Що це таке, поясню. Символ сучасного виробництва – автоматизований конвеєр, людині залишається тільки стояти поряд і натискати іноді кнопочку. Наше повсякденне життя – той самий конвеєр із кнопками. Простежте свій звичайний день: один і той самий маршрут «дім-робота-магазин», одні й ті ж самі слова, дії на роботі та вдома. Візьміть будь-яке робоче місце, будь то крісло біля комп'ютера, барна стійка або кабінет керівника: наші трудові щоденні обов'язки – це ланцюг монотонних, повторюваних дій, фраз, ритуалів та епізодів спілкування. Людина перетворюється на придаток своїх виробничих функцій. Творче начало особистості спочатку страждає, потім «кричить» про те, що хочеться повноцінного життя, потім взагалі може атрофуватися...

Т.: Олександре Федоровичу, стан буденного трансу притаманний усім людям? Адже є професії, які не припускають жорсткого, монотонного способу життя: письменники, художники, наприклад. Та й домогосподарки, на мою думку, теж можуть уникнути цього алгоритму «робота-магазин-дім», який пригнічує особистість.

О.: Думаєте, у творчої людини життя різноманітніше? Анітрохи: у письменника – свій набір повторюваних дій, у журналіста чи художника – свій. Та й поза роботою наше життя жорстко обмежене: поїздка до супермаркета за продуктами, перегляд свіжої преси чи чергової серії телесеріалу, клопіт по господарству, балаканина з друзями... І так день у день, з місяця у місяць, із зими в літо. Уникнути ритмічності у житті ще нікому не вдавалося. Це питання вже не психології, а фізіології. Наше життя пронизують різні ритми. Наприклад, ми робимо вдих і видих за 3-4 секунди. У нас б'ється серце і добре, якщо б'ється в діапазоні здорового пульсу: від 64 до 72 ударів за хвилину. Точно такі ж ритми мають надниркові залози, гормональна система... Нещодавно німецькі вчені з'ясували, що земна куля не лише робить оберти навколо своєї осі і навколо Сонця, так ще й «дихає» на певних частотах. Виходить, організм живе за своїми ритмами, Всесвіт – за своїми. Соціум пропонує свої ритми. Але ось у чому проблема: соціальні ритми не збігаються з біологічними ритмами людини. Наприклад, у той час, коли її інтелектуальні та фізичні можливості на нулі, людина сидить на нараді й змушена генерувати ідеї. У тій частині менструального циклу, коли жінка роздратована і не здатна на конструктивні рішення, оскільки їй все вбачається в чорному світлі, вона змушена, зважаючи на обставини, рятувати ситуацію на роботі чи залагоджувати конфлікт у сім'ї. Навіть перехід із зимового часу на літній і навпаки, який став звичним, – теж стрес для організму.

Про цю проблему – розбіжності біологічних, «живих» ритмів та соціальних, «мертвих», тривалий час говорять і фізіологи, і психологи. Але вирішити її неможливо. Справа в тому, що біологічні ритми людини перебувають у плаваючому режимі. Серце не може битися з постійним пульсом 70 ударів за хвилину: вранці у вас один пульс, увечері інший. Вчора у вас о 17.00 спостерігалася неймовірна працездатність і піднесення настрою, а сьогодні в цей же час ви як снула риба. А от соціальні ритми завжди статичні, постійні: в один і той же час відкриваються магазини, оживають офіси, починають працювати різні служби тощо. Тому ми часто робимо не те, що хочеться, а те, що потрібно. Від цього нікуди не подітися, адже ми живемо у соціумі, а не в печерах. І постійна розбіжність ритмів плюс рутинність, монотонність буття ведуть до хронічної втоми, «заїждженості», зниження інтересу до життя. Відомо, що у таких гранично раціоналізованих і передбачуваних країнах, як Австрія та Швейцарія спостерігається найвищий рівень самогубств у Європі. Втрачається відчуття новизни буття, людина відчуває, що невільна, що живе у штучній клітці з нав'язаних їй ритмів і функцій.

Т.: Так ось у чому, виявляється, сенс відпустки – у спробі вирватися з полону заданої ритмічності, так?

О.: Психологічна (є ще й оздоровча, але це тема розмови з лікарем) місія відпустки – можливість перервати монотонність, повторюваність повсякденного життя. Відпустка створює для людини простір, в якому можна протягом короткого часу прожити зовсім інший варіант життя. Є такий термін – хронотоп. Це відрізок часу, в якому ми живемо, разом з його наповненням: людьми, контактами, обстановкою будинку та офісу, проблемами, радощами та смутками... Нікому не вдавалося перестрибнути з одного хронотопу в інший, хіба що в фантастичних творах, коли герой подорожував паралельними світами. А відпустка дає фантастичну можливість побувати в іншому хронотопі, прожити ще один життєвий сюжет, реалізувати інший варіант буття.

Наприклад, людина за вдачею мисливець, але в силу робочих обов'язків дні та ночі безперервно проводить за комп'ютером, створюючи комп'ютерні програми. Він чудовий фахівець, у нього ці програми добре виходять, але натура мисливця рветься назовні. Я знаю багатьох людей, у яких справжнє життя відбувається поза роботою. Вони, без сумніву, міцні професіонали, але суть в іншому. Якщо запитати таку людину «хто ти?», то, добре поміркувавши, він не скаже: «бізнесмен» або «менеджер». Він відповість: «мандрівник», «мисливець», «актор»... Це означає, що один із них відмірює життя мисливськими сезонами, другий із нетерпінням чекає чергової подорожі, третій із задоволенням грає різні ролі, які сам собі й вигадує. Відпустка повністю дає можливість побути тим, ким хочеш.

Т.: Мені здається, більшість людей і не здогадуються про те, що відпустку можна використовувати як інший хронотоп. В основному, ми відпочиваємо за принципом: головне, щоб море було поряд і номер у готелі з комфортом.

О.: Багато людей вибирають місце і час відпустки з міркувань престижності. Протягом року людина тільки й робила, що працювала на свій імідж: купувала престижне житло, модний одяг, дорогі автомобілі. Так треба, так диктує соціум. І у відпустку вона поїхала туди, де модно і престижно відпочивати, для того, щоб недбало сказати: «Я ось недавно в Ніцці (Альпах, Африці) був». Приїжджаючи на модний і дорогий курорт лише з міркувань «так потрібно», багато хто не відпочиває, а функціонує, відпрацьовує свій соціальний статус. Потім, повернувшись із відпустки, почуваються стомленими, розбитими, незадоволеними. Єдина втіха – похвалитися перед знайомими круто проведеною відпусткою. Це, власне, і є горезвісний міщанський погляд на життя: не шукати власного змісту, а робити те, що заведено.

Але, звичайно, говорити, що всі поголовно неправильно проводять відпустку, не можна. Далеко не всі люди відчувають потребу у відпустці як у іншому хронотопі. Безліч народу рік у рік проводить час на модних курортах і чудово почувається. Головне – щоб не залишилося потім присмаку незадоволеності. Одна моя клієнтка поділилася цікавим досвідом. Вони з чоловіком досить забезпечені люди, можуть дозволити собі поїхати куди завгодно. Кілька разів вони з'їздили на острови, але залишилися незадоволені. Сервіс на найвищому рівні, екскурсії чудові, але є відчуття «щось не те». Останні роки ця пара їздить відпочивати до Одеси. З'ясувалося, коли вони п'ятнадцять років тому одружилися (на п'ятому курсі інституту), обидва хотіли отримати призначення в Одесу, бо дуже люблять це місто. Але не вийшло, і чоловік із дружиною залишилися у Києві. Тепер вони із задоволенням їздять щороку до Одеси, причому не в пансіонати або будинки відпочинку, а орендують квартири (щоразу в різних районах), ходять у кіно, по магазинах... «Я із задоволенням ходжу на ринок за продуктами, готую обід, хоча вдома, в Києві, ненавиджу стояти біля плити, – розповідала жінка. – Ми з чоловіком відчуваємо себе цього літнього місяця справжніми одеситами, і кращого відпочинку нам поки що не потрібно». Мені добре зрозумілі мотиви цього подружжя: вони таким чином реалізують варіант життя, від якого довелося колись відмовитись.

Т.: Але ж ми звикли до того, що відпочинок – це байдикування, лежання на пляжі або сидіння в барі, а тут звичайне життя, тільки не в Києві, а в іншому місті...

О.: Кращий відпочинок – той, на який душа відгукується своїми струнами, коли натискаються потаємні клавіші, вивільняються нереалізовані бажання і створюється та сама гармонія буття, якої нам часом так бракує у сірих буднях. І, повірте моєму досвіду, людей, які зуміли розібратися, а яка ж відпустка їм насправді потрібна, досить багато. Хтось об'їздив усі світові курорти, а хтось не збирається виїжджати за межі України – і не тому, що фінанси не дозволяють, а тому, що знайдено саме той варіант відпустки, про яку мріялося. Я не закликаю миттєво забути про комфортабельні готелі, басейни з підфарбованою водою та дертися в гори з важким рюкзаком за спиною. Просто хочу нагадати, що ми різні, і в глибині душі у кожного свій сенс проживання відпустки.

Одна моя знайома зізнавалася: «Кожного літа перед відпусткою божеволіла: куди їхати? Подружки звали то до Іспанії, то на Шацькі озера. А мені було ніяково зізнатися, що хочу на Сахалін. Нез'ясовне бажання: ну ось хочу і все! Чоловік мене довго відмовляв: який Сахалін, край світу, поки дістанешся туди, змучишся, купу грошей витратиш. Але я плюнула і поїхала. Дісталася Сахаліну, стала на березі Тихого океану – і таке захоплення, ви не уявляєте!» У мене є приятель, генетик за освітою, який виїхав працювати в Англію за контрактом. Торік я запитав його: «Як ти провів відпустку?» Мені було цікаво, як, ставши англійцем, мій приятель розпорядився відпочинком. І почув у відповідь: «Не повіриш – я вирощував хліб». Він приїхав до України, розорав маленьку ниву, засіяв її пшеницею, зібрав урожай. Приятель зізнався, що це була його мрія виростити свій справжній хліб.

І ще одна історія. Одна жінка, назвемо її Зоя, обмірковувала, куди б їй податися під час відпустки. Звичайні роздуми, що терзають багатьох у літню пору. Грошей та часу вистачало на будь-які капризи. А їхати нікуди не хотілося. Зоя відвідала кілька турфірм, прийшла додому, розклала перед собою купу рекламних буклетів і раптом зрозуміла, що вона страшенно хоче провести відпустку у Києві. Вона уявила, як відключить телефон і комп'ютер, розморозить холодильник, відмовиться від щоденного макіяжу – і перетвориться на зовсім іншу людину. Ця інша Зоя забуде усі ділові телефони та адресу власного офісу, припинить варити ранкову вівсянку, знехтує господарськими справами. Ця нова жінка щоранку буде приходити в кондитерську на розі, снідати свіжим круасаном і кавою з вершками, буде обідати там, де їй захочеться, неспішно вештатися магазинами, купувати яскраві журнали і читати їх на лавці біля Дніпра... А рано вранці, коли місто спить, Зоя сідатиме в нещодавно куплену «Тойоту» і їздитиме по вмитих порожніх вулицях. Знаєте, ця жінка потім зізналася, що такої чудової відпустки в неї ще не було!

Т.: До речі, в одному романі європейського письменника героїня, мешканка Афін, сказала всім, що їде у відпустку, а сама винайняла квартиру в іншому районі й прожила зовсім приголомшливе коротеньке життя в цьому багатомільйонному місті. Не переказуватиму сюжет, але за 30 днів вона зрозуміла щось важливе про себе. І після відпустки поміняла роботу, пішла від чоловіка, одним словом, почала нове життя. Тож коли ви стверджуєте, що відпустка – це коротке, 30-денне інше життя однієї і тієї ж людини, у цьому є сенс! А як же горезвісні курортні романи – це теж спроба, усвідомлена чи не дуже, створити собі інший, короткочасний варіант особистих взаємин?

О.: Частіше усвідомлена, ніж неусвідомлена. Саме тому психологи не рекомендують повертатися до курортних захоплень після відпустки. Я не виправдовую зв'язки на стороні під час відпочинку, та й, зрештою, вони зовсім не обов'язкові. Але, якщо це вже сталося, не потрібно надавати тому, що трапилося, великого значення – як учаснику курортного роману, так і його чоловікові чи дружині. Звичайно, дізнатися про зраду коханої людини завжди боляче, але сприймати роман під час відпустки як катастрофу не варто. Відпустка – це своєрідний змінений стан, в якому перебуває людина. Закінчилася відпустка – закінчилося інше життя, ви повернулися до колишніх стосунків, колишніх обов'язків, почуттів, людей. Не треба намагатися перетягнути шматочки «маленького» життя у «велике», вони залишилися там, в минулому. Рідко кому вдавалося виростити із курортного зв'язку справжні стосунки, повірте психологам.

Т.: Як же все-таки зорієнтуватися, яка відпустка потрібна, якщо, зрозуміло, про суто оздоровчу не йдеться?

О.: Якщо ви зараз перебуваєте в приємному стані обмірковування майбутньої відпустки, запитайте себе: чого вам хочеться найбільше у світі? Якого «іншого життя» не вистачає? В яку гру ви не дограли? Днями один бізнесмен мені зізнався: «Як хочеться побувати там, де жив Андерсен! Знаєте, я й досі пам'ятаю його казки. Може, плюнути на все та махнути в Копенгаген? Тільки нікому не скажу, навіщо я туди їду». Я, звичайно, його підтримав. Як підтримую всіх, кому хочеться поставитися до цього прекрасного часу – відпустки – творчо, із родзинкою.

21. Ген кохання

В одних людей він є, в інших немає. І тоді ми говоримо: цей уміє любити, а цей бездушний робот, ніколи нікого не кохав. Ми звинувачуємо у відсутності любові будь-кого – від господа Бога до батьків «безсердечної» особи. Насправді, звинувачувати нікого не потрібно. Просто у кожного – індивідуальна здатність любити.

Тетяна Петкова: Поети і романтичні натури говорять про любов приблизно в таких виразах: на них звалилося кохання; вони впали у кохання; кохання гналося за ними... У Булгакова: кохання вискочило перед ними, як убивця. А що далі відбувається? Чи однаково ми відчуваємо і розуміємо кохання?

Олександр Бондаренко: Кохання у всіх різне, і здатність любити різна. Втім, є період, коли почуття у всіх однакові. На першій стадії, яка називається стадія притягання, тяжіння, люди відчувають приблизно одне й те саме: хвилювання, очікування хорошого, земна куля пливе з-під ніг і таке інше. Далі – стадія романтичних стосунків, тут вже намічається індивідуальний сценарій: у кожного свій життєвий досвід, свої уявлення щодо того, як поводитися у цій ситуації. Цей період присвячений з'ясуванню, що у нас схожого, а що ні. Закохані з захопленням виявляють, що люблять одні й ті самі книжки, однаково реагують на якісь події: «Ой, ти любиш читати, коли дощ? І я люблю читати, коли дощ». Між іншим, ми любимо іншу людину за подібність до нас. Відмінності викликають інтерес і надають смаку стосункам, як щіпка перцю. По суті, кохання – це максимальна реалізація механізму ідентифікації: ми любимо себе в іншій людині.

Т.: Минула стадія романтичних стосунків – що далі?

О.: Далі починається вибір психологічних ролей. Закохана людина підсвідомо підбирає роль для об'єкта пристрасті: ким він буде – коханцем? Подружнім партнером? Просто добрим знайомим? На цій же стадії відбувається саморозкриття людини: ми пускаємо того, кого любимо, у потаємні куточки душі, довіряємо йому інтимні переживання. На наступній стадії починається своє кохання, не схоже ні на жодні інші історії стосунків.

Т.: У чому полягає ця несхожість? На мою думку, у всіх закоханих стосунки розвиваються приблизно однаково.

О.: Це тільки здається. Справа в тому, що на перших стадіях ми всі прагнемо здаватися кращими, ніж є. Коли стосунки міцнішають, переходять в «історії», ми довіряємося тому, кого любимо, і відкриваємо своє істинне обличчя. Один стає менш серйозним, інфантильним, інший – більш егоїстичним... Оголюються слабкості, чіткіше виявляються недоліки, тут головне – прийняти того, кого любиш, з усіма його негативними якостями. У цьому суть мистецтва кохання. Воно, як будь-яке інше мистецтво, вимагає певних здібностей: такту, вміння розуміти іншого, співпереживати йому. Є люди зі здібностями до малювання, співу або математики і є люди зі здатністю любити.

Т.: І цю здатність можна виміряти?

О.: Розумію вашу недовіру. Так само, як мистецтво, кохання не нормативне. Немає конкретних рамок, в які його можна втулити, немає тестів, якими можна було б перевірити його правильність. Що кажуть подружки жінці, яка обожнює свого чоловіка? «Та що ти з ним возишся як з маленьким, не можна з мужиком так поводитися!» Або мужчина чує від друзів: «Дивись, розбалуєш свою дружину, з бабами потрібно суворіше, щоб місце своє знали». І ось вже жінка менше уваги приділяє коханій людині, думаючи: а й справді, чого це я перед ним стелюся? А мужчина вказує місце дружині, вважаючи, що робить правильно. Бачте, суспільство своїми спробами нормувати кохання вбиває його. У соціумі існує безліч убивць кохання. Він набагато старший за неї? Це погано, каже соціум. Вона набагато старше? Ще гірше, бубонить соціум. Він бідний, а вона багата? Який жах, резюмує соціум. І так далі. Мистецтво кохання полягає в тому, щоб визначити свої власні норми, створити індивідуальні умови своїм стосункам, перетворити «болванку» почуттів у неповторний шедевр.

Але наше життя настільки стандартизоване, що для творчості, як і для подвигу, у ньому місця мало. Ми мчимо життям, споживаючи стандартні вироби у вигляді однакових товарів, фільмів, книжок. Ми живемо у схожих будинках та вибудовуємо з оточенням стандартизовані взаємини. Нехай вас не коробить таке порівняння, але кохання – як кулінарія: буває вишукана кухня, що має складну рецептуру з масою інгредієнтів, а буває невигадливий фастфуд, приготований нашвидкоруч. Хто що вміє, те й готує. Найчастіше ми задовольняємося фастфудом, адже зробити свої стосунки ексклюзивними здатний далеко не кожен. Для цього потрібно, щоб в організмі був присутній «ген кохання». Ті, у кого він є, вміють зберегти кохання, підняти його над буденністю, перетворити своє життя в яскраві картини. Для того, щоб убезпечити своє життя від стандартів соціуму, потрібні неабиякі душевні зусилля і здібності. У кого цих здібностей немає, люблять «як усі»: почуття перетворюються на звичку, заїдає побут, людина починає дратуватися, з вадами обранця миритися все важче...

Т.: Від чого залежить наявність цього любовного «гена»: від виховання, психічного та соціального статусу людини, досвіду стосунків із протилежною статтю?

О.: Уявіть собі, «ген кохання» – вроджена якість. Це частина духовного ресурсу людини. Одні люди плачуть від гармонії музичного ряду в класичному творі, а інших не зачіпає, та й усе. Ми ж не можемо їх у цьому звинувачувати? Є дальтоніки, які не розрізняють червоний і зелений кольори. І є любовні дальтоніки, які, може, й хотіли би любити сильно, пристрасно, з муками, переживаннями та тремтінням кінцівок – але їм не дано. Так вони влаштовані. Нічого тут не вдієш, треба просто констатувати цей факт і все. Ні від виховання, ні від роду діяльності здатність кохати не залежить. Скільки я знаю випадків, коли суворі військові, які звикли до екстриму, крові та жорстокості, вибудовували зі своїми коханими ніжні, зворушливі, талановиті стосунки. І навпаки, представники богеми, тонкі, емоційно багаті особистості зізнавалися в тому, що не можуть полюбити, не виходить.

Т.: А можна цей «ген» якось розпізнати?

О.: Психологи помітили: «ген кохання» є у тих, хто здатний дарувати себе іншій людині. Талановито любить не той, хто засипає об'єкт, що подобається, дорогими подарунками та грошима, а той, хто може поступитися іншому, виконати його бажання, часом на шкоду власному комфорту, надати підтримку і допомогу; той, хто здатний внести неповторний сенс у життя. Це відомі всім речі, але, запевняю вас, небагато знайдеться людей, здатних саме дарувати себе іншому. Хочу наголосити: віддавати не означає вичерпувати себе до останнього. Якщо людина відчуває спустошеність від кохання – це мазохістська самопожертва. Вміння віддавати себе – це творення, вибудовування по цеглинках стосунків, в яких добре обом. Адже яка найпотаємніша мрія в коханні? Щоб воно тривало вічно, правда ж? Тому все, що сприяє такому настоюванню кохання – як дорогоцінного вина, й складає потаємну сутність мистецтва любити.

Т.: А що говорить психологія з приводу постулату «З милим рай і в курені»? Чи здатна талановита і багата у почуттях, але бідна у матеріальному плані людина утримати кохання?

О.: Будемо відвертими: випадки, коли на тлі бідності (за умови, що і він, і вона соціальні аутсайдери) кохання тривалий час живе, не вмираючи, рідкісні. По-перше, постає питання: якщо ви такі духовно багаті люди, що заважає вам напружитися і створити самим собі гідну якість життя? По-друге, сприймати любов як цінність, якщо інших цінностей більше немає, згодом стає важко. Але це зовсім не означає, що двоє в курені приречені. Ні, кохання може вижити, але тільки за умови, що і він, і вона є одне для одного таким безумовним, абсолютним змістом, що вся решта життя на тлі цього змісту здається чимось незначним, дрібним. Хоча, звичайно ж, для підтримки кохання, поруч із духовним, важливий і соціальний ресурс. Уточню: соціальний ресурс – це не кількість грошей у кишені й не престижність автомобіля, це цінність людини в очах суспільства. Геніальний поет, погодьтеся, необов'язково добре забезпечений, проте дружині або подрузі й на думку не спаде дорікати йому через відсутність грошей: для неї коханий – найголовніша цінність у житті.

Т.: Такий приклад: двоє кохають одне одного. Виходячи з того, що ви сказали про «ген кохання», може статися, один з них любить сильніше, а другий – «ледь-ледь», кому як природою відміряно. Це нормальна ситуація? А якщо один взагалі не здатний на глибоке почуття, що тоді?

О.: Так, порівну поділити кохання ще ні в кого не вийшло. Як правило, у парі один любить (і віддає) більше, ніж інший. Але нічого страшного у цьому немає. Головне – тому, хто любить сильніше, не дорікати своєму партнерові: ах, ось ти який, я тобі те й те, а ти такий холодний, як айсберг в океані. Це цілком нормальна ситуація, і загрози стосункам вона не несе. Крім того, як виміряти, хто з двох любить більше, а хто – менше? У нас же немає спеціального приладу – любовимірювача! Одна моя знайома жінка скаржилася: «Ах, чоловік мене не любить. Я, коли він затримується допізна, хвилююся, місця собі не знаходжу, п'ю валеріанку і без кінця дзвоню на мобільний, а він, коли мене немає, спокійно сидить перед телевізором і жує бутерброд». Але до чого тут кохання? Просто жінка – тривожна особистість, а чоловік – флегматик із залізобетонними нервами. Навіщо йому хвилюватися завчасно, питається? У цьому помилка багатьох: приймати зовнішні прояви кохання за його справжню суть. Скажімо, чоловік задаровував дружину золотом і дорогими шубками, а коли вона захворіла, не прийшов до лікарні жодного разу. Присилав хатню робітницю з квітами та делікатесами. «Я, – пояснював, – не терплю лікарняного запаху». Чи варто вірити в таке почуття? Рано чи пізно доля підкине коханим випробування, в якому виявиться справжня суть їхнього кохання.

Т.: Олександре Федоровичу, а як бути, якщо полюбиш «дальтоніка»?

О.: Якщо один у парі виявився «дальтоніком» у коханні, то й тут нічого загрозливого немає. Так, «дальтоніку» незрозумілі бурхливі почуття і гарячі визнання, але ж на симпатію, повагу, почуття вдячності він здатний? А це зовсім не заважає будувати родину. Просто тому, хто полюбить людину без «гена кохання», потрібно усвідомлювати це. І не нервувати марно, а створювати модель взаємин, яка влаштує обох. Знаєте, часто любовні «дальтоніки» відчувають провину через те, що не можуть відповісти партнеру аналогічним розпалом пристрастей, і оточують його такою турботою і увагою, що шлюб виходить щасливим і повноцінним.

Т.: Жінки іноді чують від чоловіків, закоханих у них без взаємності: «Стривай, дай мені час, ти все одно мене полюбиш!» І потім якось саме собою виходить, що самовпевнений зухвалець мав рацію! Як можна пояснити цей феномен?

О.: Це не феномен, а цілком закономірне з погляду психології явище. Буває, що любов індукує любов в іншій людині. Чому так відбувається? Для того, щоб закохатися, нам як мінімум потрібно виділити людину з натовпу. Ось уже перший крок зроблено – ви починаєте придивлятися до нахаби, який заявив: «Ти все одно мене полюбиш!» Ви спостерігаєте за ним, думаєте про нього, нехай поки що приблизно так: «Ну, подивимося, як це він збирається закохати мене у себе?» Можете обурюватися або захоплюватися, але ви вже небайдужі до нього. А згідно теорії закоханості, будь-яке потрясіння викликає емоційну реакцію на того, хто нас вразив.

Другий момент – певна переконлива сила таких висловлювань. Особливо якщо фразу «Ти мене все одно полюбиш!» вимовляє привабливий, сильний, розумний чоловік. Говорячи так, він ніби позначає міру своєї влади над жінкою, і та підсвідомо підкоряється йому. А головне – зробивши таку заяву, чоловік починає діяти. Тут можливі два варіанти: дурні дії та розумні. Дурні дії – епатаж, безглузді витівки, розіграші і т.д. (такі, як стукнути вподобану дівчинку портфелем по голові). А розумні дії – зробити так, щоб коханій жінці було зручно і комфортно, задовольнити її потреби, розв'язати її проблеми. Часто жінки, розмірковуючи на тему: «За що я його покохала», дивуються: «Якось так вийшло, куди не кинь – усюди він. Маму до лікарні відвезти – він тут як тут. Сусіди залили – прийшов і допоміг з ремонтом. Сказав, що тітка у нього на морі живе, запропонував влаштувати влітку відпочинок...» Рано чи пізно жінка розуміє: мені зручно, добре. Виникає кохання.

Можливий і дзеркальний варіант: жінка може «заразити» своїм коханням чоловіка. Часто жінки так і роблять, щоправда, вони не заявляють своєму обранцю: «Ти мене все одно полюбиш», а діють м'якше. А найголовніший секрет, мабуть, такий: незалежно від того, хто кого першим полюбив і «заразив» почуттям, треба пам'ятати, що любов до іншої людини швидко висихає без любові до життя. Якщо навіть у вас є потужний любовний талант, але ви нудна, нецікава особистість, то й любов ваша вийде бездарною. А той, хто обділений «геном кохання», зате креативний за вдачею та відкритий назустріч життю, зуміє висікти вогник у своєму партнері й зробити життя обох яскравим і цікавим.

22. Милі лаються

Що скаже ваш коханий, коли, повернувшись до місця паркування, виявить на бампері свого автомобіля здоровенну вм'ятину? Думаєте, він заволає: «Ах як недобре вийшло, якась безвідповідальна людина завдала мені матеріальної та моральної шкоди!»? Можна побитися об заклад будь на що: у ста випадках зі ста ваш коханий виголосить текст куди коротший – максимум три-чотири слова. Але що то будуть за слова! Як то кажуть, хоч святих винось. І хоча більшість із нас – не святі, часом справді, хочеться втекти від чоловіка, який гне матюки, подалі.
Чому сильна стать так любить міцні слова? Чи варто розлучатися через те, що чоловік лихословить? Як реагувати на лайку в устах коханої людини?

Тетяна Петкова: Час від часу у суспільстві спалахують дискусії на тему «Як очистити рідну мову». Я пам'ятаю, ще у школі ми проводили диспути, на яких із комсомольською непримиренністю таврували тих, хто лається матом. Але йдуть роки, змінюється все навколо, а лихослів'я спокійно співіснує з нами. Напевно, у міцних слів і виразів є свої цілі й завдання, адже інакше чим пояснити дивовижну живучість непристойної лексики?

Олександр Бондаренко: Безумовно, у такого явища, як лихослів'я, є свої функції, інакше воно давно б відмерло через непотрібність. Якщо відкинути таку причину, як лихослів'я від браку культури (тут цілей нема, а людина лається, бо погано вихована), то перша функція – мовне «мастило», щось на кшталт слів-паразитів, які допомагають пов'язувати фрази. Ну, це коли тягнуть «е-е-е» або «м-м-м...», або через слово повторюють «блін», «йокелемене» або «йорш твою мідь». Друга функція мату – ідентифікаційна, тобто прагнення показати співрозмовникам: «Я такий самий, як і ви, нічим від вас не відрізняюся, прийміть мене у свою спільноту». Адже часто на того чоловіка, що не п'є і уникає міцних слів, його колеги та приятелі дивляться з подивом, кепкують: який правильний знайшовся! Третя функція мату верифікаційна, яка підкріплює правдивість сказаного. Є дуже сильний верифікатор «їй Богу», а є альтернатива: людина б'є себе в груди і матюкається, бажаючи довести, що вона не бреше.

Четверта функція мату – девальвація, знецінення високих ціннісних смислів: любові, Батьківщини, честі, відносин із близькими людьми. Ця функція більшою мірою властива нашому суспільству. Поясню, чому. Справа в тому, що за роки тоталітаризму всі високі слова були «замацані», затерті, їхній зміст знецінився у брехливих передовицях газет, на нещирих засіданнях парткомів, у лицемірних звітах уряду тощо. Зловживання, спекуляція високими словами, які процвітали в часи застою, були пов'язані з брехнею і викликали бажання протиставити верхнім шарам «атмосфери» щось щире, ненадумане. Звідси – задушевні розмови на кухнях, бажання знецінити прописні заяложені істини лайливими словами. Ах, ви пропагуєте чисте кохання на виробництві, відданість партії та служіння ідеалам? А ось що ми зробимо з вашими ідеалами! Радянські люди, матюкаючись, висловлювали протест проти офіційного лицемірства.

Т.: Вважається, у будь-якій культурі є два рівні: рівень духу і рівень плоті. Дух – це елітарна культура, високоморальна, що проповідує чисті стосунки і благородні помисли. А культура плоті – це природні, інстинктивні пориви, які завжди присутні у нашому житті. Наприклад, є повчальні казки з високою мораллю, а є сороміцькі казки, здавна улюблені простолюдом.

Отже, в радянському і пострадянському суспільстві ці дві культури увійшли у суперечність?

О.: Так, тому що наші люди звикли чути «нагорі» одне, а бачити зовсім інше. І від цієї брехливості насамперед страждали чоловіки, оскільки у жінки завжди, за будь-якого режиму, є віддушина – дім, діти. Чоловіки більше залежать від соціуму. Тому наша сильна стать шукала, та й зараз шукає, захист від несправедливості у лихословї. Так історично склалося, що ми надто довго були в рабстві й використовуємо мат з приводу і без, відчуваючи себе неповноцінними. Цікаво, що на Русі слово «ебле» (похідне від якого нам добре знайоме) з'явилося під час татарського ярма і по-тюркськи означало просто «одружитися». Татарин, захоплюючи дівчину, говорив, що він «ебле» її, тобто одружується з нею. Але для руського простолюдина, у якого відбирали дочку чи сестру, це означало одне: насильство. В результаті це слово набуло характеру насильства, стало лайливим.

Я поділяю думку фахівців, які вважають, що мат – це мова тих, хто почувається приниженим, ображеним, хто почувається жертвою насильства. І, як будь-яка жертва, така людина готова застосувати насильство по відношенню до інших. Саме цим пояснюється лихослів'я чоловіків, які відчувають себе нереалізованими, неповноцінними, скривдженими життям. Вони гостро відчувають несвободу, повстають проти обставин, бунтують поки що лише на словах.

Що стосується сороміцьких казок, то в них нічого страшного немає, якщо їх читає повноцінна, здорова особа з нормальною самооцінкою, а не озлоблений підліток чи чоловік із купою комплексів: такі лише наберуться з подібної літератури не найкращих вражень.

Т.: Олександре Федоровичу, повно ситуацій, коли успішний чоловік, улюбленець фортуни без комплексів – і міцно висловлюється. Жодного бунту і близько нема, просто молотком по пальцю заїхав – і ось, будь ласка, саме вирвалося!

О.: Ну ясна річ, далеко не всі люди матюкаються через приховану ущербність. Те, що міцне слово знімає напругу (і це ще одна функція мату), було добре відомо нашим предкам. Пам'ятаєте старовинне прислів'я «Лайка на комірі не висне»? Мовляв, вчасно вилаявся – і на душі полегшало. Тому лайливе слово з однаковим успіхом можна почути і в Україні, і в Америці, і у Франції. Життя сьогодні таке, що людина перебуває у полоні стресу майже безперервно. Звідси – бажання після нервового трудового дня влаштувати парубоцьку вечірку за чаркою чогось міцного, поговорити відверто з використанням міцних виразів. Я вже не кажу про ситуації, коли мат вилітає з вуст ніби сам по собі, мимоволі: в екстремальній ситуації або під час сильного потрясіння. У цих випадках лайка – своєрідна невизнана граматична форма оціночного висловлювання.

Т.: Довелося почути таку думку: мат – прерогатива чоловіків, тому що сильна стать більше уваги звертає на секс і все, пов'язане з інтимним життям, адже лайливі слова здебільшого стосуються саме цієї області взаємин. Чи виправдана подібна думка?

О.: Є такий, можна сказати, психоаналітичний погляд на проблему лихослів'я. Автори цієї теорії кажуть, що матюки пов'язані зі спрощеним сприйняттям світу як безперервного єдиного статевого акту. Особисто мені такий підхід здається вульгарним. Було б дуже просто вважати, що сила матюка – у його сексуальній символіці. Я як психолог бачу силу лайливої мови в іншому – в її універсальності, близькості (завдяки експресії та агресії) до чоловічої субкультури. Чому американські бойовики густо пересипані «факами»? Це доказ реального життя реальних чоловіків. Не вигаданих глянсових кінокрасунчиків, а реальних мужиків, що живуть десь поруч.

За допомогою ненормативної лексики можна гранично експресивно висловити будь-яку реальність: чи то лаються чоловік із дружиною, чи то начальник із підлеглим чи то сусіди у дворі. У мові більше немає слів, які мають таку ж експресивність і накал. Замінити лайку можуть тільки дії: бійка, биття посуду, ламання меблів. Погодьтеся, вибираючи з двох лих, краще віддати перевагу поганому слову, аніж рукоприкладству. Таким чином, нецензурщина замінює собою фізичне насильство.

Т.: Дізналася цікаву інформацію. У Непалі живе дивовижний народ – шерпи. Вони ніколи не сваряться, не підвищують тон – їм це заборонено законами і релігією. Але психологи, які вивчали їхнє життя, дійшли висновку, що шерпи – найдискомфортніший народ у світі: у них стільки прихованої агресії та незадоволеності, що всі вони цілковиті невротики, яких потрібно терміново лікувати.

О.: По відношенню до матюка різні люди займають різні позиції. Поза всяким сумнівом, лихослів'я – це поганий приклад для наслідування, і виправдовувати його жодною мірою не можна. Але не варто ставати і на пуританську позицію. Немає сенсу відгороджуватись від дійсності. Адже реальність нікуди не подінеться. Навіть якщо щоразу, почувши міцне слово, ми будемо впадати в істерику, лихослів'я не зникне. Знаю жінок, ладних убити своїх чоловіків за лайливе слівце. Були випадки, коли дружини подавали на розлучення через «солону мову» свого партнера. Звичайно ж, якщо чоловік брудно лається з ранку до вечора, причому йому байдуже, де він це робить – при дітях, в офісі чи дружній компанії, – то доведеться цю проблему вирішувати. Попросити чоловіка стежити за собою, пояснити, що така лексика лише шкодить його іміджу як удома,так і на роботі. Повірте, дуже мало знайдеться чоловіків, які після такої розмови продовжуватимуть лихословити. Більшість стежитиме за собою і, зрештою, вони зведуть кількість мату до мінімуму.

Т.: Ви сказали «до мінімуму», отже, все-таки не існує в природі людей, які жодного разу міцно не вилаялись?

О.: Чому ж, такі люди є. Дослідження психолога Ігоря Смирнова показують, що люди, які ніколи не матюкалися, особливого душевного складу та походження. Це чоловіки з благородних сімей, у яких століттями формувався свій стиль спілкування і сприйняття дійсності. Це не тільки питання породи і «блакитної» крові, це щось більше, особлива структура свідомості. Але таких людей небагато. Втім, саме по собі лихослів'я мало що визначає, принаймні, не є показником якості особистості. Можна ніколи в житті не вимовляти лайливих слів і бути нікчемою, і навпаки – не цуратися матюків і бути чудовою людиною. Сама по собі відсутність чи наявність лайливих слів у лексиці конкретної людини не є ані необхідною, ані достатньою умовою її особистісної спроможності.

Т.: Як чоловіки реагують на лайку в устах жінки?

О.: Вкрай несхвально. Бачите, жінка часто лається від безпорадності, безсилля, від дисгармонії в особистому житті. Це одразу помітно. «Якщо жінка матюкається, значить, у неї щось не в порядку», – приблизно так реагує більшість чоловіків. Жіноче лихослів'я асоціюється у чоловіків із жіночою невдоволеностю, нещасливістю. Крім того, від жіночого лихослів'я за версту тхне маскулінністю.

Т.: Чим психологи пояснюють лихослів'я під час інтимної близькості?

О.: По-перше, як відзначають сексологи, це посилює збудження під час близькості: «гостреньке» багатьох заводить. По-друге, коли чоловік обожнює жінку, вважає її не від цього світу, ангелом у плоті, то в нього іноді може в ліжку нічого і не вийти. Такий парадокс: поклоніння заважає володінню. Тому чоловік за допомогою міцних слів зводить жінку з п'єдесталу, роблячи її «придатною» для тілесної любові. Нічого патологічного у цьому немає. І, по-третє, це вияв емоційного потрясіння, найбільшої насолоди. Одні на піку пристрасті вигукують: «Ах-ах, о Боже мій!», а інші віддають перевагу зовсім іншим виразам.

Т.: Знаю кілька випадків, коли приятельки розставалися зі своїми коханими – тому що ті дозволили собі образити їх. Причому ті чоловіки, як правило, не вживали у повсякденному житті лайки, але під час сварки з коханою раптом виливали на жінку таку кількість бруду! Що це: підсвідома ненависть, спеціально підлаштований розрив?

О.: Якщо чоловік вживає на адресу коханої жінки брудні слова, це може означати одне із двох. Або стосунки настільки знецінилися, що йому вже байдуже, як вона відреагує: образиться, піде геть. Або (це буває частіше) чоловік біситься від безсилля, розуміючи, що не може впоратися з жінкою, вона для нього залишається психологічно недоступною, незважаючи на те, що разом вони вже кілька років. Лихослів'я, спрямоване на кохану жінку, – ознака крайньої фрустрації. Чоловік розуміє, що може не утримати кохану, що вона краща, розумніша, талановитіша за нього – і тоді починає ображати, втоптувати її в бруд. Так дитина розбиває з агресії автомобільчик, який йому не вдалося завести.

Т.: Порадьте, як зменшити кількість лайливих слів в устах коханої людини?

О.: Матюк засмічує семантику свідомості. Іншими словами, від лайки тупішають, вона робить людину примітивною. Замість того, щоб підбирати різні слова, людина використовує одне чи два у всіх випадках життя. Чоловік, який багато матюкається, має набагато дурніший вигляд, ніж його колега із нормальною лексикою. І ви можете чесно сказати про це своєму чоловікові чи другу: «Любий, ще півроку такого спілкування, і ти станеш цілковитим кретином». Окрім того, ті профілактичні функції лайки, про які ми говорили (спалювання енергії, заміна фізичного насильства) працюють лише в локальних ситуаціях. Від частого вживання міцних слів їх профілактичні властивості втрачаються, і лихослів'я перетворюється просто в промовисту ознаку огидно вихованої людини. І останнє: як зауважують психологи, людина, що часто використовує лайку в повсякденному житті, цим публічно заявляє про себе як про безсилу, безпорадну особистість, що пасує перед труднощами.

23. Медаль «Заміжність»

Не секрет, що для сильної статі кількість перемог на любовному фронті – питання престижу. У жінок теж є своя колекція орденів і медалей: це кількість пропозицій руки та серця. Жінки люблять на дозвіллі перебирати свої бойові нагороди: цей кликав мене заміж і той буквально силоміць тягнув до загсу, а цей взагалі збожеволів, так хотів бачити мене своєю дружиною... Ось тільки одним є про що згадати, а іншим – на жаль, нема.

Тетяна Петкова: Олександре Федоровичу, життєва мудрість не пояснює, чому одні жінки часто отримують пропозиції вийти заміж, а інші – рідко чи ніколи. Можливо, психологи здогадалися, у чому тут справа?

Олександр Бондаренко: Пам'ятаю одну свою сусідку, яка виходила заміж чотири рази, причому без особливих зусиль. Інші сусідки дружно ходили до мене як до психолога консультуватися: поясніть нам, будь ласка, чому Вірка – некрасива, нічим не примітна і з поганим характером міняє чоловіків, як рукавички, а ми – молоді, гарні – навіть одного мужика під вінець не можемо повести? Так було завжди, незалежно від того, про зірок кіноекрану йдеться чи про мешканок комунальних квартир: одні жінки легко виходять заміж у будь-якому віці, а від інших сімейне щастя вислизає.

Чому так відбувається? Серед психологів це питання постійно обговорюється. Є кілька версій. Спочатку фахівці думали, що є жінки, яким байдуже, за кого виходити заміж, тому вони приймають пропозиції всіх шанувальників, а є перебірливі, які, навпаки, відкидають кандидатів у чоловіки. Але потім ця версія похитнулася: жінка, звичайно, має право погодитися або відмовити, але ж у тому-то і сіль, що одним панянкам чоловіки часто пропонують руку і серце, а іншим – ні! Є й така думка: для деяких жінок турбота про чоловіка є нагальною потребою, повітрям, яким вони дихають, і тому вони постійно прагнуть догодити коханій людині. Чоловікові, зрозуміло, така турбота до душі, і він бере жінку за дружину. Сексологи у свою чергу висували версію про те, що деякі представниці прекрасної статі мають фантастичний сексуальний темперамент, перед яким чоловік не в силах встояти. Але ця думка зовсім не пояснює, чому коханець все-таки веде обраницю до загсу, адже багато чоловіків віддають перевагу формату «насолоджуватися сексом, не пов'язуючи себе шлюбними узами». Словом, на сьогоднішній день якоїсь однієї теорії, яка відповідала би на запитання: «Чому одні жінки легко виходять заміж, а інші ні?», не існує.

Т.: І все-таки якісь закономірності, напевно, є?

О.: Особисто мені здається, що річ у різних поведінкових програмах. Дослідження показують: частіше отримують пропозиції вийти заміж жінки певного темпераменту – екстравертовані, тобто відкриті, імпульсивні, енергійні, які вміють підлаштовуватися під чоловіка, вгадувати його бажання. І відповідно, натури інтровертовані, замкнуті, сконцентровані на своїх інтересах неохоче підпускають близько до себе чужу людину, набагато рідше стають об'єктом безпосереднього шлюбного інтересу.

Як не парадоксально, серед жінок, яких, умовно кажучи, «не кличуть», багато тих, для кого вийти заміж – надзавдання. Найчастіше це обумовлено впливом стереотипу, виробленого поколіннями жіночої лінії: «Жінка обов'язково має бути заміжньою». Так вважалося у сім'ях бабусь, тітоньок, мами і так має бути в неї. Тому всі сили така жінка кидає на боротьбу за омріяну нагороду – чоловіка. І часто програє.

Т.: Але чому? Адже вона керується принципом: під лежачий камінь вода не тече, вважає за краще активно діяти, щоб отримати бажане. Хіба така тактика не дає результату?

О.: Щодо чоловіків – не завжди. Своїм клієнткам, яких заклинило на заміжжі, я пропоную провести експеримент. Для цього потрібно зосередитися на одній простій думці: «Я не хочу заміж» – і простежити, що відбуватиметься протягом місяця-двох. Як тільки у жінки на лобі замість повідомлення: «Хочу заміж!» – висвічується: «Заміжжя мене не цікавить», відразу змінюється її поведінка, і чоловіки починають виявляти до неї інтерес. У них прокидається інстинкт мисливця. А цей інстинкт спить у відношенні до жінок, які декларують своє гаряче бажання вийти заміж.

Т.: Одного разу я стала свідком розмови кількох чоловіків, які стверджували: є специфічний «погляд незаміжньої». Чи правда, що чоловік може вирахувати, одружена жінка чи ні, навіть якщо вона не носить обручку?

О.: Сильна стать, швидше, вираховує не шлюбний статус, а те, чи є поруч з цією жінкою мужчина її мрії, чи вона самотня. Адже можна бути самотньою і у шлюбі, правда? Чоловік на рівні невловимих флюїдів розпізнає, чи несе йому загрозу жінка, чи має вона щодо нього матримоніальні плани або ні про що таке не думає, просто чоловік їй симпатичний, приємний. Крім поглядів, існує ще тілесна сигналізація, властива, до речі, й тваринам. Як поводиться кішка, яка не проти підкріпитись? Підходить до вас, треться об ноги, легенько прикушує вашу руку – сигналить про своє бажання. Іншими словами, потреба актуалізована і проявляється у поведінці. Жінка, у якої актуалізована потреба в даному чоловікові (а не в статусі заміжньої!), неодмінно видасть себе жестом, інтонацією, вчинком. І чоловік, прийнявши сигнал, включиться у гру, якщо жінка йому подобається. А ось установка «Заміж не терпиться» – той самий «погляд незаміжньої», від якого мужики біжать геть, як чорт від ладану. Чоловікові нестерпно відчувати себе дичиною під час полювання. Особливо якщо він далеко не юнак і вже був одружений.

Т.: А що, шлюбна мотивація якось змінюється залежно від віку?

О.: Звісно. В юності шлюбні мотиви чоловіка і жінки приблизно однакові. Спрощено назвемо їх «так треба» або «прийшов час». Якщо хлопець і дівчина довго і серйозно зустрічаються, «так треба», щоб вони зрештою одружилися. У психології є такий феномен сприйняття, називається «фігура та фон»: залежно від того, хто дивиться на зображення, проявляється то один, то інший предмет першого плану. Так от, у пору романтичної юності і чоловік, і жінка, дивлячись на шлюб, бачать одну й ту ж «фігуру». З віком мотивація чоловіка зазнає серйозних змін. Жінка, як і раніше, сприймає заміжжя як показник своєї реалізованості. Тобто мотив «так треба» для більшості жінок зрілого віку актуальний, як і в юності. А тепер подивимося на чоловіка років 40-45-ти, котрий певний час тому розлучився, має добрий доход, відмінне житло, дорогий автомобіль. З погляду жінки, він чудовий кандидат у чоловіки, його можна «поливати, підгортати» і чекати на плоди. Але ж йому навіщо пов'язувати себе новим шлюбом? Секс він може отримувати скільки завгодно від коханок. Дітей він уже має від першої дружини, і перспектива знову стати батьком його особливо не надихає. У той час як подружки самотньої жінки співчувають їй, друзі самотнього чоловіка заздрять йому...

Т.: Виходить, для забезпеченого дорослого чоловіка природно уникати шлюбу? Що ж змушує його приймати рішення: одружуся?

О.: Якщо відкинути красиві, але малоінформативні слова про те, що він без цієї жінки жити не може (що скоріше притаманно юнакам, але не зрілим мужчинам), то на першому місці такий мотив, як безпека. З віком чоловік все більше прагне спокою і кожну кандидатку в дружини розглядає з цієї точки зору: чи не завдасть вона шкоди його психологічному стану. Слово «комфорт», яке практично не зустрічається у мотивації юнацьких шлюбів, у зрілому віці грає істотну роль. Для чоловіка важливо, щоб із цією жінкою йому було комфортно, зручно жити. Британський політик Дізраелі, який одружився з жінкою старше себе на 17 років, так пояснив свій вибір: «Вона прекрасна співрозмовниця, а шлюб – це довга розмова».

З віком уявлення про щастя стають більш розмитими, не настільки категоричними, як в юності. Якщо молодий хлопець думає: одружуся – і ми будемо щасливі, то дорослий чоловік розмірковує: ми зараз щасливі, але чи збережуться ці стосунки після одруження? Так само розмиваються і уявлення про ідеальну супутницю життя, які в молодості були до смішного конкретними на кшталт «Мій ідеал дружини – зеленоока блондинка з довгими ногами». Такі визначення не властиві зрілим чоловікам.

Т.: До речі, а які жінки сьогодні котируються на шлюбному ярмарку: молоденькі, забезпечені, вигадливі кулінарки, майстерні коханки, худі, товсті?

О.: Жодна з перерахованих умов не є визначальною при виборі супутниці життя. Хоча чомусь вважається, що сьогодні зрілі заможні чоловіки обирають переважно молоденьких дівчат із зовнішністю моделі. Це міф. Швидше – навпаки. В якості одноразової коханки чи жінки для ескорту – так, такий типаж популярний. Але одружується чоловік не з міркувань престижної зовнішності дружини. Моя клієнтка нещодавно вийшла заміж за заможну людину, причому раніше вона міркувала приблизно так: «Мені 39 років, програю юним дівчатам за всіма статтями. Чим я можу зацікавити чоловіка? Хіба що на мене клюне 60-річний вдівець...» Оксана, назвемо її так, вийшла заміж за 35-річного чоловіка і зараз готується стати матір'ю. Здавалося б, цей бізнесмен міг вибирати між 18-річною і 25-річною, а одружився на пані під сорок. Цей далеко не поодинокий випадок є ілюстрацією сьогоднішньої тенденції шлюбного ринку: чоловік обирає за дружину ту, яка зможе зрозуміти й прийняти його з усіма недоліками, дбатиме про нього. Хочу відзначити, що турбота потрібна чоловікові не тільки і не стільки на рівні «приготуй-випери». Зрештою, сучасний процвітаючий чоловік найме куховарку, придбає посудомийну і пральну машини, а брудні шкарпетки просто викине і купить двадцять пар нових. Чоловікові потрібна жінка, якій можна довіритися, яка його не зрадить у важкий момент. Наприклад, коли він занедужає чи розориться.

Мої клієнти-чоловіки, розмірковуючи про одруження з молоденькою, кажуть приблизно таке: «Що вона мені може дати? Скільки я маю витратити років, щоб її виховати? Мені сорок – їй двадцять, звідки я знаю, якою людиною через десять років вона стане – раптом зовсім чужою?» Жінка у віці 18-25-ть егоцентрична, замкнута на своїх потребах, більше хоче брати, а не давати. Вона максималістка, їй близькі шлюбні гасла типу «Нізащо не пробачу зраду!», «Чоловік повинен робити те й те», «Сім'я зобов'язана відпочивати разом» тощо. Дорослий чоловік, який вже бачив життя і добряче втямив, що воно не регламентується жодними гаслами, особливо зі словами «ніколи», «повинен», «зобов'язаний», може, звичайно, заплющити очі на подібні погляди. Але ненадовго: на вечір, максимум на тиждень. А ось жінка старша не така категорична, тому що знає: у шлюбі необхідні компроміси та терпіння. Вона готова бути вірною і розуміти мужчину, чого не скажеш про юну дівчину. У цьому сенсі жіночий вік – як витримка для вина, що робить йогоціннішим.

Т.: Але ж сто зі ста жінок, які задумали будь-що вийти заміж (я говорю про тих, кому за 35-40), насамперед візьмуться саме за корекцію віку: побіжать до тренажерного залу, до косметолога, накуплять модного молодіжного одягу...

О.: І це, безумовно, саме по собі достойне похвали. Але жінка, «виставляючись» на шлюбному ринку, часом робить помилки, які із зовнішністю не пов'язані. Багато чоловіків, розмірковуючи про стосунки, що зав'язалися, запитують: «Їй насправді потрібен я чи штамп у паспорті? Чого в ній більше: кохання чи нереалізованого бажання бути чиєюсь дружиною?» Йому важливо знати, що він для неї найкращий, і вона готова бути поряд незалежно від того, має штамп у паспорті чи ні. Тому жінки, які поспішають завести мову про подальші перспективи стосунків – «Що з нами буде далі?», «Коли ми одружимося?» – різко знижують свої шанси вийти заміж. Як ми вже говорили, офіційного укладення шлюбу боїться більше чоловік, ніж жінка. Для неї це вінець життєвої «кар'єри», для нього – втрата свободи. Тому будь-який тиск, закиди «Чому ми не оформляємо стосунки?» – можуть тільки віддалити жінку від мети.

Ще одна помилка: бажання жінки підкорити своєму порядку життя чоловіків. Це недопустимо! Уявіть собі зрілого, самостійного мужика, що живе один. Так, зовні, можливо, в його оселі панує безлад, але саме цей хаос і є його особистим порядком! Чоловік знає, де яка річ у нього лежить; він звик, що в середу йде у сауну з друзями, а в п'ятницю на нього чекає більярдний клуб. І розумна жінка, познайомившись з таким чоловіком, ніколи не дозволить собі втручатися в його розпорядок дня або ще гірше – забороняти йому щось робити. Неправильно поводиться жінка, яка, бажаючи показати, як чоловікові буде добре у шлюбі, береться критикувати його нинішнє життя. Вона постійно натякає, що він без неї пропаде, у нього погано підуть справи, коротше кажучи: одружуйся – і рай тобі забезпечений. Але чоловік, власне, і не відчуває себе в пеклі, то навіщо йому мріяти про рай? А критика з вуст коханої лише робить його жорсткішим: «Чому вона вирішує за мене, що добре, а що ні?»

Особлива розмова – забезпечені чоловіки, які, зрозуміло, є об'єктом підвищеної уваги прекрасної статі. Тут часто жінку чатує ще одне випробування: запах грошей. Це делікатне питання, і я як психолог стверджую: не всяка жінка здатна адекватно поводитися в ситуації, коли в неї зав'язуються стосунки із заможним чоловіком.

Т.: У чому це проявляється: у підвищеній вимогливості, у бажанні отримати від життя недоотримане раніше?

О.: Отримати недоотримане – це якраз сильна стать переважно розуміє і приймає. Багатому чоловікові лише у радість купити коханій пару шубок, про які вона нещодавно і мріяти не могла. Справа в іншому. Розуміючи, що їй випав непоганий шанс, жінка несвідомо спотворює свою поведінку і реакції. Перше: вона дозволяє чоловікові те, чого б ніколи не дозволила, не будь той багатим. Вона зносить образи, терпить приниження, прогинається під чоловіка, боячись зайвий раз сказати щось не те... Сильна стать це відчуває і розуміє. І на стосунках це позначається не найкращим чином. Друга крайність: жінка починає кидатися грошима обранця, вимагаючи нових і нових інвестицій. А чоловік не любить, коли від нього вимагають подвигів. Він розмірковує так: «Та трясця! Я купив їй квартиру, коня, машину! Скільки можна?» Чоловік втрачає відчуття, що він герой ситуації, хазяїн становища.

Т.: Отже, основні правила завоювання чоловіка: а) підкреслена відсутність уваги до його гаманця і б) повна байдужість до його шлюбних намірів?

О.: Якщо жартома – можливо. Але головне не в цьому. Як вийти заміж за правилами і які пастки розставити чоловікам, радять лише у примітивних виданнях для наївних старих дів. У житті все інакше. Справжні стосунки чоловіка і жінки – велика таємниця. Як сказано в Біблії, в Притчах Соломона: «...є речі, незбагненні для мене: шлях орла на небі, шлях змія на скелі, шлях корабля серед моря та шлях чоловіка до жінки». Є тільки одна порада: прийняти стосунки такими, якими вони є. Не квапити розвиток подій. І не надавати своєму матримоніальному статусу занадто великого значення.

24. Тіло як доказ

Дзеркала, як і чоловіки, безжальні. Від перших не сховаєш нову зморшку і зайву складочку на талії. Від других не приховаєш невдале життя і згаслі очі. І тоді жінка хитрує, намагається обдурити і перших, і других. Вона кидає виклик власній зовнішності. Віддавши наказ: «Тіло, змінюйся!», вона потай сподівається, що зуміє повернути кураж втомленій душі. Що кожен сантиметр відвойованої талії скине пару-трійку прожитих років. Що повернеться безтурботність молодості та розтане тягар проблем.

Тетяна Петкова: Олександре Федоровичу, коли вперше жінка замислюється про своє тіло не просто як про руки-ноги-голову, а як про відображення її внутрішнього стану, показник віку, зрештою, як про капітал?

Олександр Бондаренко: У підлітковому віці формування образу власного тіла – один із видів самостійної діяльності особистості, що зростає, по утвердженню себе у світі. При цьому особистих критеріїв самооцінки у підлітка немає. Критерії запозичуються у зразків для наслідування, які дівчина обрала сама. Як правило, це популярні фігури зі світу моди, артистичного середовища, а також так звані референтні (значущі) люди з найближчого оточення: наприклад, мама, бабуся або найкрасивіша дівчина в класі. Найважливішу роль у формуванні думки про власний образ відіграє ситуація, в якій зростає дівчинка, і жодні артистки з модних журналів не впливають на її самооцінку так, як найближче оточення. Скажімо, якщо дівчинка за загальновизнаними мірками не є особливо привабливою, але мама, тато, подруги та сусідки переконують її, що вона красуня, вона виросте з твердим переконанням, що гарна. Психологи у своїй практиці часто стикаються із протилежним феноменом: коли за всіма параметрами вродлива дівчина вважає себе потворною. Лише тому, що найближчі значущі люди переконали її, що вона негарна.

Т.: Але з якою метою?

О.: Найбільш поширена причина – захистити дівчинку від непотрібних, на думку мами та бабусі, думок і ситуацій. Такі занадто завзяті батьки намагаються вселити своїй дитині установку, що вона зовні неприваблива, некрасива, не буде користуватися успіхом у протилежної статі. У такий спосіб дорослі підштовхують дівчинку до необхідних їм висновків: не варто забивати собі голову дурницями штибу любовних переживань, потрібно здобувати освіту, добре вчитися, стати гідною людиною тощо.

Т.: Олександре Федоровичу, говорити дівчинці можна все що завгодно, але є дзеркало, є думка інших людей. Невже можна за допомогою одних тільки заклинань «Ти красива» або «Ти некрасива» змінити думку жінки про саму себе?

О.: Уявіть собі, так. Ба навіть більше – за допомогою цих же «заклинань» можна маніпулювати громадською думкою. Якщо певну людину довгий час позиціонувати в суспільстві як «найкрасивішу», «найбільш привабливу» і так далі, незабаром всі з цим погодяться. Згадайте хоча б всілякі опитування типу «Стількись найгарніших людей світу» (десять, п'ятдесят тощо). Якщо вдуматися, багато кандидатур із цих списків викликають, м'яко кажучи, подив. Ось, наприклад, хто особисто вам зовсім не здається гідним звання найкрасивішої людини світу?

Т.: Ну, я вважаю Ганну Курникову і Джулію Робертс привабливими та симпатичними, але ніяк не гідними звання «найкрасивіші».

О.: Ось бачите, а за них голосує безліч людей. Спрацьовує розкрученість імені. Гарною назвуть панночку, яка у всіх на очах, обласкана пресою та світськими хронікерами, а не маловідому красуню з ідеальними пропорціями обличчя і фігури. Психологам добре відомий такий феномен: якщо у певному сегменті ринку розкрутити конкретний персонаж (нехай навіть абсолютно сіру особистість), його незабаром будуть сприймати як генія і ватажка. Звідси – секрети всіляких піарівських технологій. Є такий процес – інсталяція. Це упровадження в свідомість певного завершеного образу: «Співачка Тютькіна – видатна співачка», «Модель Манькіна – найкрасивіша з жінок». І хоча насправді це не відповідає істині, ми починаємо вірити.

Так само будь-яка жінка – не кінозірка, не публічна особистість – може повірити як у те, що вона красива, так і навпаки. На відміну від, скажімо, політичних чи шоу-бізнесових розкруток, коли потрібна думка натовпу та підтримка глядачів, кожна жінка може користуватися своїм індивідуальним розкручуванням. Достатньо сказати собі: «Я – красива, я – сильна». Якщо повірити в це і підтримувати свій «Я-образ» саме в такій якості, рано чи пізно відбудеться інсталяція: близькі люди, соціум будуть сприймати вас так, як вам хочеться.

Пам'ятаю, одна моя клієнтка, назвемо її Ганна, розповідала про такий випадок. Їй дуже треба було мати гарний вигляд на якомусь прийомі: туди запросили чоловіка, який їй подобався і щодо якого вона мала певні наміри. Вона весь день пробігала по магазинах, купила сукню, туфлі, довго робила зачіску... Потім зателефонувала подруга, Ганна заговорилася з нею, схаменулася, що спізнюється – і, поспіхом одягнувшись, вилетіла з дому. Весь вечір вона відчувала піднесення, знала, що має гарний вигляд, посміхалася, жартувала. Той чоловік запросив її танцювати, потім пішов проводжати додому і призначив побачення. А коли щаслива жінка зайшла у квартиру і подивилася в дзеркало, вона виявила, що забула зробити макіяж! «Якби я знала, що в мене «голе» обличчя, – розповідала Ганна, сміючись, – то поводилася б зовсім інакше, і вже напевно у мене не вистачило би духу кокетувати з об'єктом моєї симпатії. А так я цілком була впевнена, що маю класний вигляд, і всі довкола заразилися моєю впевненістю!» Ось вам яскравий приклад інсталяції. По суті, чоловік звертає увагу не на кількість накладених тіней, тональний крем або колір помади. Він реагує на блиск і вираз очей, поведінку, жести – словом, на самовідчуття жінки.

Т.: Скажіть, чим пояснюється те, що у напружені періоди жінка надає своїй зовнішності аж надто великого значення?

О.: Я би сказав: не надає зовнішності надто великого значення (бо догляд за собою ще нікому не нашкодив), а покладає на зовнішність вирішення проблем, які загалом пов'язані не з фізичним станом, а із психологічним. Як правило, у житті кожної жінки бувають періоди душевної напруги, коли вона прагне щось таке зробити зі своєю зовнішністю, щоб жити стало легше. Крім суто ситуативних («Я з ним посварилася, тепер схудну, приведу себе в порядок і доведу цьому негіднику, кого він втратив!»), є більш розтягнуті в часі кризи – вікова або особистісна. Психологи знають про «фатальні» для жінок роки – 45-55 років, коли жінка усвідомлює, що фізична краса в'яне, і відчуває величезний стрес з цього приводу. Жінка, і це природно, не хоче залишати подіум життя: кожній представниці прекрасної статі болісно усвідомлювати, що прожектори уваги спрямовані вже не на тебе, а на іншу – ту, що молодша. Починається турбота про своє обличчя. Як ми вже сказали, абсолютно нормально, якщо жінка доглядає шкіру, цікавиться новинками косметики, переходить на здоровий режим харчування, робить фізичні вправи. Тобто робить все можливе для того, щоб довше затриматися на «подіумі». І зовсім інша річ, якщо вона намагається вирішити за допомогою тілесних революцій глибоко захований конфлікт і позбутися переживань та комплексів.

З досвіду своєї практики можу сказати, що у ситуації переживання кризи (і пов'язаної з нею підвищеної уваги до своєї зовнішності) жінки поділяються на дві категорії. Перші кажуть: «Проблем багато, але я з ними впораюся. Потрібно лише подбати про те, щоб вони не позначилися на моїй зовнішності». Тобто жінка береться доглядати себе, щоб ніхто не здогадався: у неї зараз не найкращий період. Друга категорія діє під девізом: «У всьому винна зовнішність. Я повинна змінитись, і тоді проблеми щезнуть».

Т.: Але це самообман, щось схоже на язичницькі спроби сховатися від злих духів, надягнувши маску!

О.: Саме так. Якщо представниці першої категорії сприймають зміну зовнішності як допоміжний етап подолання кризи, то друга категорія – як основний. Це як ремонт у будинку. Одні воліють зміцнити перекриття, замазати всі тріщини в стінах, поміняти труби – зробити основні, але невидимі роботи. А потім уже братися за косметику: кахель, шпалери тощо. Інші ж заклеюють дорогими матеріалами стіни, що розсипаються, не бажаючи розібрати їх по цеглинці й привести до ладу. Замість того, аби сісти і добре розібратися у купі проблем, що накопичилися, жінка йде в ілюзії, прагне сховатися за нову фігуру. Вона скидає 20 кілограмів, прибирає зі стегон жирові відкладення, виправляє форму носа, нарощує волосся... Найімовірніше, вона досягне певних результатів. Фізичний вигляд покращиться. Але психологічні проблеми нікуди не подінуться. У такої жінки протиріччя пов'язані не з розміром одягу. Образно кажучи, у неї талія – в голові. Можна накачати в тренажерному залі біцепси і трицепси, а в душі залишитися в'ялою, слабкою, безформною. І це буде помітно.

Т.: Хочу заперечити. Жінка, яка досягла результатів на фронті боротьби зі своєю зовнішністю, страшенно пишається собою. Навіть одна ця обставина робить її більш впевненою, незалежною, привабливою. Хіба ні?

О.: Ви міркуєте як типова представниця першої категорії. Так, все це правильно щодо жінки, яка вміє справлятися зі своїми проблемами, не зациклюючись на зовнішньому вигляді більше, ніж потрібно. Але друга категорія, ті пані, про яких ми говоримо, пишатимуться собою недовго. Місяць-другий вони насолоджуватимуться тим, що їх талії зменшилися, сідниці стали пружними, зморшки зникли. Але потім, і психологи добре знайомі з цим явищем, настає «крах після перемоги». Жінка розуміє, що проблеми нікуди не поділися. І на її посвіжілому і помолоділому обличчі з'являється такий самий вираз розгубленості та незадоволеності, як і раніше. Ось приклад. Ви ніколи не звертали увагу на те, який вигляд мають люди, прооперовані з приводу короткозорості? У них вже нормальний зір, вони зняли окуляри, але в душі залишилися короткозорими: вони, як і раніше, мружаться, у них залишився характерний безпорадний погляд. Ось так само і жінки, які сподівалися за допомогою змін у зовнішності позбавитися проблем і розпочати нове життя: всередині вони, як і раніше, незадоволені собою.

Відкрию секрет. Я довгий час спостерігав за своїми клієнтками, вникав у їх міркування про власну зовнішність. І дійшов висновку: непомірно високу ставку на зміну зовнішності роблять ті жінки, у яких відсутня природна сексуальність. У кризовий період, коли у жінки не складаються стосунки з чоловіками, коли вона, як ми вже говорили, втрачає «промінь прожектора», вона «прозріває». І починає «роботу на сексапільність». Але повірте мені як психологу і чоловікові, фанатичний догляд за зовнішністю та декларування власної сексуальності ніколи не зможуть прикрити особистісні проблеми. Навпаки, тіло в цьому випадку перетворюється на доказ: стає зрозуміло, що у цієї жінки в душі не все в порядку. Проблемну жінку все одно видадуть постава, голос, погляд. Навіть майстерно накладений макіяж і чудово пошита сукня існують ніби окремо від неї, здаються чужими.

Т.: У такому разі відкрийте ще один секрет: що таке сексапільність з погляду психолога?

О.: Це – природний шарм, здатність викликати в оточення еротичні бажання та переживання (зрозуміло, що під словами «еротичні бажання» не варто розуміти буквально «ліжко»). Це сексуальна чарівність, що хвилює інших людей – те, що чоловіки називають «жінка до мозку кісток». Штучно напрацювати цю якість складно, її можна більш-менш вдало імітувати. Адже, з погляду психології, сексапільність – органічна властивість людини, особливість її психофізики, біологічна якість.

Т.: Чи можна приклад? Хто, на вашу думку, з відомих жінок сексапільний, а хто – ні?

О.: Ну, про тих, хто обділений цією якістю, говорити не будемо, щоб не образити. Однозначно сексапільні Тетяна Дороніна, Ірина Понаровська, Клаудіа Кардінале, Софі Лорен. А ось Мадонна, на мою думку, навчилася успішно імітувати цю якість. Так ось, повертаючись до нашої теми розмови: у певний момент життя жінка прагне «наростити» сексапільність, вважаючи, що вирішить цим особисті проблеми. Але сексапільність – поняття з області потягу, але не з області прекрасного. Можна важити не 50, а 80 кг, мати довгий ніс і далеко не ідеальні форми – і в той же час мати грандіозний успіх у оточення.

Т.: Але ж не завжди бажання жінки змінити свою зовнішність спрямоване на протилежну стать? Про яку ще мотивацію варто згадати?

О.: Важлива мотивація – боротьба із зів'яненням, але це якраз нормально. Не зовсім нормально, коли на фізичний образ покладають соціальні надії. У недавньому дослідженні, проведеному в Англії, багато жінок, охочих збільшити груди, так пояснили свої наміри: «Щоб мати кращий вигляд у офісі», маючи на увазі кар'єрні міркування. Згоден, не можна запускати себе до неподобства: жінку бомжуватого вигляду навряд чи візьмуть на високооплачувану роботу. Але й думати, що розмір грудей чи форма брів допоможуть зробити кар'єру, наївно. Пам'ятаю, у мене була клієнтка, перукар за професією, яка збільшила за допомогою силікону груди. Усі, зокрема й чоловік, її відмовляли. Чоловік благав: «Я тебе люблю, ти мені подобаєшся», але жінка опиралася вмовлянням. Їй це було важливо: ходити салоном краси у форменому халатику, що облягає високий бюст. В результаті силікон став шаруватися, виникли проблеми медичного характеру, і бідоласі довелося забути про кар'єру та довго лікуватися. Я дивився на неї і думав: замість того, щоб псувати здоров'я, чому б не кинути сили на вдосконалення своєї майстерності, чому не стати класним фахівцем, до якого записуються у чергу? От і піднялась би самооцінка!

До речі, під час цього ж англійського дослідження з'ясувалося, що більша половина чоловіків – 54 відсотки – зовсім не звертають увагу на розмір грудей жінки, ширину її стегон і так далі. Тобто, звісно, при знайомстві зовнішні дані оцінюються, але для подальших стосунків вони не важливі.

Т.: Але чому ж така велика кількість жінок схильна пов'язувати нову зовнішність із початком нового життя?

О.: Справа, ймовірно, у тому, що ми всі сьогодні занурені у світ інформаційного впливу. Реклама усіляких засобів для схуднення, пропаганда зовнішності моделі як зразка краси перетворюється на якийсь масовий гіпноз. Жінці з усіх боків нашіптують, вселяють: схудни – і твоє життя налагодиться. Зміни форму носа – і ти зустрінеш своє кохання. Зумій втиснутись у розмір S – і зникнуть усі проблеми. Адже людина так влаштована, що їй завжди легше перекласти на когось чи на щось відповідальність за свої невдачі. І жінка вірить: «Так, мені слід зайнятися своїм тілом, своєю зовнішністю, щоб досягти успіху». Хочу попередити всіх, хто так вважає: будь ласка, доглядайте за собою, нічого поганого в цьому немає, але не забувайте про найголовніше – про душу, психологічний комфорт. Для того щоб жити в гармонії з собою та світом, одних дієт, тренажерів і пластичних операцій недостатньо. Адже людина, особистість – далеко не тільки форма. Це, насамперед, зміст.

25. У владі сну

Вони дарують нам нечувану насолоду і змушують переживати найстрашніші хвилини у житті. Вони скидають нас у прірву і вчать літати; дають мільйон доларів і жбурляють під гільйотину; перетворюють на монстрів і повертають кохання. Вони можуть усе. Ми любимо їх, коли вони – солодкі мрії і лякаємося, коли вони – зловісні пророцтва.

Тетяна Петкова: За Сєченовим, «сон – це небувала комбінація колишніх вражень». Але найчастіше сниться не те, що ми пережили, а навпаки, щось немислиме і фантастичне. Невже феєричні картини, які ми бачимо вночі, – лише плід нашої уяви, а не зашифрована інформація, привнесена ззовні?

Олександр Бондаренко: Наукова класифікація сновидінь така:

1. Нереалізовані бажання (те, про що ми мріємо).
2. Сни-передбачення (те, що наснилося, справджується).
3. Творчі сни (коли уві сні пишуть вірші, музику).
4. Сон-вирішення проблеми (коли розв'язується болісна життєва ситуація).
5. Кільцеві сни (сновидіння, що повторюються).
6. Фактичні (денні враження).
7. Фізіологічні (викликані конкретним станом організму: голодом, сексуальною незадоволеністю, хворобами).

Всі ці типи сновидінь, включаючи сни-передбачення, поєднує одне: ніколи, жодним чином уві сні не з'явиться нічого такого, з чим би людина не була знайома раніше.

За сучасними науковими уявленнями джерело сновидінь – область гіпоталамусу, глибинний відділ людського мозку. Жодних містичних проривів із паралельних світів, майбутнього або Всесвіту в наших снах немає і не може бути. Хоча часто здається, що нічого подібного ми не бачили і не чули, дослідження довели: ми бачимо у снах тільки те, що вже закладено у нашій свідомості та підсвідомості. Сновидіння – це переломлене через психіку людини сприйняття нею або внутрішнього, або зовнішнього світу. Простіше кажучи, сни – це химерне відображення наступних станів: здоров'я – раз; стосунків із іншими людьми – два; вражень від життя – три.

Чим складніший життєвий досвід людини, чим багатше її духовне життя і вищий інтелектуальний рівень, тим яскравіші її сновидіння. І навпаки, якщо внутрішній світ людини примітивний, то й сни вона бачить прості, передбачувані.

Т.: Виходить, поки тіло спить, мозок працює. Але що саме він робить із нашими розрізненими підсвідомими картинками: намагається розв'язати проблему чи просто бавиться, складаючи мозаїку?

О.: Це залежить від статі того, хто спить. Чоловік сприймає життя переважно через зовнішній світ, а жінка – через внутрішній. Майже весь (близько 90 відсотків) мозок чоловіка вночі відпочиває. У жінки ж під час сну відпочиває лише невелика частина мозку, решта сірої речовини працює. Точніше, доопрацьовує те, що не вдалося доробити вдень. Уявіть комп'ютер, на моніторі якого відкрито багато вікон – це події та враження останнього часу. Чоловік, лягаючи спати, закриває всі віконця, і його мозок розслаблюється. Жінка не може просто так закрити файли, їй потрібний додатковий ресурс, щоб все проаналізувати. Вона може лише згорнути їх, але в «комп'ютері» вони залишаються. А мозок не бажає миритися із незавершеною дією і вночі намагається завершити якісь ситуації, вирішити проблеми, видати емоційну реакцію на події. Ось чому прекрасній статі сняться найбільш драматичні, гостросюжетні, барвисті сни. Та й горезвісні віщі сни, сни-передбачення найчастіше сняться жінкам.

Т.: Олександре Федоровичу, наука хоч трохи наблизилася до розгадки віщих снів?

О.: Можливо, розчарую романтичних осіб, але, чесно кажучи, розгадувати особливо немає чого. Як правило, віщі сни стосуються двох сфер життя. Перша – здоров'я (своє власне і близьких людей). Друга – стосунки із оточенням. Щодо здоров'я, то найнеймовірніші пророцтва мають прості пояснення. Організм захворів, але людина ще не усвідомлює цього, та й почувається добре. Але на клітинному, молекулярному рівні вже відбуваються зміни, мозок про це знає. І подає на своїй мові – мові символів та образів – відповідні картини. Наприклад, людям із бронхіальною астмою, що розвивається, сниться, що вони високо в горах і їм важко дихати. Або що їх хтось душить подушкою. Тим, у кого проблеми з серцем, сниться, що їх поховали живцем або що за ними хтось женеться. Чоловікам із сексуальними чи урологічними проблемами сниться, що вони спостерігають літак, що падає. Є жіночі сни, пов'язані з циклічними змінами гормонального фону. Напередодні місячних жінкам часто сниться брудна вода в різних варіаціях: від купання в засміченій річці до забитого водостоку у ванній кімнаті. А на початку циклу сниться чиста, прозора вода. Або такий приклад. Жінкам під час менопаузи часом сняться кошмарні сни, в яких гинуть чи помирають від хвороби їхні маленькі діти чи онуки. Зрозуміло, такі сновидіння викликають тривогу за онуків, дітей; жінка нервує, втрачає спокій. Але, як давно з'ясували фахівці, маленькі діти – це символ жіночого гормону естрогену, кількість якого з віком знижується. Усвідомлюючи зів'янення організму загалом і репродуктивної системи зокрема, мозок констатує: маленьких дітей більше не буде. І навпаки, якщо жінці сниться, що вона вагітна чи народжує, значить, в організмі сплеск гормональної активності.

Є сни, характерні для онкологічних хворих. Але навряд чи варто їх описувати, оскільки психотерапевти добре знають: сни «заразні». Якщо прочитати чи почути опис чужого сну, можна викликати в себе аналогічне сновидіння. Вразлива людина може бачити ті сни, про які читала у соннику, якщо вони її налякали, неприємно вразили. До речі, консультації психоаналітиків коштують недешево тому, що це досить небезпечна справа: проникати в чужі сновидіння, намагатися їх інтерпретувати. Психоаналітик може «заразитися» чужими образами, а позбутися їх не просто. Тому я раджу любителям розгадувати сни бути обережними й не дуже захоплюватися доморощеними сонниками.

Т.: Зі здоров'ям зрозуміло. Але як пояснити віщі сни, певні ситуації із яких потім відбуваються наяву? Хіба організм може, хоч на молекулярному, хоч на атомному рівні, знати наше майбутнє?

О.: Знову ж таки, нічого ірраціонального у снах-передбаченнях немає. Психологи знають, що при уявному розмаїтті стосунки між людьми розвиваються насправді всього у трьох напрямках: хорошому, поганому і нейтральному. Віщі сни найчастіше сняться тоді, коли стосунки розвиваються за неблагополучним сценарієм. І ось чому. Коли взаємини хороші або нейтральні, свідомість погоджується із підсвідомістю, і необхідності «з'ясовувати стосунки» у них немає. Але підсвідомість завжди першою і практично безпомилково сканує ситуацію. Зовнішніх ознак неблагополуччя ще немає, але, навіть якщо свідомість переконана, що все гаразд, підкіркою ми відчуваємо: щось не те. Коли ми не спимо, то женемо від себе ці думки. Але мозок, розуміючи, що стосунки зайшли в глухий кут, втрачає натхнення. Припиняють вироблятися гормони щастя – ендорфіни, виникає легке депресивне тло. Починають снитися погані сни. Мозок ніби попереджає: «Дивися, з цього нічого доброго не вийде». І коли рано чи пізно щось відбувається (нас обманюють, зраджують, кидають і т.д.), ми дивуємося: «А сон же був у руку!».

Ось конкретний приклад. Одна моя клієнтка, Нора, довгий час була залучена до невизначених любовних стосунків. Вона вірила, що її люблять, про неї будуть піклуватися все життя, що попереду – щастя і благополуччя. Вдень вона почувала себе комфортно з коханим чоловіком, а ось ночами її мучили дивні сни. Ні, вони не були прямолінійними, обранець Нори в них не був присутній, але жінка уві сні потрапляла в ситуації, яких побоювалася наяву. Нора зізнавалася, що має пунктик: вона терпіти не може купатися у річці, де багато водоростей. І цей сон став її переслідувати. До речі, інші мої клієнтки теж бачили уві сні те, чого боялися: море з медузами, змій, щурів і таке інше. Їм усім мозок підказував: «Ти перебуваєш у любовних стосунках, які тобі завдають шкоди». Зрештою Нора пережила болісний розрив зі своїм чоловіком і довго відновлювалася після краху сподівань.

Т.: Отже, кожний неприємний сон – сигнал неблагополуччя у стосунках?

О.: Поспішаю сказати, що не варто рвати стосунки з чоловіком, побачивши в сні щурів або водорості. Робити сни індикатором правильності життя нерозумно. Я просто пояснюю механізм появи так званих віщих снів. Коли ми спимо, мозок доопрацьовує наше життя, причому робить це дуже чесно. Якщо вдень ми можемо виправдати себе, зробити вигляд, що все добре, заплющити очі на те, що не хочемо бачити, то вночі мозок нещадно все витягує і нагадує: «Все не так, як ти хочеш собі уявити». Інша річ, що підсвідомість користується образами та символами, а зрозуміти цю мову і розшифрувати повідомлення можуть лише професіонали.

Т.: Очевидно, ті, хто вміє добре читати повідомлення своєї підсвідомості, частіше за інших бачать віщі сни?

О.: Це люди, у яких підвищена активність певних мозкових структур, – так звані особистості, що застрягають, тривожні, з підвищеним рівнем рефлексії, з дуже сильним его і загостреним почуттям своєї значимості. Якщо інша людина запросто махне рукою на проблему: «Та біс із нею!» – і переключиться на щось більш приємне, то особистості, що застрягають, починають болісно пережовувати будь-яку дрібницю, невпинно аналізувати свої взаємини з іншими, свою поведінку в суспільстві, прораховувати варіанти: «А що буде, якщо...» В результаті мозок, бажаючи позбутися нескінченних переживань, мук незавершеної дії, завершує її за допомогою наявної інформації. І показує сон. Слід сказати, що ці люди, схильні до застрягання, надзвичайно спостережливі, хороші аналітики, у них добре розвинена інтуїція. Тому сновидіння нерідко виявляється віщим: адже зібрано вже всі шматочки мозаїки, залишилося тільки скласти і прочитати картинку. Такі люди часто стикаються з ефектом дежавю, «вже баченого». Насправді вони підсвідомо режисують саме ту ситуацію, яка вже змодельована їх мозком. Пам'ятаю, одна моя знайома страждала від болісного сновидіння: її колишній коханий, з яким вона давно не бачилася, з'являється у її житті, вони разом вечеряють, проводять ніч, а вранці він її ображає останніми словами та йде геть. Зрештою, наяву так і сталося. Але, я думаю, жінці просто не вистачило сил і кмітливості розкодувати задану програму. Вона підсвідомо поводилася так, щоб спровокувати сварку, образу і втечу коханого. Натомість тепер вона впевнена, що бачила віщий сон. Хоча насправді це був пси-феномен, тобто феномен людської психіки, і містики тут немає.

Т.: Що думають психологи щодо нав'язливих сновидінь, які повторюються? Є думка, що ситуацію, яка переслідує тебе уві сні, потрібно оживити, програти в реальному житті, тому що сновидіння, які часто повторюються, говорять про пригнічені бажання. Чи так це?

О.: Це правда тільки для невеликого відсотка випадків. Нав'язливі сновидіння – дуже важливий момент діагностики психічного стану, і грамотний психотерапевт при першій зустрічі з клієнтом обов'язково запитає, чи є у того сни, що повторюються. Приблизно у 60-70 відсотків людей такий сон є, і найчастіше він сигналізує про хронічне джерело тривожності – наприклад, про неусвідомлену психічну травму, отриману в дитинстві або юності. Одній моїй клієнтці довгі роки сниться один і той же сон: чоловік, що йде в далечінь, обличчя якого вона не може роздивитися. Вона біжить за ним, благає повернутися, торкається рук, але чоловік мовчки розчиняється у тумані... З'ясувалося, що ще дитиною ця жінка стала мимовільним свідком важкої розмови батьків про майбутнє розлучення. Чоловік, що йде в її снах, – це тато, який залишив сім'ю. У цьому випадку ситуацію ніяк не оживити в реальності, а правильний спосіб позбутися сновидіння – усвідомити, що сталося, і сказати собі: «Так, це було, але сьогодні все позаду».

Сон, що повторюється, не завжди непокоїть або розбурхує. Буває, що сниться один і той самий приємний сюжет: лагідне море, сонце, квіти на лузі... Таким чином мозок поповнює нестачу позитивних емоцій у реальному житті. Одній моїй знайомій часто сниться її студентське життя. Роки навчання у вузі були дуже світлими, життєрадісними, і сьогодні вона трохи сумує за тим часом, їй бракує легкості, стабільності в нинішньому житті.

Іноді нав'язливі сни свідчать про пригнічені бажання: сниться те, що тобі хочеться зробити чи спробувати, якщо з якихось причин ти не можеш це зробити. І я б не поспішав із порадою реалізувати сон у житті, тому що не завжди людина може правильно інтерпретувати побачене. Жінці може снитися сон, що в неї інша сім'я, інші діти та робота, але це зовсім не означає, що у неї поганий чоловік, неслухняні діти і марна робота. Швидше за все, у неї вікова криза, і треба подумати про нові можливості, а не про перекреслення того, що вже є. Ганні, моїй клієнтці, часто снилося, що вона опиняється у громадських місцях без одягу. Жінка була впевнена, що є латентною ексгібіціоністкою. Насправді ж сон, у якому вона розгулювала голяка по офісу, говорить не про приховане бажання демонструвати своє тіло, а про порушення рольової поведінки. Тобто Ганна відчуває себе на роботі більшою мірою жінкою, ніж професійною одиницею, і потрібно розібратися, у чому причина. Може бути, колектив в основному чоловічий і вона відчуває підвищену увагу до себе чи хоче компенсувати недолік професіоналізму підкресленою жіночністю.

Т.: А що думають психологи про кошмари? Все, що я читала про причини страшних снів, зводиться до банальних пояснень на кшталт незручного ліжка, надто високої подушки або браку свіжого повітря у спальні. Невже жахливі сновидіння справді викликають лише ці чинники?

О.: Є психологічне пояснення страшних снів. По-перше, людина, якій сняться кошмари, перебуває у колі чужої агресії. Або родичі, або колеги налаштовані по відношенню до неї вороже, і вона це відчуває. По-друге, вона сама відчуває ненависть до конкретних людей, вкрай незадоволена своїми позиціями у сім'ї чи на роботі. По-третє, кошмари сняться людям із неврівноваженою, часом навіть проблемною психікою, такі особи схильні до частих перепадів настрою – від засмучення до ейфорії. По-четверте, людина просто надивилася трилерів та фантастики. І звичайно, побутові незручності, про які ви згадали, також можуть викликати неприємні сни. Але, якщо кошмар має чіткий сюжет і часто повторюється, є сенс проконсультуватися у фахівця: як ми вже говорили, у даному випадку є якась глибоко захована проблема, непрожита травма, або справа у соматичному захворюванні.

Т.: Сновидіння та інтуїція – це родичі чи різні явища?

О.: Мозок випромінює чотири види електромагнітних хвиль. Вчені з'ясували, що під час сновидінь мозок випромінює дельта-хвилі. А інтуїтивні процеси пов'язані з альфа-ритмом. Тобто навіть у фізіологічному плані це різні явища, не лише у психологічному. Але люди часто плутають сон із інтуїцією і схильні приписувати всім без винятку сновидінням доленосні функції. Звичайно, іноді уві сні ми бачимо вірне вирішення проблеми і отримуємо підказку правильного життєвого ходу. Але, знову-таки, це не допомога з іншого світу і не втручання вищих сил – це резерви нашого мозку, які набагато потужніші, ніж прийнято вважати. До того ж інтуїція спрацьовує не тільки уві сні, а й вдень, під час неспання, та нічого надприродного у цьому немає. Просто вночі, коли свідомість відпочиває, інтуїції легше достукатися до нас, але на тлі химерних картинок це сприймається як ірраціональне явище.

Хочу застерегти: у жодному разі не сприймайте сон як керівництво до дії. По-перше, це паралізує волю, погіршує настрій і заважає жити. Згадайте, як вас надовго виводила з ладу фраза колеги: «Ой, ти мені сьогодні так погано наснилася!» Насправді це свідчить лише про ставлення колеги до вас (дуже емоційне або недоброзичливе), але ніяк не про ваші майбутні проблеми. А по-друге, далеко не завжди у наших снах слід шукати глибокий зміст. Навіть Фрейд, знаменитий дослідник сновидінь, визнавав: «Іноді сигара, що вам наснилася, всього лише сигара, і нічого більше».

26. Новий поворот

Під Новий рік так приємно мріяти про нове життя, нові перспективи, нову долю. Очікуєш: ось настане 1 січня – і під ялинкою з'явиться щось загорнуте в блискучий папір і перев'язане красивим бантиком. Розгорнеш – ой! А там воно – чарівне, незвідане, багатообіцяльне. Конструктор «Нове щастя» називається. Хочеш – збирай, не хочеш – сховай у шафу. Тільки не шукай схему збирання, її там немає. На нове щастя інструкції не видаються – кожен будує на свій смак і ризик.

Тетяна Петкова: Десятки разів від своїх знайомих чуєш: «Все, починаю нове життя!» Сотні разів присягаєшся, що з понеділка (Нового року, дня народження) розпочнеш особисті реформи. Спливає час – результатів нуль. Повно розумних книжок, у яких узагальнено різний досвід і є купа порад, а ось не виходить «змінити шкіру» і все! Що це взагалі за прагнення таке – змінитися?

Олександр Бондаренко: Згадав випадок, який стався кілька років тому в моєму житті. Це було 1 вересня. Дорогою на роботу я проходив повз школу, де саме гриміло свято, присвячене початку нового навчального року. Мене гукнули. На тротуарі стояла вишукано одягнена молода гарна жінка. Поруч із нею була дівчинка з пишним білим бантом і симпатичний чоловік. Пам'ять на обличчя у мене професійна. Але тут я кілька секунд вдивлявся в інтелігентне, променисте обличчя молодої жінки і, мабуть, відчував когнітивний дисонанс. Моїй свідомості не вдавалося поєднати в один два несхожі образи: той, що я бачив, і той, що вперто підсовувала пам'ять. Переді мною була елегантна молода жінка, як я здогадувався, мати дівчинки і дружина чоловіка, що стояв поруч. А в пам'яті наполегливо спливав образ розпатланої дівчини-хіпі: у рваних джинсах і сандалях, з вічною сигаретою і полотняною сумкою через плече. Її чи не кожен день можна було зустріти з новим хлопцем. Я згадав голосіння її матері, безсилу лють батька.

«Не впізнаєте?» – молода жінка чарівно посміхнулась. «Ось мій чоловік, моя донька...» Її очі світилися гордістю, радістю і тим непередаваним відчуттям спокою, яке буває у цілковито щасливих людей. Я здивувався.

Т.: Ваша знайома настільки змінилася? Перетворилася у іншу людину?

О.: Так. Ще давні греки використовували для позначення глибоких трансформацій людського «Я» це слово – перетворення, грецькою «метанойя». Так ось, повертаюся до Анни. Її історія, як на мене, розкриває психологічну сутність процесів, про які ми говоримо. Гамірні безладні компанії, відрахування з університету, венеричне захворювання, від якого довелося довго лікуватися, слідом за цим – глибока особистісна криза, а потім – перетворення.

Т.: Що за метанойя сталася з нею?

О.: У неї змінилися цінності, коло спілкування, манера поводитися, звички. Але головне – вона відмовилася від установки «на відчуття» на користь установки «на мету». Людина, впавши на дно розпачу, пережила щось таке, що призвело до нового, якісно іншого життя.

Т.: Так, але ж я й почала з питання про те, чому не у всіх це виходить. Невже всім, хто вирішив жити по-новому, треба спочатку опинитися на дні відчаю?

О.: Ні, звісно. Коли ніяк не вдається розпочати нове життя, йдеться про відсутність справжньої мотивації. З тисяч алкоголіків, які вирішили кинути пити, лише десяткам вдається це зробити. Дослідження свідчать: потрібен сильний мотив. А сильний мотив – це або страх, або кохання, або пристрасне бажання позбутися першого і стати гідним другого.

Ще один сильний механізм особистісних змін – це уява, мрія. Адже окрім мотиву-почуття, у кожної людини є індивідуальні уявлення про те, який вигляд це найновіше життя може мати. Одні впевнені, що це зміна ситуації: звільнення з роботи, переїзд на нову квартиру, перемир'я із родичами. Інші пов'язують нове життя з удосконаленням можливостей свого організму (за допомогою йоги, голодування, різних дієт). Для третіх – це кардинальна зміна іміджу. Але часто це не нове життя, а лише зміна декорацій. Я знайомий із жінкою, яка протягом трьох останніх років змінила чотири міста. У своєму рідному місті вона продала квартиру, потім купила у іншому, потім знову продала житло, орендувала квартиру у третьому, четвертому... Вона – рідкісний фахівець, і проблем із працевлаштуванням немає. І зрештою, приїхала до Києва, поклала гроші за продану квартиру в банк, влаштувалась в інофірму, зарплата пристойна. І через три місяці Олена, назвемо її так, у відчаї зізнається: «Боже, мені знову хочеться поїхати кудись! Я навіть не планую купівлю квартири, тому що не впевнена, що залишуся тут!» Олена помиляється, сподіваючись, що вокзал чергового міста – це ворота до її нового життя. Вона змінює оформлення життя, хоча насправді їй потрібно змінити суть, тобто знайти нові сенси: припустимо, створити сім'ю, народити дитину. Ось чому, коли хтось із моїх клієнтів заводить мову на тему: як добре все кинути до біса і почати нове життя, я завжди з'ясовую, що хочеться змінити – декорації чи амплуа? Як правило, це допомагає конкретизувати бажання і правильно поставити мету.

Т.: Олександре Федоровичу, почати нове життя і оновити старе – це різні речі чи приблизно одне й те саме?

О.: На думку психологів, головна відмінність нового життя від звичайного, «чергового» оновлення в тому, що людина знаходить зовсім нові смислові цінності існування, змінює погляд на власне призначення. Кілька років тому до мене на прийом прийшла Наталя, заможна пані, котра зуміла швидко розбагатіти, але розбагатіти «по-хорошому», зберегти інтелігентність та людську гідність. У неї була проблема: незадоволеність життям. Наташа нічого не потребувала, у неї був дбайливий чоловік, влаштовані діти, вона багато подорожувала світом. А життя не тішило, жінка мала вигляд глибоко нещасної, фізично хворої. Ми довго спілкувалися з нею, її чоловіком. Коли з наших розмов поволі викристалізувалася ідея створення приватного дитячого садка, Наташа змінилася. За словами її чоловіка, у неї виросли крила. Вони з чоловіком відбудували в одному з обласних центрів приватний дитячий садок і переселилися в це місто. Сьогодні Наташа – абсолютно інша людина: вона сповнена сил, планів на майбутнє. Про своє колишнє київське життя навіть не згадує. «Нарешті я займаюся тим, про що завжди мріяла», – сказала вона мені телефоном.

До речі, якщо почитати біографії великих людей, можна виявити, що багато хто з них завершував своє життя не в тій діяльності, яка їх прославила. Полководці ставали ченцями-схимниками, письменники – садівниками, актори – фермерами. Та й у сьогоднішньому житті повно подібних прикладів. Тут головне – добре обміркувати своє рішення, не поспішати, зважити усі за і проти, перш ніж відкривати нову сторінку. Нове життя – це глибинна робота над собою. Це завжди зміна способу існування, рух від гусениці до метелика, можливість вилупитися зі своєї шкаралупи. Інакше навіщо все починати?

Т.: Виходить, мало декларувати «Хочу нове життя!», потрібно ще добре розібратися, яке саме життя хочеться?

О.: Буває, люди, сказавши собі «Починаю нове життя», зовсім не прагнуть до нових смислів. Вони настільки незадоволені своїм старим життям, що їх єдине бажання – завершити свою колишню історію, вирвати з щоденника сторінку з поганими оцінками і почати все спочатку. Про те, як отримувати хороші оцінки у майбутньому, вони не думають, головне – знищити колишні невдачі. Таких людей можна порівняти з ящіркою, яка сама собі відриває набридлий хвіст і чекає, що на місці старого виросте зовсім інший – пухнастий, різнокольоровий, гарний. А виростає такий самий, як був – неприємний, сірий і в пухирцях. З подібною пасткою часто стикаються наші емігранти. Вони втікають від невдач у «совку» і, проживши певний час за кордоном, розуміють: потрібно спочатку спробувати змінити себе, а потім уже рватися до нового життя – чи вдома, чи в еміграції. Справа в тому, що механізмів оновлення не так багато: еволюція, тобто розвиток, множення варіантів, та інволюція – рух назад, регрес. Так що зміни – різні. І, як ведеться, за все доводиться платити.

Т.: Чи всім людям властиво час від часу бажати нового життя? Чи є ситуації, у яких психологи «призначають» нове життя, що називається, за показниками?

О.: Бажання оновлення властиве практично кожній людині. Все-таки наше життя схильне до циклічності, і ми підбиваємо підсумки в кінці старого року, хочемо щось змінити у новому році, багато проектів плануємо на весну – коли природа починає новий життєвий період. Прагнення до оновлення – позитивне, прогресивне, сприяє збагаченню особистості.

Зважаючи на свій досвід, радив би подумати про зміни наступним категоріям людей. Насамперед тим, хто довгий час незадоволений існуючим порядком речей, причому тягар незадоволеності настільки важкий, що загрожує розчавити людину. У мене була клієнтка, яка довго не могла зважитися на розлучення. Чоловік її не ображав, не бив, забезпечував. Але, оскільки жінка його не любила, у неї виникло стійке відчуття проживання чужого життя. Вона намагалася примиритися із ситуацією, але все частіше і частіше приходило болісне усвідомлення: «Що я тут роблю, все чуже, навіщо мені це?» Моя клієнтка зрештою розлучилася, і після цього її життя повністю змінилося: з'явилися нові друзі, нові захоплення, нові потреби. Жінка стала абсолютно іншою людиною. Зверніть увагу: ті, хто круто еволюціонував, змінюючи життя, відзначають, що їх перестають упізнавати знайомі, зустрівши на вулиці. Коли життя отримує новий сенс, людина транслює світло, впевненість в собі.

Т.: А кому ще корисні круті зміни?

О.: Як психолог я готовий поборотися за нове життя тих, хто знаходиться в позиції жертви. Такі люди вважають, що обставини керують ними, що від долі не можна втекти і треба змиритися зі станом речей. Жертвам важко дається життєтворчість, вони не вміють бути авторами свого життя, дозволяючи іншим втручатися у їхній особистий простір. Як правило, жертви дуже хочуть почати нове життя і піддаються всім поривам, які, на їхню думку, допоможуть їм змінитися: кидають сім'ї, роботу, переїжджають до іншої квартири. І страждають через те, що і в нових декораціях відчувають колишню незадоволеність. Жертві марно починати нове життя, доки вона не зрозуміє: треба виставляти претензії не до зовнішнього світу, а до себе. Варто переглянути свій психологічний устрій, прямо подивитися у вічі своєму комплексу неповноцінності та розпочати боротьбу з ним.

Ще я б порадив почати все спочатку тим, хто задихається в рамках загальноприйнятих соціальних стандартів. Мені знайомі люди, які побудували великі особняки, але так і не отримали справжнього задоволення від життя. Втім, страждають від затісного стандарту не лише заможні. Багато з тих, хто живе не так, як хочеться, а так, як вимагає певний соціальний стандарт, відчувають незадоволеність. Коли я розмовляю з такими людьми, іноді стикаюся з так званою хибною самоідентифікацією. Людина дивується: «Я – такий крутий, зустрічаюся щодня з важливими людьми – міністрами, політиками, мене запрошують на вечерю відомі особи. А щось гризе зсередини, мучить...» Насправді така людина живе ніби в тіні своїх соціальних зв'язків і контактів. Її статус визначається не особистими бажаннями, а престижністю її взаємодії із зовнішнім світом. Пам'ятаєте жінку, яка бігала за каретою Байрона? Вона настільки любила поета, що, супроводжуючи його колісницю, відчувала причетність до чогось великого. Ось і люди з хибною самоідентифікацією насправді бігають за каретою Байрона замість того, щоб виявити свою справжню сутність, відчути на повну силу: «Я – є!».

Т.: Нове життя завжди однозначно – позитив? Чи трапляються випадки, коли людина пошкодувала про те, що затіяла реформи?

О.: Є хороша приказка «Від добра добра не шукають». Рутину прийнято лаяти, її радять позбавлятися. Це стереотип. У рутини є і позитивні сторони: стабільність, гарантованість, передбачуваність у хорошому сенсі. Деякі люди, начитавшись псевдопсихологічних книг про те, що рутина руйнує особистість і вбиває стосунки, поспішають викинути «секонд-хенд» та зав'язати нові романи, знайти нових друзів, створити новий простір. І так знову і знову... Потім приходить розуміння: нічого до пуття не створено, все зруйновано, немає близьких людей, постійних стосунків. Замість оновлення – порожнеча та безглуздість: і старе не повернути, і нове не виходить. Це трагедія. На мою думку, коли все добре, експериментувати не варто. Пам'ятаєте старі чорно-білі фільми, які закінчуються тим, що герої починають нове життя і, як правило, кудись їдуть: пакують валізи, сідають у потяг? Постає питання: що далі? Як вони житимуть, коли приїдуть і розпакують речі? Перш ніж розлучатися зі старим життям, треба добре усвідомити: чим я заповню нове? Крім того, варто, мабуть, наголосити: адже нове життя веде або до розвитку людини, або до зниження її особистості. Прикро констатувати, але у хворого на наркоманію теж може початися зовсім нове, тільки жахливе, життя.

Т.: Гаразд, припустимо, людина по-доброму усвідомила: назріли зміни. Сама собі оголосила: «Із завтрашнього дня живу по-новому». Прокинулася вранці, вимила голову, сіла на кухні з чашкою кави, а не знає, що робити далі. З чого слід починати нове життя?

О.: За командою: «Завтра – міняюся» небагатьом вдається реалізувати задумане. Необхідність у новому житті – це потужна сила, подібна до тієї, яка мільйони років тому штовхала земноводних на сушу. Потреба в змінах поступово накопичується, накочує на людину, захоплює цілком і повністю. І штовхає до дії. З'являється непереборний імпульс: «Пора!» Ні вік, ні соціальний статус у цьому випадку не мають значення.

Я стверджую: у новому житті людина проявляється тоді, коли вичерпуються компенсаторні механізми старого. А розпочати нове життя допоможе техніка особистісного самоаналізу, яка дозволяє розібратися в собі та своїх справжніх потребах й створити конкретний план дій. У мінімальному, побутовому обсязі ця техніка доступна кожній людині.

Візьміть ручку і аркуш паперу. Запитайте себе: «Чим я живу?» та запишіть відповіді за рівнем зменшення значимості. Відповіді будуть містити повний перелік ваших турбот: сім'я, робота, діти, батьки, гроші, їжа, автомобілі, любовні пригоди, подорожі, мрії, друзі та інше. Відповідайте чесно, а не «як належить». Одна моя клієнтка спочатку написала: сім'я і кохання, а потім зізналася, що гроші для неї найважливіші. Так що фіксуйте тільки справжні потреби і цінності. Наступне запитання: «Які позиції (люди, ситуації, проблеми) забирають найбільше сил і часу?» Коли ви визначили, куди, в основному, витрачаються ваші час і сили, запитайте себе: «Без чого із зазначеного я можу обійтися?» Якщо ваша відповідь: «без багато чого» або «без всього», подумайте, чи не варто змінити спосіб життя, окресліть план дій. Якщо ваша відповідь: «все мені потрібно», не слід дражнити себе спокусою змін. Адже одна з головних умов повноцінного життя – любити те, що відповідає твоїй природі.

27. Заздрість чорна і біла

Це єдина отрута, яка виробляється в людському організмі, причому у величезних кількостях. Подрузі підвищили зарплату, сусід виграв у лотерею, колега вдало вийшла заміж – і ось уже запрацювали невідомі науці залози, виробляючи цю отруту і просочуючи нею кожну клітину душі та тіла. Заздрість розтікається по всіх органах, дурманить голову, паралізує волю, отруює дихання. Мучиться людина, страждає. І не здогадується, що протиотруту теж у ній самій заховано.

Тетяна Петкова: Олександре Федоровичу, а що, власне, це таке – заздрість? Ми ж бо заздримо не завжди і не всім. Скажімо, чому саме Сальєрі так заздрив Моцарту? Адже в той же час жили й інші композитори?

Олександр Бондаренко: Заздрість – реактивне почуття, яке виникає у відповідь на подію, що знижує особисту самооцінку людини. Є кілька аксіом. Перша: світ недосконалий, хоч і по-своєму впорядкований. Друга: оскільки світ по-своєму впорядкований і, отже, стійкий, у ньому існує ціла система балансувань, взаємних компенсацій. Інакше світ би просто завалився, як дитяча дзига, коли сила тяжіння переважує центробіжну. А ось і третя аксіома: люди по-різному реагують на недосконалість світу. Одні прагнуть скористатися цим, інші намагаються покращити світ.

Т.: Здається, я починаю здогадуватись. До заздрощів схильні зовсім не ті, хто прагне досконалості!

О.: Правильно. Зверніть також увагу на те, що люди схильні визначати недосконалість світу в термінах «справедливий-несправедливий». Якщо з'єднати разом ці горючі субстанції – несправедливість (до себе любимого) та пристрасне бажання скористатися недосконалістю світу у своїх інтересах, то матимемо на виході киплячу чорну смолу заздрості. Ця гаряча темна маса не тільки поглине бідну самооцінку, але й випалить вщент усі нутрощі, усі почуття заздрісника. В англійській мові заздрити, envy походить від латинського дієслова invidere, «не бачити», а в російській «завидовать» буквально означає «переставати бачити». Кого? Так того, хто отримав те, на що ти міг претендувати; того, хто отримав те, що, на твій погляд, не заслужив насправді... Так що Сальєрі – цілком зрозумілий персонаж у сюжеті заздрості: служив із Моцартом при одному і тому ж королівському дворі, до того ж серйозна людина, цілком могла би претендувати на високе становище і шанування. Не те що безшабашний і легковажний Моцарт... Несправедливо! Так думав Сальєрі.

Т.: А як ви думаєте?

О.: Я не поділяю гіпотези про справедливість чи несправедливість світу. Я приймаю термін «недосконалість». І від кожного з нас залежить, якою мірою ця недосконалість буде виражена у кожний момент буття. Світ людських стосунків не даний нам у фіксованому стані раз і назавжди. Він залежить від наших вчинків, прагнень, надій і слабкостей. Заздрість, зрада, користь, помста – це не незмінні фізичні величини. Це конкретні вчинки конкретних людей із конкретними наслідками. Як і вірність, мужність, шляхетність, самопожертва. У нас, на жаль, згадують моральних виродків типу Сталіна чи Гітлера частіше, ніж велетнів людського духу. У будь-якій газеті та випуску теленовин більше чорнухи, ніж позитиву. Це прагнення копатися в патології і «не бажати бачити» високі зразки людського втілення – теж, як на мене, своєрідний прояв заздрощів. Ми не проти потішити своє самолюбство, височіючи над ницим, оскільки це не вимагає від нас жодних зусиль.

Т.: Олександре Федоровичу, чи правда, що існує специфічна жіноча заздрість? Я маю на увазі думку Зігмунда Фрейда про заздрість до пеніса як про родову відмінність жіночої психології. Відповідно до цієї теорії, жінки за природою – істоти набагато заздрісніші, ніж чоловіки.

О.: Дозволю собі зауважити, що не так багато теорій Фрейда знайшли підтвердження у сучасній психіатрії і психології. За винятком, зрозуміло, дійсно відкритих ним закономірностей психічного захисту – тих самих противаг, компенсацій, про які я говорив на початку інтерв'ю. Щодо жіночої заздрості існує стільки ж міфів, скільки і щодо чоловічої дружби. Зауважте, до речі, що ні Моцарт, ні Сальєрі – не жінки, хоча саме їхні стосунки зафіксовані як стереотип заздрощів.

Т.: То що ж, горезвісної жіночої заздрості не існує?

О.: Чому ж, «жіноче щастя», «жіноча заздрість», «жіноча лють», «жіноча помста» – це соціальні стереотипи, які служать чимось на кшталт маркерів чи ярликів. Адже жінкам властива більша емоційність, ніж чоловікам. Тут, мабуть, і заритий собака: просто всі прояви емоцій, які характерні й для чоловіків, у них яскравіші. Тому й говорять про специфічні «жіночі» почуття. Сучасні психологи не поділяють заздрість за статевою ознакою. Згадайте себе, опитайте подружок. Ніхто з них ніколи не відзначав у собі заздрощів до пеніса, правда? Нині про це смішно навіть говорити. Ви здивуєтеся, але про горезвісну жіночу заздрість частіше заводять розмову чоловіки, бажаючи знецінити ділові успіхи слабкої статі: мовляв, ці бізнесвумен заздрісні, зі шкіри геть лізуть, наслідуючи чоловіків. Боюся, що в міру інтелектуалізації суспільного виробництва та зменшення частки фізичних навантажень у повсякденному житті таким дешевим способом чоловікам вже не викрутитися. На ринку робочої сили на них чекає конкуренція жінок. Щоб закрити цю тему, просто озвучу фігуру замовчування, через яку виникає питання про жіночу заздрість у фрейдизмі. Справа в тому, що в католицизмі (Фрейд виховувався в сім'ї вихрестів-католиків) після смерті глави сімейства спадкоємцем ставав первісток чоловічої статі. А згідно «Руської правди» Ярослава Мудрого – вдова. І вона могла на свій розсуд наділяти дітей спадщиною залежно від їхньої поведінки. Ось у цьому і полягає секрет – у різниці соціокультурних стереотипів. А зовсім не в заздрощах дівчаток до хлопчиків за анатомічною ознакою.

Т.: Виходить, на відміну від західних панянок, наші жінки не такі вже заздрісні?

О.: Ну це як сказати. Річ просто у різних культуральних нормах жіночої емоційності: десь прийнято відкрито висловлювати свої почуття, десь – ні. Я багато разів бував за кордоном і не раз обговорював зі своїми західними колегами цю тему. Проблема заздрості присутня скрізь: і в благополучних суспільствах, і в не дуже, скажімо так, успішних. Причому кількість заздрості, якщо можна так висловитися, скрізь приблизно однакова.

Т.: Мені здається, що на Заході передумов для заздрощів все-таки менше, ніж у нашому нинішньому суспільстві. Олександре Федоровичу, даруйте, але коли вчорашні подружки, які виросли в радянські часи, зустрічаються і виявляють, що у однієї – великий будинок і прибутковий бізнес, а у іншої – тісна комірчина і ненависна робота, то важко одній із них утриматися від заздрості! Я нещодавно сама була свідком, як у гостях одна жінка, побачивши на іншій приголомшливі італійські туфлі, просто в обличчі змінилася. Сподіваюся, ви не подумали, що від щастя. Ця жінка – моя знайома, багато в чому вона людина чудова, цілком успішна і може купити собі десять пар такого взуття. А ви кажете, жіночої заздрості немає...

О.: У цьому випадку ви зіткнулися із «безстатевою», звичайною заздрістю. Ваша знайома продемонструвала небажання бачити прекрасне, якщо воно її не стосується. Її поведінка абсолютно відверто говорить про те, що вона як мінімум має комплекси, як максимум – нещаслива. Садомазохістський хвіст особистих проблем ужалив її, впорснувши отруту заздрощів, – подібне відбувається зі скорпіонами, які кусають самих себе. Мабуть, ніхто не вільний від заздрості. Якщо ви, побачивши чиїсь успіхи, шкодуєте, що у вас цього немає, це зрозуміло. Але якщо ви щосили бажаєте, щоб із людиною, якій ви заздрите, трапилося щось погане – це чорна заздрість, про яку кажуть «жаба душить». В її основі лежить темне та нице бажання: «Я зруйную, поламаю тих, що заволоділи благами, які мають діставатися лише мені». Іншими словами, чим менше у людини можливостей і бажань створити щось своє, тим сильніша її заздрість. Чим обмеженіша особа, тим імовірніше, що заздрість – одне з основних її почуттів. Та згадайте хоча б булгаковського Шарикова, який, заручившись підтримкою Швондера, воював за житлоплощу професора Преображенського.

Т.: Зрозуміло, є злісні заздрісники, а є звичайні люди, яких іноді ні-ні, та й кольне «скорпіончик». Скажіть, чи можна якось протистояти власному почуттю заздрості чи достатньо хоча би не афішувати її?

О.: Ну, приховувати заздрість треба у будь-якому разі, а краще навчитися з нею боротися. На самому початку бесіди я недарма навів як аксіому твердження про те, що існують компенсаторні механізми підтримання рівноваги будь-якої системи – як суспільства, так і психіки. Згідно соціобіологічній теорії, у нас є три принципових поведінкових стратегії: елементарне виживання, боротьба за статус і прагнення до свободи. Від того, яку життєву стратегію ви обрали, залежить ваша успішність чи навпаки – невдачливість. Неважко здогадатися, що менше всього схильні до заздрості люди, провідною життєвою стратегією яких є прагнення до свободи, тобто до розвитку, досконалості. Серед людей, поведінкова стратегія яких передбачає набуття статусу – влади, грошей, – заздрість буде найчастішою і найвиразнішою. Тут можна чекати чого завгодно: зради, підступності, підлості, і в кожного з нас у пам'яті знайдуться приклади, коли через заздрість сварилися найкращі друзі, руйнувалися сім'ї, розпадалися фірми. А в третій поведінковій стратегії – виживанні – мова швидше про елементарну агресію. Що також може свідчити про заздрість. Але, як правило, людина, налаштована не на досконалість, не на розширення можливостей, а на виживання, рідко заздрить: їй достатньо мінімуму, який вона має.

Так от, щодо боротьби із власним «скорпіончиком». Вибирайте життєву стратегію, що дозволить мати гідні результати. І тоді, зустрівшись з успішною людиною, ви будете почуватися з нею на рівних і думати: «У нього є те й те. Ну і що? А в мене є те й те». Компенсуйте свою заздрість роботою на упередження: здійсніть свою мрію, досягніть наміченої мети. Тобто, дайте іншим привід позаздрити вам. І ваша власна заздрість помре, не встигнувши народитися.

Т.: Олександре Федоровичу, ми досить довго говоримо про чорну заздрість і остаточно залишили поза увагою заздрість білу...

О.: А її просто не існує. Те, що ми називаємо білою заздрістю, є або стимулом, що спонукає до здорового суперництва, або безкорисливою радістю за іншу людину. Здатні на білу заздрість люди, котрі мудрі й розуміють: життя у кожного своє, і прожити чуже неможливо. Зате легко можна не прожити своє. Тому нас має турбувати не те, чому в інших з'являються блага, а те, чому ми їх не маємо. Є різниця, правда? Але треба визнати, що в житті далеко не всім під силу розібратися зі своєю заздрістю. Адже це не лише почуття. Заздрість існує як поведінковий компонент, наслідок життєвої стратегії. І заздрість існує як особистісна установка, тобто властивість людини. Різноманіття цього явища і робить його досить небезпечним та таким, яке важко подолати. Тому із заздрістю в тому чи іншому вигляді ми можемо зіткнутися будь-де: в сім'ї, коли одна дитина заздрить іншій або дружина – чоловікові (і навпаки), в творчому колективі, на роботі, у стосунках сусідів, друзів, студентській групі. Повторю: де завгодно.

Т.: У сім'ї буває, що одна дитина ревнує до іншої, чоловік ревнує дружину, та й друзі нерідко ревнують одне одного до приятелів... Що спільного у ревнощів і заздрості?

О.: Ревнощі – заздрість, вивернута навиворіт. Адже заздрять, коли не отримують те, на що, можливо, несвідомо претендують. А ревнують, коли відчувають, що інші забирають те, що вже належить комусь. Крик один – «Моє!», тільки привід різний: в одному випадку не дісталося, а в іншому – відібрали. Спільне між ними – почуття гарячої образи.

Т.: Актуальне питання: як уберегти себе від чужої заздрості, від заздрісних людей?

О.: Зверніть увагу: більш примітивне легко руйнує більш складне. Вірус вбиває людину. Заздрість вбиває стосунки. Іншої поради, окрім як виключити зі свого кола спілкування заздрісних людей, не існує. Дружіть із тими, хто має причини пишатися собою, з тими, хто не шукає привід ненавидіти інших лише тому, що у них все добре. Не намагайтеся поділитися із заздрісником часткою того, що у вас є. Це марно, адже він не стільки хоче мати те саме, скільки бажає, щоб ви втратили все. Відходьте від таких людей на безпечну відстань.

І пам'ятайте: заздрісні люди глибоко нещасні. Заздрість – страждання, від якого ніхто не застрахований. Особливо болісне страждання виникає тоді, коли ми намагаємося приховати його від себе. Людина не тому нечесна, що хвора і приховує хворобу, а часто тому хвора, що нечесна сама із собою. Бажаючи іншому: «Щоб у нього машина згоріла, а будинок затопило», ми насправді прагнемо зруйнувати те, що нам подобається, що хочемо мати. Ось який парадокс! Заздрісник заперечує те, що у глибині душі цінує найбільше! Насправді він захоплюється автомобілем і новим будинком приятеля. Але в результаті неусвідомлюваного механізму інверсії він відмовляє собі в можливості щиро помилуватися чудовими досягненнями товариша лише з тієї простої причини, що вони не його власні.

Заздрість – інверсія, перевертання з ніг на голову потреби у досконалості, в щасті, в коханні. І єдиний спосіб позбутися власної заздрості – реалізувати цю потребу.

28. Хімія щастя

Отримуючи «Оскар», актриса вигукує: «Яка я щаслива!» Її сяючий вигляд не залишає сумнівів: це так. Водночас у лікарні жінка, що одужує, з'ївши ложечку яблучного пюре, шепоче: «Яке щастя!», і її обличчя промениться непідробним захватом. Дівчина, у якої завтра весілля, щиро зізнається: «Нарешті я знайшла своє щастя». Літня пані, взявши на руки онука, розчулюється: «Ось воно, справжнє щастя»... Невже вони говорять про одне і те саме?

Тетяна Петкова: Щастю присвячують шкільні твори і філософські трактати. Багато мудреців намагалися вивести універсальну формулу, і в юності ми заповнювали цілі блокноти відомими афоризмами людей, які розмірковували про щастя. Подорослішали й зрозуміли: всі визначення вірні, але їх недостатньо. Психологи знають, що таке щастя?

Олександр Бондаренко: Щастя – це не категорія наукової психології. Скоріш це термін чи то філософський, чи то життєвий. Психологи використовують інше поняття – задоволеність, хоча насправді щастя і задоволеність – це різні відчуття, і вони знаходяться у різних пластах свідомості. Найчастіше, говорячи про щастя, ми маємо на увазі побутове, житейське значення цього слова. Коли жінка каже: «Ой, я така щаслива» або «Моя приятелька нещаслива», то ці висловлювання, зрозуміло, позбавлені філософії і лише відображають конкретні реалії буття. Якщо розглядати предмет нашої розмови саме в цій, життєвій, площині, то щастя це, перш за все, особливий емоційний стан, почуття, переживання, які виникають з різних приводів.

Т.: Чи правда, що щастя – не що інше, як ланцюг хімічних реакцій у організмі, а здатність бути щасливим індивідуальна. Щось на зразок здатності швидко або повільно п'яніти, яка обумовлена біохімією кожної конкретної людини. Чи справді все так просто пояснюється?

О.: Завдяки психофізичним дослідженням мозку на сьогоднішній день ні для кого вже не секрет, що хімія щастя – це не метафора, а науковий факт. Окремі ділянки мозку, відповідальні за настрій, емоційний статус організму (гіпофіз, гіпокамп, синє ядро та ін.), виробляють ендорфіни – речовини, що викликають стан ейфорії, захвату, задоволення. Як не прозаїчно це звучить, викликати в себе якусь подобу щастя у наш час просто. Наприклад, вдатися до хімічного способу. Правда, це загрожує тим, що скоро ви опинитеся серед алкоголіків і наркоманів. Або шляхом штучного стимулювання за допомогою так званих адреналінових розваг: забратися на вежу, обв'язатися ременями і зістрибнути з величезної висоти. Після дикого переляку накотить хвиля гострого задоволення. Адреналіновий спосіб можливий і у більш м'яких, романтичних формах – альпінізм, турпоходи, автоспорт. Але хочу звернути вашу увагу на те, що в усіх випадках ці переживання щастям назвати можна дуже умовно, скоріше, це захопливі емоції. І коли ми чуємо «Здається, я нещаслива», нам не спадає на думку, що цій жінці не вистачає хімічного, норадреналінового щастя. Ми розуміємо: вона співвідносить себе не з конкретною емоцією, а з течією всього свого життя. Вона, швидше за все, відчуває дефіцит не гострих відчуттів, а повноти буття. Розмірковуючи про щастя, треба пам'ятати важливий момент: його переживають у приблизно однакових барвах. Але у кожної людини – свої підстави для таких переживань.

Т.: І все-таки, Олександре Федоровичу, що, за спостереженнями психологів, люди найчастіше вкладають у це ємне поняття – щастя?

О.: Знаєте, це така глобальна категорія, яка зазвичай використовується для опису чогось значного. По-перше, здійснення мрії або досягнення мети. Ти мріяв – ти досяг. Ти прагнув поставленої мети – ти здолав цю вершину. По-друге, реалізація прийнятих у соціумі уявлень про те, який вигляд має щасливе, благополучне життя. Ти до 35–40 років повинен, за загальноприйнятими уявленнями, відбутися як особистість: зробити ім'я, створити сім'ю, бути фінансово незалежним. Ось у тебе це з'явилося. По-третє, це уникнення нещастя. Ти на всіх парах мчав до прірви і на останніх сантиметрах загальмував. Біда пройшла зовсім близько, але не зачепила тебе. По-четверте, це стан «просто добре», що науковою мовою нудно називається «гормональним щастям». Ти вийшов на вулицю, підставив обличчя сонечку – і таке відчуття торжества життя переповнює! Напливає відчуття повного захвату, спричинене гормональним сплеском у відповідь на позитивні стимули: «Так чудово! Сьогодні субота, на роботу йти не треба, у мене нічого не болить – чи не щастя?»

Т.: Ви перерахували ситуації, в яких людина здатна відчути щастя як реакцію на певний подразник- чи то здійснення мрії, чи то лагідне сонечко. Олександре Федоровичу, скажіть, а чи є постійно щасливі люди – ті, які щасливі просто тому, що живуть?

О.: Здатність бути увесь час щасливим – це дар, який дається не всім. Згідно з типологією Ліннея, про яку сьогодні чомусь рідко згадують, є два типи людини: «гомо сапієнс» і «гомо монструозо». Шансів відчувати щастя протягом усього життя набагато більше у людини розумної, ніж у людини жахливої. Останній щастя взагалі недоступне, вона відчуває лише задоволення, причому джерела задоволення далеко не завжди морально прийнятні. Що стосується постійного щастя, його відчувають люди, життя яких весь час дає їм привід для радості. Це творчі натури з особливою концепцією життя: рівень їх життєвих очікувань відповідає рівню їх здібностей, вони чудово орієнтуються в тому, що їм потрібно, і знають, як цього досягти. Мозок цих людей виробляє ендорфіни у великій кількості, тому що на всі події вони відгукуються з інтересом, отримуючи задоволення від кожної прожитої миттєвості. Це енергійні, оптимістичні, життєрадісні люди.

Т.: Чи означає сказане вами, що їхня протилежність – люди песимістичні, зі слабким енергетичним ресурсом – приречені на нещасливість?

О.: Зовсім ні. Просто такі люди – меланхолоїдні, невпевнені, тривожні – відчувають, так би мовити, тихе щастя, без сильних ендорфінних струсів. І ще. Помічено: жінки зі слабким ендорфінним статусом часто щасливі у союзі з чоловіком, у якого гормони щастя виробляються у великих, часом навіть надмірних, кількостях. Відбувається енергетичний обмін між чоловіком і жінкою. Сильний дає енергію, слабкий – ніжність. Разом вони щасливі. До речі, є люди, які взагалі не можуть бути щасливими на самоті, їх відчуття щастя залежить виключно від стосунків з іншими людьми – коханими, друзями, родичами, колегами. Навіть якщо у такої людини бракує гормонів для «виробітку» щастя, проте вона включена у адекватні стосунки, вона буде щасливою. І навпаки, часто людина, чия біохімія сприятлива для відчуття сильного щастя, почувається нещасливою: відсутні повноцінні стосунки з близькими людьми. Між іншим, іноді через це розвивається наркоманія у зовні благополучних людей.

Т.: Хіба одним лише гормональним статусом можна пояснити той факт, що одна людина здатна бути щасливою, маючи труднощі, переживаючи неприємності й усе одно радіючи сонячному променю та співу птахів, а інша, здобувши всі блага, почувається глибоко нещасною?

О.: Пам'ятаєте, коли П'єр Безухов, який потрапив до діючої армії, розстелив для ночівлі шинель на сучкуватих ялинових гілках десь на привалі,ліг і подумав: «Господи, адже я абсолютно щасливий тому, що ці гілки не дуже сильно муляють мені боки. А вдома я відчував себе нещасним через одну тільки зморшку на моєму шовковому простирадлі!» Звісно, все відносно. Наше щастя залежить не лише від гормонального, а й від психологічного статусу. У кожну людину «вбудована» шкала відліку: що прийнятно, що ні. Дослідження показали, що ми можемо бути щасливими, коли результат нашого життя хоча б на сантиметр вище за планку «прийнятно». Але якщо наші досягнення на міліметр нижче – щастя як не бувало! Для одних «прийнятно» – це заробляти на їжу і теплий одяг, а якщо до того й погода хороша – вже щастя. Для інших «прийнятно» – мати власний будинок і штат прислуги. Але якщо при цьому автомобіль куплений не тієї моделі, яку б хотілося, про щастя й мови не може бути.

Т.: А яка ще є типологія особистості щодо щастя?

О.: Здатність «виробляти» щастя залежить ще й від типу особистості: А і Б. Тип А запрограмований на досягнення успіху, на взяття нових і нових вершин, які обов'язково мають бути вищими за попередні, – у цьому щастя таких людей. Тип Б запрограмований на підтримку рівня життя у стані «щоб не було гірше». І щастя таких людей, умовно кажучи, називається «немає війни – і добре». Представники різних типів не лише живуть по-різному, але, як свідчать дослідження, хворіють також по-різному. Люди типу А – у групі ризику серцево-судинних захворювань, люди типу Б – у групі ризику онкологічних хвороб. Тип А у вічній гонитві за успіхом не встигає перепочити, рве жили, біжить, задихається, прагне будь-що досягти свого. Тип Б – Бєлікови, люди у футлярі, що бояться, «як би чого не сталося». Описані типи – це крайнощі. Норма, як завжди, посередині, плаває між А і Б. Для людей, що тяжіють до типу А, щастя – це нові перемоги. Для тих, кому ближчий тип Б, щастя – це відсутність нещастя. До речі, для багатьох людей як типу А, так і типу Б поняття щастя асоціюється із багатством. Повірте, думка, що щастя залежить від матеріального стану, – помилкова.

Т.: Цікаво, чи визнають психологи такі поняття, як жіноче щастя та чоловіче?

О.: У нашій культурі – так, визнають. Категорії «родина», «діти» у визначенні щастя більш важливі для жінки, ніж для чоловіка. Крім того, основним компонентом жіночого щастя є кохання, кохана людина. А у чоловіків ключові слова для визначення щастя – робота, діяльність, служіння справі. Якщо чоловік для жінки – сенс щастя, його суть, то жінка для чоловіка – умова, передумова щастя. Хочу зауважити, що успішні кар'єри чоловіків майже завжди припускають наявність «правильної» дружини. Правильної – у сенсі мудрої, яка вміє приховано керувати чоловіком. По секрету скажу, що більшість чоловіків не можуть керувати собою, ними керують жінки. Чоловік не самодостатній, як жінка. Він бачить життя ніби згори, а жінка – зсередини. Тому, коли любляча і мудра жінка допомагає чоловікові досягти успіху, вони обоє щасливі. Їхнє щастя – взаємодоповнення.

Т.: Скажіть, чи існує залежність кількості щасливих людей від суспільства, в якому вони живуть?

О.: Думаю, ні. У сучасній Німеччині на рік відбувається до 14 тисяч самогубств і вдесятеро більше – замахів на самогубство. З позицій совкової психології – парадокс: всього вдосталь, зарплати пристойні, люди захищені державою і впевнені у завтрашньому дні. Що ще треба для щастя, правда? Але щастя – категорія не соціальна, а особиста. Інша річ, що у тих, хто живе в неблагополучному суспільстві, підстав для щастя менше. Але якщо людина конструктивна, вона зможе бути щасливою у будь-якій країні. Розповім про один цікавий експеримент, який триває вже впродовж 80 років. З початку 20-х років минулого століття з ініціативи американських вчених у 100 країнах світу відстежуються долі дітей з високим інтелектом. Результати експерименту вже дозволяють зробити висновок: щастя, успішність цих людей не залежать ні від умов у їхніх сім'ях, ні від політичних режимів, ні від культурних традицій їхніх країн. Люди з розвиненим інтелектом щасливіші в особистому та професійному житті, більш успішні – і не має значення, в якій країні вони народилися і виросли. Експеримент ще не завершено, і остаточні висновки, думаю, будуть ще цікавішими. Але вже зараз можна сказати, що щастя – це не лише емоції, а й робота розуму.

Т.: Чи правда, що щастя вбиває так звана депресія досягнення, про яку хтось мудрий сказав: «Бійся отримати те, що бажаєш, адже що ж ти потім бажатимеш?»

О.: Депресія досягнення – поширений феномен. Раніше вона була такою: «Захистив дисертацію, влаштував банкет, був щасливий. Минув тиждень – я в паніці: що робити далі?» Сьогодні така: «Будував-будував будинок, нарешті завезли меблі, пустили воду в басейн. А радості немає...» Пам'ятаю, коли я був у десятому класі, запитав у викладача суспільствознавства: «Що ми робитимемо, коли побудуємо комунізм?» Вчитель сказав, щоб я підійшов на перерві. Я підійшов. Мудрий педагог пояснив: «Розумієш, комунізм – це умовна мета. Це не паркан, який можна збудувати і сказати: ось ми збудували паркан. Комунізм – лише ідея, що надає сенс процесу покращення якості життя». Так і щастя: воно не виноситься в гасло. Деякі жінки кажуть: «Ось вийду заміж за іноземця (куплю автомобіль, з'їжджу в круїз, скину 15 кілограмів) – і стану щасливою». Потім виходить заміж, купує машину, худне – і розуміє, що для щастя знову чогось не вистачає! Що відбувається з людьми, які впали в депресію досягнення? Вони підспудно підбивають риску під своїм життям, визначаючи: ось побудую будинок і буду щасливий.

Цього робити не можна. Адже, поки людина будує будинок і чекає на щастя, навколо вирує життя: хворіють діти, вимагає уваги дружина, ображаються на щось батьки... А він усі зусилля кинув на будівництво, думаючи: «Нічого-нічого, ось закінчу будівництво – займуся здоров'ям дітей, повезу дружину до моря, помирюся з матір'ю». Ось довгоочікуваний будинок нарешті готовий – і де ж щастя? Виявляється, справа не в результаті, а в процесі: треба було вирішувати проблеми близьких людей, жити в кайф – і тоді новий будинок, можливо, і не знадобився б. Можливо, і в старому знайшлося би місце щастю.

Наостанок хочу сказати: не зациклюйтесь надмірно на своєму бажанні неодмінно бути щасливими. Чим більше ви турбуватиметеся про досягнення щастя, тим невловимішим воно стане для вас. Просто живіть із задоволенням, відчуваючи повноту життя, займайтеся тим, що вам подобається, закохуйтесь, творіть. І пам'ятайте: щастя – категорія відносна. Сотні тисяч разів світ чув фразу: «А я ж була щаслива! Як шкода, що тоді я не розуміла цього». Сподіваюся, ви зможете вчасно розпізнати своє щастя.

29. Хороші та погані дівчатка

Слухняні дівчатка прикривають коліна твідовими спідницями, не палять, не п'ють спиртного, пахнуть «Дитячим» милом і виходять заміж незайманими. Неслухняні дівчатка надто голосно регочуть, знайомляться на вулиці, першими освідчуються в коханні та їздять на мотоциклі без шолома. Перші побоюються других і трошки їм заздрять. Другі зневажають перших і шкодують, що вони не такі. Перші вигадують заборони, другі винаходять причини, щоб ці заборони порушити. І взагалі, як сказала одна письменниця-психотерапевтка, «хороші дівчата потрапляють на небеса, а погані – куди захочуть».
Чи такі вже нехороші погані дівчатка? Чи справді хороші дівчатка – зразок для наслідування у всьому?

Тетяна Петкова: Олександре Федоровичу, визначення «погані» та «хороші» дівчатка нагадує розмови стареньких бабусь біля під'їзду. Життєве розуміння «поганості» та «хорошості» зводиться переважно до того, чи порушують жінки загальноприйняті правила чи ні, чи кидають виклик оточенню, чи прагнуть бути такими, як усі. А що думають психологи про ці жіночі типи?

Олександр Бондаренко: З точки зору психолога визначення «погана» чи «хороша» некоректні: обидва поняття самі по собі нейтральні, й ходульні оцінки недоречні. Хоча ми будемо послуговуватися в сьогоднішній бесіді цими та іншими термінами (наприклад, «слухняні» та «неслухняні» дівчатка), насправді ці визначення не несуть жодного емоційного забарвлення, і ставлення до обох типів у психологів однаково неупереджене. Погані та хороші дівчатка – не що інше, як два різні види жіночності, названі за іменами героїнь міфів – Афродіти і Психеї. Афродитична жіночність – стихійна, несвідома, підкорююча, вона панує над оточенням. Психейна жіночність принципово інша: ніжна, спокійна, турботлива. Ступінь переважання в жінці афродитичного чи психейного начала і визначає: «погана» вона або «хороша» у обивательському розумінні.

Т.: Наскільки я пам'ятаю, Афродіта з'явилася на світ із морської піни і зовсім не схожа на погану дівчинку.

О.: Хочу нагадати цікаву подробицю: перш ніж із піни хвиль народилася Афродіта, у море дещо викинули. Згідно з грецькими міфами, у бога Урана був син – поганий хлопчик на ім'я Хронос. Цей хуліган, коли Уранліг відпочити, взяв і відрізав у нього статевий орган. І викинув у океан. Тоді з морської піни з'явилася Афродіта – як втілення нестримної жіночої сили, спокуси, сексуальності. Погана дівчинка Афродіта – символ жіночої влади, причому вона панує не лише над чоловіками, а й над жінками теж. Їй властива чарівність сили, первісної фемінінності, непередбачуваності, норовливості. Пряма протилежність Афродіти – Психея – народилася з крапельки роси. Якщо у Афродіти яскраво виражений зухвале й демонстративне біологічне начало, то Психея – символ милосердя, душевності, скромності, глибоких внутрішніх переживань. Вона ховає власний внутрішній світ від сторонніх поглядів. Епатаж як спосіб привернути до себе увагу для неї неприпустимий. Та вона взагалі не любить перебувати у центрі уваги.

Т.: У чому сильні та слабкі місця афродіт і психей?

О.: Серед жінок-афродіт багато щасливих, успішних. Але вони часто заздрісні, агресивні, внутрішньо самотні, відчувають незадоволеність життям. У них мало близьких людей. Ключові слова неслухняної дівчинки – пристрасть, змагання, потяг до нових досягнень, спокуса. Її плюси – нестримна жіночність, енергійність, сила волі. Вона ризикує, вигадує свою гру і змушує оточуючих грати в неї. А ключові слова слухняної дівчинки – вірність, милосердя, ніжність, готовність прощати. Плюси жінки-психеї – вміння співпереживати, здатність піклуватися, виявляти великодушність. Така жінка одухотворює стосунки, дає чоловікові внутрішній стрижень життя, який спонукає його прагнути до звершень. А мінуси її в тому, що жінка-психея зовні часто непомітна, навіть блякла – згадайте героїню Євгенії Глушенко в фільмі «Закоханий за власним бажанням». Чоловік зачаровується психеєю тільки тоді, коли зможе встановити з нею довірчі, близькі стосунки. Вона не вміє і не хоче показати себе світові. Вона позбавлена кокетства, часто жертвує собою заради інших або просто заради дотримання правил. Але в результаті не отримує «премії» за правильність та жертовність і з гіркотою визнає, що її хорошість нічим не нагороджена, а на шляху до успіху її випередили менш слухняні жінки.

Т.: В англійських детективах є два протилежних персонажа: нестерпно правильна та занудна дружина вікарія і приваблива самотня вдова, яку зневажають манірні сільські жителі за те, що вона живе так, як їй подобається. Симпатії читача належать розкутій вдовиці, а не зразковій дружині вікарія. Хтось із великих людей сказав: «Доброчесність нудна і невиразна, порок набагато цікавіший». У чому тут секрет? Чому неслухняна дівчинка більш приваблива?

О.: По-перше, афродітичне начало вимагає від жінки демонстрації своєї привабливості, підкреслення своїх принад. Погана дівчинка підкорює зовнішнім образом. У ній закладене яскраво виражене прагнення спокушати, домінувати, підкоряти навколишній світ. Ясна річ, така жінка подобається чоловікам: вона посилає сигнали спокушення, показує, що готова до пригод. А оскільки біологічне начало у витоках нашої культури завжди перебувало під забороною, то жінка-афродіта викликає одночасно захоплення і відчуття солодкої гріховності. По-друге, все стихійне, яскраве, нестримне – приваблює. Від телевізійних кадрів, що показують смерч, бурю, повінь, руйнування неможливо відірватися, правда? Таке видовище заворожує. Його легко показати. Про нього легко розповісти. Тому про поганих дівчаток охоче знімають фільми і пишуть книги. А як розповісти про хорошу дівчинку, щоб було захопливо, щоб глядач або читач не зміг відірватися від оповіді? Потрібен особливий дар, щоб побачити в людині глибину і показати її. Це відомий факт, про який добре знають не лише психологи, а й люди мистецтва: простіше зобразити автомобільну катастрофу, ніж просте людське щастя.

Т.: Чи правда, що чоловіки з хорошими дівчатками помирають від нудьги, «хорошість» їх дратує?

О.: Афродітична жіночність закручує чоловіка у вихор переживань, пристрастей і божевільних, але часом швидкоплинних романів. На жінку-афродіту чоловіки звертають увагу частіше, ніж на жінку-психею. Але, якщо вже чоловік покохав жінку-психею, його почуття до неї буде глибоким і тривалим. Щодо нудьги, то це справедливо, скоріше, стосовно типу хороших дівчаток, який називається «клуша» або «жінка-чайник». «Клуша» – статистка у жіночому одязі, жіночність в ній міцно спить і невідомо, чи прокинеться. Вона гарна господиня, зразкова дочка, уважна мати, але чоловікові поруч із нею нудно до позіхання. Вона малосексуальна, передбачувана, одновимірна. Взагалі, будь-яка крайність у прояві жіночності, чи то афродітична натура, чи психейна, перетворюється на гротеск. На одному полюсі – стерва без гальм, абсолютна егоїстка, аморальна штучка. На іншому – безбарвна та пісна «дружина вікарія», ханжа, яка щонайменше відхилення від хибно-доброчесного життя вважає злочином.

Т.: Ми сьогодні вживаємо багато різних слів: погані дівчатка, неслухняні, дівчатка з перчиком, афродіти, стерви... На вашу думку, це синоніми?

О.: Погані, неслухняні, перчені дівчатка – це, мабуть, синоніми. Вони позначають поведінкові реакції. Жінки, яких називають цими словами, незалежні, впевнені в собі, часто егоїстичні, не губляться в напружених ситуаціях, не схильні прислухатися до чужої думки, не бояться епатувати публіку і, якщо ставлять щось собі за мету, то не прискіпливо розбірливі у засобах її досягнення. Афродіта – це тип жіночності, що доповнює неслухняну дівчинку пристрастю, яскравістю, сексапільністю. А ось стерва – це афродіта, яка маніпулює іншими людьми, часом надмірно, безжально. Усі поняття близькі між собою.

Т.: Який тип успішніший у кар'єрі?

О.: Жінки-афродіти, коли потрібно, грудьми прокладають собі дорогу до мети, наполегливо домагаючись наміченого. Вони не бояться верховодити, йти ва-банк, їм не страшні поразки, вони не побоюються зробити щось не те, не звертають уваги, що про них скажуть колеги та друзі. Їх стиль – незалежність, хваткість, безцеремонність, уміння прорахувати ситуацію та обійти конкурентів, а також підлаштуватися під вимоги часу. Жінки-психеї рідко сумісні з кар'єрними іграми. Вони не прагнуть побудувати кар'єру, тому що їх призначення – не служба, а служіння. На роботі психеї прагнуть сумлінно виконувати свої обов'язки, нервують з приводу найменшого порушення у загальноприйнятому робочому розпорядку, переживають, коли, на їхню думку, роблять щось «не так». Вони побоюються, що можуть не виправдати очікувань колег і начальства. І хоча психея часто заслуговує за свою роботу найвищого бала і кар'єрних висот, вона іноді справляє враження невпевненої у власних силах. І програє часом менш професійній, але цілеспрямованій афродіті. Втім, такі цінності, як успіх, кар'єра, соціальний статус психею хвилюють значно менше, ніж афродіту.

Т.: Випадок із життя. Одну журналістку запросили на роботу в престижне видання, запропонували високу зарплату. Вона випадково дізналася, що у відділі, куди її запрошують, працює Ганна – посередній фахівець, хвороблива жінка, мати трьох дітей. Їй натякнули, якщо вона буде працювати краще за Ганну, ту рано чи пізно звільнять, жінка залишиться на вулиці. Журналістка трохи подумала і погодилася на нову роботу. Вона вчинила як погана дівчинка?

О.: У певному сенсі типова для нинішніх часів ситуація, правда? Горезвісна конкуренція. Адже вашу знайому не ставили у ситуацію морального вибору: через тебе ми обов'язково звільнимо Ганну? Її просто попередили про умови гри: виживе найсильніший. А раптом найсильнішою виявиться Ганна, яку стимулюватиме змагання? У житті не буває рафінованих, очищених від домішок ситуацій. Вчиняти, щоб було «щастя всім і порівну», не завжди виходить. Моя знайома якось сказала: «Якби я не зустрічалася з одруженим чоловіком, я б не вийшла заміж. Я роздумувала, кинути мені його, бути слухняною дівчинкою чи ні. І зробила вибір, дочекалася, поки він розлучиться, вийшла заміж, народила прекрасних дітей...» Пушкін говорив: «Поезія вище моральності». Але ми з вами розмовляємо все ж таки про життєву прозу, і діалектика життя така, що кожен рай має свого змія. Якщо змія немає, то це вже не рай, а декорації під рай. Я не кажу, що треба порушувати закони моральності. Я впевнений у протилежному: будь-який відступ від моральних заповідей загрожує людині моральною смертю. Але слухняність, доведена до абсурду, як і непослух у крайньому ступені – це патологія. Між чорним і білим є маса відтінків. Будь-яка людина, у якої немає відтінків кольору, не цікава. Привабливі лише об'ємні, глибокі, насичені різнокольоровими поєднаннями особистості, а не пласкі викрійки.

Т.: Буває, що слухняна дівчинка викидає таке колінце! І що цікаво, їй це подобається – бути неслухняною, поганою, жахливою. Пам'ятаєте Мимру із «Службового роману» з її геніальним: «Моя репутація настільки бездоганна, що її вже давно пора зіпсувати». Про що говорить така криза доброчесності?

О.: Іноді жінки відчувають внутрішній конфлікт між психейним і афродітичним началом, між «пристойною» і «зухвалою» жіночністю. Ось випадок із практики. Поліна, успішна процвітаюча жінка 40 років, зразкова мати і дружина, закохалася в красивого карного злочинця, що відсидів строк на зоні, натурального жигана, втратила голову, тягалася з ним злачними місцями, отримуючи величезне задоволення від того, що відбувається. Жиган той відчайдушно їй зраджував і не приховував цього, їхні стосунки здригалися від скандалів, розборок, образ. З одного боку, жінку час від часу охоплював жах і вона прагнула порвати зі згубною любов'ю, а з іншого – визнавала: «Це для мене, як наркотик». Поліна жила до 40 років, намагаючись бути слухняною дівчинкою і не дозволяючи собі нічого «неправильного» – я маю на увазі зовсім не романи з карними злочинцями, та й взагалі не про подружні зради мова. Вона соромилася купувати в магазині вино: «Люди можуть подумати, що я алкоголічка». Вона не одягалася яскраво і сміливо: «Якось незручно». Вона все життя робила те, що хотіли її батьки, чоловік та діти. Потім у неї виникло відчуття, що вона йде з ярмарку додому, і того, що хотілося купити, в її кошику немає і ніколи вже не буде. Ось Поліна і рвонула у пригоду, причому стихійно, сліпо, як теля, якого випустили із загону.

Т.: Можна якось запобігти такій кризі, заздалегідь передбачити і вжити заходів, щоб не рватися потім «із загону»?

О.: Розумієте, криза норм у формі бунту – це патологічний компенсаторний механізм (на зразок зловживання алкоголем), що випускає назовні придушені бажання. Всі ми знаємо, коли людина довго голодувала, лікарі не рекомендують їй багато їсти, інакше померти можна. Точно так і з прагненням «хочу бути поганою!». Головне – не переборщити, інакше можна наламати дров. Найкраще – не голодувати, тобто не намагатися щосили бути правильною, не прагнути догодити громадській думці. Адже якби Поліна так шалено не вживалася в роль гарної дівчинки, а дозволяла собі хоч зрідка те, що, на її думку, було неправильним, то, можливо, і не мала би підозрілих компаній. Зрозуміло, що жити в суспільстві без певної дози лицемірства складно, і всі ми вимушені якісь свої потреби придушувати, недоліки приховувати – словом, зважати на інших людей. Або, за словами нонконформістської пісеньки, «прогинатися під мінливий світ». Але в одних кут прогину – 15 градусів, а в інших – 115. Для того, щоб не траплялися такі ось кризи, потрібно бути дуже чесною із собою. Запитати себе: що мені приносить дискомфорт, які жорсткі рамки можна відкинути убік? Запевняю вас: доросла, здатна до рефлексії жінка може прийти до згоди сама з собою, не порушуючи ні власних, ні громадських етичних установок. Додавати собі «неслухняних» рис треба потихеньку, маленькими мазками, ледве помітними штрихами – інакше можна зруйнувати сім'ю, здоров'я, та й назавжди втратити спокій. Але, наголошую, «добирати неслухняність» потрібно лише в тому випадку, якщо ви відчуваєте, що вам тісно в клітці, ви втрачаєте якісь можливості, життя проходить повз вас через надмірні обмеження.

Т.: Чи багато жінок відчувають дискомфорт через те, що вони занадто хороші й поміркованi?

О.: Ні. Більшість дорослих жінок, дякувати Богу, вміють адекватно оцінювати себе, свої потреби та засоби, необхідні для їх реалізації. Але я хотів би сказати про те, що деякі жінки-психеї, яким зовсім не хочеться бути неслухняними, пристрасними і спокусливими, чомусь вирішують, що настав час перекваліфікуватися в «перчену дівчинку». І починають штучно грати стерву.

Скажу вам не як психолог: чоловікові дуже незручно спостерігати, як тиха домашня жінка (особливо якщо вона під хмільком) розігрує з себе жінку вамп. Сьогодні модно бути стервою, і наші артистки прагнуть показати, які вони круті погані дівчата. Хоча насправді талановитих «перчинок», на мій погляд, всього дві: Пугачова і Гурченко. Інші – бездарна міщанська підробка. Справа в тому, що амплуа неслухняної дівчинки вимагає безперечного таланту та неординарних особистісних якостей, інакше виходить або нахабно, або брутально, або викликає почуття жалості до героїні. Згадаймо краще геніальну стерву минулого – Лілю Брик. Незважаючи на те, що вона плювала на всі життєві правила і була жахливою егоїсткою, їй прощалося все, біля її ніг валялися найталановитіші чоловіки, її любили в Парижі та Москві. Ліля Брик уміла висікати з чоловіка Божу іскру, була освіченою жінкою і обдарованою особистістю.

Т.: Що ж психотерапевти можуть порадити жінці, яка хоче бути цікавою, привабливою, природною?

О.: Не намагатися штучно бути хорошою чи поганою. В жінці природою закладена чудова якість – інтуїція. Навколишній світ варіативний, і жінка інстинктивно вгадує, в якій ситуації їй потрібно бути паїнькою, а в якій – стервою. Якщо вона вміло користується своєю інтуїцією, вона органічна, природна і щаслива. Якщо ж наступає на горло власній пісні, боїться чи, навпаки, переборщує, перетискає, поводиться вульгарно і безцеремонно, вона безглузда і нещасна. І пам'ятайте, що надмірна слухняність загрожує перерости в пасивність і безпорадність, а надмірний непослух – у втрату себе і поведінкову патологію, від якої лише півкроку до психіатричних проблем.

30. Шлюбний інстинкт

«Сім'я, як Батьківщина, має бути. І все...» – сказала багато років тому в «Зимовій вишні» незаміжня героїня Олени Сафонової. Здається, сьогодні це твердження дещо застаріло. Принаймні нинішнім незаміжнім вже спадає на думку поцікавитися (а раніше не спадало): чому, власне, сім'я має бути? І взагалі, з якої такої причини дві чужих, по суті, людини раптом вирішують об'єднати свої життя і стати рідними (якщо вийде, звісно)?

Тетяна Петкова: Одні люди йдуть до вівтаря, бо настав час чи любов покликала, як вони пояснюють, іноді досить розпливчасто. Інші воліють холостого життя-буття, дивуючись: «А навіщо виходити заміж (одружуватися)?» Питання просте, а одразу не відповіси. Дійсно, Олександре Федоровичу, чому люди вирішують жити разом?

Олександр Бондаренко: Відповісти на це питання так само легко, як і пояснити, чому Земля кругла. Тягне відмахнутися: так було завжди! У Біблії трапляються спроби розгадати загадку: чому люди одружуються? І спроби ці, прямо скажемо, безрезультатні. Наприклад, церковне трактування говорить: шлюб – це таїнство, іншими словами, незбагненна річ, яка не пояснюється жодними причинно-наслідковими механізмами. Або ж таке пояснення: чоловік і дружина приліпляться одне до одного і будуть жити. Але чому приліпляться, що їх триматиме разом – незрозуміло. І нарешті, апостол Павло туманно заявляє: якщо можеш умістити в собі шлюб, тоді одружуйся, не можеш – не одружуйся. Як бачимо, Біблія не може дати відповіді на ваше запитання. Психологія, на мій погляд, досягла успіху трохи більше. За родом діяльності я часто стикаюся з різними людьми – одруженими, заміжніми, тими, що тільки збираються одружитися – і часто запитую себе: що за феномен такий, чому вони вирішили бути разом, розділити життєвий простір із стороннім чоловіком чи жінкою? Спираючись на досвід, зробив висновок: є певний шлюбний інстинкт. Навіть якщо чоловік чи жінка не хочуть вступати у традиційний шлюб, вони однаково з кимось живуть. Як психолог я припускаю таке: багатьом людям, якщо вони не присвятили своє життя комусь, жити складно. Іншими словами, одне із призначень шлюбу – посвята свого життя іншому. У цьому вся суть шлюбного інстинкту. Зауважу, ми не говоримо сьогодні про інстинкт продовження роду – це інше поняття.

Т.: Але ж не у всіх, мабуть, присутній шлюбний інстинкт? Є люди, яким дуже добре жити одинаками. Деякі жінки спокійно народжують дітей і не в заміжжі, тобто реалізують материнський інстинкт без допомоги шлюбного.

О.: Безумовно, нині шлюб не є обов'язковою умовою людського життя. Власне, союз чоловіка і жінки, сім'я – це історично зумовлене утворення з певними функціями. Недарма ж Енгельс пов'язував появу сім'ї з виникненням приватної власності, тобто з бажанням відокремитися, створити свій власний світ. Упродовж кількох століть у суспільстві прийнято було вважати шлюб обов'язковою умовою існування дорослого індивіда. Змінився час, розмилися функції шлюбу. Сьогоднішнє життя показує, що сучасна людина може жити й поза шлюбом. Стерся звичний розподіл ролей у сім'ї: по-перше, завдяки побутовій техніці сильна стать успішно справляється з домашнім господарством, а по-друге, жінка вже не сидить біля домашнього вогнища в очікуванні, коли чоловік принесе мамонта, а сама стає добувачем. Традиційний вид шлюбу, добре знайомий нам із класичної літератури, стає рідкістю. Особливо це стосується міського шлюбу. У селах і сьогодні до шлюбу ставляться традиційно, вважаючи його чи не найважливішою умовою благополучного життя. Але в селі, між іншим, зберегти шлюб легше, ніж у місті. У сучасному мегаполісі ритм та інтенсивність життя такі, що подружжя проводить під одним дахом у кращому випадку вісім-дев'ять годин на добу. Решту часу вони працюють, зустрічаються з потрібними людьми, спілкуються з друзями, займаються самоосвітою... На це витрачаються усі душевні та фізичні сили. Навколишнє середовище просто вичерпує з нас енергію, яка раніше повністю присвячувалася сім'ї. Тому сьогодні, щоб створити сім'ю і зберегти її, на мій погляд, потрібні надзвичайні зусилля, схожі на справжній подвиг. Адже життя сьогодні начебто спеціально націлене на те, щоб зруйнувати звичне патріархальне розуміння шлюбного союзу.

Т.: Отже, настає час одинаків? Деякі психологи вважають, що шлюб віджив, що сучасні чоловік і жінка самодостатні й не потребують супутника життя. Це приватна думка чи тенденція?

О.: Періодично перед кожною людиною, котрій не чужа рефлексія, яка звикла обмірковувати та обґрунтовувати свої рішення, постає запитання: заради чого я маю чи повинна поєднувати своє життя з кимось? Сьогоднішня тенденція така: дедалі більше тих, на кого вже не діє колективна мотивація «Всі одружуються, виходять заміж, значить і мені треба». Все частіше люди питають себе: а особисто мені навіщо це потрібно? Причому ставлять перед собою це питання і ті, хто давно у шлюбі. І психологи, дійсно, приходять до висновку, що зовнішня необхідність жити у парі втрачає своє значення. Зовнішня необхідність – це мотив спільного виживання (він – добувач, вона – хранителька вогнища) і бажання відповідати правилам, які прийнятні у соціумі. Більш важливий сьогодні інший мотив одруження – внутрішній. Якщо вчора переважна більшість думала приблизно так (я навмисне спрощую): «Треба виходити заміж (одружитися), отже, настав час шукати відповідну кандидатуру», то сьогодні все більше людей керуються принципом: «Зустріну відповідну кандидатуру – ось тоді подумаю про шлюб».

Т.: Із зовнішньою мотивацією все зрозуміло, а із внутрішньою не дуже. Ви маєте на увазі кохання?

О.: Є кілька різновидів внутрішньої мотивації. Одні з нас одружуються або виходять заміж, коли зустрічають ту саму, єдину і бажану людину. А не зустрічають – так і залишаються одинаками. А у інших надзвичайно розвинений інстинкт створення гнізда. Таким людям для благополучного гармонійного життя необхідно жити у парі. І є ще один мотив, про який фахівці дізналися лише останнім часом завдяки психологічним дослідженням. Виявляється, для багатьох із нас важливо усвідомлювати, що наше життя проходить на очах іншої людини. Потреба у глядачах, слухачах – ось що рухає нами на шляху до шлюбу. Найстрашніше покарання для людини, у якої сильно виражена ця потреба, розуміти, що ніхто не бачить і не знає, як вона живе. Нам важливо, щоб хтось бачив нас вранці, коли ми чистимо зуби, нам важливо, щоб хтось знав, що ми збираємося на роботу, готуємо обід, говоримо по телефону... Що стосується кохання, то ним дуже легко пояснити укладення шлюбу: закохалися – одружилися. Але ж кохання та створення сім'ї необов'язково є причиною і наслідком.

Т.: Потреба в глядачеві, на мій погляд, несерйозний мотив. Виходить, ми можемо ужитися багато з ким, бо для ролі глядача необов'язково шукати свою другу половинку, достатньо більш-менш підходящої людини?

О.: Я переконаний, що можна провести такий експеримент: познайомити двох випадкових людей – і вони зможуть налагодити подружнє життя. Звичайно, за умови, що у них сильний шлюбний інстинкт – раз, і що вони не огидні одне одному – два. Але проблема не в цьому. Для успіху експерименту необхідно, щоби чоловік і жінка усвідомлювали: вони невипадково зустрілися. Якщо позбавити людину відчуття обраності в шлюбі, то подружнє життя для неї перетвориться на каторгу. Фахівці знають: навіть якщо одружилися випадкові люди, яких мало що поєднує, вони все одно шукатимуть виправдання цій випадковості (принаймні на початку сімейного життя). Вони говоритимуть, що зустріч була кимось пророкована, що серце щось відчувало і таке інше. Таким чином люди шукають опору в будь-яких аргументах, чи то у зовнішньому світі, чи то у внутрішньому, аби змусити себе і оточення повірити: цей чоловік або ця жінка – єдино можливий варіант щастя і любові, надісланий долею. Ця віра зміцнює шлюб, надихає подружжя, вселяє в них думку «Ми не можемо жити одне без одного». Адже без усвідомлення того, що ти комусь потрібен як повітря, що хтось без тебе просто пропаде, нам незатишно, ми нестійкі в житті.

Т.: «Не можу без нього жити» – це важлива причина для шлюбу. Але, як мені здається, є мотив сильніший: «Можу без нього жити. Але хочу з ним». Я маю на увазі той випадок, коли жінка або чоловік самодостатні, не перебувають у полоні шлюбного інстинкту, не відчувають потреби в глядачеві – словом, вони спокійнісінько можуть жити на самоті й бути при цьому цілком щасливими. Але ухвалюють усвідомлене рішення – пустити на свою територію іншу людину.

О.: Звісно ж, твердження «не можу без нього» – це метафора. Ніхто не пропаде через те, що не вдалося стати чоловіком коханої дівчини або вийти заміж за обожнюваного мужчину. У тому і питання: що змушує вас з’єднувати долі, навіть якщо ви самодостатні й можете обійтися без чужої, по суті, людини поряд? Це ж не підневільна ситуація, не «жінка в пісках», яка насильно утримує біля себе чоловіка, правда? Звичайно ж, ми можемо прожити без свого партнера, але чомусь вважаємо за краще жити в парі. Так ось, ідеальний шлюб, з погляду психології, – це вільний союз вільних людей, які, в принципі, незалежні одне від одного, можуть відбутися в соціальному та духовному плані, й не будучи заміжніми чи одруженими. Такий союз дуже стійкий і рідко зазнає зовнішнього руйнування – я маю на увазі зради, вплив родичів, побутові незручності.

Т.: Щодо ідеального шлюбу існує чимало думок. Що цей союз тримається на фантастичній психологічній сумісності; що секрет у гармонії сексуальних темпераментів; що в такій сім'ї неминучі приховані маніпуляції, невидимі для сторонніх, а отже, шлюб не ідеальний, просто подружжя лицемірить...

О.: Вважати, що ідеальний шлюб міцний лише з однієї важливої (до того ж, як вважає оточення, прихованої) причини – це стереотип. Ідеальний шлюб – союз двох дорослих (за ступенем розвитку особистості) людей, котрі усвідомлюють: «Ми не пропадемо одне без одного, поодинці ми здатні зробити кожен своє життя цікавим і повноцінним. Але нам краще разом. А значить, у нашому союзі є найвищий сенс. Адже ніщо, окрім нашої вільної волі, не утримує нас одне біля одного». Такі шлюби найбільш міцні. А ті, що тримаються на одній опорі, чи то секс, чи то фінансова залежність чи ще щось, легко руйнуються.

Т.: А така складова шлюбу, що цементує його, – діти? Зупиніть на вулиці випадкових перехожих – і половина з них, захоплена зненацька питанням: «Чому ви живете разом зі своїм чоловіком?», відповість: «Ну як? Адже у нас дитина!»

О.: Гадаю, важко назвати щасливими чоловіка і жінку, якщо єдине, що утримує їх разом, – це діти. Що стосується провокаційного запитання: «Чому ви разом?», то той, хто щасливий у шлюбі, іноді утруднюється сформулювати причину, чому він живе з іншою людиною. Благополуччя, спокій, задоволеність погано піддаються препаруванню. «Мені добре з ним» –

ось щира оцінка ідеальних взаємин у шлюбі. І психологи не ставлять за мету з'ясовувати, що ж ховається за цим «добре». Навіщо? Розумніше шукати причину, чому вам погано разом, а якщо добре – дяка Богу. А щоб було добре, треба орієнтуватись на свої внутрішні пріоритети, а не на чужі приклади. Адже ідеальний шлюб – союз чоловіка і жінки, які зуміли домовитися та виробити спільну концепцію проживання. А вже яка ця концепція вийде, нікого зі сторонніх не повинно хвилювати. Тільки чоловік і дружина вирішують, чи жити їм у центрі мегаполісу чи в передмісті; чи мати п'ятьох дітей чи жодного; бути гостинними чи замкнутими тощо. Чим більше подібних позицій обговорено подружжям і чим більше угод досягнуто, тим більша ймовірність, що їхній шлюб наближається до ідеалу. Ось, наприклад, дізнавшись, що ваша знайома сімейна пара роз'їхалася по різних квартирах, що ви подумаєте?

Т.: Що в них щось негаразд, життя дало тріщину.

О.: Ось бачите. Насправді багато людей відчувають потребу в своїй території, але роз'їхатися вирішують одиниці. Решта не можуть собі дозволити жити в різних квартирах з остраху: «Що про нас подумають?» У мене є знайома сімейна пара – Олег та Тетяна. Прекрасно живуть, люблять і поважають одне одного. Обоє творчі особистості, які відчувають потребу в особистому просторі. Після п'ятнадцяти років щасливого подружнього життя вони купили сусідню квартиру на сходовому майданчику і тепер мешкають кожен у своїй «норці». І це нормально. Не може бути єдиної норми для всіх людей, адже ми такі різні. Якось на прийомі жінка мене запитала: «Олександре Федоровичу, ми з чоловіком спимо в різних кімнатах, нам так зручніше. Мабуть, у нас щось розладналося в стосунках?» І не одна вона, між іншим, відчуває незручність від того, що чоловік їй заважає спати, а вона – чоловікові. Багато хто вважає, що любляче подружжя обов'язково має спати в обіймах, тісно пригорнувшись одне до одного. Але ж це не так! На щастя, більшість подружніх пар, розходячись по різних кімнатах, зовсім не надають цьому значення: буває, дружина часто вночі прокидається, а чоловік хропе – навіщо дошкуляти незручностями одне одному? У багатьох сім'ях у чоловіка та дружини свої чашки, рушники, телевізори тощо. І подібний «розділ майна» жодним чином не свідчить про охолодження почуттів.

Т.: Напевно, у різних людей різні уявлення про оптимальну дистанцію між подружжям. Для одних необхідно постійно перебувати на відстані півметра від коханої людини, а для інших цілком нормально жити в квартирі по сусідству.

О.: Так і є. Це питання суб'єктивних норм, які кожна сім'я виробляє для себе самостійно. Заковика в тому, що деякі люди сприймають шлюб як кріпацтво, можливість розпоряджатися чужим життям. Вони встановлюють надмірно коротку дистанцію між собою і партнером. Але якщо вдуматися, штамп у паспорті не означає, що відтепер ми отримали право на цю людину. По суті, штамп про шлюб взагалі нічого не означає, він не впливає на творчість подружнього життя – а я наполягаю на тому, що спільне проживання без щоденної творчості, вибудовування стосунків неминуче призведе до охолодження та навіть розлучення. Адже можна юридично стати подружжям, але ніколи не стати рідними людьми. Спорідненість з'являється тоді, коли сенс твого життя пов'язаний (не цілковито, однак відчутно) з людиною, яка поруч, – і не має значення, в одній кімнаті ви живете чи в різних містах. Я знайомий з подружжям, яке взагалі живе в різних країнах, вони бачаться раз на місяць-два і при цьому залишаються рідними людьми. Згадаймо стосунки Володимира Висоцького і Марини Владі: немає сумнівів, що ці двоє любили одне одного, мали потребу одне в одному, хоч і жили в різних країнах.

Т.: Ну і насамкінець, замість резюме – секрет ідеального шлюбу, будь ласка.

О.: Джерела стійкості шлюбу криються в особистісних якостях чоловіка і дружини, а не у відповідності традиційним уявленням про щасливу родину. Звідси і секрет ідеального шлюбу: прагніть, щоб ваша родина була індпошиттям за вашим розміром, а не моделлю з чужого плеча. Думайте про те, щоби було комфортно насамперед вам і вашому партнеру, а не про те, що скаже оточення. Є люди, які свято тримають «обличчя» сім'ї в суспільстві, не помічаючи, що «душа» сім'ї давно неспокійна. Моя порада: прислухайтеся до душі. Адже ритуали, традиції і думка більшості, буває, вступає в суперечку з особистим комфортом. Вибір того, чим пожертвувати, за вами.

31. Амок або Любовний удар

«Пікколо аморе», крихітна любов – говоримо, наслідуючи італійців. «Амок, одержимість» – повторюємо за Цвейгом. «Сонячний удар» – цитуємо Буніна. А якщо по-простому, то згадаємо надривне «Три щасливих дні було у мене...» І стрімке це кохання зовсім не крихітне, не завжди сонячне і майже напевно закінчується маленькою смертю – розставанням. Оглушена пристрастю жінка повертається у звичний світ і не впізнає його. Все змінилося, стало чужим, безглуздим. Відбувається неймовірне: пір'їнка важить більше за свинець, коротенький роман стає важливішим за багаторічне усталене життя. «Як же цей біль мені подолати?» – металася співачка, яка розповіла нам про три щасливі дні.

Тетяна Петкова: В енциклопедії прочитала: «Амок – термін, який позначає синдром, що характеризується раптовим виникненням особливого стану зі зміною свідомості та неконтрольованим прагненням рухатися в одному напрямку, руйнуючи і ламаючи все, що зустрічається на шляху...» Схожими словами описують свій стан ті, хто раптово зазнав «любовного удару». Я маю на увазі не звичайну закоханість, а саме стихійне, неконтрольоване почуття. Так часто трапляється у відрядженні, на курорті: приїжджає людина, цілком задоволена життям, сімейним зокрема, на відпочинок чи попрацювати. Про жодні любовні пригоди не думає. І раптом як грім із ясного неба – кохання! «Що зі мною?» – запитує людина сама себе вражено. А що відбувається, Олександре Федоровичу?

Олександр Бондаренко: Давайте одразу зауважимо: тема нашої сьогоднішньої бесіди – не тривіальна курортна інтрижка з яскраво вираженим сексуальним підґрунтям, а духовно-психологічне ексклюзивне явище. Не треба плутати любовний удар із «синдромом відрядження» (його ще називають «синдром санаторію»): приїхала людина з твердою установкою загуляти і виконати, що називається, завдання по повній програмі. Ми говоритимемо не про це. Тема нашої розмови – той вражаючий стан, за якого дві людські душі потрапляють несподівано для себе в якийсь надприродний, фантастичний резонанс. Раптом дві людини стають сенсом життя одна для одної. відбувається рідкісний збіг їх душевних частот, неймовірне єднання відчуттів і переживань. Це схоже на спалах блискавки: за короткий період дві чужі людини стають рідними. До речі, на відміну від синдрому відрядження, любовна блискавка вражає не тільки у відрядженні або на курорті, а будь-де: в офісі, на вулиці, на вечірці.

Т.: Як я розумію, спалах блискавки – це поетичне визначення. А як називають психологи це явище?

О.: Ви здивуєтеся, але це явище виходить за рамки повсякденної психології, і спеціального терміна наука не вигадала.

Втім, для схожих переживань існує термін «змінений стан свідомості». Також фахівці користуються поетичними синонімами, розмірковуючи про це дивовижне почуття. Дивне воно тим, що «блискавка» або «сонячний удар» може вразити буквально кожного. Це явище не залежить від особистісних особливостей людини і від того, задоволена вона особистим життям чи ні. Якщо горезвісні «ліві» романи на стороні, подружні зради можна пояснити дією компенсаторних механізмів (образою, бажанням помститися, жагою урізноманітнити обридле сімейне життя тощо), то «удар блискавки» ніяк не пов'язаний з цими переживаннями. Чому чоловік і жінка, ледь глянувши одне на одного, відчувають незрозумілу спорідненість і нестримний потяг одне до одного – на сьогодні загадка для психологів. Особисто мені здається, що відгадку слід шукати у трансцендентальному просторі людського буття. Тобто у просторі, де люди існують поза звичними ролями, соціальними масками, поза умовностями і є такими, якими є насправді – без домішок, без побоювань зробити щось не те, мати якийсь не такий вигляд. Та й чи варто взагалі шукати цю відгадку?

Т.: Але щось же має об'єднувати двох людей, уражених любовною блискавкою? Ось, наприклад, згідно з теорією феромонів, западають одне на одного люди із певними запахами. Або теорія самотності: нібито схильні до блискавичного кохання люди, що у глибині душі безкінечно самотні, але не зізнаються собі у цьому. Особисто мені до душі теорія спільного почуття гумору: на мою думку, запросто можна закохатися в чоловіка, з яким разом регочеш над одним і тим самим.

О.: Це все, ймовірно, стає важливим пізніше, з часом, коли чоловік і жінка знайомляться ближче. Але щось же їх змусило стрепенутися під час зустрічі, коли вони ще зовсім нічого одне про одного не знали? Мені відомі випадки, коли люди випадково (наголошую: випадково!) обмінявшись поглядами, застигали на місці, уражені спалахом любовної блискавки. Погляд зазвичай триває одну-дві десятих частки секунди – і цього часу вистачає, щоб виникло сильне почуття, уявіть собі! Як і чому проскакує іскра, з якої причини раптом народжується колосальна енергія, психологи поки що не розібралися. Так, проводилися різні експерименти, але результати настільки різні, а історії кохання настільки не схожі одна на одну, що робити загальні висновки передчасно. Правда, з'ясувалося, що на виникнення «блискавки» зовсім не впливає ані характер, ані темперамент, ані рівень інтелекту. Єдине, що на сьогоднішній день можна з упевненістю сказати, – до групи ризику входять чоловіки і жінки з високими показниками глибини особистості та інтенсивності переживань. Є люди, які відчувають прості, немудрящі емоції в три акорди, а є такі, чиє емоційне життя – справжня симфонія. Остання категорія повною мірою здатна прийняти та оцінити великий дар блискавичної любові. Й прожити короткий роман з такою повнотою відчуттів, з такими яскравими почуттями, які й навіть удесятеро менше не доводилося відчувати іншим людям.

Т.: Мені здається, варто сказати ще про одну категорію людей, які притягують до себе любовний удар. Таким людям нестерпно думати: «Ось я заміжня (одружений), люблю свого партнера. Але невже більше не буде ніяких «інших життів, інших кохань»? Хочеться прожити ще одне емоційне життя, подивитися ще одну кінострічку – при цьому, ясна річ, не відмовляючись від основного фільму.

О.: Можливо. І ще: як свідчить досвід, більше шансів (чи ризику?) отримати любовний удар – у людей творчого складу, непересічних, талановитих як у соціальній, так і у чуттєвій сферах. У таких людей любовна блискавка викликає натхнення, приплив енергії, бажання переосмислити і переоцінити прожите. Хочу наголосити, що бажання людини прожити ще одне емоційне життя, відчути чуттєве потрясіння жодним чином не сигналить про неблагополуччя в сім'ї. А то на обивательському рівні часто можна чути: «Ага, така-то жінка закохалася, значить, у неї з чоловіком проблеми». Для любовної блискавки не має значення, чи прекрасні у вас стосунки у шлюбі, чи так собі.

Т.: Ми говоримо про блискавичну любов у позитивному сенсі. Але ж блискавка – це небезпечно. Удар – це травма. Уявіть ситуацію: жінка, що любить свого чоловіка, раптово втрачає голову і закохується в іншу людину. Розвиваються стосунки. Добре, якщо жінку відвідало натхнення і з'явився новий стимул до життя. А якщо блискавка не відкрила нові можливості, а випалила душу?

О.: І таке буває. Бачите, почуття, про яке ми сьогодні розмовляємо, – далеко не тривіальна інтрижка. Це лавина, стихія, форс-мажор, що не піддається поясненню і контролю. Почуття ці дуже сильного розжарення, а гігантський вольтаж не всім під силу. Нерідко любовний удар калічить. Психологи добре знають, що явище стрімкого кохання часто супроводжується дереалізацією – синдромом невпізнання свого життя (чого в принципі немає при звичайній інтрижці). Розповім один випадок. Ксенія, 29-річна співробітниця видавничої фірми, щаслива у шлюбі жінка, мати 6-річного сина, поїхала на п'ятиденний семінар до Севастополя. У вільний від роботи час вона вирішила навчитися дайвінгу. І закохалася у свого інструктора з підводного плавання. Як вона потім розповідала, ці п'ять днів перевернули її життя. «Я ніби заново народилася саме там, у бухті Ласпі, – розповідала Ксенія. – Колишнього життя не існувало. Я не пам'ятала, що заміжня, забула, що в мене є дитина, друзі, колеги. Хотілося одного: залишитися тут, у Криму, розпочати нове життя із цією людиною, народити йому дітей... Мені не було ні соромно, ні страшно. Я була щаслива». Коли Ксенія після закінчення семінару повернулася до Києва, їй стало страшно. Вона не впізнала своє життя. Чоловік здавався їй чужою людиною, із затишної колись квартири хотілося втекти, в офісі вона здивовано дивилася на колег, не розуміючи, що треба робити, чого від неї хочуть. Все втратило сенс. Зовсім недавно, до відрядження, життя було щасливим, наповненим кольорами, звуками і запахами, а тепер – мертві декорації! І серед цих декорацій блукають не любимі люди, а незрозумілі фігуранти! П'ять днів у бухті Ласпі знецінили те, що Ксенія створювала роками: сім'ю, кар'єру, дружні зв'язки... Першим поривом жінки було розповісти все чоловікові, забрати трудову книжку та виїхати до Криму. Утримала дитина. З того часу минув рік. Ксенії й досі здається, що вона повернулася на згарище. Хоча потихеньку втягнулася в роботу, спілкується з чоловіком, виховує дитину, але криза не минула. Ксенія не змирилася з тим, що її кримський роман – не початок іншого життя, а лише епізод, нехай і прекрасний. І вона не хоче щось змінити у собі, щоб заново полюбити своє життя. Вольтаж любовного удару виявився для неї надто сильним.

Т.: А цей синдром чужого життя можна подолати?

О.: У принципі, так. Якщо колишнє життя було благополучним, дереалізація потихеньку притуплюється, людина «впізнає» своє минуле, повертається до своїх обов'язків, сім'ї. Рана затягується. Але якщо в колишньому житті щось не влаштовувало, дереалізація, як рентген, висвічує давні проблеми і приховані конфлікти. І цей синдром чужого життя присутній майже завжди, хоча і різного ступеня вираженості. Мої пацієнти, які пережили «удар блискавки», по-різному описують свої відчуття. Спочатку всі зізнаються: «Земля йде з-під ніг, мене несе шалений потік, я не можу з цим впоратися». Потім більшість із подивом зазначає: «Все, що раніше здавалося важливим, перетворилося на дрібницю, нісенітницю». На наступній стадії – завершальній – можливі два варіанти. Перший, конструктивний: після емоційного струсу людина по-іншому дивиться на себе, на своє життя, переживає якісний стрибок в особистісний розвиток. Другий варіант, деструктивний: любовний землетрус руйнує колишнє життя. Ламається сім'я, рвуться старі зв'язки, і, як наслідок, депресія, відчай. Нерідко алкоголізм, хвороба. Спопелені коханням – це не гарна метафора, на жаль, а реальність.

Т.: Олександре Федоровичу, чому ж так трагічно? Хіба не можливий третій варіант: коли «уражені блискавкою» з'єднують не лише серця, а й життя? Можливо, ваша знайома Ксенія була б щасливою до кінця днів своїх, переїхавши у Крим до коханого?

О.: Повірте досвіду психологів, коротке кохання рідко стає новим життям. Блискавка – потужний електричний розряд, а не настільна лампа, її не можна пристосувати у домашньому інтер'єрі. Така особливість любовного удару: спалах енергії, почуттів та емоцій настільки сильний, інтенсивність переживань настільки висока, що за своєю природою це явище не може тривати довго. На жаль, потрапивши в цей вир, людина – навіть мудра і розважлива – не може самостійно розібратися у своїх почуттях. Їй здається, що все обрушилося, що подальше існування неможливе без коханого (коханої) і потрібно негайно забути про старе життя та будувати нове. У такій ситуації важливо, щоб поряд із засліпленим закоханим хтось знаходився: в ідеалі, звичайно, психотерапевт, проте добре, якщо друг, мама, близький за духом колега. Особливих слів тут не потрібно, головна порада: «Почекай, не поспішай. Охолонь. Не треба революцій. Важливі рішення будеш ухвалювати пізніше».

Т.: І скільки ж треба часу для того, щоб охолонути?

О.: По-різному. Комусь достатньо тижня, а комусь і року мало. Але, запевняю вас: рано чи пізно землетрус вщухне.

Т.: Ловлю себе на думці: а якщо не хочеться, щоб він вщухав? Якось неможливо змиритися з вашим вироком: сяйнула любов і пройшла. Ви впевнені, що «удар блискавки» ніколи не переростає у нове життя?

О.: По-перше, я не сказав: «Ніколи». Рідко, але трапляється, коли закохані, зруйнувавши колишні життя, створювали нове і були щасливі. Але це скоріше виняток із правил. А по-друге, я, здається, зрозумів, що вас засмучує – те, що було написано на персні царя Соломона: «І це мине». Людині нестерпно думати, що життя одноразове, а любов минуща. Не засмучуйтесь: у любовного удару є більш важливіший сенс, ніж початок нового життя. Одна моя знайома, назвемо її Світлана, сказала: «Я розсталася зі своїм коханим. Він поїхав у інше місто до своєї родини, я залишилася зі своїм чоловіком. Але тепер я знаю, що не самотня. Мені тепло від думки, що десь на Землі є людина, з якою у мене непорушний енергетичний зв'язок. Він дає мені сили жити, я пам'ятатиму про нього завжди». Ці яскраві зустрічі – роковий подарунок долі. Він заряджає нас життєвою енергією. Його ми згадуватимемо наприкінці життя.

Т.: Боюся, наші втішні слова мало допоможуть тим, хто зараз не знаходить собі місця від болісних переживань: «Що робити?» Чоловік і жінка зустрілися, покохали одне одного, але були змушені розійтися. На них у цей момент не діють аргументи на кшталт «Я буду пам'ятати про тебе завжди». Їм ще боляче, вони в стадії любовного безпам'ятства: «Я тебе ніколи не побачу». Що ми можемо їм порадити: пити заспокійливі таблетки? Працювати до знемоги, щоб відволіктися? Клин клином вибивати?

О.: Знеболювальних засобів від кохання не існує, а транквілізатори лише притуплюють біль, але не виліковують душу. Не годиться і спосіб «працювати до втрати сил», оскільки людина просто не здатна в такому стані нормально функціонувати, у неї з рук все валиться, голова зовсім не варить. Вибивати клин клином не вийде: закохатися на замовлення мало кому вдається. Я вважаю, що в такій ситуації людині потрібно самостійно впоратися з потрясінням: добряче розібратися з собою і вирішити, як їй жити далі. Правду кажучи, любовний удар – це хороший психотерапевтичний сеанс: зазнавши сильного струсу, ми, як правило, багато що розуміємо в собі й змінюємо життя на краще. Навіть якщо нам здається, що нічого не змінилося, і коротке кохання минуло безслідно, це не так. Слід все одно залишається. І наше завдання зробити так, щоб на згадку про яскраве почуття залишився не шрам, а дорогоцінний спогад. Адже кохання – як спадок. Можна протринькати, можна примножити, а можна завдяки любові вижити, перестраждати і народитися заново.

32. Дитина мого чоловіка

Спочатку все було гармонійно і симетрично. На сцені були двоє: ви і ваш коханий, а майбутнє спільне життя видавалося прекрасним і приємним. Так воно, загалом, і сталося. Точніше, майже так. Якби не ситуація, яку психологи називають «дисгармонійною та асиметричною»: з лаштунків раптово вийшли діти вашого чоловіка від першого шлюбу. І що накажете робити? Намагатися допитувати чоловіка: «Хто тобі важливіший: вони чи я?» Адже все одно не відповість, тому що, як вірно помітив Леві, не зовсім етично запитувати у чоловіка, кого він рятуватиме під час пожежі, дитину чи дружину. Залишається ревнувати, ставити ультиматуми і бити посуд. Або полюбити його дітей як рідних і вважати їх членами своєї сім'ї. А якщо перше робити не хочете, а друге не можете?

Тетяна Петкова: Поширена ситуація: чоловік розлучився з дружиною, створив нову родину. Скажіть, Олександре Федоровичу, ці зміни якось вплинули на його стосунки з дітьми від колишнього шлюбу? Я маю на увазі не емоції (їх у подібних сюжетах достатньо), а психологічні закономірності.

Олександр Бондаренко: Давайте поміркуємо, що взагалі потрібно від батька, які його функції? З погляду психології, призначення батька відрізняється від призначення матері. Мати з самого початку пов'язана з дитиною біологічно, і цей зв'язок живить людину все життя. А батько є першим зовнішнім соціальним об'єктом для дитини, забезпечуючи її персоналізацію (осмислення себе, розуміння себе та інших). Батько – вища інстанція для вироблення дитиною, що дорослішає, власної концепції життя. Тому, перш за все, батько має бути психологічно і соціально дієздатним: виховувати дитину, брати участь у становленні її особи; матеріально підтримувати до певного віку; вчасно перебудувати взаємини «батько – дитя» з власною дитиною на «партнер – партнер» (або «дорослий – дорослий»).

Хочу зауважити, що навіть у звичайній сім'ї функції батька досить часто виконуються не повною мірою (що викликає певну напруженість), а у сім'ях, де «на стороні» є діти від попередніх шлюбів, напруженість відчутно зростає. Синдром маминого синочка часто буває саме у тих дітей, чиї батьки чи то ігнорують свою функцію в сім'ї, чи то залишили сім'ю та припинили контакти з нею. Не виключено, що такій дитині спочатку буде важко увійти до дворової компанії, потім – у шкільне, студентське життя, потім у неї виникнуть труднощі з інтегруванням у соціум. Повертаючись до вашого запитання, скажу: коли у чоловіка є ніби кілька сімей – нова і попередня, батьківська функція значною мірою слабшає.

Т.: Квола батьківська функція – це, на вашу думку, основна проблема в ситуації «він, вона та його діти від першого шлюбу»?

О.: Ні, звісно. Тут складно виділити якусь одну основну проблему, оскільки ця ситуація від самого початку конфліктогенна за багатьма чинниками. Наприклад, життя у новій сім'ї часто ускладнюється наступною проблемою: невдоволення, що висловлюється другою дружиною по відношенню до дітей від першого шлюбу. Або дзеркальна проблема: негативне ставлення дітей від попереднього шлюбу до нової татової дружини. Якщо у другому шлюбі народилася дитина, цілком ймовірні проблеми у її ставленні до «колишніх» татових дітей. І таке інше. Практика показує, що ця від початку непроста ситуація посилюється масою проблем, спровокованих особистісними якостями людини: адже багато залежить від характеру, психологічних та соціальних статусів подружжя – я маю на увазі як нинішнє подружжя, так і колишнє.

Т.: Олександре Федоровичу, а що відбувається, коли в колишній родині чоловік мало уваги приділяв дітям, небагато заробляв, а після розлучення і створення нової сім'ї раптом підвищив свій матеріальний статус, став виявляти інтерес до дітей від першого шлюбу – словом, змінився на краще? Колишня дружина обурюється: «Ну звичайно, на відстані легше бути зразковим батьком, простіше любити дитину здалеку!»

О.: Справді, так часто буває. Але, здається мені, колишня дружина не зовсім права, роблячи такий категоричний висновок. Давайте подивимося з іншого боку на факт створення нової родини. Адже, по суті, це означає, що перший шлюб зазнав поразки, правда? Але чоловік внутрішньо з поразкою не змирився. І ось знову створив сім'ю. Тому в другій спробі він прагне реабілітуватися, бути не переможеним, а переможцем, не тим, що програв, а тим, що виграв. Подібне прагнення властиве багатьом чоловікам, які одружилися вдруге. Зовні це проявляється так: у колишній родині було мало грошей, а у новому шлюбі чоловік прагне пристойно заробляти; раніше він купував мало іграшок дітям, сьогодні він завалює дітей подарунками тощо. Він хоче загладити колишню невдачу, шукає можливість підкоригувати минулу поразку. І дітям від колишнього шлюбу допомагає, зокрема й грошима, приділяє їм час, купує дорогі речі, загалом бере активну участь у їхньому житті – тобто старанно зміцнює і розвиває батьківську функцію.

Т.: Тобто установка на виграш допомагає чоловікові досягти психологічної гармонії в обох сім'ях – колишній та нинішній?

О.: Швидше гармонії із самим собою. Бачите, ситуація, коли «бідний тато», пішовши із сім'ї, стає «татом багатим», сьогодні дуже актуальна і кількість подібних сімей зростає. Зростає і кількість проблем, оскільки напружених моментів у такій ситуації вистачає. Розповім випадок із своєї практики. Віктор, 40-річний приватний підприємець (а в минулому вчитель фізики), чотири роки тому розлучився з дружиною. Сьогодні у нього нова сім'я, маленька дитина і непоганий доход. Він не те щоб багатий, але на життя вистачає. Торік Віктор купив хорошу квартиру на столичному масиві, автомобіль та зібрався у відпустку на море. Йому захотілося взяти із собою доньку від першого шлюбу. Колишня дружина не заперечувала, нинішня також. Вони провели чудовий місяць у хорошому пансіонаті, повернулися додому. Потім дівчинка ще якийсь час гостювала в батьковій родині – у великій світлій квартирі, де все дихає спокоєм, затишком і достатком. Минув тиждень, тато посадив доньку в машину і повіз додому – у бідну хрущовку, яку мама-вчителька не в змозі ані змінити на краще житло, ані привести до ладу. Біля під'їзду донька зчинила істерику: «Татку, я не хочу додому, хочу залишитись із тобою!» Уявіть, які почуття накотили на всіх учасників цих подій! Віктор пізніше зізнавався: «У мене майнула думка – взяти доньку до себе. Але потім подумав: а як дружина на це відреагує, адже у нас своя маленька дитина? Та й колишня дружина не віддала б дівчинку». Віктор все-таки порадився з дружиною, і та сказала: «Слухай, у тебе чудова дівчинка, але вибач, їй 13 років, складний вік, я не зможу приділяти їй увагу, у мене на руках наш маленький син. Та й взагалі, як ти собі думаєш – у живої нормальної матері забрати дитину, це що, річ?» Їх усіх можна зрозуміти: і чоловіка, і жінку, і дівчинку-підлітка, якій хочеться жити там, де ліжко м'якше і їжа солодша, і яка при цьому ревнує тата до нової дружини та його маленького сина. Повірте моєму досвіду: розв'язати цей вузол непросто.

Т.: Допустимо, у тата є кошти, щоб купити на ім'я дівчинки хорошу квартиру та оплатити навчання у пристойному ліцеї. Чи вирішується проблема за допомогою одних лише фінансів?

О.: На жаль, універсального способу розв'язання проблем не існує. Дозвольте, по-перше, зауважити: не так багато татусів, які мають матеріальну можливість кардинально покращити якість життя колишньої сім'ї. По-друге, навіть якщо гроші є, виникають інші проблеми. Як показує практика, не всі дружини вітають витрати свого чоловіка на дітей від попереднього шлюбу, вважаючи, що «гроші залишають сім'ю». Виникає конфлікт. Можлива і така проблема: дитина з колишньої родини, зрозумівши, що тато спроможний оплатити всі її потреби, починає займатися розподілом татового майна, вимагаючи собі все те саме, що є в татовій другій сім'ї. На цю тему серед психотерапевтів є анекдот: «До психолога прийшло подружжя. Кажуть: «У нас росте донька, такий складний характер. Ніяк її не задовольнити: все їй мало, все їй погано, весь час говорить, що ми її не любимо». Психолог запитує: «А що вона найдужче любить?» – «Вареники з полуницею». – «Зваріть їй побільше вареників і дайте». Батьки прийшли додому, приготували каструлю вареників, сіли годувати доньку. Та з'їла одну миску – мовчить. З'їла другу – мовчить. Доїла останні вареники – мовчить. «Доню, ти наїлася?» – «Так». – «Ти бачиш, як ми тебе любимо?» – «Угу, як же, любите. Я знаю вас! Якщо для мене такої гори вареників не пошкодували, уявляю, скільки з'їли самі!» На жаль, іноді діти з попередньої сім'ї поводяться по відношенню до батька і його нової родини саме так. Тому, повторюю, одними лише фінансовими ресурсами ця важкорозв'язувана проблема не лікується. Адже, по суті, йдеться про проблему психологічну. Ось чому тут є дуже важливими людські якості кожної із сторін та людські взаємини. Звісно, для чоловіка оптимальний вихід у цій ситуації – зробити так, щоб усі сторони залишилися задоволені. Якщо немає реальних можливостей підтримати дітей фінансово, можна компенсувати відсутність грошей психологічною підтримкою. А не може підтримати духовно, хай бодай грошей підкине. Однак чоловікові в цій ситуації, по-перше, не варто намагатися здаватися самому собі Всевишнім, який може облагодіяти всіх. І по-друге, не варто прагнути до граничного спрощення проблеми на кшталт: роздам усім по сім.

Т.: Для кого ця ситуація більшою мірою травмуюча психологічно – для дітей, чоловіка, колишньої дружини, нинішньої?

О.: Найімовірніше, саме для чоловіка. Мені відомо багато випадків, коли чоловік, пометавшись між двома сім'ями, йшов у алкоголізм, депресію, агресію чи соматичну хворобу. Повірте, чимало інфарктів та інсультів спровоковано саме цією важкою проблемою. Чоловікові тут не позаздриш. Повторюся: головне, що може пом'якшити, а то й вирішити ситуацію, – людські якості всіх дійових осіб: колишньої дружини, нинішньої, всіх дітей (від першого шлюбу та другого) і чоловіка. Якщо ці люди розумні, етично збережені (тобто дотримуються нехай не найвищих, але принаймні нормальних моральних принципів), вони зможуть домовитись. Інакше виникає нерозв'язний клубок патологічних протиріч. Тоді допомагає вже не психотерапевт, а судові інстанції. І сьогодні, між іншим, багато судових справ, що стосуються трикутника: «Заможна людина, його колишня дружина та діти від попереднього шлюбу».

Т.: Ми не згадали ще про одну проблему: комплекс провини, який відчуває чоловік перед «кинутими» дітьми і який часто засліплює його, змушуючи робити помилки. Знаю випадок, коли чоловік розлучився з другою дружиною через те, що вона не дозволила чоловікові купити дітям від першого шлюбу дорогий автомобіль. Він звинуватив дружину в жадібності, ревнощах – загалом, розгорівся конфлікт, і через півроку пара подала на розлучення.

О.: Справді, сумлінні чоловіки відчувають почуття провини. Як правило, це гіпертрофована вина, у виникненні якої нерідко грає головну роль колишня дружина, особливо якщо вона натура істероїдна. Такі жінки, розлучившись із чоловіком, роблять його винуватцем усіх своїх негараздів. З часом і дитина теж починає сприймати тата, котрий пішов із сім'ї, як злочинця, вічного боржника, який зобов'язаний платити відступні за покалічене життя мами та дитини. А перебільшене почуття провини здатне засліпити чоловіка, зробити його слухняним об'єктом для маніпуляцій. Що стосується другої дружини, то тут взаємини також можуть ускладнюватися будь-якими психологічними спотвореннями. Зокрема, у дію може включатися механізм так званої каузальної атрибуції, коли чоловік починає приписувати своїй теперішній дружині негативні почуття, які вона, на його переконання, має відчувати. Почувши зауваження: «Послухай, можливо, твоїм дітям потрібно бути трохи самостійнішими?», він може відреагувати приблизно таким чином: «Ну ось, я так і знав, що тобі мене не збагнути, ти хочеш посварити мене з дітьми!» Хоча, зрозуміло, не виняток варіант, коли друга дружина справді хоче, щоб стосунки її чоловіка та його дітей зіпсувалися, – і таких випадків чимало. Але якщо друга дружина мудра, розважлива жінка, що дбає не тільки про себе, любить свого чоловіка, то вона стає чимось на кшталт арбітражного суду і допомагає правильно скоригувати поведінку чоловіка в цій ситуації.

Т.: А який арбітражний суд визначає, до якого віку тато повинен опікуватися дитиною? За юридичними законами, батьки несуть матеріальну відповідальність за дитину віком до 18 років. А за психологічними законами, очевидно, все складніше. Відомий психотерапевт Михайло Литвак пише: «Після п'яти років з дитиною треба співпрацювати. Якщо ти не зруйнуєш ставлення «батько-дитя», як ти тоді почнеш співпрацювати?»

О.: Слушна думка. До певного віку взаємини між батьком і дитиною розвиваються за принципом домінування та підпорядкування. Але з часом патронажні стосунки мають трансформуватися в дружбу і партнерство. Звісно, коли дитина маленька, чоловік просто зобов'язаний опікуватися нею. Але дорослих дітей слід відпускати від себе. Сьогодні заможні чоловіки займають дві крайні позиції стосовно дітей від першого шлюбу.

Перша: «Я тебе всім забезпечу, у всьому допоможу, буду твоїм ангелом-охоронцем. Не бійся, тато поруч». Друга: «Для того щоб відбутися в житті, треба добряче лайна поїсти, будь ласка, випливай сам». Обидві позиції нездорові. Опіка над дітьми, що тривала довго, загрожує їм інфантильністю, непристосованістю до життя, синдромом вивченої безпорадності (сьогодні багато чоловіків з високим соціальним статусом скаржаться, що діти слабовільні, ліниві, зніжені). До того ж у дітей, що виросли під крилом у батька, часто спостерігається такий невротичний розлад, як генералізована тривожність: вони постійно бояться, що з татом щось трапиться (захворіє, розориться, помре) і вони залишаться без поводиря. Інший крайність – тримати дітей у суворих лещатах – теж не дуже на користь. Бачте, не все погане в житті потрібно пізнавати, не все лайно потрібно пробувати, не всі проблеми загартовують. Я думаю, людина, що досягла успіху в житті, досить розумна, аби зрозуміти: дорослу дитину потрібно відпустити у вільне плавання. Але при цьому стежити, щоб вона не потонула і навчилася плавати.

І обов'язково треба включати дитину, що підросла, в проблеми дорослого життя. Неправильно говорити: «Тато все вирішить», інакше у сина чи доньки закріплюються так звані рентні установки: «Мені погано, ти мені повинен допомагати». Краще запросити його до розмови: «Слухай, у мене такі-то проблеми. Давай подумаємо разом, як їх можна вирішити?»

Т.: Які ж поради можна дати кожному з дійових осіб цієї непростої ситуації?

О.: Якщо взаємини не деформовані ненавистю та претензіями, то для подружжя можна сформулювати такі правила поведінки. Для чоловіка: намагайтеся уникнути метань між двома вогнями – коли колишня дружина дорікає за недостатню увагу до дітей, а нинішня дружина каже, що ви надто вже няньчитесь з дітьми. Все-таки колишньою дружиною часто керує бажання «мститися і все поділити», а нинішня дружина нерідко хоче, щоб «чоловік був тільки мій і більше нічий». Не намагайтеся загладити свою провину перед дітьми будь-що: швидше за все, ви не такі вже винні, як вам здається. Робіть лише те, що у ваших силах, і те, що саме ви вважаєте за потрібне.

Для другої дружини. Вам варто зайняти дозвільну позицію: чим більше заборонятимете своєму чоловікові витрачати час і гроші на дитину від першого шлюбу, тим конфліктнішими будуть стосунки з нею. Дайте чоловіку у взаєминах із його дітьми карт-бланш, не принижуйте його підрахунками витрат на дітей, не дорікайте – так ви збережете його нерви і здоров'я. Зрозумійте просту річ: після одруження з вами чоловік не перестав бути батьком дітей від першого шлюбу. Не намагайтеся зайняти місце дітей, не ревнуйте: крім сварок і непорозуміння в сім'ї, ви нічого не досягнете.

Щодо побажань для дітей від першого шлюбу, що дорослішають, можу сказати таке: батьки та їх поведінка несуть нам безцінний досвід, сенс якого або в тому, щоб слідувати йому, або в тому, щоб від нього відмовитись. Головне – вирішити: ти хочеш бути таким, як твій батько, чи ти нізащо не хотів би таким бути? Якщо ти пишаєшся своїм батьком, тобі пощастило. Співпрацюй з ним, допомагай йому, і він допоможе тобі відбутися у житті. І ще. Тебе ніхто не змушує любити його нову родину, але хоча б не налаштовуй його проти неї. Зрозумій, у тата своє життя, і він не може повністю належати лише тобі.

33. Анатомія зрадництва

Він – шпигун, який продав чужій розвідці секрети своєї держави. Він – боягуз, що сховався за маскою байдужості від повідомлення подруги: «Милий, я вагітна». Він – староста студентської групи, якого однокашник попросив не відмічати прогул лекції, а він, злякавшись перевірки деканату, відмітив. Він – партнер по бізнесу, який рятує свої капітали за рахунок репутації близького друга. Про нього ми в різні моменти свого життя з обуренням казали: «Він виявився зрадником!» Чи це так насправді? Чи потрібно прощати зраду? Багато хто з нас шукає відповіді на ці болісні питання.

Тетяна Петкова: Слово «зрада» зустрічається на кожному кроці, як у жартівливому контексті, так і в серйозному. Ми часто говоримо: «Мене зрадили», маючи на увазі якісь дрібні образи та непорозуміння. Олександре Федоровичу, як психологи визначають суть зради?

Олександр Бондаренко: Зрадництво – це зречення того, що було святинею, надцінністю. Не буває зради просто з причини поганого характеру чи дурості – тоді це називається не зрадою, а недалекоглядністю, шкідництвом чи самодурством. Зрада в чистому вигляді – це вчинок людини, яка чудово усвідомлює, яке благо вона отримає, зчинивши (або не зчинивши) ту чи іншу дію. Тому зрада завжди пов'язана з винагородою. Варто згадати про таку цікаву закономірність: як правило, ціна зрадника (те, що він отримує натомість) незрівнянно нижча, ніж цінності, ідеали, переконання, які він зраджує. Згадайте Іуду, котрий зрадив свого вчителя за тридцять срібників. Зрада – це замах на цінності та смисли, які становлять основу взаємин з іншою людиною. Ось простий приклад: два нерозлучних друга домовилися вкласти кожен по великій сумі грошей у спільну справу і не виймати прибуток, доки підприємство не запрацює на повну силу. Сплив час, один із друзів нишком вийняв свої гроші, щоб отримати прибуток в іншому місці. Фірма збанкрутувала, капітал друга пропав. Сенс стосунків знецінився, спорідненість душ зникла, дружба померла.

Т.: Схожий випадок. Дві подруги вирішили не виходити заміж до певного віку і кумедно заприсяглися одна одній про безшлюбність до 30 років. Але минув час, одна з дівчат завагітніла і сказала: «Знаєш, я так хочу сім'ю, дім. Вибач, так вийшло, я виходжу заміж». Подруга кинула їй в обличчя: «Зрадниця!» Хіба це зрада?

О.: Ні, звісно. Просто несерйозне бажання двох подружок синхронізувати події свого життя, чого в принципі досягти неможливо – та й навіщо, питається? Хіба дівчина, яка порушила «страшну клятву», завдала шкоди основним цінностям своєї подруги? Скоїла щось таке, що унеможливило їх подальші стосунки? Досить часто близькі люди звинувачують одне одного: «Ти мене зрадив!» Але далеко не завжди їх закиди справедливі. Бо людина протягом життя розвивається, набуває досвіду, змінює погляди, переконання – і це нормально. Буває, один із друзів обганяє іншого в особистісному зростанні, живе вже за іншими принципами, іншими інтересами, ставить перед собою інші, ніж десять років тому, цілі, але ж ми не можемо дорікати йому за зраду колишніх устремлінь та ідеалів. Це просто відмова від концепції життя, що зжила себе, чи не так? Я як психолог стверджую: справжня зрада завжди очевидна. Тут не може бути відносних оцінок. Не можна трошки зрадити, як не можна бути трошки вагітною. Або зрада, або ні – третій варіант виключений. Безумовна зрада – це коли твоя близька людина присягається і запевняє, що у вас спільні цілі, ідеали, розуміння життєвих завдань, а таємно чинить навпаки, завдаючи цим моральних або матеріальних збитків (а нерідко і те, й інше). При цьому той, хто зрадив, отримує від свого вчинку певну вигоду. Таким чином, ми можемо визначити ознаки безумовної зради: наявність ціни, винагороди, яку отримує зрадник; декларування одних цінностей і таємне служіння іншим; відмова від спільних із близькою людиною смислів; заподіяння шкоди тому, кого зрадили. І, на жаль, ці ознаки ми сьогодні можемо знайти всюди: у сім'ї, політиці, бізнесі, приятельських стосунках...

Т.: Що стосується сім'ї, то позашлюбні стосунки ми майже завжди називаємо зрадою. Наскільки обґрунтовано таврувати чоловіка, що загуляв, цим словом?

О : Якщо чоловік прийшов додому і сказав: «Знаєш, я покохав іншу і жити з тобою більше не зможу», він не зрадник. Якщо чоловік захопився іншою жінкою, але продовжує любити дружину і постарався зробити так, щоб вона нічого не дізналася про інтрижку, він не зрадник. Не варто його таврувати і у випадку, якщо у подружжя формальні стосунки або обидва вважають за нормальне мати романи поза сім'єю. Але якщо чоловік вдає, що любить, що відданий сім'ї, що найвищими цінностями для нього є дім і стосунки з дружиною, а сам у цей час ненавидить дружину, таємно будуючи будинок для своєї нової сім'ї з коханкою, він зрадник. І, зрозуміло, ми говоримо про безумовну зраду, коли дружина чи дитина важко захворіли, а чоловік, не витримавши, рятується втечею.

Т.: А такий досить поширений випадок, коли чоловік зраджує з найкращою подругою і жінка раптово втрачає і чоловіка, і подругу – це зрада чи хвилинна слабкість, як зазвичай пояснюють чоловіки?

О.: Тут я не солідарний з чоловіками. Зв'язок із найближчою подругою дружини – це зрада, до того ж як і з боку чоловіка, так і з боку подруги. Але тут спостерігається цікавий психологічний феномен: часто учасники цих подій не сприймають їх як зраду. Обманутій жінці легше сказати собі: «Ну і що, чоловік загуляв, з ким не буває» або «Подружка така красива, нічого дивного, що мій на неї клюнув», ніж визнати, що вона дружина зрадника і подруга зрадниці. Пережити такий стрес дуже важко, тому включається захисний механізм: «Не так вже все й серйозно» (так важкохвора людина заспокоює себе, що у неї нежить). На жаль, зрада чоловіка з подругою – дійсно розповсюджена ситуація, і цьому є конкретне психологічне пояснення. Спрацьовує ефект помилкової близькості: адже подружка входить у дім, часто проводить час разом із подружжям, і у чоловіка врешті-решт послаблюється реакція на неї як на чужу жінку. Йому здається, що подружка майже рідна людина, і ця ілюзорна родинність нерідко призводить до любовного зв'язку. Мотивація подруги дещо інша: заздрість (у подруги є чоловік і автомобіль, нехай поділиться чимось, дасть «поносити») або цікавість, таємне бажання випробувати чари на забороненому об'єкті.

Т.: Чи є люди, схильні до зради, чи кожен із нас, хоч би яким стійким і прекрасним себе не вважав, потрапивши у певні обставини, втрачає обличчя?

О.: Психоаналітики стверджують, що в християнсько-іудейській культурі в процесі персоналізації всі проходять через зрадництво в тому чи іншому вигляді. Згадайте хоча б ябідництво у дошкільнят, донос в поліцію у дорослих, поширений, скажімо, у сучасній Західній Європі. Що стосується прихованого потенціалу зради саме у нашому соціумі, то змушений констатувати: сьогодні прийшли часи зрадників. Знаєте, чому? Раніше життя підсовувало нам набагато менше спокус, ніж сьогодні. Ми особливо не замислювалися над тим, яка у кого квартира, рахунок у банку, не надавали великого значення соціальному статусу, не зазнавали так званого класового приниження. Так, нинішні часи хороші тим, що дають кожному шанс реалізувати амбіції та втілити у реальність бажання. Але не всі витримують випробування спокусою. На жаль, багато чого в сьогоднішньому житті влаштовано так, що достатньо здійснити не зовсім пристойний вчинок – і можна отримати натомість те, що хочеш. Люди часто зраджують інтереси сім'ї, коханої людини, спільну справу, друзів, родичів. Щоправда, більшість, як на мене, все-таки протистоїть спокусам.

Розповім випадок із практики. Марині 31 рік. Вона живе із хворим чоловіком (у нього важка форма цукрового діабету) і своєю 60-річною матір'ю (теж не богатирського здоров'я). Марина мріє купити матері окрему квартиру, бо жінки не миряться, жити під одним дахом нестерпно. Коли Марина розповіла про свою проблему старому приятелю, давно й безнадійно закоханому в неї, той запропонував: «Дам тобі сто тисяч доларів, якщо підеш від чоловіка». «До тебе?» – поцікавилася Марина. «Необов'язково. Просто кинь його, я дам грошей на житло для мами і куплю квартиру для тебе». Хіба це не спокуса для змученої молодої жінки, яка хоче нормально жити та зберегти свої нерви? Жінка не втекла від чоловіка, а стосунки із приятелем розірвала. Але, на жаль, мені відомі випадки, коли душевних сил, аби протистояти спокусі, бракує.

Т.: Це зрада за цукерку. А є ще зрада зі страху бути покараним, поставленим у куток. Пам'ятаю, років двадцять тому один журналіст попався на плагіаті: він, власкор однієї поважної центральної газети, опублікував під своїм ім'ям чужу статтю, яку вкрав у провінційній багатотиражці, не думаючи, що його викриють. Викрили. Був великий скандал, скликали збори, викликали винуватого. І він, зі страху бути зганьбленим, сказав: «Це не я! Моя дружина зробила мені пропозицію: вона напише статтю, а я надрукую її під своїм прізвищем, адже мені, як власкору, це зробити легше. Я не знав, що вона вкрала чужу статтю!» Колеги розповідали, що дружина, яка теж працювала разом з чоловіком і була на зборах, мало не знепритомніла: вона ж бо не крала ніякої статті. Але підтримала версію чоловіка і ба навіть потім вибачила йому, адже він виправдовувався: мовляв, хотів зберегти високу посаду. Це зрада?

О.: Тяжко виносити судження про подружжя, але тут чоловік, виставивши дружину на ганьбу замість себе, зрадив її. А щодо виправдань – так зрадник завжди прагне виправдати себе різними, у тому числі й красивими, версіями. Андрій, син Тараса Бульби, покохав польську панну і відчинив ворота до міста для поляків, ворожих воїнів, зрадник він чи ні? Однозначно так. І не тому, що полюбив полячку, а тому, що відкрив ворота ворогам. Навряд чи він не усвідомлював, чим це загрожує його співвітчизникам. І все одно пішов на зраду, виправдовуючи її високими почуттями.

Т.: Згадала реальну історію. Чоловік, дружина і друг сім'ї створили фірму, кожен із засновників отримав по 33 відсотки акцій та, відповідно, рівні права. Якийсь час справи йшли успішно, але потім бізнес захитався: чоловік вклав кошти у нежиттєздатні проекти. Трійця зібралася і почала вирішувати, що робити. У чоловіка була одна програма виходу з кризи, у друга – альтернативна. Чоловік розраховував, що дружина підтримає його рішення, і їх 66 відсотків залишать друга у меншості. Але дружина сказала: «Вибач, твої плани здаються маренням. Ти вже завалив два проекти. Я віддаю свій голос альтернативній програмі». Чоловік звинуватив дружину у зраді: мовляв, раніше, коли все було гаразд, ти мені вірила.

О.: Мені здається, цей випадок цілком може свідчити і про зворотнє: дружина – справжній, вірний соратник. Уявіть собі картину: по крижаному шосе на шаленій швидкості мчить автомобіль, за кермом чоловік, поруч – дружина. Дружина, оцінивши обстановку, розуміє, що на такій швидкості вони далеко не доїдуть. Що їй робити? Крикнути: «Зупини, я пересідаю в іншу машину» – і залишити чоловіка напризволяще: нехай розбивається, якщо дурень? Або спробувати всіма можливими способами пом'якшити аварійну ситуацію: умовити його скинути швидкість, хитрістю змусити зупинити машину, зрештою, може, навіть проколоти колесо, щоби чоловік, поки возитиметься із запаскою, охолонув трохи? Дружина, яка тверезо оцінює обстановку і намагається уберегти чоловіка від катастрофи (як у вашому прикладі) – ніякий не зрадник. Адже вона, за великим рахунком, діє на користь чоловіка. Часто одні люди незаслужено дорікають іншим у зраді саме тому, що ті не поділяють їх забобони і не підтримують помилкові рішення та приречені на провал ідеї.

Т.: Чи можна прощати зрадника?

О.: Найчастіше це зробити не вдається. Той, кого зрадили, відчуває колосальну психічну травму: впадає в депресію, у розпач, втрачає довіру до людей. Як правило, стосунки після зради не відновлюються. Крім випадків вимушеної зради: наприклад, в часи сталінських репресій багато хто перебував у безвихідному становищі, коли людина зі страху за життя своєї сім'ї була змушена зраджувати друзів, колег. Сьогодні такі випадки нечасті, але все-таки буває, що життя заганяє нас у пастки, коли доводиться робити вибір між совістю та безпекою, моральністю та благополуччям близьких. Це нестерпний вибір, але людина вибирає те, що їй під силу. Таку зраду можна пробачити. Наприклад, я знаю випадок, коли один із засновників фірми віддав секретну документацію конкурентам: йому погрожували, він злякався, вивіз сім'ю до іншого міста, якийсь час намагався чинити опір, але здався. Звичайно ж, людина вчинила, прямо скажемо, негарно, і, напевно, можна було знайти інший вихід. Втім, погодьтеся, міркувати на цю тему легше, аніж, не дай Боже, опинитися в подібній ситуації і бути змушеним робити вибір. Зраджують же не вороги і не чужі люди. Зраджують найближчі та рідні – інакше ми не вважали б те, що сталося, зрадою.

У тому й гірка суть цього явища, що зрадник – той, від кого ніяк не чекаєш підлості, обману: нерозлучний друг, кохана людина, близький за духом колега, вірний родич. Умовно кажучи, це людина, з якою ви грали в одній пісочниці, їли з однієї тарілки, ділилися найпотаємнішим, будували спільні плани. І він зрадив, зрікся вас, відмовився від вашого спільного смислового простору. По суті, зрада унеможливлює будь-які подальші контакти з цією людиною – адже все, що вас пов'язувало, розтоптано. Продовжувати стосунки з людиною, що зрадила вас, – означає або вибудовувати новий ціннісний простір (але тепер ви вже побоюєтеся це робити, навчені гірким досвідом), або вдати, ніби нічого страшного не сталося, заплющити очі. Але це самообман, який аж ніяк не покращить ваш душевний стан. Тому я як психолог раджу: у духовно-релігійному плані вибачте цій людині, не тримайте на неї зла. Але від психоемоційних взаємин, принаймні на деякий час, краще відмовитись.

Т.: Ви сказали досить шокуючу річ: що потенційні зрадники водяться там, де з ними найменше розраховуєш зустрітися: на нашій особистій території, у колі найближчих людей. Як убезпечити себе від зради? Чи є протиотрута?

О.: Але ж сказане не означає, що хтось із ваших близьких людей неодмінно потенційний зрадник. Колись давно мені довелося спілкуватися з одним офіцером, який служив у повоєнний час у внутрішніх органах. Він сказав: «На допитах ми завжди знали, хто зрадить, а хто – нізащо, чим би ти йому не погрожував». Це питання глибоко філософське, стосується якості особистості. Розумію, було би простіше, якби існувала якась універсальна система тестування на схильність до зради – ну, щось на зразок тесту на схильність до алергії. Але таких тестів немає, хоча багато вчених у різних країнах намагалися розібратися в психології зради й створити усереднений портрет зрадника. Дослідження показали, що специфічних особистісних рис у зрадника немає. Тому в оцінюванні людини варто покладатися на свої внутрішні індикатори – чуття, інтуїцію. Кожна людина, прислухавшись до себе, може визначити ступінь довіри до власного друга, чоловіка, брата, сестри. Знаєте, є стосунки, про які люди говорять: «Ми разом, поки все добре. Як тільки щось трапиться – серцем чую, розраховувати мені на нього не варто». Звичайно, це не справжня дружба чи кохання, а сурогат. Але деякі люди задовольняються ерзац-любов'ю, ерзац-дружбою. І тут ймовірність зради зростає. Так що рецепт протиотрути простий і вічний. У ньому всього три інгредієнти: кохання, дружба та вірність. І одна умова – їхня справжність.

34. Не можу сказати «прощай»

Це буває по-різному. Наприклад, так: склали валізи, перевірили, чи на місці квитки, загорнули бутерброди в дорогу. Звичайний клопіт. Але чому так болісно стискається серце від звичного «Ну що, давай прощатися?» Ще буває так: сказані останні, як завжди незграбні, слова, ви квапливо сідаєте за кермо, ховаєте зволожені очі й зриваєтеся з місця, крадькома глянувши в дзеркало заднього виду на рідну хвіртку. Або так: ви сидите одне проти одного в дорогому ресторані, потягуєте вино, і врешті-решт один із вас наважується вимовити: «Навряд чи ми ще побачимось...»

Тетяна Петкова: Олександре Федоровичу, здається, що в житті набагато більше розлук, ніж зустрічей. Знаю, це суперечить фізиці та арифметиці: здавалося б, скільки приплюсуємо, стільки і віднімемо, скільки в басейн натече води, стільки й витече, але чомусь у житті виходить інакше. Ми часто не пам'ятаємо, як сказали «здрастуй», але ніколи не забуваємо болісне «прощай». Чому так?

Олександр Бондаренко: Нам справді здається, що в житті розлук більше, оскільки вони даються набагато важче, ніж зустрічі та знайомства. Згадайте: ви сідаєте у поїзд, залишивши на пероні близьку людину. Нехай навіть ви розлучаєтесь ненадовго і у вас є можливість десять раз щодня дзвонити другові чи коханому, але однаково стискає горло. Потяг рушив, близька людина біжить пероном, махає рукою, щось говорить. І вам нестерпно тяжко дається це німе кіно розставання, ви думаєте:

«Швидше б повернутися...» Психологія відповідає на запитання, чому так важко переживати розлуку. Річ у тому, що в розлуці зосереджена сутність взаємин людини зі світом. Пам'ятаєте єсенінське «Адже кожен у світі мандрівник – пройде, зайде і знову залишить дім?» Ми приходимо у цей світ один раз, але залишаємо його багато разів: коли розлучаємося з улюбленими місцями, із близькими людьми, із звичними обставинами. Залишаючи мікросвіт, в якому було добре, спокійно, радісно, людина завжди відчуває гострий душевний біль. Підлітку треба їхати з маленького затишного райцентру до столиці, і йому шкода залишати рідне місто. Подруга вийшла заміж і зібралася на ПМЖ за кордон – і вам погано, ви відчуваєте самотність, покинутість. А пам'ять болю досить сильна, тож здається, що розлук більше, ніж зустрічей.

Т.: Біль розставань руйнує чи загартовує людину? І які розставання найболючіші?

О.: Розлука несе важливе психологічне навантаження: без досвіду розлучень ми важкувато дорослішаємо, не використовуємо на повну силу свій життєвий потенціал. Якщо людина вчасно не розсталася з матір'ю, їй складно стати самостійною. Якщо не пережила чудовий період юнацької дружби і закоханості, що закінчився розлукою, її почуття будуть «недовиховані». Наше життя – суцільний ланцюг розлук. Спочатку ми відокремлюємося від матері, потім звільняємось від опіки батьків, залишаємо рідну домівку, їдемо з рідних місць... Закінчення школи, вузу – теж розставання. І до того ж для багатьох людей досить болісне: вони все життя пам'ятають шкільні роки, студентські компанії, розпач і жалкування, які домішувалися до радості на випускному балу. Треба сказати, що розставання з дитинством, юністю досить болісне, адже воно пов'язане з кардинальними змінами: переїздом, зміною способу життя та іншим. Особливо тяжкі для людської психіки розставання, пов'язані зі словом «назавжди»: назавжди виїхати з уподобаного міста, назавжди розпрощатися з близькою людиною, назавжди залишити звичне місце роботи. Причому біль у цих ситуаціях, як правило, присутній навіть тоді, коли розставання викликане приємними обставинами: покращенням житлових умов або новою сходинкою у кар'єрі. Психологам відомий такий феномен: люди, чия молодість припала на Другу світову війну, згадують ці роки з подякою. На той час їхнє життя було наповнене змістом, подіями, у крові вирував адреналін, і, як вони зізнавалися потім, їм було шкода розлучатися з тим важкими часами.

Т.: Мало знайдеться людей, які не хотіли би побувати в минулому: повернутися до міста свого дитинства, юності, зайти до школи, заглянути у вікна квартири, в якій колись давно мешкав. Чи можна пояснити бажання знову побачити все те, з чим довелося розлучитися, лише однією сентиментальністю?

О.: Річ не у сентиментальності. Тут є психологічний секрет. Нам хочеться повернути час назад, опинитися там, де нас пам'ятають інакшими, не такими, якими ми є зараз. Кожен, будучи підлітком, раптово виразно усвідомлював: «А я ж не хочу бути дорослим». Настає момент, коли дорослість вже не здається привабливою, навпаки, лякає і пригнічує. І, ставши 30–40-річними дядьками і тітками, ми все одно в глибині душі сумуємо за тим хлопчиком чи за тією дівчинкою з косичками – за самими собою. Туга за собою, бажання зазирнути в минуле, перемогти слово «неможливо» (адже повернутися в минуле неможливо) надають присмак гіркоти нашим подорожам рідними місцями. Тяга до минулого властива більшості людей, котрі знайомі з рефлексією, мають досвід розлук. Мої пацієнти часто розповідають, як, приїхавши до міста своєї юності, шукали ті алейки, якими гуляли, той танцмайданчик, де проводилися шкільні дискотеки. Але нерідко людина, яка шукає минуле – чи то зустрілася з колишнім коханим, чи то через двадцять років приїхала у містечко, де пройшло її дитинство, – відчуває розчарування: наша пам'ять накладається на реальність приблизно так само, як фотографія пейзажу на його художнє зображення. Начебто все на місці, але все змінилося. Побачивши, що реальна картина відрізняється від тієї, яка зберігається у пам'яті, людина засмучується. Так буває, коли ми надаємо надто великого значення минулому, спеціально моделюємо ситуацію «машини часу», щоб знову відчути себе молодими. Але, за великим рахунком, повертатися до місця, де тобі було добре, зустрічатися з приятелями молодості корисно. Є важливе психотерапевтичне питання: «Де ти був, коли тебе не було?». Намагаючись упіймати минуле, ми хочемо зрозуміти щось важливе про себе, про те, що складає стрижень нашого існування. Людина почувається нещасною, якщо їй немає чого згадати і немає куди повернутися, якщо не зберігся психосоціальний простір її буття. Однак звідти, куди ми тимчасово повернулися, треба їхати, адже нинішнє наше життя протікає зовсім інакше.

Т.: Є люди, котрі настільки бояться розставань, що свідомо збільшують дистанцію між собою і людьми, які могли би стати близькими. Вони бояться їздити на зустрічі випускників, не люблять повертатися до минулого, живуть за принципом «Я не маю кота, тому що боюся, що він помре, і я плакатиму».

О.: Це не що інше, як страх життя, невротичне надівання захисного футляра, щоб не стикатися з реальністю. Такі люди живуть у своєрідному психологічному монастирі. Їм легше прочитати десяток книг, ніж поговорити по душах з приятелем. Їм зручніше нагодувати білочку в зоопарку, ніж принести додому кошеня. Що ж, «люди в броні», можливо, вдало уникають болю, але платять за це тим, що позбавляють себе радості людського спілкування, живучи самотньо, без друзів і близьких. Втім, кожен вибирає собі те, що йому потрібніше.

Т.: Якщо уявити життя як шлях, то в дорозі ми не лише набуваємо, але і постійно втрачаємо попутників, причому необов'язково внаслідок сварки, конфлікту. Просто одні люди висаджуються з екіпажу, інші звертають у іншу сторону. Часом похоплюєшся: і з цим сто років не бачилися, і цей давно не дзвонив. Нерідко, чесно кажучи, і не шкодуєш. Що це – черствість, байдужість до людей?

О.: Розставання болісні лише в тому випадку, якщо людина для нас значуща. Адже життя зводить і розводить нас із масою персонажів, і це абсолютно нормально – не чіплятися за всіх і не відчувати бажання знову побачитися з кожним супутником. Психологи виділяють кілька типів стосунків між людьми. Можна назавжди розлучитися з людиною не в фізичному, а в психологічному сенсі: контакт підтримується, але рідність душ, близькість поглядів, порозуміння залишилися у минулому. Так буває з друзями юності: двадцять років тому вони були рідними та близькими, а сьогодні, насправді, чужі люди. Розставання такого штибу характерне для інтеракційних (ситуативних) стосунків, коли людей об'єднують конкретні обставини: навчання в інституті, служба в армії, проживання на одному сходовому майданчику. Змінилася ситуація, закінчився її термін дії – закінчилися і стосунки. А у транзактних стосунках ми відчуваємо близькість з людиною постійно, впродовж десятків років, незалежно від змін у нашій та її долі. При цьому ми можемо жити в різних містах, зустрічатися раз на рік, але спільність інтересів, розуміння одне одного з півслова зберігаються за будь-яких умов. Хочу наголосити на важливому: транзактні стосунки тривають довго, іноді все життя, тільки якщо в особистісному плані ви з близькими вам людьми розвиваєтесь співмірними темпами. Інакше виникає загроза психологічного розставання. Одне з головних правил науки розлучення полягає в аналізі ваших взаємин із людьми та виробленні відповідної стратегії: слід примиритися з неминучою смертю ситуативних стосунків – раз, підтримувати транзактні стосунки якомога довше – два. Є ще один тип взаємин – рольові. Наприклад, батьки-діти. На певному етапі ми переростаємо в особистісному плані своїх тат і мам, втрачаємо спільні інтереси, але психологічного розставання «назавжди» не відбувається, батьки завжди залишаються близькими і значущими для нас людьми.

Т.: Цікаво, до якого типу розлучень відноситься розлука чоловіка і жінки? Чи можемо ми говорити про особливості розлуки закоханих?

О.: У розлуці закоханих дуже сильний психоемоційний компонент – страх. Коли ви розстаєтеся з другом або батьками, підсвідомо ви впевнені: це ненадовго. Виїхавши за тисячу кілометрів від мами, ви залишитеся її дочкою. Якщо на півроку попрощаєтеся з подругою, будете довіряти їй свої таємниці, запитувати поради – по телефону або електронною поштою. А коли розлучаються чоловік і жінка, у підсвідомості поселяється страх: раптом мене забудуть, полюблять іншу людину? Підступність розставання чоловіка і жінки – у неприємному відчутті власної замінності. Ніколи, за жодних обставин ми не можемо бути на сто відсотків впевнені в тому, що кохана людина не залишить нас, не захопиться кимось іншим, що її почуття до нас не охолонуть.

Т.: На мій погляд, особливість розставання чоловіка та жінки ще й у тому, що любовні стосунки важливіші для нас в емоційному плані, ніж стосунки з батьками та друзями. Зрозуміло, розставання – травма в будь-якому випадку. Однак розлука з мамою чи подругою – це безпечна травма, а розлучення з коханою людиною часом загрожує життю.

О.: Поділяю вашу думку. Страх, що супроводжує розставання чоловіка і жінки, сягає корінням углиб тисячоліть: відправляючи годувальника на полювання чи війну, жінка не знала, чи побачить вона його живим. Відчуттю небезпеки, загрози, що супроводжує розлуку закоханих, присвячено багато віршів, згадаємо хоча б «З коханими не розлучайтесь» Кочеткова. Але, на жаль, є ситуації, коли розлучення неминуче. Я маю на увазі не тимчасову розлуку, а розставання назавжди. Людей часто розлучають фатальні обставини, проти яких вони безсилі: припустимо, у закоханих є сім'ї, і вони не хочуть калічити життя близьких людей. Також обов'язково потрібно розривати стосунки, якщо вони стали невротичними, деструктивними. Розлучення в цьому випадку – порятунок.

Т.: Припустимо, один із закоханих, перемагаючи себе, розірвав стосунки. А інший ніяк не може зрозуміти, що трапилося: дзвонить, наполягає на зустрічі, благає вислухати... Як вчинити?

О.: Правильніше не втішати цю людину, а пояснити, чому вам потрібно розлучитися. Не підтримувати контакт, не рубати хвіст по шматочку: будь-який дзвінок у відповідь, поступка, випрошене побачення даватимуть надію, затулятимуть реальність. Мистецтво розлучення передбачає, що стосунки розриваються раз і назавжди: коректно, делікатно, бездоганно ввічливо, але невблаганно.

Т.: Які ще правила поведінки є для чоловіка і жінки, які вирішили назавжди розійтися у різні сторони?

О.: Перший крок: усвідомити, що розставання не просто неминуче, а життєво необхідне. Мені відомі десятки випадків, коли чоловік і жінка руйнували своє колишнє життя, щоб бути разом. І в результаті зазнавали краху, адже часом ціна перемоги настільки висока, що виграш обертається поразкою. Розуміння необхідності розлучення не зменшить біль, але зробить страждання світлими, осмисленими. А якщо розуміння немає, і люди розлучаються з відчуттям «мене кинули», біль схожий на стогін тварини: людина страждає, не розуміючи, за що, не знаючи, як жити далі.

Другий крок: усвідомити, що допомоги чекати немає звідки. Переживати розлучення доведеться поодинці. Це як візит до лікаря: ви готуєтеся до операції, знаєте, що буде боляче, але виходу немає. І просити подругу посидіти поряд з вами в операційній сенсу нема: біль від цього не зменшиться. Стиснути зуби і пережити цей нелегкий час – ось найбільш правильна поведінка. Біль з кожним днем стихатиме, але період одужання у кожного свій: від кількох тижнів до кількох місяців. І я б не радив глушити біль алкоголем, як багато хто робить: спиртне – депресант, воно вганяє в похмурий стан, посилюючи переживання. Не варто також намагатися замінити розірвані стосунки сурогатними: шукати заміну досі ще коханій людині. Це принизить і вас, і того, з ким ви розлучилися, і, зрозуміло, «запасного гравця».

Третій крок: згадувати того, з ким ви розлучилися, лише з подякою. Нашій психіці властиво естетизувати спогади. Нехай ваша пам'ять про кохану людину буде тільки світлою, приємною – в у цьому випадку вона стане джерелом душевних сил. Навпаки, намагаючись очорнити і принизити того, хто ще вчора був найдорожчим на світі, ви позбавляєте себе спогадів, закреслюєте минуле, отже, закреслюєте частину себе.

Біль розлучення пом'якшиться, якщо змінити обстановку: виїхати в інше місто, в подорож – загалом, залишити на час місця, пов'язані з драмою стосунків. Повернувшись назад, ви повернетеся до себе колишнього, але вже в дещо інший світ, адже «літа біжать невблаганно, змінюючи все, міняючи нас»...

35. У тилу дружини

Якщо вдуматися, слово «заміжність» – синонім індивідуального засобу захисту. Вийшовши заміж і сховавшись за широкою спиною обранця, жінка отримує гарантовані дах, стіл, а також привілей у скрутний момент пискнути: «Ти глава сім'ї, вирішуй сам». Так було раніше, але сьогодні все змінюється. Новий час готовий запропонувати нове слово: «зажінство». Все більше жінок роблять кар'єру і заробляють гроші. Все більше чоловіків ховаються за тендітною спинкою дружини, отримуючи в «зажінстві» тил, базу та надійне плече. А разом з ними і нищівний удар по самолюбству. Чого чекати від ситуації «дружина успішна, а чоловік не дуже» – зміцнення шлюбу чи неминучого розлучення?

Тетяна Петкова: Такі міцні ще в 60–80-ті роки XX століття стереотипи, за якими чоловік однозначно прирівнювався до здобувача, а дружина – до домогосподарки, сьогодні потихеньку руйнуються. Особливо у великих містах. Вже нікого не дивує той факт, що дружина заробляє більше, має вагу в суспільстві й, зрештою, несе більшу відповідальність за сім'ю, ніж чоловік. Психологи заговорили про жіночу революцію і пов'язаних із нею проблемах. А в чому проявляється зміна звичних амплуа чоловіка і дружини?

Олександр Бондаренко: У цій ситуації, як на мене, існують дві проблеми. По-перше, реакція чоловіка на успіх дружини нерідко патологічна. Як правило, чоловікові важко змиритися з тим фактом, що дружина випереджає його за кількістю життєвих досягнень. Хоча бувають винятки. Наприклад, чоловік моєї клієнтки Оксани ось уже кілька років веде домашнє господарство: з ранку до вечора знаходиться вдома, готує їжу, пере, прибирає. Якщо кілька років тому Оксану ця ситуація дратувала і засмучувала, то сьогодні вона звикла до такого розподілу ролей і не намагається щось змінити. Чоловік своє небажання працювати пояснює так: пристойного місця з високим окладом йому все одно не знайти, а за копійки працювати з ранку до ночі не хочеться, краще зайнятися домом. Заробітки Оксани цілком дозволяють їй утримувати сім'ю. По суті, у цій сім'ї подружжя помінялося ролями: вона – годувальник, він – домогосподарка. На щастя для обох, проблема горезвісного чоловічого самолюбства їм не докучає. Чоловік Оксани сміється: «А що тут такого? Ну так, дружина багато працює, зате подивіться, які у мене в домі порядок і чистота!» Проте зазвичай обмін ролями в сім'ї рідко відбувається так мирно і безболісно.

По-друге, змінюється ставлення дружини до свого чоловіка, що залишився далеко позаду. Звичайно ж, більшості жінок хочеться бачити поруч із собою сильного чоловіка, надійне плече, захист та опору. Нехай наші пані вміють долати труднощі, працювати до сьомого поту і при цьому мати чудовий вигляд, однак вони зовсім не мріють бути мужиком у спідниці, втомлюватися до знемоги, тягнути на собі сім'ю. І чоловік, який охоче поступається дружині правом бути главою сім'ї, який нічого не робить для того, щоби хоч трохи наздогнати її за кількістю успіхів, рано чи пізно викличе у жінки як мінімум досаду та роздратування. Потім з'явиться байдужість до коханого колись чоловіка (хоча при цьому жінка зберігає шлюб) або бажання йти життям одній, без баласту. Тоді – розлучення.

Т.: Але ж бувають різні ситуації: припустимо, дружині підвернулася престижна і високооплачувана робота, а у чоловіка, як назло, справи пішли криво і косо. У чому він винний? Не можна ж подавати на розлучення тільки тому, що у чоловіка зарплата нижча.

О.: Якщо у чоловіка по-справжньому чоловічий характер, опинившись у ситуації, про яку ми говоримо, він вирішить проблему: намагатиметься відновити свій статус, набрати обертів, утриматися у ролі глави сім'ї. Чоловіча гідність не дозволить йому опустити себе в очах коханої жінки. Він із шкури вилізе, щоб мати достойний вигляд. Це конструктивний спосіб чоловічої поведінки. І справа тут зовсім не в зарплаті. Точніше, не в доході. Справа в тому, наскільки змістовний цей чоловік і яка система цінностей у сім'ї.

Т.: А якщо чоловік заявляє: «Я втомився, видихся, у мене нічого не виходить, я скривджений життям. Дружина міцна, здорова – що їй зробиться, нехай працює»? Чимало жінок чують сьогодні від своїх чоловіків щось подібне. На перший погляд, нічого особливого, але, на мою думку, образливі слова.

О.: Якщо це не тимчасовий стан пригніченості, тоді це деструктивна позиція, характерна для чоловіків, які втратили рольові ознаки. Традиційно чоловік – захисник, здобувач і авторитетний суддя у будь-якому питанні. Але в нашій розмові ми зосередимося на чоловіках, так би мовити, «нетрадиційної орієнтації»: вони спокійно дозволяють дружинам працювати з ранку до вечора і забезпечувати гідний рівень життя. Самі при цьому особливо не напружуються і не відчувають докорів совісті. За способом реакції на процвітаючу дружину чоловіки діляться на кілька категорій. До першої відносяться заздрісники, які страждають на комплекс неповноцінності: вони не зуміли реалізуватися, упустили шанс, не розвивали свої здібності, виявилися набагато менш обдарованими та працездатними, ніж їхні дружини. Успіхи жінки не тішать їх, а утискають. Такі чоловіки зловтішаються з приводу невдач дружини, удавано співчуваючи їй: «Ось бачиш, я ж казав, що у тебе нічого не вийде». Вони можуть, самі того не усвідомлюючи, бажати дружині поразки, всіляко применшувати її успіхи, пояснювати їх тим, що дружина прийняла допомогу іншого чоловіка, заплативши за це тілом тощо. Заздрісники ревнують дружину до її здобутків, прагнуть знецінити її успіх, пояснюючи його випадковістю, уявною легкістю. На жаль, такий чоловічий типаж сьогодні досить поширений. За моїми спостереженнями, це часто чоловіки із заниженою самооцінкою, а також ті представники сильної статі, які всім, що є хорошого в їхньому житті – кар'єрою, достатком, стабільністю, – зобов'язані дружині. Парадоксально, але деякі чоловіки не можуть пробачити дружинам благополуччя, яке ті для них створили.

Ще один різновид «нетрадиційних» чоловіків – чоловіки-господині з сильним фемінним компонентом у структурі особистості. В дитинстві ці хлопчики люблять допомагати мамі на кухні, поливати квіточки, робити прибирання – словом, споконвічно жіночі обов'язки їх не гнітять, а навпаки, приваблюють. Якщо дружина такого чоловіка досягає успіху, він спокійно йде у домашнє господарство, дозволяючи їй командувати парадом. Згадаймо Новосельцева і Мимру зі «Службового роману». Мені як психологу мало віриться в те, що на цю пару чекає щасливе сімейне життя: аж надто різні психологічні типажі. Їх шлюб може скластися за однієї умови: Новосельцев стає домогосподаркою, виховує дітей, готує їжу, а героїня Фрейндліх продовжує керувати і робити кар'єру. Зауважу, що успішні дружини, як правило, не розлучаються з Новосельцевими. Адже жити з чоловіком-домогосподаркою зручно: він допомагає в побуті, не ставить зайвих запитань типу «Де була? На що гроші витратила?», та й статус заміжньої для багатьох привабливіший, ніж становище розлученої жінки.

Наступний типаж – скаржники, чоловіки, які деградують, які бездарно проживають своє життя. Вони, як правило, озлоблені на весь білий світ, звинувачують у своїй невдачливості будь-кого, тільки не себе. При цьому глушать спиртне, б'ють байдики і нічого не роблять для того, щоб ситуація змінилася. Рано чи пізно дружина йде геть від такого чоловіка. Є ще один вкрай непривабливий чоловічий тип – приживали. Вони можуть бути надзвичайно ніжними і приємними у спілкуванні. Складається враження, що вони обожнюють жінку. Хоча насправді чоловік-приживала безсовісно експлуатує свою дружину, користуючись її досягненнями та нічого не даючи натомість.

І нарешті, останнім часом часто зустрічається типаж синочка, інфантильного чоловіка, який вважає за краще сидіти під крильцем у «мамочки»-дружини. За спостереженнями психологів, у такому союзі у кожного свій невроз: дружина стверджується за рахунок чоловіка, позбавляючи його можливості відчути себе чоловіком, заохочуючи його безпорадність і утриманські настрої. А інфантильний чоловік, хоч і закочує час від часу істерики під назвою «Хто в домі хазяїн?», насправді й не намагається утвердитися у ролі глави сім'ї, оскільки панічно боїться стати дорослим і взяти на себе відповідальність. Він не хоче бути ведучим, його влаштовує статус синочка, ображеного на весь світ («Я хотів покерувати, але мені не дали, мене не зрозуміли!»).

Т.: Але ж прийнято вважати, що роль годувальника, міністра фінансів у сім'ї найбільш значуща для чоловіка. Гроші – одна з головних ознак чоловічої успішності, і будь-які натяки на маленьку зарплату зачіпають усіх без винятку чоловіків. Виходить, вони власноруч розписуються в неспроможності, дозволяючи дружині фінансувати сім'ю?

О.: Зводити роль чоловіка в сім'ї лише до спонсорства – вразлива позиція. Хоча багато чоловіків сьогодні говорять: «Я роблю головне – приношу гроші, тому дайте мені спокій і не смикайте через дрібниці», вони так само неповноцінні, як і чоловіки-невдахи. Такий чоловік, навіть якщо він багатий, рано чи пізно виявиться духовним банкрутом: гроші, безумовно, посідають важливе місце в житті, але брати їх за основу не варто. Я знайомий з багатьма заможними чоловіками, від яких пішли дружини, сказавши наостанок: «Ми чужі, з тобою холодно і самотньо». Звісно, є категорія жінок, які згодні з тим, що чоловік-спонсор лише приносить гроші й не бере участі у житті сім'ї, але більшість дружин все-таки бажають бачити поряд із собою живу людину, а не банківський сейф. Що стосується свідомої відмови від ролі годувальника, чоловіки вважають: той, хто заробляє більше, має одноосібно приймати рішення. А жінкам, навпаки, хочеться, щоб чоловік брав участь у визначенні тактики і стратегії сім'ї. Тому, побачивши, що він самоусунувся від відповідальності, заліг на дно, вона закипає: «Я працюю більше за тебе, приношу гроші в сім'ю, а ти вирішити нічого не можеш!» Рівновага порушується: дружина чекає від чоловіка прояву активності, а чоловік, втративши статус годувальника, вибирає для себе пасивну роль.

Т.: Чи можна уникнути розставання у подібній конфліктній ситуації чи розлучення неминуче?

О.: Щоб чоловік почував себе психологічно комфортно, потрібно, щоб рішення ухвалював він. Тому мудрі дружини, обігнавши чоловіка по життєвих досягненнях, знаходять золоту середину і ділять обов'язки: «Тут я командир, а тут – ти». Якщо чоловік інфантильний, з ним не потрібно сюсюкати, не треба жаліти його чи дорікати йому. Як не смішно це прозвучить, чоловіка-«синочка» потрібно виховувати і готувати до дорослого життя. Розумна і любляча дружина знайде вірний тон, щоб пояснити чоловікові: «мамочка» чекає від нього захисту, настав час дорослішати і підставляти втомленій дружині сильне чоловіче плече. Крім цього, дружина може допомогти чоловікові знайти відповідну роботу, вселити йому віру в себе, обнадіяти, уберегти від деградації. Але, на жаль, у деяких випадках розлучення неминуче.

Т.: І на якому ж камені розбивається сімейний човен?

О.: Помилково думати, ніби шлюб розпався саме тому, що дружина стала заробляти більше грошей. Справа не у фінансовій, а у духовній спроможності. Якщо дружина заробляє більше, але чоловік зайнятий серйозною, важливою справою (нехай навіть це заняття не приносить великого доходу), дружина не перестане його поважати, не втратить інтерес до нього як особистості. Але якщо чоловік нічим не зайнятий, крім ниття і пережовування своїх невдач, з певного моменту подружжя починає психологічно віддалятися одне від одного. І розлучається, коли дружина виявляє: їй нудно із чоловіком, він перестав розвиватись. Настає момент, коли обидва розуміють: їм немає про що говорити, у них різні погляди на подальше життя. Прірву між людьми створює не різниця у доходах. Прірва з'являється тоді, коли один йде вперед, а інший зупинився і не хоче наздоганяти першого.

Т.: Ми знаємо чимало подружніх пар, де дружина набагато успішніша за чоловіка, проте їхній союз міцний, у сім'ї – щастя і гармонія. Вони навчилися миритися з рольовим конфліктом або ж у них жодного конфлікту не було?

О.: Один німецький мислитель сказав, що головний принцип чоловіка «Я хочу», а головний принцип жінки – «Він хоче». Кожній жінці, якщо вона не войовнича феміністка, дуже хочеться пишатися своїм чоловіком. І зовсім не обов'язково, щоб він був високопосадовцем чи багатим бізнесменом. Мені здається, це нездорова думка: визначати значущість подружніх партнерів за їхніми життєвими успіхами. Часто люди кажуть: «У неї своя фірма, купа грошей, становище в суспільстві – як вона може жити із цим невдахою?» Але даруйте, крім міністра фінансів є і міністр з надзвичайних ситуацій, чи не так? Нехай чоловік не такий успішний, як дружина, але без нього вона не уявляє собі життя, і ніякий інший чоловік їй не потрібен. Я знайомий із сім'ями, в яких чоловіки, заробляючи вдесятеро менше дружин, проте залишилися главою сім'ї: ухвалюють рішення, справляються з проблемами – словом, поводяться як справжні чоловіки, і з ними жінки почуваються впевнено та спокійно. Згадайте Гошу з фільму «Москва сльозам не вірить»: адже герой Баталова був простим слюсарем, але ні він від цього не страждав, ні героїня Алентової! А все тому, що, як сказав він їй: «Мій особистий статус вищий, ніж твій соціальний». Погодьтеся, багато жінок хотіли б мати такого чоловіка, як Гоша: надійного, впевненого, такого, що вміє брати відповідальність на себе, піклуватися про жінку. Одна процвітаюча пані, президент солідної компанії, сказала про свого чоловіка (який працює таксистом): «Чоловік – мій моральний продюсер». Вона знає, що може покластися на чоловіка у всіх, навіть найважчих ситуаціях. І це додає їй впевненості у завтрашньому дні.

І ще. Як психолог я переконаний: сучасних хлопчиків недостатньо виховувати в традиційно чоловічій манері, націлюючи їх на те, що, незалежно від життєвих успіхів, вони все одно вважатимуться главою сім'ї, тому що чоловіки. Раціональне зерно в такому вихованні, безумовно, є, але хлопчик виростає таким собі рабовласником, впевненим у тому, що жінка, вийшовши за нього заміж, відразу складає лапки і покірно чекає від чоловіка годівлі. Хлопчика потрібно виховувати у дусі змагання, щоб він був готовий до успіхів дружини і прагнув на її тлі мати достойний вигляд. Чоловік завжди повинен намагатися мати гідний вигляд в очах жінки, сприймаючи її при цьому не лише як прикрасу та втіху свого життя, а й як самоцінність.

Т.: Скажіть, Олександре Федоровичу, а якщо в ситуації «дружина – лідер, чоловік – аутсайдер» зробити вигляд, що все нормально: мовляв, що тут такого – у кого є можливість, той заробляє? Можливо, це найбільш здорова реакція?

О.: Я взагалі не прихильник граничного спрощення проблем. Якщо робити вигляд, що все йде як слід, криза неминуча. Спочатку з'являться тривожні симптоми: у чоловіка почне псуватись настрій, потім характер, він стане прискіпливим, примхливим. До речі, у цій ситуації чоловіки нерідко заводять коханок, які знаходяться на більш низькому соціальному ступені, ніж вони самі: не маючи можливості командувати в сім'ї, чоловік прагне знайти іншу жінку, для якої буде авторитетом. Якщо не звертати уваги на душевний стан чоловіка, він може впасти в апатію або вдаритися в агресію, що, зрозуміло, не найкращим чином позначається на сімейних стосунках. Тому проблему обов'язково потрібно витягувати на світло і проговорювати. Любляча жінка зможе знайти необхідні, тонкі слова, щоб підняти самооцінку чоловіка та налаштувати його на успіх.

36. Дорослі діти

На літо купила собі милі сандалики – з круглим носком, мереживною перетинкою і великим блискучим гудзиком збоку. До них потрібно підібрати гольфи – у смужку. Подруга вчора похвалилася класною резинкою для волосся, з бусинками та блискучими камінчиками – «скляшками», як ми говорили в дитинстві. А завтра з колегою нарешті йду дивитися нового «Гаррі Поттера», і нікому не зізнаюся, що через кіношку я скасувала важливу зустріч із діловим партнером.
Чому дорослим людям хочеться впасти у дитинство? Чим відрізняється інфантильність від дитячості? Чи варто лякатися або радіти бажанню побути дитиною?

Тетяна Петкова: Вперше про «пітерпеноманію» я прочитала в одному журналі. Як відомо, Пітер Пен, герой однойменної повісті Джеймса Баррі, – вічний хлопчик, який не бажає дорослішати. Стаття, що потрапила мені до рук, розповідала про дорослих людей, яким захотілося повернутись у дитинство. Вони купують і читають дитячі книги, дивляться дитячі фільми, носять одяг та взуття, що фасонами нагадують дитячі. І навіть збираються в спеціальних клубах – пограти у дитячі ігри. Спочатку я знизала плечима – чи мало дивних людей! – і забула про статтю. Потім прочитала ще одну, потім ще. І зрозуміла, що «пітерпеноманія» – це тенденція, а не поодинока примха. Остаточно я в цьому переконалася, коли зловила себе на пристрасті до фільмів про Гаррі Поттера та бажанні переглядати дитячі мультики. Як ви, Олександре Федоровичу, прокоментуєте цю нову тенденцію?

Олександр Бондаренко: Ця тенденція зовсім не нова. Ще наприкінці сімдесятих років XX століття західні психологи зазначали, що серед 35–50-літніх людей спостерігається явище загальної інфантилізації: чоловіки і жінки потягнулися до дитячих книжок, фільмів, строкатого легковажного одягу. Фахівці сформулювали це явище так: спроба продовжити життя шляхом продовження молодості. Але відома ця тенденція була ще раніше, у тридцятих роках, щоправда, не в такому масовому прояві. І люди, які не бажають розлучатися з дитинством, цікавили тоді не психологів, а письменників. У Ернеста Хемінгуея є оповідання «Недовге щастя Френсіса Макомбера». Свого головного героя Хемінгуей змалював так: «П'ятдесятирічний чоловік був відзначений печаткою вічно юного американського хлопчика». Суть оповідання в тому, що Френсіс Макомбер не хотів дорослішати, зберіг дитячий безпосередній погляд на світ. А одного разу він різко подорослішав – це сталося під час полювання, коли азарт мисливця переміг у ньому дитяче небажання стріляти у живу істоту. І щойно у свідомості Френсіса стався переворот, він випадково загинув від необережного пострілу своєї дружини. Філософічне таке оповідання, адже за великим рахунком неясно, чи випадковим був цей постріл чи ні – особливо якщо згадати Гегеля та Фрейда з їхніми теоріями закономірних випадків. Окрім Хемінгуея, ще деякі письменники зверталися до теми нестаріючих п'ятдесятирічних американських хлопчиків, вважаючи це соціокультурним феноменом.

Т.: Але я бачу тут дві теми. Перша – це людина, яка панічно боїться дорослішати, а друга – той, хто до 35–40 років, будучи дорослою сформованою особистістю, раптово захотів повернутися у дитинство. Мені здається, це все-таки різні явища.

О.: Безумовно, йдеться про зовсім різні явища. Є термін «синдром Пітера Пена» – це психологічний (а іноді й психіатричний) діагноз. Означає він незрілу, інфантильну особистість, яка не бажає дорослішати через страх нести відповідальність за своє життя. З такими людьми складно вибудовувати стосунки: вони егоїстичні, брехливі, істеричні, примхливі, легко завдають болю тим, хто їх любить, ухиляються від розв'язання проблем – а найчастіше взагалі не бажають помічати труднощів, віддають перевагу «політиці страуса». Так діти ховають голову під ковдру, вважаючи, що захистили себе від можливих неприємностей. Водночас «пітери пени» можуть бути чарівними, грайливими, милими, з ними приємно проводити дозвілля, спілкуватися, але тільки-но справа доходить до дорослих стосунків, наприклад, допомоги близькій людині, хлопець-душка пальцем не ворухне. Психотерапевти знають, що робота з таким клієнтом потребує запасів терпіння і часу. До того ж боротися з патологічною інфантильністю – заняття невдячне: в більшості випадків «пітери пени» так і залишаються психологічними дітьми, безпорадними та примхливими. Однак, як я розумію, тема нашої сьогоднішньої розмови зовсім не діагноз, а «пітерпеноманія» – прагнення дорослої людини поринути у дитинство. З інфантильністю та незрілістю особистості це явище нічого спільного не має, і причини його – не в страху перед життям, а в іншому.

Т.: Одну причину ми вже знаємо, її назвали психологи у сімдесятих роках: прагнення продовжити життя шляхом продовження молодості.

О.: Звісно, ця думка першою приходить в голову. Але пояснювати наше бажання побути дітьми однією лише тягою до вічної молодості занадто примітивно. Насправді причин кілька, і всі вони торкаються глибинного шару підсвідомості. Років тридцять тому відомий філософ Міраб Мамардашвілі проаналізував настрої людей, які живуть в умовах корпоративно-монополістичного соціуму. Це такий соціум, в якому багато великих фірм і компаній – власне, це західне суспільство та частково вже наше. Так ось, багато найманих співробітників, працюючи у великих фірмах і компаніях, усвідомлюють, що від них загалом мало що залежить, не вони контролюють ситуацію і не вони визначають кінцевий результат. У таких умовах у людей виробляється особлива захисна реакція, дуже схожа на реакцію дитини, яка перебуває у владі суворих батьків. Людина відчуває, що за своїм психологічним і професійним статусом вона в жодне порівняння не йде з громадським авторитетом компанії. І як реагує її психіка? Людина добровільно вибирає собі роль гвинтика, знімаючи з себе відповідальність за те, що відбувається. Вона транслює оточенню свою дитячу позицію за допомогою слів: «Ну я ж намагався, у мене не вийшло» або «Не гнівайтесь на мене, я не хотів». Мовляв, я ж маленький, відчепіться усі від мене! Принагідно змінюється і зовнішній образ: людина несвідомо намагається і мати вигляд дитини. Хоча, на перший погляд, така поведінка нагадує діагноз «синдром Пітера Пена», про інфантильність у цьому випадку говорити не можна. Коли люди йдуть із великої корпорації та займаються нехай скромним, але своїм власним бізнесом, вони швидко позбавляються ролі гвинтика і беруть ситуацію у свої руки. Втім, названа причина – другорядна. А провокує тенденцію впадання у дитинство зовсім інша.

Т.: Головна причина позитивна чи ні? Тому що впадати в дитинство від відчуття себе гвинтиком у великій машині – звучить якось гнітюче.

О.: Головна причина – позитивна. «Пітерпеноманія» – це чудовий психотерапевтичний захист від руйнування особистості. Коли людина втомлюється від навантажень дорослого життя, вона шукає віддушину, захист. Зауважте – не відмовляється від дорослого життя, не закреслює його, а, так би мовити, трохи декорує в полегшеному варіанті. Адже гідність «дорослих дітей» не в тому, щоб не помічати труднощів, а в тому, щоб, по-перше, не драматизувати їх, а по-друге, справлятися з ними без зайвого шуму, нікому не показуючи, що ти маєш проблеми. Насправді сорокарічні та п'ятдесятирічні «дівчата і хлопчики» – не інфантильні істоти, а зрілі розвинені люди. Вони роблять бізнес, обіймають впливові посади, ведуть важливі справи. Вони просто обрали впадання у дитинство як особливу форму соціально-психологічної адаптації до життя у соціумі. Пам'ятаєте, ще Єсенін писав: «Виглядати усміхненим і найпростішим – найвище у світі мистецтво»?

Т.: Отже, коли я з цікавістю дивлюся кіно про Алісу, гостю з майбутнього, або мультик «Троє з Простоквашино», тим самим захищаюсь від якихось дорослих проблем?

О.: Необов'язково захищаєтеся. Швидше за все, вам просто хочеться відпочити душею. Я як психолог дуже добре вас розумію. Я й сам дивлюся радянські мультики й ціную їх за незаперечні переваги: прозорість, ясність критеріїв оцінки подій та персонажів. Ось добро, ось зло. Ось хороший герой зробить те й те – і переможе поганого. Немає людини, чия душа не потребувала би відпочинку та психотерапії. Потребу в емоційній розрядці відчувають всі люди. А бажання побути дитиною – це, безперечно, емоційна розрядка. Ми скидаємо напруження, що накопичилося, і на деякий час поринаємо у світ простих і однозначних стосунків, де завжди тріумфує добро і справедливість. Впадання в дитинство я назвав би універсальною розрядкою: це водночас захоплива гра, можливість підкоригувати імідж, розвантаження складних життєвих завдань. Адже доросла людина щодня відчуває колосальний тиск – потрібно зробити той чи інший вибір, знайти оптимальний вихід із ситуації, виконати зобов'язання та ще зробити масу всіляких дрібних і великих справ. Це тяжке випробування для психіки.

Психологи характеризують світ дорослих стосунків, особливо у міському середовищі, як надзвичайно насичений та заплутаний. Не дивно, що нас час від часу тягне зануритися у просту, чисту, зрозумілу реальність, де проблеми вирішуються за допомогою чаклунства, де живуть славні листоноша Пєчкін і Карлсон. Нам хочеться відновити у своїй душі критерії чесних, нехитрих стосунків. Ось ми й дивимося дитячі фільми, мультфільми, фантастику та казки. Це нагадує мені поведінку японців, які кидають пару ієн у проріз автомата і дихають повітрям, насиченим киснем (у Токіо встановлені такі автомати). А потім знову надягають марлеві пов'язки та йдуть у своїх справах. Дитячі книжки, фільми, ігри – це ковток кисню у задушливій атмосфері мегаполісу.

Т.: Чи багато хто відчуває таку потребу – впасти у дитинство? Мені здається, подібні бажання притаманні людям певного складу.

О.: Емоційної розрядки потребують усі без винятку, але форми цієї розрядки у кожного свої. В одних це спорт, в інших – любовні романи, у третіх – хобі, у четвертих – «пітерпеноманія». А в когось, на жаль, алкоголь і азартні ігри. Бажання сховатися у дитинстві властиве чутливим креативним людям зі складним світовідчуттям. Особистостей такого складу видатний психотерапевт Марк Бурно, автор бестселера «Психотерапія творчим самовираженням» назвав представниками ювенільного типу. Це люди, які насамперед відрізняються підвищеною потребою та продуктивністю у творчості, вони мають різноманітні здібності – літературні, артистичні, наукові. Вони мають молодий вигляд, їх психологічний вік менше біологічного. Ювенільні люди часто відрізняються ейдетичним баченням світу, сприймають життя не через логічні висновки, а через образи («ейдос» – образ грецькою). Такі люди дбайливо зберігають свої спогади і враження, які, як правило, об'ємні та багаті. Я б назвав людей з ейдетичним сприйняттям світу «поліфонічними»: якщо одні «звучать» двома-трьома нотами і «показують» чорно-білу картинку, то креативні люди ювенільного типу сприймають світ у всьому багатстві відчуттів. Вони яскраві багатогранні особистості, відрізняються підвищеною емоційністю. Ейдетичні люди, граючи в дитинство, розфарбовують своє життя у всіх проявах – одязі, інтер'єрі, автомобілях, стосунках з іншими людьми.

Т.: Тоді, напевно, люди, яким притаманна дитячість сприйняття, сприймають матеріальний світ як кімнату з іграшками.

О.: Тут є одна цікава особливість. Дійсно, одна з основних рис дитячого способу проживання життя – наявність іграшок. Діти грають з ними, ламають, викидають, вимагають купити нові. Психологи давно звернули увагу на одну обставину: починаючи з другої половини двадцятого століття речі, що оточують нас, набули статусу іграшок. Практично жодна з речей, якими ми сьогодні користуємося, не є солідною, шанованою річчю з великої літери, як це було прийнято ще років сто тому. Згадайте, як дорожили речами наші бабусі та прабабусі, як передавали дорогі предмети у спадок, як дбайливо ставилися до них, ремонтували по десять разів. А що ж сьогодні? Зламався електрочайник – ми не будемо возитися з ремонтом, а підемо за новим. Купили туфлі – знаємо, що за півроку їх доведеться викинути, бо мода мінлива, модель застаріє. Навіть автомобілів торкнулася ця тенденція: ми вважаємо за краще міняти їх частіше, ніж того вимагає доцільність. Адже щороку автомобільні концерни пропонують щось новеньке, нам хочеться побалувати себе іншою іграшкою – сучаснішою, шикарнішою. Мені розповідали, що автомобіль одного японського концерну, на який дають гарантію шість років, всупереч очікуванням виробника не має великого успіху: люди підсвідомо побоюються, що через шість років машина вже не буде така сучасна, як зараз. Наявна дитяча установка: ми користуємося речами не стільки як функціями, скільки як улюбленими, значимими іграшками, що підкреслюють наш статус, розважають нас, пом'якшуючи жорсткість буття. Мені відомі випадки, коли люди купували дуже дорогі машини, які були їм явно не по кишені – брали кредити, ледве зводили кінці з кінцями. Зате вони отримували шикарну іграшку і щиро раділи їй. Теж своєрідна психотерапія.

Т.: А що ви думаєте про феномен дитячої інтуїції та дитячої безстрашності? Те, про що кажуть: «Дитина не знала, що це неможливо зробити – взяла і зробила!» За моїми спостереженнями, люди, які зберегли дитячість, часто отримують бажане саме тому, що не бояться життя. Вони демонструють повну відсутність пієтету перед соціальними стереотипами та правилами. Їм це допомагає?

О.: Ще й як допомагає. У психології це називається безустановність сприйняття. Згадайте казку, коли дитина побачила правду – а король голий! Запорука успішності та творчої продуктивності в тому і полягає – у здатності сприймати дійсність без установок і стереотипів, відображати її самостійно, не підпадаючи під чийсь вплив. Креативні, успішні люди незалежні від чужої думки. У них формується свій власний світ і свій неповторний стиль. Звідси і пояснення, чому дива відбуваються найчастіше з людьми, які зберегли дитячий погляд на світ. Насправді жодних чудес немає. Просто доросла людина, скута різними заборонами та установками, каже собі: «Ні, цього не може бути» – і сама блокує непересічну подію або явище, яке ми називаємо дивом. А діти і «дорослі діти», вибачте, чхати хотіли на чужий досвід та установку «так не буває». Вони кажуть: «Я хочу, щоб так було» – і програмують потрібну подію, роблячи її можливою. Оточення кажуть: сталося диво, але жодного дива в цьому немає. Просте програмування ситуації, помножене на вміння прислухатися до своєї інтуїції.

Т.: Чи правда, що іноді люди повертаються в дитинство, маючи підсвідоме бажання нібито переграти наново невдале життя?

О.: Так, і на відміну від «пітерпеноманії» – життєрадісного занурення в дитинство – бажання переграти долю наново є тривожним симптомом. В цьому випадку я б рекомендував спілкування з досвідченим психотерапевтом. Фахівець допоможе з'ясувати, що там заховане в дитячих спогадах – те, що сьогодні заважає жити. Метод повторного реагування на дитячі переживання називається регресією, він досить ефективний у вирішенні особистісних проблем.

Т.: Олександре Федоровичу, мене цікавить ваша думка ще про одну тенденцію. Її не можна назвати впаданням у дитинство, але, на мою думку, вона стосується нашої бесіди. Деякі мої знайомі не те щоб хочуть побути дітьми, а просто не бажають перетинати певну вікову межу. Їм по 35–45, а то й 55, а вони живуть так, ніби їм 28–30. Наприклад, приятельці нещодавно 45 виповнилося, а вона не поспішає створювати сім'ю, її не спокушають пропозиції стати начальницею – керівником невеликого відділу. Бігає собі на курси італійської мови, отримує третю вищу освіту і жартує: «Ще встигну стати солідною тітонькою!» Це прояв інфантильності?

О.: Ну, якщо людина здобуває третю освіту, то яка ж тут інфантильність? Приклад вашої приятельки ілюструє світову тенденцію: на початку цього століття сучасна вікова психологія дійшла оптимістичного висновку – молодість подовжується. Виявляється, прогрес у технологіях життєзабезпечення, зміна людської діяльності (зменшуються фізичні зусилля, зростають розумові) та характеру харчування (все-таки багато людей сьогодні віддають перевагу здоровій їжі) призводить до того, що зрушуються вікові межі. І річ не у тому, що нинішні 40–45-річні мають значно молодший вигляд, аніж їх ровесники середини минулого століття. Секрет у тому, що вони не зупиняються у психологічному розвитку: здобувають другу, третю освіту, вчаться чомусь новому, і, що важливо, збираються застосовувати отримані вміння та знання в майбутньому. Навчання перетворилося на нелімітований процес (а раніше він був лімітований: школа та виш). Людина, яка постійно оновлює способи діяльності, отримує в руки секрет продовження психологічної молодості, тому що психологічний зміст періоду юності – підготовка до дорослого життя. Результат світових тенденцій не забарився проявитися у науковому просторі: у багатьох сучасних підручниках і статтях із психології ми можемо прочитати, що віком юності можна вважати вік до 40 років, потім – молодість, а зрілість настає після 55 років. Ця періодизація вже визнана сучасною психологічною і біологічною науковою спільнотою.

Т.: На Заході – можливо. Але для пострадянського суспільства звучить хоч і привабливо, але все-таки незвично.

О.: Для пострадянського суспільства взагалі характерна психологічна відсталість і неповороткість. Наші люди все ще залежать від стереотипів, хоча згодом, сподіваюся, ця залежність послабшає. А ще річ у тому, що по відношенню до життєвих результатів люди діляться на два типи: одні орієнтовані на першу половину життя, інші – на другу. Перша категорія – представники древнього, архаїчного темпераменту. Як і холерики, до речі. Біологи прогнозують, що люди майбутнього – флегматики (це молодий темперамент) і ті, хто орієнтований на другу половину життя. Свої прогнози біологи підкріплюють дослідженнями, що показали: довго не старіє мозок, орієнтований на вирішення інтелектуальних завдань. А за радянських часів було прийнято жити, як усі: одружуватися на п'ятому курсі, будувати кооперативну квартиру, обставляти її меблями, потім сидіти, чекати онуків – це очевидна орієнтованість на першу половину життя. Так що вибирайте самі, в якій стилістиці та в якому часі вам існувати: або покірно чекати пенсії, або робити життя схожим на гру – цікавим і захопливим, як буває в дитинстві.

37. Інші

Подивися на мене уважніше, любий. Підійди ближче і подивися. Кого ти бачиш? Ні-ні, не треба компліментів, не з'їжджай з теми. І не лізь цілуватися – потім, потім. Все потім. А зараз скажи мені, будь ласка: хто я? Та я знаю, що дружина. Ну, красуня, гаразд. Не бреши, не кулінарка. Та-ак, а ще хто я? Мозгокрутка?!
Як останнім часом змінюються типові жіночі ролі? Чому чоловіки губляться перед самодостатніми жінками? Куди зникають таланти заміжніх жінок?

Тетяна Петкова: Знайшла цікаві цифри. Соціологи провели дослідження: в якій ролі чоловіки вважають за краще бачити жінку. 37 відсотків вважають, що головна жіноча роль – мати (серед чоловіків старше 50-ти і чоловіків без вищої освіти таких більше 49 відсотків). За супутницю життя голосують 25 відсотків, ділову леді – 22 відсотки, домогосподарку – 11 відсотків (15 відсотків серед чоловіків старшого віку і з початковою освітою). Зізнаюся, мене здивував мізерний набір ролей. Олександре Федоровичу, ось цими амплуа чоловічі очікування й обмежуються? На більше фантазії не вистачає?

Олександр Бондаренко: Чесно кажучи, психологи до соціологічних опитувань ставляться насторожено, бо незрозуміло, який інтелект опитуваних, їх мотивація, особистісний рівень. Звичайно, загальні тенденції ці дані відображують. Але подібні опитування дають лише приблизне уявлення про те, які жіночі ролі для чоловіків важливі.

Т.: Проте хотілося б знати про очікування чоловіків щодо нас. Героїня одного ток-шоу вразила історією про те, як вона закінчила кулінарні курси, балувала чоловіка вишуканими стравами, а він, зрештою, вибухнув: скільки можна біля плити стирчати, ти ж дисертацію зовсім закинула, на клушу скоро перетворишся! Вона думала, що чоловікові потрібна як домашня майстриня на всі руки, а його хвилювала її професійна діяльність.

О.: А я вважаю, що жінкам не треба намагатися догоджати чоловікам. Дуже вже живуча у наших жінок ось ця надмірність у бажанні зробити чоловікові добре, підлаштуватися під нього на шкоду власним інтересам. Просто якась масова установка у слабкої статі! Мене тішить, що ця установка в останні роки потроху слабшає і, гадаю, поступово зникає. Як, власне, зникають і чітко окреслені ролі сучасної жінки. Нещодавно я прочитав американську книгу «Сенси XXI століття» і спіймав себе на думці, що як психотерапевт в останні п'ять-сім років маю справу з людьми нової якості. Адже моя професія передбачає інтенсивне спілкування, і я спостерігаю, як у нинішніх людей проявляється якість, якої не було у минулому столітті.

Зараз поясню. В історії особистісного дозрівання людини можна виділити кілька рівнів. Перший – доособистісний, дуже давній, відноситься до племінного ладу. Другий – передособистісний рівень, це епоха феодалізму. Третій рівень – особистість, яка веде натуральне господарство. Четвертий – особистість колективістська, п'ятий – капіталістичний. Я не буду зараз докладно зупинятися на хронологічних періодах і психологічних характеристиках кожного рівня, тому що нас найбільше цікавить новий рівень початку XXI століття – особистість корпоративна. Вона визначається соціологами як людина, вільна від держави, але така, що належить корпорації – людина, для якої професійна діяльність понад усе, яка може їздити по всьому світові, змінюючи філії своєї фірми та чудово почувається в різних країнах, проте в межах своєї транснаціональної компанії. Однак це ще не особистість світу – саме цей рівень прогнозують фахівці як наступний після особистості корпоративної. Людині світу буде комфортно в будь-яких країнах, оскільки вона спокійно зможе міняти не лише міста, а й рід діяльності. Це людина майбутнього.

Т.: А як нова особистість поводиться у стосунках із протилежною статтю?

О.: Ось це якраз на тему сьогоднішньої бесіди. Справа в тому, що чоловіки і жінки нового особистісного рівня не сприймають жодних ролей – ні сильної, ні слабкої статі. Люди нового рівня мислять не в межах соціальних стереотипів, а в межах виключно свого власного уявлення про життя. Що це означає? Чоловік оцінює вподобану жінку не за критеріями «хороша дружина», «дбайлива мати», «майстерна кулінарка», а за мірками її особистісного потенціалу: чи здатна ця жінка так трансформувати його життя, щоб у ньому з'явився новий сенс?

Т.: Не цілком зрозуміло, Олександре Федоровичу. Як зрозуміти – трансформувати життя? Вона йому дитину народила – ось життя одразу і трансформувалося, і новий сенс з'явився.

О.: Як не дивно це прозвучить, але «новим» чоловікові та жінці не так важливо, чи буде у них дитина, чи ні. Це, безсумнівно, дуже яскрава подія у їхньому житті – але не головна! Головне – що вони зустріли одне одного, із двох своїх повноцінних життів (а не половинок, як вважається) створили спільне життя і ухвалили рішення: у цьому спільному житті ми матимемо дитину. А могли вирішити щось інше, знайти інший сенс. Уловлюєте тонкощі? Адже ми звикли до чого: треба знайти «другу половинку», створити «осередок суспільства», народити спадкоємців. А чоловіки та жінки нового особистісного рівня думають трохи інакше, у них відсутні завдання на кшталт створення осередку суспільства. Сьогодні все більше молодих жінок не поспішають стати матерями, хоч їхні мами підштовхують: «Якщо не хочеш заміж, знайди гідного чоловіка і народи від нього!» Жінки пручаються маминим установкам, тому що вони не хочуть знаходити «гідного» самця. Вони сприймають материнство як спільну діяльність, у якій навантаження рівномірно розподілене між батьком і матір'ю дитини. Що цікаво: чоловіки нового особистісного типу сприймають народження дитини так само – як спільний розподіл діяльності. Люди переростають тісні ролі на кшталт «жінка-мати» чи «чоловік-здобувач». Їхня мета – авторське проживання життя без огляду на зразки та ролі, що існують у соціумі. Особистісний початок, персоналізм – базова якість людини третього тисячоліття.

Т.: Окрім конфлікту з батьками, які ще ризики чатують на людей нового особистісного рівня? Адже цей процес – розвиток особистості – не масовий, не одночасний. Хтось перейшов на новий етап, а хтось так і залишився... у феодалізмі практично.

О.: За моїми спостереженнями, складність у тому, що чоловіки часто не розуміють, як вибудовувати стосунки з жінкою, яка не має вираженої ролі. Чоловік знає, як поводитися з «жінкою-матір'ю»: завагітніла – молодець, я тобі коляску куплю, вітаміни, забезпечу всім необхідним, сиди й виховуй малюка, поки я буду з приятелями обговорювати принади батьківства. А як йому, питається, поводитися з жінкою, яка активна навіть на восьмому місяці вагітності, сама краще знає, які їй потрібні вітаміни, стрибає за кермо і їздить на ділові переговори? Наші чоловіки не готові до відсутності жіночих ролей, не вміють будувати рівновеликі стосунки. Зауважте, я не кажу «рівноправні», це термін із іншої опери. Рівновеликі – це стосунки, коли яких немає головних і другорядних, тих, хто веде і тих, кого ведуть, більш чи менш значущих. І водночас чоловікові й жінці дуже добре одне з одним у загальному смисловому просторі, який не обмежує їх особисті сенси.

У мене нещодавно був пацієнт, назвемо його Ігор – розумний, талановитий, творчий хлопець 33-х років. Розповідає: «Олександре Федоровичу, я люблю одну дівчину, вона – відома модель. Добре заробляє, мотається по різних країнах, пише книгу, знає три мови, захоплюється автоспортом. І я не розумію, як з нею вибудовувати стосунки! Я в шоці! Вона мене кохає, я знаю. Не подумайте, вона не полює на олігархів. Вона мені каже: «Ігоре, давай подумаємо, як ми хочемо прожити своє життя», а я оторопів – ніколи такого не зустрічав!» Хлопець розгубився, адже жодні ролі та стереотипи в цій ситуації не спрацьовують: дівчині не потрібні букети, цукерки та походи ресторанами, не потрібні поїздки в Куршавель і дорогі подарунки. Дівчина хоче зробити своє життя авторським твором. А чоловік у ступорі: він не знає, як їй відповідати! Перед ним, як кажуть психологи, завдання на сенс.

Т.: Схоже, сьогодні на передній план виходить нова проблема -замість колізії, що набила оскомину і обписана з усіх боків глянсовими виданнями: «сильні жінки та слабкі чоловіки». Я бачу, що у особистостей нового рівня інша проблема: смислова, коли дві успішні гармонійні людини відчувають складності зі змістом стосунків. Якщо чоловік і жінка можуть облаштувати – і облаштували! – своє життя так, що їм не потрібен помічник, здобувач, домогосподарка чи домогосподар, то дійсно виникає запитання: що нам одне з одним робити? Як класифікувати нас? Хто ми?

О.: Так, самодостатні «нові» чоловік і жінка відкидають ролі, не бажають користуватися готовими сценаріями і тому нерідко відчувають складнощі з пошуками смислів своїх взаємин. Коли сенс заданий ззовні – батьками, друзями, суспільними стереотипами – зрозуміло, як і навіщо жити. А коли сенс треба пошукати в собі, це непросто. Зате коли внутрішній сенс знайдено, це щастя, це «чиста культура» чоловічо-жіночих стосунків без домішок у вигляді фальші, чужих смислів і компромісів. Якщо спростити, то для «нових» чоловіків і жінок не так важливо, який купити автомобіль. Важливо – куди на ньому їхати, яку дорогу вибрати. Знаєте, я зараз подумав про Мерілін Монро, її невдалі шлюби з Артуром Міллером, Джо Ді Маджо... Мерілін випередила свій час. Будь вона нашою сучасницею, чудово вписалася б у поняття жінки XXI століття, тому що не підкорялася сценаріям і рольовим установкам. Варіанти її долі не передбачалися суспільним устроєм життя тих років. Крім одного – трагічного.

Т.: Олександре Федоровичу, а чи не забігаємо ми з вами наперед? Може, ця розмова була б доречнішою через років десять? Чи багато ви зустрічаєте чоловіків і жінок нового особистісного рівня?

О.: Думаю, що ми вибрали своєчасну тему, оскільки ознак нової психології спостерігаю дедалі більше. Якщо ще років десять тому дружини із задоволенням сиділи вдома, а чоловіки займалися бізнесом, то сьогодні таких жінок набагато менше. Жінки хочуть заявляти про себе, розвивати свої таланти і реалізовувати їх. Звичайно, «нових» чоловіків і жінок ще не так багато, щоб констатувати тотальність явища. Проте тенденція наявна. І в той же час багато хто залишається вірним стереотипам на кшталт «для слабкої статі головне – народити дитину і сидіти вдома її виховувати, причому народити потрібно обов'язково у шлюбі, а для сильної статі головне – забезпечувати сім'ю». Ще живучий такий стереотип: треба зберігати сім'ю «для людей» (щоб показати, що все добре) та «для дітей» (щоб діти росли нехай у психологічно неблагополучній, зате у повній сім'ї). Я як психолог вважаю, що ці та інші подібні стереотипи безнадійно застаріли. Колишні сценарії вичерпали себе. Хоча нікуди не поділася совкова установка: ось ми щосили витягнемося, збудуємо будинок, обставимо його, накупимо техніки, барбекю, автомобіль придбаємо, а потім – сядемо і будемо відпочивати. Ну, збудували все задумане, ну відпочили півроку. А далі що? А далі чоловік потихеньку спивається (або дружина, що буває нерідко), обоє сидять в Інтернеті, шукають розваг. І так їм нудно і безглуздо у збудованому будинку!

Т.: Кілька років тому я спілкувалась з одним 55-річним чоловіком, який подав на розлучення. Його дружині – 34 роки, двоє синів. Я дивувалася: «Чого тобі ще потрібно – молода дружина, чудові діти, ошатний будинок! Чоловік той сказав: «Ти думаєш, молодість дружини – її головна принада? Вона душею постаріла, обабилася психологічно. Адже була талановитою актрисою!»

О.: Показовий випадок. Ваш знайомий перейшов на новий особистісний рівень, а його дружина застигла на колишній позначці. У психології розрізняють цінності результату та цінності процесу. Чітка диференціація жіночих ролей – це цінності результату: народити дітей («мати»), створити бізнес («ділова»), облаштувати дім («домогосподарка»). Авторське проживання життя – це поєднання цінностей процесу і цінностей результату, що відкидають рольові межі. Очевидно, дружина вашого знайомого просто заспокоїлася, досягнувши результату і вирішивши, що хороша дружина і мати – її стеля. Хоча виховання дітей – хіба ж це не цінність процесу? Але жінка при цьому забула про інші свої таланти.

Т.: У журналі «Питання психології» я читала про дослідження у США, які показали: загалом задоволеність життям, а також самооцінка вище у жінок, що працюють. Ті жінки, які згодні бути тільки дружиною і матір'ю, нерідко відчувають так званий синдром домогосподарки, який проявляється у почутті безпорадності, безвиході, частих депресіях, низькій самооцінці. Американські психологи зробили висновок: роки, присвячені лише турботам про сім'ю, ведуть до втрати власного «Я», неврозів і зловживання алкоголем. Однак дослідження виявили й інший синдром – синдром наджінки. Його суть у швидкому перегоранні жінок, які активно роблять кар'єру, успішні у професії і при цьому відчувають колосальне почуття провини перед дітьми та чоловіком, що змушує їх витрачати всі свої сили на домашню роботу, на «компенсацію» дітям і чоловікові. Зрозуміло, що таке навантаження довго жінка не витримує – і швидко отримує нервове виснаження або легко занедужує.

О.: Ви не замислювалися, чому із яскравих обдарованих дівчаток, успішних у школі з усіх предметів, блискучих у шкільній самодіяльності виходять пересічні тітоньки, що нічим не цікавляться, крім сімейних клопотів?

Т.: Звісно замислювалася. І навіть знайшла дослідження на тему «обдарованості, що зникає» (термін зарубіжних психологів) доцента Людмили Попової. Вона вивчала проблеми самореалізації обдарованих жінок і опублікувала однойменну роботу у середині 90-х років. Її висновки такі: дівчаток виховують інакше, ніж хлопчиків, їх націлюють не на реалізацію у професії, не на досягнення, а на заміжжя, сім'ю. Тому обдаровані в дитинстві дівчатка просто гасять свої таланти, з головою йдучи в домашній клопіт. Ще Попова зауважила, що дівчатка більше, ніж хлопчики, залежать від оцінок оточення, тому несхвалення на кшталт «Що ти вся в роботі та в роботі, а чоловік голодний і діти плачуть!» здатне зруйнувати її мотивацію до самореалізації. Але річ, як мені здається, не тільки в різному вихованні та почутті провини. Я знаю історії двох талановитих молодих жінок, які відбулися у професії – письменниці та співачки. Обидві досягли успіху у віці за 30, ще будучи незаміжніми. Вийшовши заміж, письменниця незабаром виявила, що не може написати жодного рядка! Її звичний спосіб життя зруйнувався – і це заважало творчості. Письменниці довелося чимало попрацювати, аби відновити колишній ритм – слава Богу, чоловік все зрозумів і прийняв. Пара чудово живе, поважаючи потреби і звички одне одного. А ось співачка розлучилася... Коли вона вийшла заміж, раптом перестали народжуватися пісні та вірші, зникли всі мелодії. Що відбувається з талановитими жінками, коли вони виходять заміж?

О.: Згадайте, з чого ми розпочали сьогоднішню розмову: не треба підлаштовуватися під інтереси чоловіка, жертвуючи своїми. На мій погляд, письменниця вийшла заміж за рівновеликого чоловіка нового особистісного рівня, а от співачка обрала чоловіка зі стереотипним мисленням. Можливо, він бачив її лише в якійсь одній ролі. Зникла обдарованість, перегорання талановитої жінки у шлюбі – дуже серйозна і глибока тема. Багато чого тут залежить від особистості чоловіка. Щастить тим жінкам, чиї чоловіки не руйнують їхню обдарованість, а навпаки, підтримують, пестять. А от якщо чоловік попався «рольовий» і бачить дружину тільки матір'ю, домогосподаркою, середнім фахівцем («ну, працюй, якщо хочеш, тільки не викладайся повністю, на косметику заробила – і досить») – тоді вся обдарованість, вибачте, коту під хвіст.

38. Ліки для шопоголіка

Ви не вважаєте гаманець чи кредитну картку ерогенною зоною? Вам пощастило і не пощастило. Вам невідома вакханалія азарту, коли руки жадібно хапають сімнадцяту вішалку з шовковими штанами, а ноги підстрибом мчать у примірочну. Збудження наростає. Хвилі захоплення гойдають тіло, яке має в новій спідничці приголомшливо спокусливий вигляд. Шурхотять фірмові пакети, багажник малолітражки забитий коробками із взуттям. Задоволення отримано. Про те, що ще вранці повний гаманець надвечір безнадійно спорожнів, краще не думати. Повірте, хоч раз у житті вам потрібно це спробувати – кайф і щеплення від марнотратства гарантовані.
Хто такі шопоголіки? Чому ми іноді здійснюємо безглузді покупки із серії «на голову не налазить»?

Тетяна Петкова: Олександре Федоровичу, час від часу в пресі можна зустріти статті про оніоманію – неконтрольовану пристрасть до покупок. Автори мальовничо зображують жінок, що спустошують свої гаманці, і весело резюмують на кшталт «Похід магазинами рятує від незадоволеності особистим життям». Частка істини в цьому, безперечно, є. Однак коріння проблеми напевно ховається глибше.

Олександр Бондаренко: Зловживання шопінгом – це порушення зі сфери патології потягів, куди фахівці також відносять ігроманію, нетоголізм (залежність від Інтернету та комп'ютерних іграшок), булімію (неконтрольовану ненажерливість), алкоголізм. Кожна із патологій потягів супроводжується порушенням емоційного стану і свідчить про психологічне неблагополуччя людини. Ці порушення найчастіше зустрічаються в урбанізованому середовищі та відображають особливості психологічного статусу міського жителя. По-перше, повторювана стереотипна поведінка, чи то гра в рулетку, чи то похід за покупками, дає жителям великих міст певну ілюзію сталості, острівця стабільності у мінливому світі. По-друге, гарантоване отримання приємних емоцій, що супроводжують, зокрема, шопінг, є захистом від депресії – адже урбаністичні ритми стомлюють нас, часто призводять до хронічного зниження настрою, унеможливлюють отримання радості від повсякденності. Мешканці міст більше, ніж жителі сільської місцевості, схильні до нападів туги, розпачу, безвиході, апатії. І шопінг, як і інші залежності, – спроба впоратися з цими нападами. Є ще одна цікава причина зловживання шопінгом – незадоволена потреба у владі. Пам'ятаєте у Пушкіна: «Все куплю», – сказало золото. «Все візьму», – сказав булат? Дорогі покупки та ще й у величезній кількості – це спроба вирішити проблему відчуття власної незначущості. Це відчуття характерне для жінок, які мають невисокий статус у сім'ї чи професійній діяльності. Відчуваючи, що сфера їхнього владарювання обмежена, жінки компенсують брак власної значущості шляхом присвоєння тієї частини дійсності, яку можна придбати за гроші. Загалом психологічні передумови шопоголізму – це фрустована (не реалізована) потреба у захисті від життєвих труднощів – раз, у щасті – два, у домінуванні – три.

Т.: Є ще один мотив, який провокує шалену біганину по магазинах – це чарівне відчуття «Я можу собі це дозволити, я гідна цього».

О.: Ейфорія з приводу того, що багато що можеш собі дозволити, пов'язана з проблемою статусу. Жінка заходить до магазину, до неї з усіх ніг біжать продавці, оточують увагою, ловлять кожне слово, догоджають, роблять компліменти, потім пакують покупки в гарні пакети – і особистісна значущість її зростає, зростає...

Т.: Чому шопоголізм – переважно жіноча патологія потягів?

О.: Чоловіки, справді, набагато рідше хворіють на «магазинне божевілля». Мені здається, річ у тому, що жінкам хочеться бачити ознаки влади на собі – сукню, діаманти, дорогу білизну. Чоловічий інтелект у цьому сенсі абстрактніший. Чоловікові важливо знати, що у нього на банківському рахунку чи в сейфі багато грошей. При цьому він може ходити замухришкою, тихо в душі радіючи своєму багатству. Для жінки рахунок у банку – не мета, а лише засіб. Жінка радіє не грошам «взагалі», а тому, що на них можна купити.

Т.: Я знаю, що деякі жінки люблять купувати надзвичайно дорогі речі тільки тому, що для більшості вони недоступні. А коли бачать ту саму річ, але з великою знижкою – відчувають жахливий стрес. Причина їхнього жорстокого розчарування не в тому, що можна було дочекатися дисконтного періоду і заощадити, а в тому, що тепер річ стала доступною багатьом.

О.: Так, деякі намагаються надати собі ваги, придбавши ексклюзивну, дорогу річ. Втім, задоволення від усвідомлення власної могутності («Для моїх подружок це недосяжне, а я в змозі купити!») не є симптомом емоційного розладу. Набагато серйозніша справа, якщо покупки перетворюються на заспокійливу мікстуру. Я згадую своїх пацієнток – розумних, красивих, особистісно складних жінок із досить благополучного світу. Всі вони переживали глибоку, але добре замасковану депресію. Для шопоголічок характерна так звана «усміхнена депресія»: це коли зовні жінка – життєрадісна, весела, енергійна, і ніхто не здогадується, що у неї на серці тягар. Шопінг для таких жінок – не лише самозадоволення, але часом і бажання доставити радість іншим, наприклад, продавцям. Спрацьовує типово жіночий механізм підвищення настрою – інверсія, допомога іншому. Жінка купує багато речей, бачить, яке задоволення отримує продавець, і сама тішиться. Однак підступність невгамовного шопінгу в тому, що, як при наркоманії, дозу необхідно збільшувати, інакше кайф слабшає. В результаті шопоголічка витрачає величезні суми. Я знаю випадки, коли за три-чотири місяці жінки розтринькували сорок, п'ятдесят, сто тисяч доларів на одяг, взуття, косметику та дрібнички. Причому далеко не всі вони – дружини чи утриманки олігархів, для яких названі суми практично дрібниця. Все лихо в тому, що нерідко на вітер летять заощадження представниць середнього класу: суми, відкладені на покупку квартири чи автомобіля.

Т.: Чи спостерігаєте ви у цих жінок якісь спільні риси або схожі життєві обставини?

О.: Як ми вже сказали, загальна риса тих, хто зловживає шопінгом – депресивний настрій, часто непомітний для оточення. Щодо обставин, то у кожного вони свої. В одних проблеми в сім'ї, в інших – вікова криза, у третіх – гостре почуття невдоволення собою. Часто причиною депресії є фрустрація важливої життєвої потреби – сексуальної, наприклад. І тут шопінг – це компенсація відсутності інтимного життя.

Т.: Цікаво, чи західні шопоголічки чимось відрізняються від пострадянських? Адже відомо, що жінки, чиє дитинство і юність пройшли в епоху порожніх магазинів і дефіциту, схильні до блокадного синдрому: вони скуповують упаковками колготки, дорогу білизну, ніяк не можуть «наїстися» одягом, взуттям.

О.: Знаєте, відмінностей між західною та нашою шопоголічкою практично немає. Як на Заході, так і в нас пусковим механізмом «дикого» шопінгу є особистісне неблагополуччя. А вперше цей розлад був зафіксований у США, у середині 50-х років минулого століття. Один реальний випадок тих років описаний відомим психіатром Еріком Берном: чоловік прийшов додому і виявив, що дружина купила сорок пар однакових туфель! Вони їй так сподобалися, що жінка у безтямі зробила цю неймовірну покупку. Виною всьому – біполярне порушення настрою, що супроводжується перепадами від чорної меланхолії до ейфорії. Що стосується синдрому блокади, то це нешкідливе і зрозуміле явище. Так, років двадцять тому цей синдром спостерігався в поведінці наших людей, які за кордоном непритомніли, побачивши прилавки, що ломилися від товару (мені такі випадки відомі), проте сьогодні подібні реакції вже практично зникли.

Т.: Шопоголізм лікується?

О.: На щастя, так. Потрібно тільки усвідомити свій розлад і прийти до психотерапевта. Іноді родичі, турбуючись, приводять шопоголічку на прийом до фахівця.

Т.: Але як розпізнати патологію потягів і бажання отримати задоволення від вдалої покупки? Я іноді сприймаю шопінг як реалізацію мисливського інстинкту – вистежуєш гарну річ, приміряєш, забираєш додому здобич. Хіба це ненормально?

О.: Не хвилюйтеся, нормально. Цілком з вами згоден: полювати за удачею, знайти класну річ, та ще й за хорошою ціною – це так само приємно, як для будь-якого чоловіка завалити кабана, що вибіг із хащів. Купівля одягу, взуття, косметики – задоволення потреби жінки бути красивою, спокусливою. Нічого дивного і патологічного тут немає. Про ненормальності можна говорити лише у випадку, коли жінці несила контролювати свої витрати, вона спускає всі наявні гроші. Між іншим, є виворітна патологія шопінгу – це коли домінує не стільки бажання накупити більше речей, скільки прагнення швидше залишитися без грошей в кишені. Психологічно благополучній людині подібні бажання здаються дивними, чи не так? Авторитетні вчені коментують потребу позбутися грошей як бажання скинути вантаж проблем і застарілих переживань. Еріх Фромм пише про те, що в багатьох мовах вираз «витратити марно» – це дієслово, що в буквальному сенсі позначає фізіологічні відправлення (більш-менш пристойний синонім у нашій мові – це профукати гроші). Головне в цьому грубому фізіологічному порівнянні – це психоаналітичний зміст: людина хоче очиститися від чогось поганого, скинути важкість, зробити клізму. Однак марнотратство – це абсолютно неефективний спосіб позбавлення гнітючих переживань. Від психологічних шлаків потрібно очищатися за допомогою фахівця, а не біля прилавка.

Т.: Подібне бажання іноді виникає, коли людина збирає гроші для великої покупки. Збирає-збирає, і незабаром гроші починають дратувати, хочеться їх витратити. Одна моя знайома в подібних обставинах сказала: «Я вже отруїлася своїми грошима, треба їх трохи спустити, як раніше пускали кров, щоб полегшало». Як ви прокоментуєте такі ситуації?

О.: Деякі люди, що виросли в Союзі, бояться грошей, успіхів. Тому є кілька пояснень. По-перше, нас з вами не виховували у належній фінансовій культурі, ми підсвідомо сприймаємо великі гроші як джерело проблем, відповідальності: раптом гроші знеціняться чи, чого доброго, їх вкрадуть. По-друге, у християнській культурі гроші взагалі не головне, основна цінність – це благодать, яку за гроші не купиш. А в католицькій та протестантській культурах гроші – величезна цінність, вони навіть дають можливість купити собі індульгенцію, спокутувати гріхи. І по-третє, нам, що виросли в Союзі, притаманний комплекс незаслуженого щастя: ми губимося перед великими грошима, не вміємо вголос вимовляти власну ціну, порушувати питання підвищення оплати праці тощо. У бажанні витратити накопичення, що робилися роками, прихований ще й інший механізм: девальвація мрії чи зневіра у те, що мета досяжна. Коли людина збирає гроші на серйозну покупку, вона ставиться до грошей шанобливо, іноді справляє враження скупого. Але як тільки покупка з якихось причин стає неможливою – наприклад, ціни на житло злетіли, – людина перетворюється на марнотрата. Гроші втрачають свою привабливість. Якщо вже не виходить купити квартиру, треба їх якнайшвидше розтратити. Коли втрачається сенс великої покупки, люди легко розлучаються з грошима, роблячи масу невеликих придбань.

Т.: Я і ще ціла армія моїх приятельок, колег і просто хороших знайомих будемо вам безмежно вдячні, якщо зможете пояснити, навіщо жінки час від часу роблять загадкові покупки на кшталт жовто-зелених намист, рожевих у клітинку колготок і ще купи безглуздих речей, які нам зовсім ні до чого?

О.: Імпульсивна покупка можлива у таких ситуаціях. Наприклад, коли у вас в руках виявилося багато грошей – виплатили гонорар чи зарплату. Даю пораду психолога: у день зарплати краще не ходити по крамницях, бо велика сума в гаманці присипляє пильність. Краще принесіть її додому, а завтра візьміть третину чи половину і вирушайте магазинами. Наступна сприятлива ситуація для імпульсивної покупки – це коли ви потрапляєте, висловлюючись професійною мовою, у середовище, збагачене стимулами: наприклад, у гарний магазин, особливо за кордоном, де грає приємна музика, добре пахне. І третя ситуація – змінений стан свідомості, викликаний випитим келихом вина, закоханістю, майстерністю чи особистою чарівністю продавця. Часто обставини комбінуються: наприклад, ви в Лондоні разом із чоловіком, в якого закохані, випили з ним у кафе по чарці коньяку, вирушили за покупками в шопінг-молл. Грає знайома мелодія, сяють вітрини, душа тріумфує. І ймовірність того, що ви купите щось непотрібне, а то й відверто безглузде, зростає. Але нічого страшного в цьому не бачу. Імпульсивні, безглузді покупки роблять всі – хто рідше, хто частіше. Головне, щоб вашим зміненим станом не скористалися шахраї та недобросовісні продавці.

Т.: Чи правда, що продавці деяких бутиків здобувають навички нейролінгвістичного програмування та ериксонівського гіпнозу?

О.: У тому, що продавці солідних магазинів проходять тренінги з продажу, я впевнений. Їх вчать встановлювати раппорт (контакт) із покупцем, діагностувати, яка репрезентативна система у людини працює – візуальна, аудіальна, сенсорна чи кінестетична. Припустимо, жінка – візуал, звертає увагу на картинку. Продавець скаже: «Я бачу, який класний вигляд ви маєте у цій сукні!» Якщо покупець – сенсорик, продавець зауважить: «Яке забарвлення, соковиті яблучні відтінки. Ця блуза пахне розкішшю». На тренінгах продажів продавців також навчають маніпулятивним технікам: наприклад, як підвести людину до покупки, навіть якщо вона не збиралася нічого купувати. Мені шкода, що такі тренінги позбавляють нас можливості отримати об'єктивну консультацію у продавців.

Т.: Деякі жінки з подивом виявляють, що розучилися вибирати одяг, взуття, прикраси. Вони не знають, що їм личить, а що ні, що добре, що погано. Чи виправдано в цьому випадку говорити про кризу самоідентифікації?

О.: Проблеми з презентацією себе можуть бути частиною кризи самоідентифікації, але не ядром. Ядро цієї кризи – пошуки відповідей на запитання: «У чому моя сила і моя слабкість?» «У чому сенс мого життя?» «Навіщо я роблю те, що роблю?» «Що я за людина?». Невміння підбирати одяг – не така глибока проблема і необов'язково пов'язана з кризою. Швидше за все, йдеться про невпевненість та недостатній досвід орієнтування в собі самій. У цьому випадку можна йти купувати дорогу річ зі значущою людиною, яка вас добре знає і любить. Ваш супутник чи супутниця побачать вас зі сторони, підкажуть, як гармонізувати вигляд. Ось, до речі, ще одна причина імпульсивних покупок – вчора ви чудово сприймали себе в цій бірюзовій кофтині, а сьогодні ваш погляд на власний імідж різко змінився. Кожна жінка після 35–40 років відчуває подібні сумніви та розчарування. Не від нестачі смаку і браку почуття стилю, а від відсутності стратегії бачення самої себе.

Т.: Підкажіть, як виробити здорову стратегію бачення себе?

О.: Я б радив жінкам більше подорожувати крамницями – не в якості глядача, а як активна «приміряльниця». Подорожувати добре вдвох із подругою чи коханим чоловіком. Чим більше ви приміряти́мете на себе різних образів, тим швидше увійдете в тонус, зрозумієте, яка ви насправді, якою хочете стати. Подорож магазинами – хороший тренінг: ви навчитеся відчувати себе впевненою людиною, яка має право вибирати, і, що важливо, має право відмовитися.

Не соромтеся нічого не купувати – ви зовсім не зобов'язані це робити. А скільки непотрібних покупок здійснюється від почуття незручності перед продавцями! І не забувайте про те, що перетворювати своє тіло на манекен для демонстрації дорогих, але нелюбимих речей – це теж симптом нездорового шопінгу.

Правильні покупки радують нас не лише в момент оплати в касі, а упродовж місяців і років.

39. Піти чи залишитися

Набридло. Одною буде краще, ніж із ним. Який жах насправді: вночі хропе, вдень дзвонить, увечері просить їсти. Вирішено: нам не по дорозі, збирай валізу, любий. І що ж у сухому залишку? Вночі ніхто не хропе, вдень ніхто не дзвонить, увечері годувати немає кого, а в самої апетит щось пропав... Милий, повернися, я пожартувала! У яких випадках розставання – це дурість, а у яких – єдине правильне рішення? Як ставитись до слів батьків «Він тобі не пара?» Чому в кожній сім'ї хоч один раз, але замислюються про розлучення?

Тетяна Петкова: Олександре Федоровичу, у слова «розлучення» однозначна емоційна семантика – погана. З серії: фашизм, маніяк, аварія... Однак якщо подумати, то часом його не уникнути – як видалення зуба. Начебто неприємна подія, але зберігає здоров'я, відновлює комфорт і рівновагу. Виходить, розлучення – подія-перевертень? З якого боку глянеш – те й побачиш?

Олександр Бондаренко: Розмовляй ми з вами років 10–15 тому, наші висновки були б категоричнішими: розлучення – це швидше погано, ніж добре. А сучасна психотерапія не розцінює припинення подружніх стосунків як однозначно негативну подію. Сьогодні фахівці взагалі не ставляться до розлучення з оціночних позицій, і ось чому. Справа в тому, що сила ритуальних, шаблонних взаємин останнім часом відчутно ослабла – до того ж в усьому світі. Вже немає того трепетного ставлення до шлюбу як до стереотипу «Ми проживемо разом довге життя і помремо в один день».

Т.: А чому? Ми стали ставитися до шлюбу менш серйозно і відповідально?

О.: Ні, просто життя наше стало іншим – більш варіативним, насиченим, інтенсивним. У нас з'явилася можливість зіграти у житті кілька ролей, а не одну, як раніше. Ми змінюємо професії, хобі, зовнішність, місце проживання набагато частіше і легше, ніж у минулому столітті. Є такі поняття, як соціальний ліфт і соціальний люфт. Ліфт – це, грубо кажучи, із бруду в князі, тобто соціальне зростання по вертикалі, а люфт – це розвиток по горизонталі, коли людина не прив'язана намертво до свого села та своєї хати, а легко переїжджає з місця на місце, змінює сферу діяльності . Так от, у зв'язку з тим, що рух ліфтом і люфтом в останні десятиліття дуже пожвавився, варіативність життя зросла, а разом із нею – і мінливість особистих взаємин.

Т.: А супутники життя перетворюються на попутників – до того часу, поки нам по дорозі, ми разом. Шляхи розійшлися – прощаємось одне з одним? Оскільки шляхів більше, і рух інтенсивніший, зростає ризик не збігтися з попутником у баченні маршруту?

О.: Щось таке. До речі, про попутників. Нещодавно побачив рекламу сайту, де люди шукають компанію для подорожей. Скажу чесно, як людина – зіщулився. Дивно якось думати, що люди готові взяти в попутники незнайомців і поїхати з ними в поїздку. Невже вони такі самотні? А як психолог подумав: адже це вихід для людей, яким нема з ким поїхати на відпочинок, а одному не хочеться. Подобається це комусь чи ні, проте життя стає гнучкішим і різноманітнішим. І це позначається на шлюбних стосунках також. Люди бажають далі йти життям іншим шляхом, з іншою людиною.

Т.: Я розумію, проте ловлю себе на думці, що якось надто технічно ми пояснюємо новий погляд на розлучення.

Пожили – розбіглися. Невже ми стали так легко ставитись до розриву стосунків?

О.: Не сказав би, що розлучення перестало бути психологічно важкою подією. Це важкий період, і він ніколи не перетвориться на радісний захід. Натомість розлучення перестало сприйматися як крах, катастрофа і перейшло до розряду життєвих подій. Так, проблемна, так, неприємна подія – проте не така емоційно напружена і травмуюча, як раніше. Ось яке порівняння спало на думку: якщо людина в 60-ті роки розбивала машину, це була справжня біда! Де ти візьмеш запчастини, як мінятимеш крило, станцій техобслуговування мало, автомобілі коштують божевільних грошей. Сьогодні стукнути машину – клопітно, але не трагічно. Зрозумійте мене правильно: і сьогодні розлучення – це боляче, страшно, проте мені як психотерапевту подобається, що зникає безвихідь і драматизм. І зовсім не через те, що люди стали легко замінювані, як бампер у автомобіля. А тому, що життєві можливості зросли, у нас сформувалося більш здорове, спокійне ставлення до змін взагалі й до особистих зокрема.

Т.: Чи існують щасливі люди, у чиїй голові, навіть у надрах підсвідомості, ніколи не виникала думка про розлучення?

О.: Не думаю, що відкрию секрет, повідомивши, що, як показує мій багаторічний досвід психотерапевта, кожна подружня пара хоч раз, але вимовляла вголос або подумки слово «розлучення». Пам'ятаєте, Лев Толстой писав: «Навряд чи знайдеться такий чоловік, який не побажав би смерті своєї дружини». Зрозуміло, це перебільшення, проте думки про розлучення з'являються протягом подружнього життя практично у всіх. І це абсолютно нормально. Тому що від думки до усвідомленого рішення та дії – ціла прірва, яку далеко не всі долають і не бажають долати.

Т.: «Нормальні» думки про розлучення можна порівняти із сексуальними фантазіями – вони підігрівають, надають гостроти, але мало хто збирається їх реалізовувати в житті. Мені здається, такі думки – це як певна страхувальна сітка: під час сварок або в інші критичні моменти дивишся на чоловіка і думаєш щось на кшталт «Але це не довічне ув'язнення, я можу завтра ж почати нове життя». Потім усе приходить у норму – і крамольні міркування зникають. Це ж так приємно – думати про різні варіанти власного життя. Як там у поета Вишневського: «А щастя було таке можливе! І так можливо, і так».

О.: Ну, звісно, подібні думки зовсім не крамольні. Зумовлені вони, по-перше, психологічною втомою чоловіка і жінки одне від одного, а по-друге, втомою від одноманітного перебігу життя. Сімейне життя можна порівняти з годинниковим механізмом, адже сім'я живе за ритуалами: сніданок, похід на роботу, прихід з роботи, вечеря, на вихідні – ринок та парк, у відпустці – також своя структурованість... Рано чи пізно людина виявляє, що стосунки, засновані на любові та пристрасті, перейшли до розряду побутових діалогів і дій на кшталт «Ти заплатив за квартиру? – А ти купила мені цигарки?» Рутина і звикання одне до одного замилює око, стомлює, дратує. І якщо раніше люди мирилися із цією монотонністю, то сьогодні миритися не хочуть. Особливо жінки.

Т.: Чому ж, цікаво?

О.: Та тому, що сьогоднішні жінки перейшли на якісно новий рівень! У рімейку «Службового роману» офісні тітоньки у віці 35+ мають вигляд доньок героїнь рязанівського фільму. Сьогодні 40-річні – це дівчата: виглядають молодо, одягаються стильно, доглянуті, мають багато інтересів, крім сім'ї. Це зовнішня сторона. А з психологічного погляду жінки стали більш самодостатніми. Вони відбулися, самі себе забезпечують – і бажають прожити життя, наповнене не лише рутинною метушнею, а цікавими подіями. Тому жінки частіше стали замислюватися над тим, який чоловік поруч і чому. Але знову-таки, це зовсім не означає, що всі, хто замислився, вирішують розлучатися. Проте ті, хто вирішив попрощатися з чоловіком, не сприймають цю подію як кінець життя – як це було ще років двадцять тому.

Т.: А такий важливий аспект, як секс? У минулому столітті навряд чи хтось замислювався про розлучення через те, що секс не такий, як хотілося б. А сьогодні – ще як замислюються! В однієї моєї знайомої, їй 42, з'явився коханець – і вона, не повірите, вперше в житті отримала оргазм із ним! А сама у шлюбі 20 років. Запитую: як же ти жила весь цей час зі своїм чоловіком? А вона: а я не знала, що секс може бути таким класним.

О.: І ось питання: невже за 20 років чоловік жодного разу не подумав про те, чи приносить секс радість і задоволення його коханій жінці? Сьогодні ми стали обізнанішими, грамотнішими в інтимних питаннях – і більш вимогливими. Підвищилася культура сексуальних стосунків – і водночас підвищився рівень очікувань партнерів одне від одного. Хочу наголосити: говорячи про інтимне життя, я маю на увазі не різноманітність рухів тіла, а культуру взаємин статей. Як не парадоксально, люди стали більше бачити в партнері не лише батька сімейства і не тільки хранительку вогнища, а привабливого чоловіка і сексапільну жінку. Такий нюанс: років двадцять тому хіба чоловіки замислювалися, чи має дружина інтимну зачіску, чи потрібна вона взагалі? А сьогодні все більше чоловіків звертають на це увагу. Чоловіки хочуть, щоб жінка мала красивий і доглянутий вигляд скрізь! І ця еротизація і естетизація життя, звісно, впливає на розвиток подружніх стосунків. З одного боку, динамічність та інтенсивність нинішнього життя роблять сучасну сімейну пару більш гнучкою, еластичною, а з іншого – більш вразливою.

Т.: Олександре Федоровичу, уявімо пару. Живуть добре, час від часу скандалять, сердяться одне на одного, плачуть, сміються – як усі. І дійшли до тупикового моменту, коли слово «розлучення» повисло у повітрі. Як діагностувати стосунки – живі вони, здорові чи смертельно хворі? Чи справді потрібно розлучатися чи це психологічна втома, яка скоро мине?

О.: Здорові стосунки – це коли ти живеш із чоловіком 10, 20, 30 років і тебе до нього тягне, психологічно і фізично. Може, вам здається не зовсім серйозним чути таке від психотерапевта – проте саме дієслово «тягне», тобто тягне за собою, висловлює всю повноту ознаки здорових стосунків. Незважаючи ні на які протиріччя та розбіжності, ні на які сварки та скандали, вам хочеться обійняти чоловіка, притулитися до нього, хочеться бути там, де він. А симптом мертвих стосунків – відчуження. Людина, яка ще недавно була рідною, сприймається як манекен, і ви неприємно дивуєтесь: «Що ця людина тут робить? Що я роблю поряд з нею?». Ноги не несуть додому, не хочеться прибирати, готувати, не кажучи вже про те, щоб лягати в ліжко з манекеном. Ви не відчуваєте більше ні жалості, ні співчуття. Мила рідна квартира видається чужими декораціями. Це на рівні відчуттів, словами важко пояснити. Між вами і партнером зникає живий місток, зникає зв'язок.

Т.: І що ж робити – відновлювати місток?

О.: У цьому випадку розлучення – найчастіше правильний вихід із ситуації. Подібно до того, як засохла гілка падає з дерева, стосунки відмирають. Нерідко у такому шлюбі люди описують свої відчуття як передчуття розриву. Розумом вони ще не погодилися із розлученням, але підсвідоме вже говорить про те, перспектив немає. Починає дратувати запах чоловіка, сняться промовисті сни, з'являються нав'язливі думки. Один пацієнт розповідав мені, що йому незадовго до рішення розлучитися наснилося таке: вони з дружиною на крижині посеред океану, тримаються за руки, крижина раптом тріскається, між ними розповзається тріщина, і їх розносить у різні боки. Досить часто жінки розповідають про такі знаки, як втрата обручки:

купалася в морі, і змило з пальця хвилею або закотилася кудись у каналізацію.

Т.: У мене є пояснення втрати обручки. Я сама, коли купаюся в морі, переодягаю її з правої руки на середній палець лівої – там вона сидить міцніше, адже у прохолодній воді пальці стають тоншими, і її легко втратити. Так ось, мені здається, що жінка, яка вже підсвідомо зважилася на розлучення, просто не стежить за обручкою. Вона перестала бути для неї важливою. А таке відчуття не може бути наслідком сильної образи, наприклад?

О.: Образа – це живе почуття, яке пов'язує людей. А в подружніх стосунках, що віджили своє, вже не залишилося живих почуттів. Тому розлучення в такому разі не так психологічна, як юридична подія. Зовсім інша річ, якщо рішення розлучитися дозріло в парі, де одна людина розлюбила, а друга – ні. Це психологічно важка ситуація. Однак і в цьому випадку розлучення буває неминучим, тому що дуже страшно продовжувати жити, знаючи, що тебе назавжди розлюбили. Рано чи пізно починаються психосоматичні прояви стресу, а хронічний стрес від безвиході загрожує вельми неприємними захворюваннями.

Т.: Багато жінок у відповідь скажуть: аби був поруч, а там нехай не любить, моєї любові вистачить на двох.

О.: Безумовно. У житті завжди є місце компромісам. І я в жодному разі не хотів би рядитися в одяг всезнайки, що має рецепти на всі випадки. Просто дозволю собі зауважити, що буває і так: вас розлюбили – і це означає, що вас виключили зі своєї системи цінностей. І залишатися жити разом у такій ситуації означає психологічне самоскалічення. Навіть якщо тонка, делікатна людина, що розлюбила, щосили намагатиметься зберегти спільне життя, у неї навряд чи вийде симулювати не те що почуття, яких вже немає, а саме ставлення до того, хто поруч.

Ось у подібній скрутній ситуації я рекомендував би розлюбленому не впадати у відчай, а пошукати шляхи відновлення психологічного ресурсу, щоб зберегти своє здоров'я, якщо шлюб зберегти неможливо. Добре, якщо є можливість звернутися за допомогою до професійного психолога-психотерапевта.

Т.: Олександре Федоровичу, часто жінки сприймають появу коханки у чоловіка як трагедію. Мені чомусь здається, що далеко не у всіх випадках це трагедія – чи я просто легковажна?

О.: Думаю, не відкрию Америки, якщо скажу: у багатьох чоловіків і у деяких жінок час від часу з'являються зв'язки на стороні, проте це зовсім не означає, що вони розлюбили своїх партнерів і виключили їх із системи цінностей. І одразу розмахувати сокирою, а тим більше рубати з плеча я б не радив. Усі живі люди, не машини. Та й далеко не завжди буває так, що дружина – ангел, а коханка – безжалісна хижачка. Набагато гірше, коли і коханки чи коханця немає, і навіть думок про це не виникає, а почуття пішли і, що ще важливіше, ціннісні смисли подружжя абсолютно розійшлися. Немає чим жити. Це ситуація неминучого розлучення. А є ще розлучення вимушене: коли чоловік і дружина хочуть бути разом, але втручаються треті сили – батьки, родичі, друзі – і буквально руйнують шлюбну пару.

Т.: Не розумію, як таке може бути?

О.: На жаль, ось так. Мама, наприклад, каже дочці: «Як ти можеш жити з цим ідіотом?» Або подружка дивується: «Ви ж зовсім різні люди, що ти в ньому знайшла?» Начебто можна відмахнутися, пожартувати – і все? Але коли подібні атаки тривають місяцями і навіть роками, крапля по краплині шлюб починає підточуватися. Ось випадок із життя. Влад і Юля – прекрасні молоді люди, обом по 24 роки, кохають одне одного, одружилися. Але батьки Влада незлюбили невістку.

Сказали: «Ти, звичайно, роби, як знаєш, ми тобі псувати життя не хочемо, але взагалі вона тобі зовсім не підходить, ви довго разом не проживете». Все, бомбу закладено. Пара прожила два роки – і розлучилася. Але продовжують кохати одне одного, мучаються. І не розуміють, що справа не в них самих, а в їхній реакції на батьківську неприязнь. Батьки формально за, а в глибині душі вони проти їхнього союзу. І після весілля починається капання на мізки – то не так, це не так... А в житті кожного подружжя бувають моменти особливих труднощів: хтось захворів, втратив роботу, або жінці складно завагітніти. Тут же подружжя потрапляє під обстріл: «Ми ж тобі говорили, що з нею ти не будеш щасливий!» Лихі енергії знаходять невеликі тріщини у стосунках, тут же вклинюються туди і розхитують, розколюють сім'ю. Тому що батьки чи друзі бажають вам іншої долі – хоча, крім вас, ніхто на світі не знає, як буде вам краще. Скільки разів під час консультації, коли до мене приходила подружня пара разом з батьками чоловіка чи дружини, я чув: «Олександре Федоровичу, та подивіться на них! Хіба це сім'я? Вони ж не пара!»

Т.: Як я розумію, у цьому випадку треба якнайдалі дистанціюватися від джерела подібних заяв, жити автономно і не думати про розлучення.

О.: Шлюб ґрунтується на добровільній згоді жінки і чоловіка. Саме так каже стаття Сімейного кодексу України. А ось для розірвання шлюбу, згідно з тим самим кодексом, достатньо бажання хоча б одного з подружжя. Розумієте, у чому різниця? Вирішуємо, що будемо жити разом, а що не будемо – хтось один. Душевний біль чатує саме на того, щодо якого прийнято таке рішення. Найгірше, що ти ще цього можеш не знати, а той, хто вже прийняв таке рішення, може цього не усвідомлювати. Або ухвалити рішення під тиском інших людей. Мабуть, саме цього болота невизначеності варто побоюватися. Крім того, ми боїмося розлучення, тому що це втрата колишнього сенсу життя, яке суб'єктивно переживається як порожнеча, «дірка» у грудях. І ось тут я, мабуть, висловлю рекомендації. Перша: ситуація розлучення в жодному разі не дорівнює всьому життю. Тому на розлучення варто наважитися, як на необхідну за життєвими показаннями операцію, коли попередня терапія і життя себе вичерпали. Друга: людина припускає, а Бог має. Ми ніколи не можемо знати наперед, що буде з нами, і для чого все це дано нам. Тож не варто боятися за своє майбутнє. Фортуна мінлива. І, нарешті, третя: у нашій культурі шлюб – таїнство. Ніхто точно не знає, як люди сходяться, що їх утримує в шлюбі. А ось у розлученні нічого таємничого немає. Як кажуть мудреці, єдина причина розлучення – це шлюб. Вчасно згадати про це ніколи не завадить.

40. Homo mobile

Незважаючи на потужний інтелект, він слухняно підкоряється будь-якій команді. З ним легко і просто, без нього тривожно та самотньо. Він – милий дружок, вірний помічник. Він – немов третє око чи третє рука. Та він взагалі часто претендує на роль третього – і в коханні, і в дружбі, і у бізнесі. Чи не забагато на себе бере?
Стільниковий телефон – банальний засіб зв'язку чи чарівний предмет з магічними властивостями? Чому багато людей не хочуть вимкнути телефон хоч на годину? Про що треба подумати, перш ніж зателефонувати чоловікові на мобільний?

Тетяна Петкова: Олександре Федоровичу, років двадцять тому ми не знали, що таке мобільний телефон, і при цьому зовсім не почувалися обділеними. Сьогодні навіть не віриться, що ми могли без нього обходитися. Можливо, популярність стільникового зв'язку пов'язана з нашими прихованими потребами, які раніше не виявлялися?

Олександр Бондаренко: Ця потреба – потреба у спілкуванні, і вона не прихована, а цілком очевидна: за всіх часів люди прагнуть контактувати з іншими людьми. Позаминулого століття було модно багато листуватися, до того ж тодішній побут передбачав постійну циркуляцію людей від одного дому до іншого. За радянських часів ці аристократичні візити трансформувалися в улюблені всіма кухонні посиденьки до ранку. А листи, листівки! Згадайте, перед святами ми із задоволенням обирали листівки, підписували їх десятками. Сьогодні листівки та листи поступилися місцем електронній пошті та стільниковому зв'язку, проте потреба в комунікації залишилася такою ж, змінилися лише форми її реалізації. До того ж мобільний зв'язок задовольняє ще кілька потреб: потреба у контролі («треба подзвонити, перевірити, як у них справи»); в експресії («щось нудно, кому б подзвонити?»); у встановленні контакту («дзвоню просто так, щоб почути голос»). Без перебільшення можна сказати, що стільниковий телефон – чарівна паличка, адже одним натисканням кнопки він дозволяє нам миттєво зв'язатися з людиною, де б вона не була і де б ми не були.

Т.: Таке різке скорочення дистанції між людьми, постійна доступність одне для одного, на мою думку, не завжди радує. Можливо, нинішні школярі, які з дитячого садка звикли до мобільного телефона, не відчувають цієї незручність, проте я іноді відчуваю і незручність, і досаду. Маю на увазі не дзвінки у непідходящі моменти – тут дратуватися природно. А, наприклад, вирушаючи в подорож чи відрядження до іншого міста чи іншої країну, я психологічно налаштовуюсь на «інший вимір», абстрагуюся від усього, що залишилося у звичній реальності, – а тут дзвонять і починають з'ясовувати щось несуттєве, нетермінове. Пам'ятаю, як гуляла Ризьким узбережжям у позаминулому вересні: ці нескінченні пляжі, чайки, самотні лавочки біля моря сприяли медитативному стану. Із приємного трансу мене нахабно вирвав дзвінок: одній дівчині знадобилося внести правки до рекламної статті. Я з нею поговорила, відчуваючи дике роздратування, при цьому усвідомлювала, що вона ж ні в чому не винна. Потім вимкнула телефон. Але витримала всього пару годин – і знову ввімкнула, бо з'явилася нав'язлива думка: а може, мене хтось шукає у важливій справі? Просто рабство якесь!

О.: Що вдієш, у цього чудового винаходу, що забезпечує нам комфорт, є й зворотні сторони. Про схожі враження розповідав мій колега. Кілька років тому він полетів у справах у Ріо-де-Жанейро. Як він потім жартував, єдине, що зіпсувало йому поїздку – дзвінок із дому. Він долетів, подзвонив додому і доповів, що все гаразд. Наступного дня зателефонувала дружина: «Ну, як ти?». Він у захопленні поділився враженнями про те, що встиг побачити. До вечора дружина з ним знову зв'язалася і почала обговорювати якісь побутові проблеми – і шарм поїздки згас. Колега дивувався: «Уявляєш, я на одному боці земної кулі, вона на іншому, і ми говоримо про купівлю нової мийки, наче я не поїхав, а перейшов із кухні до вітальні!». З появою мобільного зв'язку зник якийсь сакральний зміст комунікації, який надає взаєминам інтимності, гостроти, глибини. Згадайте, яким романтичним сенсом ми раніше наділяли вуличні телефони-автомати, як шукали заповітну двушку, щоби зателефонувати коханій людині, як тремтіли від нетерпіння, від сумнівів: чи на місці він чи вона? «І перечекати не зможеш ти трьох людей у автомата...» – дуже точний опис збудженого «переддзвінкового» стану. А це колосальне розчарування, коли ніхто не брав слухавку – значить, його чи її немає вдома (на роботі)! Сьогоднішній закоханій парі ці переживання невідомі: у будь-який момент дня і ночі можна набрати номер та почути бажаний голос.

Т.: Іншими словами, люди просто не мають можливості як слід скучити – так, щоб заголосити, все кинути і помчати туди, де коханий?

О.: Так, і дуже шкода часом! Розлука – такий важливий сердечний момент у любовних стосунках: допомагає розібратися в почуттях, перевірити їх, дає перепочинок від розпалу пристрастей. Мобільний зв'язок психологічну функцію розлуки девальвував. А коли людина весь час на зв'язку з іншою людиною, то відчуття «мені тебе не вистачає» значно слабшає. Здається, Цвєтаєва говорила, якщо коханий чоловік весь час поряд, їй стає нецікаво, вона втомлюється: «Чекаю не дочекаюся, коли ти поїдеш, щоб скучити за тобою». Люблячі чоловік і жінка час від часу можуть відчувати бажання скучити одне за одним.

І треба дуже делікатно пояснити ці тонкощі іншій людині, щоб не образити її та не викликати підозри. А найкраще не зловживати доступною комунікацією, давати одне одному можливість відпочити від спілкування. У той же час, мобільний телефон – чудовий спосіб підтримувати зв'язок з дорогою тобі людиною. Така перекличка з коханим чи коханою впродовж дня – прекрасне емоційне підживлення. Необов'язково навіть дзвонити – можна надіслати картинку, смайлик, кротеньке повідомлення.

Т.: Як добре, що ви, чоловік, це розумієте! А то сильна стать здебільшого не поділяє жіночої пристрасті до цієї переклички – «ти є – я є» – і сприймає дзвінки дружин чи подруг виключно як замах на особисту свободу. Дехто навіть безневинне запитання «Ти де?» розцінює як тяжку образу.

О.: Мені здається, головний критерій – доречність дзвінка. Ми, на жаль, не завжди замислюємося про культуру спілкування взагалі та правила спілкування мобільним телефоном зокрема. Ми забуваємо про те, що людина може бути зараз зайнята, засмучена, розслаблена, вона може погано почуватися або перебувати, вибачте, у вбиральні. В результаті відбувається дисгармонійний, неефективний контакт. Уявіть ситуацію: ви довго обирали момент, щоби зателефонувати своєму першому коханню. Зрештою зібралися з силами, надихнулися, дзвоните, а той чоловік у цей час розраховується в супермаркеті за покупки, картка не спрацьовує, готівки під рукою немає – він роздратований, свариться з касиром, а тут ви, із придихом – «Здрастуй, пам'ятаєш мене?». Він щось буркнув у відповідь, а ви образилися: «Більше ніколи йому не подзвоню!». І не дзвоните. Хоча все могло б обернутися зовсім інакше, якби ваш стан збігся з обставинами того чоловіка! Так що з «перекличкою» треба бути обережніше. І пам'ятати: якщо вам захотілося почути голос коханої людини, це ще не означає, що ваші бажання з цієї хвилини збігаються. Краще перепитати, уточнити, з'ясувати, чи готова людина до розмови – щоб убезпечити і себе, і її від непорозумінь.

Т.: Доречність чи недоречність дзвінка – це важливо, однак це ситуативне явище. Цікаво, а як у глобальному розумінні позначається на нашому психологічному статусі користування мобільним зв'язком?

О.: Давайте поміркуємо. З психології відомо, що одна із серйозних, навіть сутнісних здібностей людини – це здатність до трансцендування, тобто до виходу за межі події, явища. Стільниковий телефон – доступний, зручний та яскравий спосіб розсунути рамки практично будь-якої ситуації. Відтепер для комунікації немає жодних меж – адже ми можемо зателефонувати за тридев'ять земель. Крім того, ми маємо змогу керувати спілкуванням. Я знаю, багато людей мають два телефони: один – для близьких, інший – для решти. У поїздку можна взяти лише один із них і у такий спосіб відфільтрувати потік спілкування. Як психолог я вважаю, що два телефони – гарна ідея. Адже зникнення ефекту дистанції – палиця на два кінці. З одного боку, добре, що ми можемо встановлювати контакти, коли захочемо – це полегшує наше соціальне життя. А з іншого – ми стаємо прозорими, а наше особисте життя склеюється з діловим, суспільним. Зникають межі між нашим приватним психологічним простором та громадським. Ми постійно на зв'язку, а це означає, що, навіть перебуваючи вдома або гуляючи у парку, ми підсвідомо готові до того, що нас потурбують. Телефон увійшов у наше життя безцеремонно, без попередження, змушуючи включатись у спілкування. Здавалося б, чого простіше: вимкни мобілку – та й по всьому. Але, як ви переконалися на власному досвіді, у людини, що вимкнула телефон, нерідко з'являється відчуття, що вона щось упускає, щось важливе проходить повз неї.

Т.: Я читала про нещодавні дослідження британського вченого Девіда Шиффілда, який придумав термін «стільникова телефономанія». Він з'ясував, що 90 % англійців усюди носять із собою телефони, не в змозі залишити трубку, навіть коли йдуть у душ. Забувши вдома мобілку, вони впадають у паніку і, жертвуючи важливою нарадою чи розмовою з шефом, повертаються за телефоном. 40 % опитаних заявили, що не уявляють життя без телефона, а 20 % намагаються постійно тримати трубку в руках. Шиффілд робить висновок: розвивається новий невроз – психологічна залежність від телефону. Психолог із Австралії Діана Джеймс вела паралельні дослідження та дійшла аналогічних висновків. Як вам здається, чи не перебільшують зарубіжні психологи вплив телефона на наше життя?

О.: У нас подібні дослідження поки що не проводилися. Втім, і без них я можу сказати, що про серйозні розлади поки не йдеться, і особливої небезпеки для психіки я не бачу. Проте стільниковий зв'язок призвів до того, що сьогодні ми набагато більше семантично завантажені, ніж у «домобільний» час. Нас частіше смикають, ми отримуємо більше інформації, часом зовсім непотрібної. Ми невільні, перевантажені контактами – але що парадоксально, водночас потрапляємо у невротичну залежність від телефону! Ми нервуємо, коли він розряджається, або коли потрібно його вимкнути (у театрі, у літаку). Така залежність сигналізує про те, що людина, навіть втомившись від інтенсивного спілкування, завжди готова до нього, бо боїться випасти з інформаційного поля, яке забезпечується мобільним зв'язком.

Т.: А якої ви думки про SMS-романи? Мова не про студентські стосунки, а про любовний зв'язок двох зрілих людей. У моєї знайомої, назвемо її Юлею, 44-річної заміжньої жінки, яка працює оглядачем у журналі, два роки тому почалися стосунки з чоловіком із іншого міста. Декілька разів закохані з'їздили одне до одного, а потім перевели стосунки в формат SMS-повідомлень. Юля каже, що отримує величезне задоволення саме від таких взаємин: вона «підсіла» на ці повідомлення, як на наркотик, чекає заповітного сигналу телефона і вдень, і вночі, переживає, коли від коханого довго немає звісток (довго – це два дні, на її думку). Півтора роки вони листувалися, а нещодавно цей чоловік приїхав до Києва та зустрівся з Юлею. Вона розповідала, що зустріч вийшла напруженою, обоє були скуті (хоча раніше насолоджувалися «живим» спілкуванням). Юля зізналася: «Знаєш, мені весь час хотілося забігти за ріг і відправити йому SMS-ку».

О.: Забавно, чи не так? Така ніби несправжня і абсолютно безпечна заміна реальності. Мені здається, подібні стосунки – ілюстрація такого поширеного сьогодні явища, як побоювання перед реальним, живим спілкуванням. Чоловік і жінка у цих романах постають одне перед одним у вигаданих ролях, які не можуть або не хочуть зіграти у реальному житті. Спрацьовує компенсаторний механізм: мабуть, Юлії хочеться пожити в ілюзорному світі, втекти від обридлої повсякденності – ось вона і сховалася у SMS-романі. «Живі» стосунки з коханцем їй не потрібні – адже це переживання, а то й страждання, необхідність брехати чоловікові, витрачати нерви, приймати якісь рішення. Їй комфортно у вигаданому світі телефонного роману. Не без того, що для вашої знайомої такі стосунки мають лікувальний, терапевтичний характер. Адже головне у SMS-коханні не секс і не прагнення вести спільне господарство. Головне – довірливість, сповідальність, і та обставина, що чоловік та жінка не бачать одне одного, відіграє важливу роль. Адже під час сповіді священик і парафіянин не бачать одне одного, а Зигмунд Фрейд наполягав на тому, щоб під час психоаналітичного сеансу клієнт не бачив обличчя психотерапевта.

Т.: Обговорюючи з Юлею її SMS-роман, ми дійшли цікавого висновку: магія цих стосунків багато в чому обумовлена стислістю повідомлень. Юля, як і я, журналістка, тому цінує точні формулювання, ємні визначення. Якщо в усній розмові чоловік та жінка часто обмінюються словесним сміттям, не особливо стежачи за думкою, то епістолярний жанр, до того ж короткий, змушує співрозмовників вибирати найвірніші слова та правильні фрази. Юля зберігає усі SMS-ки, переносить їх у комп'ютер, потім роздруковує – і дивується, наскільки небагатослівними і при цьому абсолютно самодостатніми можуть бути любовні стосунки! Зрозуміло, гарний SMS-роман може вийти у освічених, культурних, інтелектуальних людей – лише тоді повідомлення нагадують японські хокку: короткі та образні. А примітивні «одноклітинні» меседжі – не тема для сьогоднішнього обговорення.

О.: Сьогодні і жанр новий у літературі з'явився: SMS-повість або SMS-оповідання. Попри всю зовнішню простоту оповіді, жанр насправді складний, адже легше сказати десять фраз, ніж одну. Концентрована думка набагато цінніша за розмиту. Проте якщо говорити про SMS-спілкування загалом, а не тільки в контексті любовних взаємин, варто згадати ще один важливий аспект: іноді ми вдаємося до SMS-повідомлень або телефонної розмови, щоб уникнути безпосереднього з'ясовування стосунків із людиною. Як показали нещодавні дослідження однієї моєї аспірантки, чим більше у людини невирішених особистісних проблем, тим частіше вона віддає перевагу спілкуванню за допомогою засобів зв'язку, не бажаючи розмовляти «наживо». Мені як психологу здається, що мобільні телефони здатні виявляти приховану сутність людей, адже вони є непоганими індикаторами стосунків. Що я маю на увазі? Хтось має прийняти рішення щодо важливого для вас питання. Ви йому телефонуєте. Він каже: «Я зайнятий, передзвоню за півгодини». І не передзвонює. Ви чекаєте годину, другу, потім знову набираєте номер. А ця людина не відповідає. На жаль, сьогодні це відбувається часто-густо. Ви відчуваєте приниження, образу, дивуєтеся: адже ваш номер висвічується у того, хто вам потрібен, чому він ігнорує ваші дзвінки? Та тому, що людина та, мабуть, боягузлива, малодушна, інфантильна – і не знає, як вам сказати, що рішення ухвалене не на вашу користь, тому обирає відмовчатися. Або ж людина та невихована, безкультурна – адже відмовляти у відповіді непристойно як у діловому, так і в приватному спілкуванні. Крім цього, проявом поганого тону є претензія: «Я тобі вчора дзвонив-дзвонив, чому ти телефон відключив?». Це особиста справа кожного – вирішувати, скільки і коли перебувати в зоні доступу для інших людей. Звичайно, є випадки, коли від нас чекають допомоги або ж постійний зв'язок зі світом необхідний через нашу професію – в цих ситуаціях ховатися негарно.

Т.: На мій погляд, з'явилася нова тенденція: «наївшись» мобільним спілкуванням, багато хто, приходячи додому, одразу вимикає телефон. А деякі люди взагалі відмовляються від мобільного зв'язку.

О.: Так, я помітив, що багато моїх закордонних колег-вчених не користуються мобільними телефонами. На Заході це вважається ознакою статусу – дозволити собі розкіш обмежити свої контакти, стати недоступним для оточуючих. Багато заможних людей не визнають мобільних телефонів – з ними ходять їхні секретарі.

Т.: Ну, секретар це інша справа. А ось зовсім відмовитися від мобільного, гадаю, складно. Це незамінний помічник буквально у всьому.

О.: Згоден із вами, але головне – не переоцінити його. Торік перед 8 Березня я був у відрядженні, відправив повідомлення синові, дружині – з привітаннями та деякими проханнями. Повертаюся, а вони не виконали жодне з них. Я засмутився, обурився: як же так? Виявилося, що мережа у святкові дні перевантажена, і мої повідомлення десь загубилися. Я й уявити не міг, що таке можливе. Ми всерйоз розраховуємо на телефон як на помічника – а тут такий баг. Я задумався і ось яких висновків дійшов. Мобільний телефон – чудова річ. Він відкриває стільки можливостей, скільки нам і не снилося. Він дозволяє отримувати інформацію у будь-якій точці земної кулі. Він зближує людей. Він знижує рівень тривожності – можна зателефонувати та спитати: «Як доїхав?» або «Чому запізнюєшся?». Але він не вирішує наших особистих проблем – а ми, захопившись цією розумною іграшкою, чекаємо від неї і цього дива! Ми купуємо найсвіжіші та найдорожчі моделі телефонів, беручи участь у соціальних забавах «У кого престижніше?», бажаючи з їх допомогою підвищити свою значущість – але це нам не вдається. Ми надсилаємо та отримуємо сотні повідомлень, думаючи, що у нас є сто друзів – але це не так. Ми заводимо SMS-романи, вважаючи, що знайшли справжню любов – але помиляємося. Все справжнє – дружба, кохання, визнання – не потребує посередника. Нехай навіть такого універсального, зручного та стильного, як мобільний телефон.

41. Пастки щасливого шлюбу

Стосунки між чоловіком і дружиною – така хитра штука, що сума плюсів, попри всі закони логіки та математики, може несподівано дати мінус. Кохання є? Є. Діти є? Ось вони. Чи є здоров'я? Тут. Достаток є? Авжеж. Щастя є? Та поділося кудись, щойно було – і отакої, зникло! Може, повернеться? Звісно, повернеться. Тільки краще не дати йому піти далеко.
Що таке – щасливий шлюб? Чому люблячому подружжю часом не вистачає радості? Які підводні камені криються в безтурботному перебігу сімейного життя?

Тетяна Петкова: Олександре Федоровичу, тільки не смійтеся, будь ласка, але що таке щасливий шлюб? Ми ще з вами не цікавилися такими оманливо простими і такими складними запитаннями.

Олександр Бондаренко: Ого, ви одразу хочете взяти бика за роги й отримати готову відповідь на таке глобальне запитання. Давайте розмірковувати разом. Мені здається, щасливий шлюб – це коли потреби подружжя настільки добре задовольняються, що їм обом навіть не спадають на думку якісь зміни, доповнення або компенсації їхнього способу життя. Тобто це такий спосіб спільного існування чоловіка і жінки, при якому вони почуваються найбільш гармонійно та комфортно. А також повністю реалізованими.

Т.: Все одно не дуже зрозуміло. Ми часто говоримо: «Ось буде в мене те й те – і я стану щасливою», розуміючи щастя, як отримання чогось, чого раніше у нас не було. Виходить, жила жінка, у якої чогось не було (наприклад, відчуття психологічної та матеріальної захищеності), і чоловік, який потребував, щоб його хвалили, любили, піклувалися про нього, захоплювалися ним. Ось вони зустрічаються, одружуються – і кожен у шлюбі отримує те, чого йому бракувало. Це ж щасливий шлюб, так? Якось ми з колегами розмірковували, навіщо і для чого, власне, виходити заміж. Одна з нас сказала: «Без чоловіка я почувала себе маленькою дівчинкою, яка заблукала в темному лісі, чоловік дає мені відчуття безпеки». Інша задумалася: «А я до заміжжя жила одна і жодного дискомфорту не відчувала, навпаки, дуже цінувала своє холостяцьке життя. Однак зустріла майбутнього чоловіка – і зрозуміла, що хочу бути поруч із ним». Які різні пояснення потреби у заміжжі! А справді, якщо зустрілися самодостатні люди, котрі мають усе, котрим і поодинці добре живеться – що для них стане запорукою щасливої родини?

О.: Для одних людей шлюб – це результат: у них були конкретні запити до обранця (наприклад, вона хотіла, щоб він був заможний, а він – щоб вона була білявкою та розмовляла трьома мовами), ці побажання виконано, обоє шлюбом задоволені. А для інших шлюб – не результат, а процес: кожна хвилина, кожен день і кожна ніч із коханою людиною стає цінністю. Вловлюєте різницю? Для одних людей шлюб – це ціль, а для інших – засіб. Одна жінка скаже: «Я вдало вийшла заміж за олігарха – я щаслива», а друга: «Я щаслива тому, що поряд із моїм чоловіком я можу бути такою, як мені хочеться, я можу робити те, про що мріяла». Так от, секрет щасливого шлюбу для людей самодостатніх, здатних і без сім'ї бути задоволеними життям, у тому, що вони не просто вдовольняють запити одне одного, а створюють свій особливий світ – третю реальність. До того, як одружитися, вони не були двома половинками яблука – кожен із них був повноцінним яблуком. Але їхній союз породжує третє яблуко – таку якість спільного життя, яка їх приваблює незрівнянно більше, ніж якість їхніх життів окремо. Мені здається, що щасливий шлюб – це коли і дві половинки одного яблука поєднуються (задоволення запитів одне одного), і коли створюється третє яблуко (виникає нова реальність для двох). Обидва підходи до побудови сім'ї гарні, обидва здатні зробити шлюб щасливим. Головне – щоб зустрілися люди рівні за породою, за духовними запитами і душевними якостями. Хоча ми можемо тут як завгодно раціоналізувати, намагатися виводити формули та визначати умови щасливого шлюбу, але нам все одно важко схопити всі необхідні складові сімейного щастя. Як психотерапевт добре знаю: можуть збігтися всі умови для сімейного щастя – а його немає.

Т.: Чи можна приклад?

О.: Моя хороша знайома, журналістка, кілька років тому вийшла заміж за заможного чоловіка, депутата. Скільки її знаю, вона завжди мріяла бути дружиною багатої людини, ретельно готувалася до цього: працювала над собою, ходила до фітнес-клубу, робила кар'єру, щоб потрапити до місць, де водяться статусні мужики. Нарешті, її мрія здійснилася: вона одружилася, народила дитину, оселилася в заміському особняку. Коли я побачив її через півтора роки, був просто вражений: згаслі очі, депресивне обличчя, до того ж вона почала зловживати спиртним. Її сестра дивується: «Олександре Федоровичу, у Насті щаслива сім'я, все складається чудово – чому ж їй так погано?» Зауважте, вийшла заміж вона з любові – тобто всі складові сімейного щастя очевидні. А Настя нещаслива. Як бачите, у формулі щасливого шлюбу присутня, як кажуть математики, лямбда невизначеності, якесь «щось іще», те, що приховує головний секрет. Мені здається, проблема Насті в тому, що вона ставиться до шлюбу як до мети, якої треба досягти. Вона старалася, досягла мети – а далі що? У цьому й полягає одна із пасток щасливого шлюбу: виконавши програму-мінімум – діти, будинок, автомобіль, рахунок у банку – люди просто не знають, що робити далі, яку програму-максимум виконувати.

Тому що чоловік і жінка свідомо сприйняли сімейне життя як взяття певної висоти, а не як спосіб проживання життя. Ви самі чудово знаєте, як часто розпадаються благополучні пари: ще вчора вони світилися щастям, а сьогодні вже розлучилися. Що трапилося? – дивуються всі довкола. Та нічого не сталося – після того, як люди все купили, що потрібно, об'їздили півсвіту, накопичили грошей на майбутнє, вони просто не зуміли отримувати радість від самого процесу життя разом, від тисячі приємних дрібниць життя.

Т.: Ну, розлучаються у схожій ситуації далеко не всі. Багато хто продовжує жити разом, відчуваючи, що щастя пішло геть – і при цьому, хоч як не парадоксально, розуміючи, що любов не пішла! Ось як у вашої знайомої Насті – все є, враховуючи почуття, а щастя немає. І коли спілкуєшся з такою парою, розумієш, що вони й справді люблять одне одного, дбають одне про одного, але щось заважає назвати їх щасливими. Що за дивина така?

О.: Те, про що ви кажете, – чергова пастка щасливого шлюбу: необхідність завжди і всюди відповідати своєму званню «ідеальної пари», виправдовувати цей статус не лише перед друзями, знайомими, а й перед собою. Чоловік і жінка самі не помічають, що починають працювати на імідж, грати на глянсову картинку. Які стереотипні ознаки вдалого шлюбу? Змальовучи щасливу подружню пару, ми говоримо: вони ніколи не сваряться; у них дім повна чаша; у них ростуть здорові слухняні діти; вони вміють заробляти гроші; вони активно і корисно проводять вільний час... Схоже на рекламний ролик, правда? Хочу нагадати одне гарне прислів'я «Ніхто не відає, хто чим обідає». Річ у тому, що я ще не бачив у своєму житті жодної подружньої пари, яка би цілком і повністю відповідала намальованій рекламній картинці. Так от, багато щасливих подружніх пар, розуміючи, як їх сприймає оточення, починають боятися «зіпсувати імідж», розчарувати інших і себе зокрема. Ми з моєю аспіранткою

Ольгою Лобач проводили дослідження, присвячені шлюбним союзам, і в результаті з'ясувалося, що у людей досить сильна потреба підтримувати своє реноме щасливої пари в очах оточення. Мало того, люди хочуть, щоб пред'явлений ними образ бездоганних стосунків збігався з реальністю, щоб їхнє життя і справді було винятково райдужним. Але бездоганними ми буваємо лише на фото після обробки у фотошопі. Насправді у нас на обличчі є зморшки, а в сім'ї – проблеми. Пастка полягає в тому, що бажаючи мати бездоганні стосунки, ми втрачаємо те справжнє, щире, що й робило наші стосунки щасливими.

Т.: Якось мені розповіли історію про те, як чоловік не захотів жити з дружиною, що захворіла на діабет, була змушена постійно лікуватися, її зовнішність сильно змінилася й не на краще. Офіційно подружжя розлучилося і роз'їхалося по різних квартирах, але фактично залишилося близькими людьми: чоловік регулярно відвідував жінку, допомагав їй, піклувався. І коли та запитала: «Якщо ти, як і раніше, мене любиш, чому ж ми розлучилися?», відповів: «Тому що все стало не так, як раніше» – а ця пара в публічному просторі була елегантною, красивою. Я тоді подумала: який снобізм! А тепер розумію, що чоловік потрапив у пастку «необхідної відповідності», так?

О.: У таких випадках – коли один із подружжя занедужує, втрачає роботу, починає зловживати спиртним – ця пастка найчастіше і проявляється. Люди подають на розлучення не тому, що розлюбили одне одного, а тому, що зник фотошоп, який робив їхні стосунки бездоганно-глянсовими. Це болісні ситуації, адже у щасливому шлюбі подружжя відчуває, що вони – найближчі друзі та рідні люди. І раптом вони усвідомлюють, що їхні звичні улюблені декорації змінилися – все вже не так безтурботно, не так гарно, не так радісно. Дружина погладшала, чоловік уже не начальник, а безробітний, діти не відмінники, а аутсайдери... Спочатку подружжя соромиться цих змін, намагається їх приховувати від очей знайомих, а потім робить помилковий висновок: значить, їхній шлюб – невдалий. А насправді їм просто бракує мудрості зрозуміти, що картинок у щасливого шлюбу може бути багато, і далеко не всі схожі на рекламні ролики.

Т.: А ось ця готовність жертвувати власними інтересами заради чоловіка, яка практично завжди спостерігається в успішному шлюбі, не може перетворитися на пастку – якщо переходить розумні межі?

О.: Може. У щасливому шлюбі подружжя стає одне для одного надцінністю, і це добре, адже чоловік і жінка готові йти на поступки, дослухатися до думки іншого, та й взагалі – жити бажаннями одне одного. Але ці стосунки затратні. По-перше, постійно враховуючи бажання іншого, вам доводиться багато від чого відмовлятися. Пастка в тому, що ви розчиняєтеся в іншій людині, і рано чи пізно може настати момент, коли вам уже неясно: «Цього хочу я чи він? Де мої бажання, а де його?» Наприклад, дружина все життя хотіла поїхати в гори, а чоловік ненавидить кататися на лижах, і вона пішла йому назустріч, відмовилася від своєї мрії. Або чоловікові дуже хотілося купити мотоцикл, а дружина забороняла. Таких прикладів добровільного самообмеження у щасливому шлюбі – безліч, і спочатку ми не відчуваємо негативних емоцій, навіть пишаємося своєю жертовністю, але минають роки, і в глибині душі наростає туга: «Чорт забирай, а я ж і це не встигла, і це не спробувала, і від цього відмовилася...» Раптом ми починаємо розуміти, що живемо не зовсім своїм життям, але при цьому і не чужим – компромісним таким життям, зітканим із спільних бажань, звичок, мрій...

Т.: Напевно, цю пастку можна порівняти з фільтром, через який просочуються лише взаємні бажання. Наприклад, дружина любить трилери, а чоловік ні. Він віддає перевагу бойовикам, які не любить дружина. І ось вони ходять у кіно тільки на комедії – при цьому дружина пропускає прем'єри трилерів, а чоловік – прем'єри бойовиків, і хоча обом хочеться подивитися улюблені фільми, але вони обирають усереднений варіант. Я утрирую, звичайно, але суть така?

О.: Так, підходяще порівняння. Іноді у щасливому шлюбі люди настільки розчиняються одне в одному, що поступово змінюють свою природу на догоду іншій людині – згадайте чеховську Душечку. І тоді з чоловіка та дружини виходять сіамські близнюки – істота з прізвищем Іванови чи Васєчкіни. Немає окремо чоловіка і жінки як самостійних особистостей, а є Іванови з однією на двох ідеологією, філософією, смаками, звичками. У психології це і називається – «групова подружня особистість». Пастка полягає в тому, що нерідко у випадках, коли чоловік і дружина – групова подружня особистість, вони відмовляються від спілкування з приятелями та знайомими, замикаються лише одне на одному. Як психолог можу сказати, що бути одне для одного світлом у віконці – це, звісно, романтично та красиво, але шкідливо. У кожного з подружжя має бути своє приватне життя: у дружини – дівочі посиденьки з подружками, у чоловіка – з приятелями. У чоловіка та дружини повинні бути інші інтереси і джерела радості та задоволення, окрім одне одного. Інакше відбувається стирання меж між двома особистостями – аж до втрати свого «Я». Мені здається, такий стан речей є особливо шкідливим для людей творчих: у двоголовій подружній особистості високий ризик втратити творчий потенціал – адже ззовні немає підживлення для натхнення.

Т.: До речі, про натхнення. Не тільки творчим людям, але, думаю, практично всім чоловікам і жінкам хочеться іноді подобатися іншим представникам протилежної статі. Ніщо так не надихає, як флірт, легка симпатія до колеги, яка ні до чого не зобов'язує, милі невинні листи по мейлу чи SMS-ки... Мені здається, чергова пастка щасливого шлюбу – це його прісність. А якщо і дозволить собі хтось із подружжя пофліртувати на вечірці з незнайомцем (-кою), негайно починає картатися докорами совісті, хіба не так? Мовляв, та як я могла, у мене ж такий міцний благополучний шлюб, навіщо ж ходила з французом Анрі на вечерю?

О.: Погоджуся з вами. Про це мало пишуть, але психологам добре відомо, що практично всі люди мають потребу в зміні психофізіологічного стану. Нам важко увесь час перебувати в одному й тому ж тонусі, нам потрібні струси, сплески почуттів, нові емоції та переживання. Ось чому ми займаємося екстремальним спортом, ходимо у походи, їздимо у різні країни та закохуємось. А в щасливому шлюбі можливості зміни психофізіологічного стану часто обмежені. Для спільного життя чоловіка і жінки дуже важливо, щоб подружжя кожен окремо мало можливість впасти в інший психофізіологічний стан. Зрозумійте мене правильно, я не говорю про зв'язки на стороні, але безневинний флірт можна собі дозволити. З'їздити в подорож одному чи одній теж можна – а потім приїхати і усвідомити, як ти скучила за своїм чоловіком. Якщо ваші уявлення про щасливий шлюб не дозволяють чогось зробити, а вам хочеться, проте ви побоюєтеся почуття провини – то це міна уповільненої дії: накопичується прихована агресія проти коханого чоловіка. І ця агресія може прорватися назовні з будь-якого приводу несподіваним чином.

Т.: А як щодо довірливості, якою відрізняються щасливі шлюби? Я знаю сім'ї, де у чоловіка і дружини немає жодних секретів одне від одного, і знайома з подружжям, що воліють обговорювати далеко не всі теми. Сама я схиляюся до того, що все ж таки не варто бути для свого чоловіка відкритою як на долоні, як би ти його не любила. Мені здається, чоловік втрачає інтерес до абсолютно зрозумілої і передбачуваної жінки.

О.: Щодо інтересу – вірно, але справа не лише в цьому. Подружжя не є одне для одного ні священиками, ні психотерапевтами, сповідатися перед партнерами не варто. У кожної людини повинні бути свої маленькі таємниці, психологічна privacy, тому, як писав Єсенін, «ходити з навстіж розстебнутою душею, як ширинкою» непристойно навіть у подружньому житті. Чоловікові та дружині треба бути обережнішими з психологічною оголеністю.

Т.: Мені здається, ще одна пастка щасливого шлюбу – те, що люди перестають стежити за собою як у особистісному розвитку, так і у зовнішності. Адже все й так добре, до чого ще якісь рухи робити?

О.: Так, ось це відчуття «життя вдалося, все добре» нерідко розмагнічує людей, присипляє їхні бажання та прагнення до самовдосконалення. Не всі, щоправда, знаходять у цьому негатив, але я нерідко бачу приклади того, як у щасливому шлюбі люди перестають розвиватися і навіть деградують. Мені як психологу це здається неправильним. Щасливий шлюб, на мою думку, навпаки, має надихати і чоловіка, і жінку на саморозвиток, покращення себе. І головне: пам'ятайте, що щасливий шлюб – це не ідеальний шлюб у стереотипному, рекламному розумінні.

Щасливий шлюб – це такий союз, в якому добре особисто вам і вашій коханій людині, хоч би що там не думало оточення.

42. Між нами, дівчатками

Відкриємо секрет: жіночі колективи вражають уяву сильної статі. Чоловіки відчувають у жіночій спільноті якусь таємничу, мало не містичну силу. Зрозуміло, вони в цьому не зізнаються і навіть, наївні, щосили намагаються нас висміяти: мовляв, «бабські» команди – це істерики, плітки, запарені мюслі в чашках і купа запасних колготок у робочих столах. А хоч би й плітки, і мюслі, і колготки! Сила нікуди від цього не подінеться. З якими труднощами стикається керівник жіночого колективу? Чому жінкою не можна прямолінійно командувати? Які робочі конфлікти типово «дівчачі»?

Тетяна Петкова: Олександре Федоровичу, наскільки мені відомо, спеціальний розділ психології присвячено вивченню взаємин у групах людей, зокрема тому, як розподіляються ролі в колективах. Чи є загальні закономірності для всіх колективів чи «у кожній хатинці – свої іграшки»? Мене цікавить насамперед жіноча «збірна».

Олександр Бондаренко: Якщо говорити про ролі, то одна психологічна закономірність обов'язково виявляється в будь-якому колективі, чи то жіночому, чи то чоловічому чи то змішаному: у кожній групі людей – випадковій (компанія на вечірці) чи постійній (професійна команда) – відбувається розподіл на амплуа та ранги. Наприклад, зібралося осіб двадцять на пікнік. Через деякий час можна побачити, як намічаються ролі: обов'язково буде лідер (він же часто буває і тамадою); спільники – групка близьких за духом людей; знайдуться відсторонені – вони пасивні, немовби спостерігають за процесом зі сторони; і чужаки – ті, хто з різних причин почуваються чужими на цьому святі життя. Група спільників найчисленніша, у ній теж розподіляються ролі: у тій самій ситуації пікніка один нарізатиме бутерброди, другий – стежитиме за багаттям, третій – співатиме під гітару. А якщо йдеться про робочі моменти, то один генерує ідеї, другий – їх критикує, третій – мовчки доробляє чужі «хвости» – і таких дрібних ролей багато. Проводилися цікаві дослідження, і виявилося, якщо взяти і розділити один колектив, припустимо, з тридцяти чоловік, навпіл – то в кожній половинці скоро сформуються такі самі рольові взаємини.

Т.: А якщо в жіночий колектив затесався чоловік – ну мусить він бути хоча би для гармонії! –то яке психологічне амплуа йому відводиться?

О.: Добре, якщо цей чоловік грає роль не партнера з професійної діяльності, а охоронця, захисника. Чоловік-перукар у салоні краси, дизайнер у швейній фірмі або журналіст у жіночому журналі, що виконує ті ж функції, що й колеги-жінки, психологічно не врівноважує ситуацію – тому, що дами сприймають його «безстатевим», адже він знаходиться на одній професійній позиції з ними. Потрібно, щоб чоловік у жіночому колективі ніби стояв осторонь. Візьмемо поширений варіант – чоловік як сек'юріті, начальник служби безпеки. Ось ви приходите на роботу – і вас біля входу зустрічає мужчина. Кажу вам як психолог – це чудово! Європейськими супермаркетами кілька років тому прокотилася модна хвиля – жінки-сек'юріті. Але незабаром вони зникли, поступившись місцем чоловікам. Тому що керівництво побачило: у присутності чоловіків жінки (касирки, продавчині, представниці інших служб) почуваються набагато комфортніше, рідше сваряться та вередують. Психологи повністю підтвердили ці висновки, і новації з жінками-охоронцями припинилися. Річ у тім, що чоловік на інстинктивному рівні сприймається слабкою статтю як стабілізатор, вселяє почуття безпеки: жінка подивилася – ага, чоловік мене охороняє, все гаразд, у разі чого він про мене подбає – і їй стало спокійніше.

Т.: Чиста правда! Наш начальник служби безпеки, окрім виконання своїх прямих обов'язків, допомагає нам паркувати машини біля входу до редакції, замовляє квитки та вирішує ще сотню різних справ по господарству. Я одного разу увійшла до свого кабінету, побачила гігантське зелене чудовисько, що сиділо на шторі – чи то сарану, чи то коника – і миттєво помчала кликати нашого Володю на допомогу. Він прийшов і видворив чудовисько. А я потім подумала: ну чи не сміх, адже спокійно могла сама впоратися, проте спрацював інстинкт – сховатись за спину чоловіка.

О.: Дуже природна реакція і правильна рольова розстановка завдань. Зрештою, є способи дії, які органічно притаманні чоловікам. Звісно, ви самі у змозі взяти молоток і прибити поличку або пересунути диван (якщо навалитеся на нього всією компанією), проте краще, якщо в жіночому колективі все-таки буде чоловік, який може подбати про вас. Присутність такого чоловіка – який дозволяє час від часу побути слабкою – жінці конче потрібна. Простіше кажучи, жінці важливо знати: якщо її машина забуксує, відразу з'явиться чоловік і вирішить проблему.

Т.: Але ж чоловік у жіночому колективі – це ще й подразник, стимулятор. Хіба жінки не починають інстинктивно змагатися за його увагу?

О.: Не обов'язково. Як правило, жінки змагаються за увагу боса, а не рівного за рангом колеги – адже для слабкої статі дуже важливе питання статусу чоловіка. Пам'ятаєте у Ільфа і Петрова: «Дівчата люблять довгоногих та політично грамотних»? Сьогодні дівчатка люблять статусних і заможних. До речі, ситуація, коли чоловік очолює жіночий колектив, аж ніяк не комедійна і абсолютно не проблематична, як це люблять показувати у кінематографі. Жодних складнощів комбінація «вісім дівок, один я» не представляє. По-перше, для жінки природно відчувати керівництво чоловіка, підкорятися йому та перекладати у разі чого на нього відповідальність. А по-друге, мудрий чоловік-начальник завжди може заспокоїти навіть істеричку, використовуючи техніку психологічного погладжування. Він підійде до співпрацівниці, що розбушувалася, зазирне в очі, м'яко скаже: «Світлано, ну чого ти шумиш? Заспокойся, ти знаєш, що ти для мене незамінна, ну все-все, досить». І у жінки тут же зникає бажання скандалити і істерити.

Т.: А ситуація «жінка-бос у жіночому колективі», виходить, менш природна?

О.: Чому ж, така розстановка сил теж цілком природна, адже в слов'янській культурі популярна роль господині-большухи – жінки, яка всіх годує, за всіма дивиться, залагоджує конфлікти. Просто ця ситуація не така однозначна, і сценаріїв її розвитку набагато більше, ніж у варіанті «жіночий коллектив і бос-мужчина». Складність у тому, що жінці-босу необхідно розвивати у собі чоловіче начало, але це, буває, суперечить її природі. Особливо складно розвивати маскулинні риси жіночним, чуттєвим, схильним до співпереживання начальницям. Однак робити це необхідно: щоб бути результативним босом, треба спиратися на чоловіче начало – стратегічно мислити, правильно формулювати завдання, ефективно організовувати робочий процес. Іноді жінці-керівнику потрібно виявити жорсткість, безкомпромісність, витримку, не піддаватися емоціям – що їй дається важко. Адже сама природа прекрасної статі передбачає емоційність, уразливість, мінливість у настроях, сприйняття світу не інструментальне (корисно – не корисно), а за смаковими перевагами (подобається – не подобається). І, що ще важливо, жінка-керівник нерідко потерпає від дисонансу соціальної та особистої ролей: удома, під боком у чоловіка, вона – м'яка і беззахисна, а на роботі – владна і беззаперечна. Збалансувати ці дві ролі складно, найчастіше жінка і вдома стає командиркою, що, звичайно ж, чоловікові не подобається. А, мабуть, найголовніша трудність для жінки-керівника – це те, що чітких механізмів управління жіночим колективом просто не існує, психологи давно в цьому переконалися.

Т.: А способи керування чоловічим колективом є?

О.: Звичайно, і дуже прямолінійні. Перший – всіх вишикувати, заявивши «Я головний, я знаю, як треба, всім мене слухатися!». Другий: чітко поставити мету, розписати схеми засобів її досягнення і – чекати успіху. А не дочекавшись результатів, знову всіх вишикувати, накричати, пригрозити – коротше кажучи, розібратися з недбайливими підлеглими по-чоловічому. У жіночому колективі ці механізми не працюють, тому що жінки, на відміну від чоловіків, жодної поваги до рангів не виявляють і приказку «Я начальник – ти дурень, ти начальник – я дурень» абсолютно не сприймають. Чоловік поважає саму посаду начальника і охоче підкоряється вищому, ніж у нього, статусу. Жінка – ні. Вона поважає не «крісло», а особисту суть начальниці, і лише в тому випадку, якщо знайде переконливі аргументи на користь поваги, а не тому, що та – бос. Тому жінці, яка очолює жіночий колектив, необхідно не «командувати», не тиснути авторитетом, а вибудовувати індивідуальні взаємини з кожною із колег, пам'ятаючи про те, що універсальних засобів спілкування з жінкою-підлеглою не існує.

Згадаймо слова відомого педагога Януша Корчака: «Скільки не вивчай особливості темпераменту, скільки не штудіюй психологічні особливості особистості, а ось трапиться тобі кобилка з норовом, вибрикне так, як їй хочеться – і вся твоя наука піде прахом!» Я, як людина, що їздить верхи, давно усвідомив, що конем можна керувати, тільки якщо добре його відчуєш – інакше він може тебе просто не послухатися, а то й скинути. Ось так само треба керувати жіночим колективом – добре відчувати кожну підлеглу, скласти на неї психологічне досьє і непомітно, делікатно використовувати у керівництві ті стимули, які бажані саме для неї, говорячи науковою мовою – підвищувати психологічний статус підлеглої. Наприклад, амбітну жінку треба хоч трохи, але підвищити на посаді (зробити «вищою за всіх»); ту, яка відчуває фінансові труднощі – мотивувати можливістю заробітку; невпевнену в собі регулярно підбадьорювати похвалою... Мета – дати співробітниці можливість почуватися царицею у своєму маленькому царстві: у однієї краще виходить те, у іншої те, і треба кожній доручати те, в чому вона найбільш продуктивна. Я назвав би такий принцип управління жіночим колективом механізмом жіночої солідарності. Якщо босу-чоловікові важко скласти подібне психологічне досьє на співробітниць, то жінці-керівнику неважко психологічно оцінити своїх підлеглих, навіть якщо вони замкнуті й неохоче діляться подробицями особистого життя. Адже жінки в сотні разів спостережливіші й проникливіші за чоловіка. Жінці достатньо лише поглянути (а погляд триває 0,25 сотих секунди) – і відразу ж «розшифрувати» людину. І такий важливий момент. Жіночі колективи через циклічність жіночої природи ритмічні – вони то завмирають, впадаючи в релаксацію, то раптом зосереджуються і здійснюють подвиг. Причому дружно, як одна. Керівникам цю пульсацію треба враховувати, не боятися її, а використовувати на благо: наприклад, планувати відповідальні справи на період активності.

Т.: Щодо жіночої солідарності – мені здається, це величезна перевага жіночого колективу перед чоловічим.

О.: Безперечно. До того ж жіноча солідарність – набагато продуктивніший механізм, ніж жіноче суперництво. Я знаю, що деякі керівники навмисно підігрівають у жіночому колективі атмосферу суперництва, розраховуючи, що це спонукає співробітниць до більш результативної роботи. І вони жорстоко помиляються! Адже суперництво в жіночому середовищі – це боротьба не за кращий результат (як у чоловічому колективі), а за справлене враження: у кого дорожче прикраси, у кого крутіший чоловік, хто худіший, хто має молодший вигляд тощо. Насолодитися справленим враженням – сильний, самодостатній мотив жінки. Погодьтеся, навряд чи чоловікові спаде на думку просто так, без жодної причини прийти на свою колишню роботу, звідки звільнився півроку тому. А жінки, якщо вони мають гарний вигляд, якщо їхній життєвий рівень зріс за ці півроку, люблять забігти до колишнього офісу – показатися, покрасуватися, пошурхотіти вбранням. Одним словом, залишити враження. Тож жіноче суперництво зовсім не допомагає роботі, навіть навпаки, заважає. Особливо сильне і болісне жіноче суперництво зустрічається у соціально неоднорідних колективах: одна може собі дозволити сумку за кілька тисяч доларів та діаманти до кожного свята, а інша – ні. Я як психолог вважаю: найсолідарніші, найзгуртованіші жіночі групи ті, де всі жінки приблизно одного інтелектуального, культурного та соціального рівня – тоді вони можуть щиро порадіти як професійним досягненням одна одної, так і результатам неабиякого шопінгу.

Т.: Я довго працювала в жіночому колективі і, на щастя, абсолютно не можу підтримати поширену думку про те, що «там, де баби – там і сварки». Нам пощастило, у нас була згуртована і солідарна команда. Але знаю, що у жіночих колективах – особливі конфлікти. Цікаво, які?

О.: Є кілька типових жіночих конфліктів. Статусний: жінки терпіти не можуть фавориток, тому об'єднуються і плетуть інтриги проти «прими» (найбільш професійно успішної колеги): розпускають про неї плітки, скаржаться начальству, виставляючи її в непривабливому світлі, навмисне чинять капості, щоб вона завалила роботу тощо. Прима, ясна річ, у боргу не залишається, обурюється, намагається відновити справедливість – і ворожнеча ця, то затухаючи, то спалахуючи, може тривати роками. Або конфлікт заздрості: найкрасивішу (найщасливішу в особистому житті, найхаризматичнішу) не люблять саме за те, що вона така бездоганна та приваблива. І починають їй пакостити. Я особисто був свідком такої дрібнотравчатої капості: на комп'ютер жінки, яку не злюбили співробітниці, хтось повісив сувенірний лапоть. І ось ми заходимо в кімнату після наради, і я чую тріумфальний голос однієї колеги: «О, дивіться, нашій Юльці лапті сплели!» Потім у цієї Юлі в скриньках тумбочки з'являлися якісь дивні нитки з голками, різні мерзенні штучки. Всі ці дії спрямовані на те, щоб зруйнувати душевний стан людини. А як тільки розумниця і красуня втратить рівновагу, розплачеться, зблякне обличчям – ось тоді всім іншим панночкам стане легше. Латентний конфлікт – це тиха ворожнеча між співробітницями. Вона рідко проривається назовні й загалом не заважає їм спілкуватися, працювати, не псує загальну атмосферу в офісі. Найкращий спосіб поведінки при латентному конфлікті – дотримуватися правила «Не буди лихо, поки воно тихе». Нехай у душі ви недолюблюєте одна одну, але в жодному разі не треба з'ясовувати стосунки, нехай усе залишається, як є – інакше ситуація може стати нерозв'язною. Цікавий конфлікт – нормативний: ви взяли на роботу співробітницю, а вона нехтує дрес-кодом, прийнятим у вашій фірмі, має на вашому фоні вигляд чужорідного персонажа. Або, чого доброго, пахне якось не так – і не тому, що неохайна, а тому, що такий запах її дому. Я зараз маю на увазі реальний випадок: прийшли до мене на консультацію співробітниці однієї компанії – як вчинити з новою колегою, від якої дивно пахне. З'ясувалося: вона живе в заміському сільському будинку, в якому – особливий запах фарбованої підлоги, побілених стін, сушених трав. Запах начебто не неприємний, але водночас багатьох дратує. Я порадив знайти привід і розстатися з тією жінкою, не називаючи справжньої причини, щоб не ображати – адже той аромат був ароматом її життя. Але якщо від людини пахне, вибачте, з іншої причини – тому що вона не вміє користуватися дезодорантом, а співробітник хороший, тоді ви маєте повне право ввічливо вказати колезі на цю невелику проблему і попросити її вирішити.

Усі перелічені конфлікти можна розв'язати, з ними можна впоратися. Але один типово жіночий конфлікт залагодити неможливо – емоційний. Ось прийшла до вас нова співробітниця, а вас усіх від неї просто нудить, ви кажете: «Вона, звичайно, фахівець розумний, але... не наша людина, і все тут!» Вихід один – відразу ж розстатися з цією людиною, бо для жіночої команди дуже важливо, щоб усі були «наші», і цим принципом не можна нехтувати.

Т.: У чому, на ваш погляд чоловіка і психолога, незаперечні переваги жіночого колективу перед змішаним? За моїми спостереженнями, жіночим командам властива атмосфера певної клубності, кулуарності. Ось джентльмени в Англії ходять до спеціальних клубів, куди стороннім вхід заборонено, так і жіночий колектив грає роль клубу – крім безпосередньо професійної реалізації, це ще й місце релаксу, самоідентифікації, спілкування. Я маю на увазі правильні, безконфліктні колективи, ясна річ.

О.: Ви маєте рацію, краса жіночого колективу – в особливій емоційній атмосфері довірливості та взаєморозуміння. У чоловічих колективах цього приємного клубного клімату, як правило, немає, адже чоловіки орієнтовані на діяльність, а жінки – на стосунки. Це зовсім не означає, що жінки ставляться до роботи абияк, а чоловіки сприймають один одного, як бездушні роботи. Але для чоловіка колектив – це насамперед команда, націлена на справу, ідею. А для жінки – дружня компанія, готова будь-якої хвилини прийти на виручку. Для слабкої статі дуже важливі неформальні взаємини між колегами – ось чому у згуртованих жіночих колективах велике значення надають внутрішньому кодексу поведінки, традиціям, спільним чаюванням та іншим заходам, що зближують. Енергообмін у згуртованих жіночих колективах – приголомшливий. Та й загалом дружній жіночий колектив – воістину бронебійна сила. Це надуспішна команда, яка здатна так мобілізувати ресурси кожної і досягти таких результатів, що чоловікам і не снилося.

43. Пробач

«Милий, ну що ти бурмосишся, я більше не буду, вибач!»; «Дорога, і ти пробач мені за все!»; «Буся, я давно пробачила!» І – цьом-цьом у щічку, і все добре, і знову тиша та гладь. А глибоко-глибоко в душі ворушиться сумнів: чи справді вибачила? Невже зможу забути, що він скоїв?
У чому суть вибачення? У яких випадках воно стає потуранням? Чи можна пробачити зусиллям волі?

Тетяна Петкова: Олександре Федоровичу, популярні сьогодні методики «чистки ментального тіла», психологічного перезавантаження, реінвентингу свого «Я» (reinvent – «перевинахід») часто радять: відпустіть всі образи, вибачте тим, хто зробив вам боляче. Але хоч би скільки ти сам себе переконував «Я пробачив», хіба можна зусиллям волі позбутися болю, образи, гніву? Що таке прощення з погляду психології – ритуальний акт (ну як на перехресті повернутись обличчям на південь і тричі крикнути «Всіх прощаю!») – чи особливий стан, почуття?

Олександр Бондаренко: Тема складна. Маса красивих слів, пишномовних міркувань, починаючи від релігійних мотивів всепрощення і закінчуючи побутовими приказками на кшталт «хто старе згадає, тому око геть». І за цією стіною красивих словесних конструкцій важко роздивитися суть дуже непростого процесу під назвою «прощення». З яким словом у нас асоціюється прощення? З прощанням, чи не так? Англійською forgive і французькою pardonner – буквально «щоб дати».

Суть цього процесу в тому, щоб перестати нести якийсь тягар, віддати його, попрощатися з ним.

Т.: Тобто ви вважаєте, що прощення – це не почуття, не емоція, не вольове рішення, а саме процес?

О.: Так, прощення – це дія, розставання з чимось крок за кроком. Сісти й наказати собі «А ну швидко пробач такому-то!» – не вийде. Результату не буде. Прощення – така дія, яка припускає, що ви відпускаєте весь тягар, що накопичився в серці. Ви назавжди розлучаєтеся чи то з ситуацією, чи то з людиною, яка завдала вам психологічної шкоди. І зробити це важко з тієї простої причини, що дія вибачення несе у собі психологічну двоякість. Ми з вами знаємо скільки завгодно прикладів, коли нам не вдавалося комусь пробачити, правда? Заважає образа, гнів, агресія. Той, кому належить пробачити, перебуває у психологічно важкій позиції, що називається словом «жертва». Розумієте, що діється? Тебе принизили, поранили, образили, у серці закипає обурення, бажання помститися. А близькі люди чи внутрішній голос кажуть: пробач! І це здається просто неможливим. Чи не так?

Т.: Ну так, найважче прощати саме тоді, коли ти ображений. До того ж найчастіше ми ображаємося на близьких людей – на тих, від кого ніяк не очікували підступності, грубості, підлості. На сторонніх можемо роздратуватися, розгніватися, але в цьому випадку якраз легше «плюнути і розтерти», адже ми не маємо сильного емоційного зв'язку з цією людиною. А ось своєму, рідному вибачити важко – дуже вже прикро!

О.: Звісно. І водночас, зверніть увагу, ми відчуваємо потребу не помститися, а саме пробачити тим, хто в ближньому колі. Адже й ці люди, й стосунки з ними найзначущі для нас. Проте сил вибачити не завжди вистачає, хоча розуміємо необхідність прощення. Ба більше, щиро хотіли б це зробити, але (ось парадокс!) не виходить це зробити легко.

Т.: З чого починати цю дію – прощення?

О.: Давайте продовжимо наш скромний лінгвістичний аналіз на самому початку бесіди: «щоб дати» (віддати), «простити – проститися – попрощатися – розлучитися». Який зміст несуть ці найдавніші слова? Яку ідею? Ідею розлучення з чимось, що ти зобов'язаний віддати. Віддати що? Насамперед те, що гнітить тебе, обтяжує. Віддати кому? Тут можливі різні відповіді. Віруючі люди скажуть – Богу. Люди світські скажуть – вічності. Хто захоплюється психологією, скаже, що треба відпустити образу, емоційно відреагувавши її у простір психотерапії. Іншими словами, йдеться про відновлення порушеної душевної рівноваги шляхом скидання із себе важкої емоційної ноші. Найперша дія в процесі прощення – це прохання про нього, реальна чи символічна дія спокути.

Т.: Ви хочете сказати, що без ініціативи іншої сторони вибачити неможливо?

О.: Психологічна складність прощення полягає в тому, що воно вимагає покаяння і спокутування своєї провини з боку людини, яка засмутила нас. Іншими словами, якщо у нас просять вибачення, дійсно намагаючись загладити свою провину, щиро каються у скоєному, приймаючи на себе наше страждання і поділяючи його, нам легше примиритися з тим, що відбувається, і пробачити людині. Коли нас образили, принизили, травмували і не лише не визнають своєї провини, а ще й намагаються перевалити її на нас – отут і починаються моральні колізії. Розум каже, що начебто треба пробачити. Душа бунтує і вимагає відплати! Тож, повторюся, перша дія, за логікою речей, має виходити від винуватої сторони. Друга – від постраждалої.

Т.: Давайте розглянемо такий випадок. Моя подруга Наташа купила квартиру, з радістю почала її ремонтувати, обговорювала з колегами процес підбору плитки, шпалер – ну, знаєте, такий дівочий щебет на приємні теми. Одна із колег, назвемо її Ніною, пообіцяла моїй подрузі подарувати гарний столик. Подруга зраділа, тому що столик, про який йшлося, дуже стильний і чудово вписувався в інтер'єр квартири (меблів у квартирі практично не було, столик повинен був стати тією першою річчю, яка потягне за собою підбір решти обстановки). Колега кілька разів протягом місяця питала Наталю, коли ж новосілля. Нарешті ремонт завершили, купили ліжко та шафу, покликали друзів на новосілля. Ніна прийшла без столика, з порога весело заявила: «Ти вже пробач, я його подарувала приятельці, він їй так сподобався!» Моя подруга оніміла. І ось минув рік, мабуть, а подруга все не може забути образу. Хоча Ніна ніби не надто близька їй людина, та й столиків вона сама може купити з десяток, а лягла тяжкість на душу, і все тут. Вона спробувала відсторонитися від Ніни, але та – свята простота! – помітивши холодність Наталі, почала їй телефонувати, перестрівати в коридорі з запитанням «Ти що, образилася?». Подруга каже: «Бачити її не можу. Через якийсь шматок дерева!». Розумієте, вона сама дивується своїм почуттям, а пробачити не може. Дурість якась?

О.: Це тільки на перший погляд може здатися, що цей випадок – дурість. Насправді ми маємо справу з ошуканими очікуваннями. Що таке очікування з погляду психології? Інтенсивна віра в те, що очікуване відбудеться. Адже нас у цьому переконали! У Наталії підірвано віру, а крах очікувань – одне з найважчих переживань для людини. Крім того, це ж був не просто столик, а символ початку нового життя в новій квартирі, у новому контексті буття... Наталчині найкращі почуття скривджено, тому природно, що вона так засмутилася.

Т.: І ось як їй пробачити Ніні? Помститися чи покарати її Наташа не хоче, я питала.

О.: Ні, покарання тут не допоможе. Забути цей випадок Наталі теж навряд чи вдасться, надто гостре переживання.

Причина проста: Ніна не тільки не визнала своєї провини, вона ще й зачіпає Наташу за живе, якщо я вас правильно зрозумів. В даному випадку може йтися про прощення-прощання. Я як психотерапевт допоміг би Наталці віджити свою образу і утвердитися в розумінні, що деякі люди не варті того, аби до них ставитися всерйоз.

Часто тут допомагає доросла поблажливість. Але таке прощення неминуче тягне за собою розлучення. Ви згадали важливу деталь: Наталя каже, що бачити Ніну не може. Промовистий симптом глибокого емоційного конфлікту. У деяких людей у схожих ситуаціях навіть з'являється нудота, тому вираз «мене від нього нудить» зовсім не перебільшення. Підсумовуємо: прощення може бути результатом взаємного руху назустріч одне одному. І тоді стосунки зберігаються. І прощення може бути одностороннім. Але тоді стосунки припиняються, бо люди можуть і хочуть мати справу лише з рівними собі.

Т.: Тож коли хтось не визнає своєї провини, і ти не можеш його вже бачити, єдино можливий вид прощення – це розставання?

О.: Я сказав би – роз'єднання для початку. Потім, якщо конфлікт збережеться – то і розставання. Роз'єднання – це відчуження одне від одного, коли той, хто постраждав, ще чекає в душі, що винуватий розкається в скоєному і попросить про вибачення. Розлучення – це результат або одностороннього прощення-вивищення, або результат непрощення і психологічної неможливості бути разом. Стосунки рвуться.

Т.: Легко говорити про роз'єднання, якщо йдеться про колег, приятелів. А як навчитися прощати у любовних стосунках? Тактика вивищення над кривдником не спрацює. Доросла поблажливість – теж. Роз'єднуватись і розлучатися не хочеться. А образа отруює життя. Як правило, якщо жінка не пробачила чоловікові, образа нікуди не подінеться. Вона капсулюється, ховається в організмі й живе там роками. І проблема в тому, що одного разу таких капсул набирається критична маса, і вони вибухають. Або ж жінка нишком починає мстити чоловікові. Це я, між іншим, зробила висновки, опитавши своїх приятельок. Усі зізналися, що пам'ятають образи, завдані чоловіком. Щоправда, половина стверджує, що вибачили.

О.: Прощення у парі – мабуть, найскладніший момент стосунків. Але жити, не прощаючи, неможливо – тому що, не простивши людині, ми свідомо чи несвідомо будемо прагнути покарання та помсти. Ваші приятельки чесно окреслили ситуацію. Навіть якщо дружина запевнила чоловіка: «Я тобі давно вибачила», – насправді не факт. І вона використає найменшу нагоду, щоб покарати його, зробити боляче. А якщо ще й у чоловіка спостерігається бажання покарати дружину, можете собі уявити, на яке пекло перетворюється спільне життя.

Т.: Олександре Федоровичу, у вас більш як 30-річна практика консультування. Зізнайтеся, це взагалі реально – пробачити коханій людині? Чи не утопія це? Мені здається, найбезпечніший з погляду психогігієни вихід – просто переступати через образи, після того як зрозумієш, чому твій чоловік так вчинив. І сказати собі: так, якась кількість образ неминуча. Якусь кількість забути та пробачити не можна. Але й прагнути помститися, покарати я не буду ніколи. Тобто тактика така: визнати, що у вашому спільному житті будуть випадки непрощення. Ну і що? З цим можна жити – якщо, звичайно, образа сумісна зі стосунками.

О.: Ось саме так – якщо образа сумісна. У кожному випадку свої особливості. Якщо глибина нанесеної травми така, що через неї так просто не переступиш? Якщо таких травм не одна і не дві, а десять? Якщо стан особистості чоловіка чи жінки такий, що він чи вона просто не можуть змиритися з образою? Тут дуже багато чинників. Зі своєї психотерапевтичної практики я зробив висновок: найчастіше в чоловічо-жіночих стосунках люди пробачити не можуть або не бажають. І мова не про те, що вони прагнуть відплатити тим самим. Просто виникає таке хронічне і тяжке відчуження одне від одного, що здається, ніби психологічна близькість роз'їдена іржею.

Т.: Може, й не варто вести прекраснодушні бесіди про те, наскільки це благородно і піднесено – прощати? Може, є ситуації, в яких єдино правильним і здоровим із психічної точки зору буде спосіб «око за око, зуб за зуб»? Психолог Роберт Інрайт висловив цікаву думку: прощаючи, ми відмовляємося від образи, на яку маємо повне право, і пропонуємо тому, хто нас поранив, дружелюбне ставлення. Ніцше вважав, що прощення – прояв слабкості. Деякі психологи вважають, що прощення – протилежність справедливості. Вибачивши, ми втрачаємо можливість домагатися сатисфакції. Наприклад, чоловік образив жінку – вона вибачила, видавши цим йому ліцензію на подальші образи. Друг підвів – ми пробачили, дозволивши йому й надалі так чинити. Адже буває, що прощення перетворюється на потурання?

О.: Так, і про це розмірковували багато розумних людей. Наприклад, великий філософ Іван Ільїн казав: є речі, прощаючи котрі, ми потураємо їх здійсненню. Безумовно, прощення має межі. Якщо той, хто прощає, при цьому почувається жертвою, а прощений – катом, варто замислитися, чи правильно ти чиниш. Втім, підібрати універсальну відмичку під усе різноманіття людських стосунків неможливо. На думку спадає таке: якщо чоловік і дружина живуть одним життям із спільними кровоносними судинами, прощати просто необхідно. Але якщо життя подружжя – паралельне, мабуть, у цьому випадку прощення стає потуранням. Я, звичайно ж, не кажу про крайні ситуації – грубі образи, рукоприкладство, приниження. Тут мова вже не про прощення і потурання, а про мазохізм.

Т.: Олександре Федоровичу, я нарахувала вже кілька стратегій прощення: роз'єднання та розставання; вивищення, піднесення над ситуацією; прийняття ситуації та й потурання – як негативний приклад. Ще якісь є?

О.: Є така стратегія, як опрацювання власних комплексів. Нерідко ми не можемо пробачити людині не тому, що вона скоїла жахливий кримінал, а тому, що ситуація наклалася на наші давні, можливо, дитячі комплекси та образи. Візьмемо випадок із вашою подругою Наталею та зі злощасним столиком. Уявіть, що в дитинстві їй пообіцяли подарувати на день народження або на Новий рік іграшку. Дівчинка чекала заповітного дня, раділа, а в результаті той, хто обіцяв, прийшов без іграшки. І ось через багато років у дорослому житті повторюється аналогічна ситуація... Я не стверджую, що в дитинстві Наталії було щось подібне, але у всіх у нас є комплекси, що ростуть з минулого. І якщо нині змоделюється схожа ситуація, ми можемо реагувати вкрай болісно. Проте найбільш психологічно здорова і дієва стратегія – зняття провини з іншого, якщо він щиро покаявся у скоєному і спокутував провину.

Т.: А що найчастіше нам важче пробачити? Зраду, приниження, образу, обдурені очікування... Чи я невірно міркую і ранжувати не варто?

О.: Все дуже індивідуально. Одна людина з легкістю пробачить зраду, але не пробачить обдурених очікувань, інша ніколи не пробачить приниження, а через зраду спокійно переступить. Ви не назвали ще одну важливу і властиву нашій культурі причину для образи – невдячність. Ми й самі не вміємо дякувати і не прощаємо чужої невдячності. Нещодавно до мене на консультацію прийшов чоловік, назвемо його Костянтином. Він свого часу допоміг своєму другові зробити кар'єру – замовив за нього слово у потрібних колах. А коли тепер звернувся до друга по допомогу, той відмовив. Та ще у відповідь на докір:

«Але ж я тобі допоміг!» – заявив: «Причому тут ти? Це доля мене вела!» З моїм клієнтом ледь серцевий напад не стався. Він усе повторював: «Не пробачу, ніколи не пробачу!»

Т.: І як же йому впоратися з цією образою? Яку стратегію вибрати?

О.: Ми з Костянтином працюємо над відновленням його етичного статусу. Зараз поясню. Він втратив роботу, прийшов до друга по допомогу – і втратив друга. Відчуття – життя руйнується. Вихід один: повернути собі самоповагу, зрозуміти, що в житті ти ні від чого не застрахований, і після удару треба підніматися та йти далі. Я ще не знаю, яку позицію займе Костянтин – жертви, мученика, реаліста чи художника. Жертва опускає руки, вважаючи, що далі буде тільки гірше. Мученик згоден винести випробування, сподіваючись, що у майбутньому отримає винагороду за терпіння. Реаліст долає перешкоди, не зваблюючись і не застрягаючи на райдужних ілюзіях. Художник усувається від ситуації, воліючи споглядати прекрасні та потворні сторони життя, ухиляючись від дій і просто фіксуючи те, що відбувається. На завершення розмови вважаю за потрібне сказати: як би не складалися обставини, в жодному разі не варто застигати на позиції жертви. Із неї немає виходу: ти або гинеш, або стаєш катом. Про прощення в цій позиції і заїкатися не варто. Прощати здатні лише духовно сильні та стійкі люди. А вже пробачити до розставання чи до зустрічі на новому витку стосунків – їхня особиста справа.

44. Дивіться, я прийшла!

Це я стою на п'єдесталі. На сходинці першого місця. І ось я теж – у найкрутішій світській рубриці наймоднішого журналу. Як це – хто поряд? Чи не впізнали? Це ж Джордж Клуні. Я даю йому автограф: підписую свою книгу, яка стала бестселером. Мені надсилають свої сукні Дольче і Габбана й страшно ображаються, якщо на церемонію вручення «Оскара» я вибираю не їхнє вбрання. А вчора надіслав SMS-ку Стівен Кінг: непокоїться, чому не беру слухавку. Та шанувальники набридли, от і не беру.
Хто сказав «досить заливати»? Я мрію! Все одно прославлюсь, от побачите!
Чому деяким людям потрібна слава, як повітря? Чи допомагає популярність знайти щастя? Чим небезпечні «глянсові дівчата»?

Тетяна Петкова: Олександр Федорович, спостерігаючи за людьми, зробила висновок: одні небайдужі до слави, всіма силами прагнуть, щоб їх впізнавали, а інші, навпаки, терпіти не можуть навіть натяку на популярність. У чому тут справа – у марнославстві? В амбіціях?

Олександр Бондаренко: Не так все просто. Всі люди мають універсальні прагнення: всі хочуть бути а) здоровими; б) щасливими; в) багатими. Інша справа, що у різних людей різні шляхи досягнення цих цілей. Я маю на увазі, перш за все, прагнення щастя – тому що поняття здоров'я і багатства у всіх людей більш-менш збігаються. А ось щастя кожен розуміє по-своєму. Психологи визначили основні вектори, якими досягається цей стан: любов, влада, самореалізація, зокрема, творчість. Це загальні умови для щастя, і більшість людей тією чи іншою мірою залежить від них. Але є й інші умови, які важливі не для всіх, а лише для людей певного складу – наприклад, бажання прославитися, стати відомим, знаменитим. Щоправда, ця умова, як, до речі, і умова наявності багатства і влади – пастка. Ні гроші, ні слава, ні влада не в змозі зробити людину щасливою, а ось любов, здоров'я і самореалізація – так. Згадайте Мартіна Ідена – після того, як він здобув багатство і популярність, став нещасною людиною, що втратила інтерес до життя. Ця пастка, цей самообман називається в психології «соціальний інфантилізм», а люди, які вважають, що слава і популярність (а також гроші та влада) зроблять їх щасливими – соціально інфантильними. На рівні побутової свідомості вони міркують приблизно так: «От якби я отримувала 10 тисяч на місяць – ось я б тоді...» або «От якби мене всі знали, я з'являлася на екрані телевізора, на сторінках газет і журналів – тоді, звичайно, я б...» Як психолог можу сказати, що ці мрії у багатьох людей здійснилися, але заповітне «ось я б тоді» як і раніше, для них недосяжне – щастя їм це не додало.

Т.: Але ж є професії, які передбачають популярність – акторство чи письменництво, наприклад. Кожен артист і взагалі кожна творча людина мріє про славу – а інакше навіщо тоді йти у професію? Адже для артиста, письменника слава – доказ успіху, чи не так? «Ви хто? – Артист. – Справді? А як ваше прізвище?» Конфуз!

О.: Є багато артистів, художників і письменників, яким популярність не просто не потрібна – вона їм заважає. Все залежить від особистості. Багато акторів з куцим талантом, нічого, по суті, не представляючи собою, сьогодні стали відомими: тільки завдяки величезній кількості серіалів їхні обличчя стали впізнаваними. Вони прагнуть потрапити у світську хроніку, прагнуть прославитися, хай навіть сумнівними способами штибу скандалів у жовтій пресі. Для них популярність – це успіх. І це позиція соціально-інфантильної особистості: «Якщо мене показують по телевізору – значить, я успішна». Не хочу показувати пальцем, але згадайте ці обличчя, які намозолили очі – вони кочують з телесюжету на обкладинку журналу, зі світської хроніки в ранкову телепередачу, але при цьому їх нікчемність у сенсі таланту очевидна. І є артисти дуже талановиті, які не прагнуть будь-що слави – для них критерієм професійної значущості є не популярність, а думка глядачів, колег, статус їхніх ролей у кіно та театрі. Підсумуємо: популярність, якої багато хто прагне, і значущість людини – зовсім не тотожні поняття. І думати, що ти значний, тому що багато хто про тебе чув, – незрілий, інфантильний підхід до себе самого і до навколишньої дійсності.

Т.: Одна актриса, з якою я робила інтерв'ю, зізналася: «Як би я хотіла вечорами грати зі своєю донькою! Але треба виходити у світ, треба мелькати – щоб не забули, що я існую». Непогана актриса, між іншим. Небезталанна точно.

О.: Нерідко люди, які прагнуть слави – і не тільки слави – потрапляють у ситуацію, яку психологи називають «парадоксом про чорну волохату мавпу». Вперше його суть сформулював відомий вчений-кібернетик Норберт Вінер. Якщо спростити, суть така. Ти хочеш бути багатим і щасливим? Будь. Але тобі все життя доведеться жити разом із чорною волохатою мавпою – тобто за здійснення твоєї мрії тобі доведеться платити дотриманням певної умови. Звісно, не всім людям, які досягли своєї мети, доводиться жити з чорною волохатою мавпою, тільки тим, хто наївно вважає отримання великих грошей або великої слави єдиною можливою умовою свого щастя. Підступність цього парадоксу в тому, що коли ми замовляємо вищим силам свої інфантильні бажання, вони часто збуваються – але ми не знаємо, яку ціну доведеться заплатити, яка чорна волохата мавпа прийде і оселиться поряд з нами.

Т.: А чому це психологічне явище було відкрите кібернетиком?

О.: Норберт Вінер разом із своєю командою працював над створенням штучного інтелекту. І в ході роботи виявилося: поведінку штучного інтелекту можна запрограмувати, все відбуватиметься за заздалегідь вигаданим планом, проте як побічне явище цього процесу завжди виникала якась поломка, збій, який супроводжував цю програму. Цей збій і був метафорично названий чорною волохатою мавпою. Психологи зацікавилися роботами Вінера і продовжили дослідження вже не з комп'ютерами, а з живими людьми. І парадокс із мавпою підтвердився: ми можемо запрограмувати своє життя і можемо навіть виконати цю програму, не відступивши від неї ні на крок – але доведеться заплатити якимось самокаліченням, збоєм. Наприклад, люди, які пристрасно бажають прославитися, часто платять відсутністю справжніх стосунків – дружби, кохання, тому що всі сили кидають на самопіар, на штучне життя і втрачають здатність емоційно реагувати на нормальні прояви людських почуттів. Для інших шукачів слави такою чорною волохатою мавпою стає, як не дивно, усвідомлення власної нікчемності: адже часто розкручені світські персонажі нічого, крім як світитися в тусовках, робити до пуття не вміють. Мавпа третіх – це страх, що тебе забудуть, а отже, власну популярність треба постійно підтримувати. І лише ті, для кого слава не головне, живуть без розплати – без чорної волохатої мавпи.

Т.: Але чому ті люди, для кого слава – первинна, мають платити за це? Просто в них така пріоритетна цінність. У когось прагнення до кохання, у когось до слави чи грошей. Що в цьому, власне, поганого?

О.: Є цінності термінальні – вищого порядку і сенсу, а є інструментальні – тобто допомагають отримати цінності термінальні. Слава і гроші – це за визначенням інструменти для досягнення найвищих цілей – здоров'я, щастя, кохання, дружби, творчості. Ні популярність, ні багатство не можуть бути найвищими цілями – для нормальних, а не психологічно інфантильних людей.

Т.: Гаразд, а чи можемо ми назвати психологічно неповноцінними It-girls? Не має значення, люблять їх чи ненавидять – їх чудово знають. Не дивно, адже вони не сходять зі сторінок модних журналів, не вилазять із популярних шоу, із величезним задоволенням позують папарацці й взагалі живуть так, щоб завтра журналістам було про що написати. Ми з вами можемо скільки завгодно зараз таврувати й ганьбити цих любительок слави, але факт залишається фактом – It-girls є взірцем успішності для багатьох дівчат.

О.: Можу пояснити чому. У психології є термін «інтрузивна інформація» – насильницька інформація. Якщо без упину крутити в медійному просторі один і той же образ, незабаром цей персонаж сприйматиметься незрілими і не надто інтелектуально розвиненими людьми як значний. Спрацьовує механізм атрибуції, приписування неіснуючих переваг тій людині, яку часто показують по «ящику». Розумні високорозвинені люди розуміють: є наносне, миттєве, а є справжнє, неминуще; є другорядне, несуттєве, а є головне. Поки ми можемо відрізняти одне від одного, нічого страшного не відбувається. Як тільки другорядне починає займати місце головного, суспільство стає хворим, про це ще американський психоаналітик Еріх Фромм говорив – соціум робить логічну помилку: ставить знак рівності між потенціалом, талантом людини та її популярністю.

Т.: Мені здається, що для деяких It-girls слава, популярність зовсім не термінальна цінність, а інструментальна. Наприклад, Періс Хілтон і решта подібних персон досить розумні, щоб розуміти справжню цінність слави. Вона для них просто бізнес – вони ж заробляють на своєму імені добрі дивіденди.

О.: Бізнес – це інша річ. Але серед персонажів, що миготять у пресі, багато тих, для кого торгівля обличчям, робота на публіку, пропаганда себе є самоціллю. І ці It-people – синтетичні, штучні особистості, бо однаково одягнені у розкручені, топові марки; однаково думають; однаково говорять однаковими голосами однакові фрази. Взагалі мені здається, що розумним людям особливої небезпеки подібні глянсові дівчатка і хлопчики не несуть. Вони – елементарний заповнювач медіапростору. Їхня місія – служити наповнювачами сторінок в журналі або кадрів у телевізорі. Простіше кажучи, вони задовольняють нашу потребу в розгляді картинок, що постійно змінюються. А ось не надто розумні та незрілі особистості запросто стають жертвами глянсової пропаганди – вони сприймають тусовочних персонажів за чисту монету, вважаючи, якщо вони житимуть без гальм, як Періс Хілтон або розкуто поводитися, як інші світські левиці, то обов'язково будуть щасливі.

Не будуть! І велика трагедія нашого юного покоління в тому, що у сучасних підлітків зруйновано понятійні механізми мислення. Вони орієнтуються не на думку, а на картинку.

Т.: З тими, хто прагне слави заради бізнесу, все зрозуміло – вони менеджери свого життя, шукають маркетингові ходи, які вистрілять і дадуть прибуток. А ті, хто вважає популярність необхідною умовою для щастя, напевно, мають у своєму характері, психотипі щось спільне. Що саме?

О.: Угорський психоаналітик Липот Сонді, який створив знаменитий тест визначення типу особистості, відкрив закономірність: люди різних типів присутні у соціумі у певних пропорціях. Грубо кажучи, в суспільстві завжди буде стільки-то лідерів, стільки-то агресорів, стільки-то миротворців та інших типів. Наприклад, Сонді вирахував, що приблизно 6 % у популяції – це люди-каїніти (від імені Каїн), тобто схильні до зради, жорстокості й навіть вбивства, якщо складуться відповідні обставини. Є люди з радикалом Авеля – благородні, продуктивні. І певну частку у суспільстві займають люди гістріонічного типу. Гістріонік – пихатий, той, хто любить привертати до себе увагу. Це і є ті, кому популярність, слава є головною цінністю життя. Але що цікаво: якщо суспільна ситуація стабільна, все в соціумі спокійно і благополучно, ці людські типи не проявляються так яскраво, як це відбувається під час суспільного перелому, зміни соціальних ладів. Назвати нашу сьогоднішню ситуацію благополучною і стабільною ніяк не можна. Що ми спостерігаємо? На мій погляд, наше життя сьогодні нагадує Америку 20-х років: епоху джазу, гламуру, вечірок, блиску, мішури – епоху гри в бісер (за Гессе) та вічного свята (за Хемінгуеєм). На перший план сьогодні, як і тоді, виходять видовища. Люди стурбовані не тим, щоб зрозуміти якісь вищі істини, знайти своє призначення у світі – вони стурбовані тим, як справити враження на оточуючих, як розважитись винахідливіше, як убити нудьгу. І на цьому тлі, звичайно, яскраво виділяються люди гістріонічного типу – ті, хто прагне слави, популярності за будь-яку ціну. Відверто кажучи, я назвав би нашу епоху епохою певного ментального божевілля – адже вважати життєвим успіхом те, що твоє фото з'явилося у світській рубриці модного журналу, не зовсім, м'яко кажучи, нормально. Але я думаю, що ця хвиля – хвиля заміни основних цінностей другорядними – скоро схлине.

Т.: На мою думку, ми з вами зараз відповіли на запитання, яке я собі часто ставлю, спостерігаючи, як у ток-шоу прості люди, що приїхали звідкись із глибинки, влаштовують душевний стриптиз і розповідають таке, про що не завжди й найближчій подрузі варто на вушко пошепки говорити. Для чого вони це роблять? Чому беруть участь у примітивних реаліті-проектах, охоче полощуть свій бруд, розповідають про потаємне? Мені здається, я зрозуміла, чому. Вони дивляться на нескінченний потік видовищ по телевізору й в журналах і починають відчувати свою другосортність: мовляв, чому хтось може бути в центрі уваги, а я не можу? І я можу!

О.: Звичайно, прості люди самі хочуть бути видовищем – адже вони наївно вірять: якщо їх покажуть по телевізору, то їхнє життя наповниться важливим змістом, якого раніше не було. Вони жертви чужого впливу, чужої стилістики життя. Адже в них ніхто не забирав право на власну думку, правда? Але вони вважають за краще наслідувати дутим знаменитостям-одноденкам, вважаючи, що популярність, нехай і короткочасна, зробить їх значнішими як у власних очах, так і в очах оточуючих.

Т.: Хіба в наш час можна обійтися без самопіару?

О.: Як психотерапевт стверджую: якщо людина активно займається самопіаром, вона психологічно неблагополучна. Це не лише моя думка. У 50-х роках минулого століття цього висновку дійшла відомий психоаналітик Карен Хорні, яка досліджувала неврози і невротиків. Вона діагностувала потребу у саморекламуванні як одну з невротичних потреб.

Т.: Однак Абрахам Маслоу, американський психоаналітик, говорив, що потреба у визнанні – одна з базових потреб розвиненої особистості.

О.: Він мав на увазі, що кожна людина хоче, щоб результати її праці були гідно оцінені – це і є потреба у визнанні. А потреба у саморекламуванні – це бажання продемонструвати не свій продукт, а саме себе: «Погляньте, який я класний!» Але проблема в тому, що коли маленьку людину піднести – її масштаби лише зменшаться. Якщо ти прагнеш популярності, але при цьому тобі немає чого пред'явити світу як власний продукт – будь готовий до того, що недурні люди дивитимуться на тебе з жалем і поблажливістю.

А взагалі я радив би тим, хто не має справи з дуже вузькою сферою життя під назвою шоу-бізнес, краще не задаватися питанням: «Як стати знаменитим?» Не шукайте слави – вона сама вас знайде, якщо будуть на те підстави.

45. Розлюбов

Ані профілактики, ані ліків від цього немає. Не вберегтися, не врятуватися, не втекти. Залишається одне: перехворіти – і жити далі. Хоча... Є спосіб: не любити взагалі, тоді й загроза, що розлюбиш ти чи розлюблять тебе, зведеться нанівець. Але чи не зведеться взагалі до нуля таке життя – без кохання?
Що робити дружині, яка раптом усвідомила, що вона більше не любить чоловіка? Кому важче – тим, хто розлюбив чи розлюбленим? Коли кохання згасає саме по собі, а коли його вбивають?

Тетяна Петкова: Олександре Федоровичу, коли ми закохані, об'єкт наших бажань стає велетенським, займає весь простір. Потім його стає дедалі менше – і ми одужуємо, наче після вірусної інфекції. Або ж починаємо любити людину ще сильніше. Але закоханість – необов'язково переддень любові, чи так?

Олександр Бондаренко: Закоханість і кохання – безумовно, два різні почуття. Закоханість – короткочасний, від кількох днів до семи-дев'яти місяців, змінений стан свідомості. Ваш приклад вдалий: справді схоже на вірус. Закоханість – почуття ситуативне і обмежене в часі, не завжди переростає у кохання. Ми запросто можемо закохатися в колегу на виїзному семінарі, в гіда нашої туристичної групи, нарешті, у симпатичного попутника... Але якщо закоханість – це чиста біохімічна реакція, то вичерпне визначення кохання досі вченим не під силу. У тому, що згасає закоханість, ніякої таємниці немає: завершилася біохімічна реакція, гормональне тло стабілізувалося, до людини ми звикли – все, вона нам вже зовсім не така цікава, як два місяці тому. А ось виникнення кохання, так само як і його згасання – таїнство, алхімія, що важко піддаються аналізу.

Т.: Гаразд, запитаю так: а за яких умов закоханість переростає у кохання? Може, у такий спосіб нам вдасться виділити хоч кілька компонентів кохання?

О.: А, розумію: ви зараз хочете визначити основний набір «спецій», з яких готується кохання – і, відповідно, потім нам буде легше зрозуміти, чому кохання згасає, тобто ви вважаєте, якщо якоїсь спеції бракує, стосунки втрачають смак. Якби ж то було так просто! Закоханість, звичайно, може перерости в кохання – за умови, що стосунки торкнуться смислових цінностей людини. Наголошую – не ситуативні цінності, а смислові. У чому між ними різниця? Уявіть, що ви їдете в таксі, запізнюючись на літак, благаєте шофера зробити все можливе, щоб встигнути – і немає для вас зараз людини важливішої аніж ніж цей таксист. Переживання сильне? Звичайно. Але короткочасне. На хвилин сорок місце таксиста у вашому житті стало пріорітетним. Але ось ви сіли в літак і забули про нього. Ось що значить ситуативна цінність, характерна для закоханості. А смислова цінність – це коли людина, яку ви любите, набуває статусу життєвої перспективи, ви пов'язуєте з нею свої майбутні проекти, усвідомлюєте, що вона посідає у вашому житті найважливіше місце, яке багато в чому визначає ваші вчинки, поведінку, не кажучи вже про настрій. Можна ще сказати: якщо основа закоханості – біохімія, то основа любові – і психологія, і фізіологія, і філософія з ідеологією. Ось чому шлюби, укладені під час закоханості, найчастіше руйнуються. У сім'ї, заснованої на коханні, куди більше шансів зберегтися надовго: адже у такого подружжя спільна базисна система цінностей.

Т.: Я ось про що подумала: якщо скінчилася закоханість, то стосунки не руйнуються, а просто розпадаються. Ну, як розпадаються склеєні неякісним клеєм чашка і ручка. А якщо вмерло кохання, то в цьому випадку є і жертви, і руйнування.

О.: Авжеж. Коли ми говоримо про тих, що розлюбили або розлюблених, то маємо на увазі зазвичай не закоханість, а саме любов. Повірте, я знаю, які масштабні бувають катастрофи. Адже, по суті, руйнується не лише сенс життя. Руйнується і здоров'я: кінець кохання – величезне потрясіння для організму. Скаче гормональний фон, вилазять такі психосоматичні проблеми та болячки – мало не здасться! Розлюбов – страшна катастрофа.

Т.: Напевно, гірше тому, кого розлюбили, аніж тому, хто розлюбив? Костянтин Райкін влучно описав цей стан: «Тебе не треба, а ти є». Якщо вдуматися – який жах: тебе не хочуть, не чекають, ти не потрібен! Тому, хто розлюбив, все-таки не так важко, як на мене.

О.: Ви знаєте, розлюбов – важке випробування і в тому, і в іншому випадку. Людина, яку розлюбили, одержима екзистенційним страхом: вона перестала бути надцінністю для коханого, життя втрачає не тільки сенс, а й контур. Але й тому, хто розлюбив, теж несолодко: адже йому доводиться якось миритися з неможливістю кохання. Що я маю на увазі? Ось жило подружжя – років десять разом. І дружина раптом розуміє, що вона більше не любить чоловіка. Зовні в сім'ї все чудово, діти слухняні, здоров'я є – а вона вже не хоче жити з цим чоловіком: ні в приватному, ні в загальному сенсі, тобто не хоче готувати йому їжу, виховувати з ним дітей, гуляти, спати з ним... Жінка зізнається: «Я б дуже хотіла його любити – але не можу!» А чоловік ні в чому не винен, він не заслужив, щоб його розлюбили! І від цього страху неможливості любити того, хто поруч, людині робиться зле – морально і фізично.

Т.: За що, чому одна людина перестає любити іншу? Невже буває – розлюбила просто так?

О.: У мене з цього приводу є не те, що теорія, – швидше, міркування. Ось у чому може бути справа. Є два види кохання – я назву їх не дуже по-науковому, зате зрозуміло: «житейське, побутове» та «вічне, екзистенційне». Так от, житейське кохання може піти з різних причин: перестали збігатися сценарії життя, людина стала дратувати однією своєю присутністю, набридла. Або вона перестала розвиватися, а то й стала деградувати. Нерідко вступають у конфлікт рівні очікувань подружжя: дружина вважає, що чоловік має бути міністром, і вона все для цього робить – заводить потрібні знайомства, влаштовує зустрічі з впливовими людьми, спонукає його напружуватись, а у чоловіка одна мрія – сидіти собі в кабінеті дрібним начальником, ні за що не відповідати і їздити у вихідні з друзями на полювання. Чоловік і жінка, які раніше знаходилися на одній частоті, повільно розходяться по різних частотах, і точок дотику в них стає дедалі менше. Є ще один дуже важливий момент: життєве кохання нерідко закінчується тоді, коли сім'я виконала намічені цілі, і більше подружжя ніщо не тримає – ні прихильність, ні звичка. Потрібно пояснити? Скажу прямо: існує таке уявлення про життя, яке називається «міщанське щастя». Ось одружилася пара – все, «як у людей»: залицяння, букети, заручини, весілля і, ясна річ, кохання. І мрії, «як у людей»: побудувати будинок (саме такий, який намалювали), купити автомобіль (саме певної марки), народити дітей (добре хлопчика і дівчинку), з'їздити до Туреччини та Єгипту з неодмінними фотографіями. І ось минуло років десять-п'ятнадцять. Усі плани виконані. Міщанське щастя збудовано. Чоловікові та дружині більше немає чого бачити, немає чого хотіти – все вже є. І починається період втоми одне від одного, прискіпувань, докорів. В результаті зникають життєві підстави для цього самого житейського кохання, коли живуть не для іншого, і навіть не для себе, а для якогось нормованого ідеалу. Безумовно, не все так схематично у реальному житті, як я розповідаю – але для нас важливий принцип. Так от, якщо розлюблять обидва одночасно, начебто їм легше, правда? Але таке буває рідко – хоча буває. Саме в таких випадках люди, що розлюбили, розлучаються не ворогами.

Т.: Я правильно розумію, що житейське кохання ніби помирає від старості – дряхліє, згасає і поступово сходить нанівець? Закінчився його життєвий цикл, почуття тихо сконали. І пара розсипалася. А що вбиває вічне кохання?

О.: Ось саме так – вбиває. Ви інтуїтивно вибрали правильне слово. Так, якщо житейське кохання може померти через вичерпаність життя, то вічне кохання не вмирає. Його можна розіп'яти, розтоптати, але воно не згасає. Адже що таке вічне кохання? Це почуття-стосунки, не схильні до впливу жодних обставин. Чоловік і жінка є надцінністю одне для одного завжди, навіть проживши разом півстоліття. Їхні стосунки не залежать ні від побуту, ні від обстановки в соціумі, ні від чужих думок. Простіше кажучи, чи в злиднях, чи в багатстві, у мирний чи воєнний час ця пара створює свій унікальний світ. Так, любов зраджують, навіть нетлінну. Але й у цьому випадку той, кого зрадили, може любити. Інша річ, що бути разом у такої пари вже не виходить. Не завжди люди виявляються гідними свого кохання. Ця ситуація – трагедія. Я бачу це протягом усієї своєї багаторічної психотерапевтичної практики: шлюб розпадається, чоловік і дружина не можуть одне з одним жити – але почуття не згасли! До них підмішуються також дуже сильні переживання – провини, образи, досади, жалю – і все це пов'язане з муками, стражданнями, нервами. Звичайно, якби любов просто розсипалася на порох через старість, було би набагато простіше – обтрусилися та й пішли собі далі. Але так буває з житейським, побутовим коханням, а не з вічним, екзистенційним.

Т.: А чи можна зібрати таку статистику: скільки людей після розставання з коханою людиною шкодують про розрив, розуміючи – за розлюбов вони приймали зовсім інші переживання – ту ж образу хоча б?

О.: У мене таких даних немає, але зі свого досвіду консультування можу сказати: багато чоловіків і жінок помилково думають, що розлюбили свого партнера, а насправді продовжують його любити навіть після того, як розлучаться і створять нові стосунки. Нещодавно у мого 57-річного клієнта вирвалося: «Навіщо я тоді розлучився? Дурень...» Його історія стара як світ: жила подружня пара, обом під п'ятдесят, діти виросли – і чоловіка потягло до молоденької. Стрімке розлучення, одруження на 25-річній. Чоловік прийшов на консультацію з іншими проблемами, а під час розмови раз у раз звертав увагу на розлучення. І з'ясувалося, що сім років тому він думав, що розлюбив, а насправді просто захопився. І коли насолодився новим життям, зрозумів, що по-справжньому любить першу дружину. А повернутись до неї не може – не всім дано склеювати розбите. І таких людей, які шкодують про розлучення, чимало.

Т.: Одна відома людина, у якої я брала інтерв'ю, сказала, що для неї головна ознака того, що кохання пішло, – неприйняття різних фізіологічних... е-е... конфузів, чи що. На зразок запаху поту жінки, амбре в туалеті, її гиків-пуків ну і таке інше. А я йому відповіла, що в мене теж є особистий тест на кохання: якщо чоловіка дратує хвора жінка – він її не любить. Чи я права?

О.: Ви маєте рацію: якщо реагувати на людину так, як ваш знайомий – кохання і не було ніколи. Це означає, що пішла геть фасцинація (від англійською fascination – чарівність), яка живила почуття. Можливо, була закоханість, зачарованість зовнішніми даними, статусом тощо. Але як тільки в спілкуванні проявилася тілесність не як секс, а як співіснування двох людей, і в діаді «почуття – ставлення» на перше місце вийшло ставлення, тут-то і виявилося, що насправді чоловік до жінки ставиться НІЯК. Адже любов передбачає, що ти приймаєш цю людину цілковито, разом з її нездужаннями та запахами. Якщо у стосунках явно чи приховано присутні умови на кшталт «Я тебе любитиму, тільки якщо ти...» (будеш здоровим, багатим, красивим, струнким, у тебе буде завжди свіжий подих) – говорити про кохання я би не став. Розлюбити людину через те, що вона, даруйте, пукнула, неможливо. Виходить, кохання не було із самого початку. До речі, ця тенденція – однобоке сприйняття іншого лише через зовнішню тілесність – сьогодні є досить вираженою. Надивившись рекламних роликів і начитавшись глянсових журналів, молоді люди намагаються підбирати собі пару, як вибирають цуценя чи коня – за екстер'єром. Ну і розчаровуються потім, виявивши, що «картинка», виявляється, складається з плоті та крові, що принцеси, виявляється, ходять до туалету і розмовляють суржиком. А головне, що не в кожному тілі живе душа!

Т.: Люди із віком змінюються, на жаль. Багато хто – не на краще, деякі – до невпізнання. Чи знаєте ви приклади того, як одна людина розлюбила іншу, тому що та інша стала абсолютно не схожою на себе у молодості?

О.: Усе питання в тому, яке місце посідає ця людина у вашому житті. Якщо ми приймаємо партнера повністю, любимо, то в підсвідомості наче виникає якийсь слоган: «Будемо мінятися разом». Щоправда, хочу уточнити, що це гасло більшою мірою характерне для жіночої психіки. Жінки спокійніше сприймають неминучі вікові зміни у зовнішності партнера. Чоловіки реагують дещо болісніше – не на свої, на жіночі трансформації. Чари жіночого мистецтва доглядати за собою в тому і полягають, щоб знову і знову спокушати коханого. А приклади я знаю інші. Якось я лікував одну неймовірно вродливу жінку ось від якої травми. Їй було тридцять дев'ять років. Вона готувалася до весілля. Збиралася після багатьох років удівства вийти заміж за свого обранця. А в цей час її дев'ятнадцятирічна донька, яка за рік до того одружилася, народила. І весілля цієї красивої жінки не відбулося. Обранець заявив: «Пробач, не можу одружитися з бабусею». Тож у житті буває всяке.

Т.: Дурнем її обранець був, ось що скажу. І дуже добре, що весілля не відбулося – навряд чи з таким чоловіком можна жити щасливо. До речі, щодо юності та зрілості. Учора переглянула фільм «Чоловік і жінка через 20 років». Як вам, як психологу, такий поворот: чоловік зустрівся з колишньою коханою, обоє вони вже далеко не юні – і він наважується кинути молоду дружину заради тієї, з якою він мав навіть не зв'язок, а просто сплеск пристрасті. Скажіть, Клод Лелюш не висмоктав сюжет із пальця? Чи правда це?

О.: Цілком. Просто цього чоловіка, героя Трентіньяна, осяяло: повнота проживання життя саме з цією жінкою, героїнею Анук Еме, в жодне порівняння не йде з тим, чим він живе зараз. Йому хочеться повноти всіх відчуттів, а не лише тілесних – у віці добре за сорок цю потребу відчувають усі. І чоловік цей наче прозріває: та він двадцять років любив ту, незрівнянну і єдину!

Т.: Ви впевнені, що всі двадцять років він її кохав? А може, він її тоді розлюбив, а потім кохання ожило? Схожа історія сталася з акторами Володимиром Меньшовим і Вірою Алентовою: вони на кілька років розлучилися, а потім знову створили родину – і були щасливі.

О.: Якщо почуття померли, їх, на жаль, неможливо реанімувати. Інша річ, що ми часто приймаємо за розлюбов ситуацію спокуси, коли думаємо: «Ну невже це і є найкраще в моєму житті? Та бути такого не може, у мене ще будуть інші стосунки!» І починаємо шукати від добра добро, а потім, через роки, розуміємо: виявляється, те, від чого ми відмовилися, і є найголовніша любов нашого життя. Подібне ставлення властиве молодим людям, і, наскільки я знаю, Меньшов та Алентова розійшлися, коли їм було років по двадцять. Вони не розлюбили одне одного. Просто по молодості не встигли усвідомити, що є єдиними одне для одного – але, дякувати Богові, поклик серця їх не обдурив.

Т.: Олександре Федоровичу, давайте начистоту: якщо жінка розлюбила, як жити?

О.: Перша частина питання прозвучала... Гаразд, ризикну дати пораду. Для початку варто уявити собі, що ви йдете від цієї людини, забравши дітей, кішку, собаку і власну маму. Чи стане вам легше? Чи цього ви хочете насправді? Якщо ваш чоловік прекрасна людина, дбайливий батько, може, варто пошукати нові сенси ваших стосунків? Глибину жіночої душі ще ніхто не виміряв.

Т.: А якщо її розлюбили?

О.: А ось і друга частина – на це я і чекав. Це питання набагато складніше. Так що буду серйознішим, і, вибачте, категоричнішим, щоб уникнути подвійних тлумачень. У жодному разі не варто чіплятися за чоловіка (жінки кажуть «боротися», але насправді вони чіпляються) – ви нічого не повернете, тільки скотитеся ще глибше у прірву приниження. Я радив би знайти, чим зміцнити почуття власної гідності – як наростити своє «Я», свою надію, свою віру, свою красу. Треба знайти в собі мужність визнати й прийняти факт: «Я йому більше не потрібна». Навіть якщо ви його любите, як і раніше. Якщо цього не зробити, можна знищити себе переживаннями, дійти до неврозу. Я б не радив жінкам, які відчувають, що їх розлюбили, розраховувати, що чоловік шукатиме нових смислів стосунків. Знаєте, в чому одна з найзагадковіших і найнезбагненніших таємниць у взаєминах чоловіка і жінки? Жінки наділені особливою владою – владою прощати. У цьому сенсі чоловік залежав і завжди залежатиме від жінки, тому що сили прощати жінку природа чи Бог йому не дали. Мистецтво розпорядитися цією владою правильно – золотий ключик у стосунках кожної люблячої жінки з її коханим чоловіком.

46. Мій найкращий подарунок

Визначення нещасливості – ось воно: це коли тобі ніхто не дарує подарунків, і ти – нікому. Ось і вся філософія. Виходить, щастя – якщо поряд ті, хто хоче потішити тебе, і кого хочеш порадувати ти. Просто так. Тільки тому, що ви одне у одного є.
Які послання зашифровані в тому, що ми даруємо? У яких випадках дароване недоречне? Чим любовні подарунки відрізняються від офісних?

Тетяна Петкова: Олександре Федоровичу, звідки взявся звичай дарування? Хто, коли і навіщо зробив перший подарунок? Іншими словами, які функції подарунків?

Олександр Бондаренко: У давнину функція подарунків полягала у простій необхідності обміну. Наприклад, в одній місцевості мало лісу, але багато алмазів. В іншій – лісу надміру, але не вистачає посівів жита. І, як ми знаємо з підручників історії, люди обмінювалися: давали сусідам те, чого в них багато, і натомість отримували те, чого бракує. Фінікійці вигадали універсальний еквівалент обміну – гроші. Виникла торгівля. Але з розвитком культури люди повернулися до обміну знову – вже не з потреби, а від щедрості почуттів та бажань. Взамін дії обміну виникла дія дарування. Люди усвідомили: дар – це цінність, значимість якої набагато вища за її номінальну вартість. Виявилося, що можна подарувати людині щось матеріальне, а натомість отримати цілком самостійну цінність – хороше ставлення. Потім людей осяяло: дарувати подарунки можна «просто так», не розраховуючи на матеріальну чи нематеріальну цінність у відповідь – тільки щоб зробити приємне тому, хто нам дорогий. І, нарешті, найвищий ступінь еволюції подарунка – обдаровуючи когось, ми приносимо задоволення самі собі. Приносимо радість іншому і радіємо його радості.

Т.: Чи правда, що сучасна психіатрія одним із показових критеріїв душевного здоров'я вважає потребу радувати собі подібних? Я читала, що психотерапевти під час першої бесіди, в ході якої ставлять діагноз, іноді запитують клієнта: «Чи любите ви дарувати подарунки?» І якщо той киває, роблять висновок: все не так погано.

О.: Правда, і ось чому. У дослідженні французького вченого Марселя Мосса «Есе про дар» сказано, що подарунок – це не стільки річ, скільки частка «Я» того, хто дарує. І якщо розглядати дар в такому сакральному сенсі, тоді, звичайно, для психотерапевта важливо з'ясувати, чи любить людина обдаровувати собою інших, чи є в неї близькі, яким вона з радістю передасть частину себе, свого настрою, своїх почуттів. Адже спілкування за допомогою подарунків – це матеріальне вираження духовного зв'язку дарувальника і того, хто приймає дар. Є такі стосунки між людьми, коли робити подарунки потрібно «за життєвими показниками»: любовні, дружні, приятельські, родинні, корпоративні. А є сфери людської взаємодії, де подарунки слід робити з обережністю, а то й утриматись від них взагалі. Наприклад, підлеглий щось підносить своєму начальнику без жодного приводу. Слизька ситуація. Виникають питання: навіщо він це робить? Чи такі вже безкорисливі його наміри? А якщо небезкорисливі, то це вже не подарунок, а, даруйте, хабар.

Т.: Може, не будемо настільки категоричними? Ось ми в редакції любили, повернувшись із відрядження або подорожі, привезти колегам щось смачненьке чи милі дрібнички. То що ж – не дарувати їх керівництву, щоб уникнути задніх думок?

О.: Ну що ви, привезти смачненьке чи сувенірчики – це називається пригостити, запросити приємних людей розділити з вами емоційне піднесення, викликане вдалою поїздкою. Ви таким чином адресуєте своїм колегам послання: «Я рада, що ви є у моєму житті». При цьому ви й самі відчуваєте задоволення в процесі вибору сувенірів тим людям, кому хочете зробити приємне. Прогулюєтеся ви, наприклад, Римом, розглядаєте вітрини з приємними дрібничками, пробуєте місцеві солодощі, прикидаєте, кому зі знайомих що підійде. І вам радісно від самого процесу. Адже сувеніри мають кілька психологічних сенсів. Коли ви купуєте дрібничку для себе, вона пам'ять про місце, де вам було добре. А коли ви її даруєте подрузі, це для неї вірний знак: ви пам'ятали про неї в далекій подорожі. Людині завжди приємно відчувати, що про неї пам'ятають. А у того, хто дарує – подвійне задоволення: у момент вибору презентів і у момент дарування.

Т.: Якщо подарунки – це суцільна радість, чому ви вважаєте, що іноді їх краще не дарувати?

О.: По-перше, неприпустимі дорогі підношення керівництву без урочистого приводу. По-друге, негарно підносити сюрпризи в ситуації, коли від того, кому дарують, залежить вирішення проблем дарувальника. Класичний приклад – той, хто бажає отримати вигідний кредит у банку, обдаровує банківського службовця. Нехай навіть цей службовець дуже подобається, проте ситуація однозначна: це вже не подарунок, а підкуп. Або візьмемо психотерапевтичну допомогу. Психотерапевтам категорично не рекомендується приймати подарунки від клієнтів, оскільки кожен жест і крок у психотерапії потребує окремого аналізу. Наприклад, дарування може в цьому випадку розшифровуватися так: «Я тобі дарую подарунок, щоб ти до мене добре ставився або щоб показати, як я до тебе добре ставлюся».

Т.: І що ж у цьому поганого?

О.: Справа в тому, що завдання психотерапевтичних взаємин полягає не в замазуванні особистих болячок бальзамом теплого спілкування (як вважає багато хто), а в чесному та об'єктивному аналізі сутності того, що відбувається з людиною. Факт дарування пацієнтом чогось своєму психотерапевту – додаткова проблема для аналізу, оскільки подарунок у цій ситуації неодмінно покликаний компенсувати або приховані комплекси, або приховану ворожість до психолога. Як під час сеансу починаєш цей факт аналізувати – клієнт ображається. Мовляв, навіщо ви так, я ні про що не думав, просто хотів... Хотів що? Зазвичай аналіз розкриває глибинні, підсвідомі мотиви, або навіть нові проблеми. До речі, ці ситуації виникають не тільки у кабінетах психотерапевтів, а й у повсякденному житті. Якщо вам ні сіло ні впало хтось сторонній дарує подарунок, подумайте: з якою метою? Які приховані мотиви вчинку? При цьому я зовсім не стверджую, що потрібно з підозрілістю параноїка тікати від кожного, кому надумалося вас чимось обдарувати. Швидше за все, ви цій людині приємні, і вона хоче вам про це повідомити. Може, розраховує увійти до кола ваших близьких. Однак не виключений і такий варіант: дар незабаром стане інструментом маніпуляції, і до вас звернуться із проханням.

Т.: У нас прямо наукова класифікація виходить: подарунки-послання, подарунки-компенсації... Як би ви розділили всі подарунки, які ми даруємо та отримуємо?

О.: Перепрошую, проте ж наука ніяк не може обійтися без класифікації. Ось я і намагаюся внести ясність: усі без винятку подарунки – це зашифровані листи. Я розділив би їх так: 1. Статусні. Це презенти на робочому місці на честь урочистої дати (день народження начальника, підлеглого чи ювілею фірми). 2. Сімейні: дружині, дітям, тещі, дядечкам і т. д. 3. Приятельські. Сюди, окрім подарунків друзям, входять і презенти товаришам по службі. 4. Інтимні, любовні подарунки.

Кожна категорія має свої «білі плями». Давайте їх проясними. Візьмемо статусні подарунки. У компанії працює тридцять осіб, і адміністрація ламає голову: до Нового року дарувати всім однакові речі чи таки різні? Зрозуміло, простіше придбати три десятки однакових сервізів і вирішити питання. Але я не радив би так чинити. Однакові речі – зрівнялівка. Адже подарунок, який вам дарують на роботі – це оцінка керівництвом вашого внеску в компанію. І тут найкраще рішення – індивідуальний підхід до кожного співробітника, а не формальний, знеособлений знак уваги. Подарунок має бути адресним, адже, як ми вже говорили, він несе у собі особисте послання, що відображає значущість людини в очах дарувальника.

Тепер про подарунки керівництву. Якщо начальник жінка, негарно дарувати косметику, одяг та інші приземлено-матеріальні речі. Краще вибрати дорогий букет орхідей, невелику коробочку вишуканого шоколаду ручної роботи і невелику пляшечку дорогого колекційного вина. Іншими словами, подарунок для жінки має символізувати розкіш, а не прикладне, побутове призначення. Начальнику-чоловіку, навпаки, можна подарувати щось суто матеріальне: дизайнерську краватку, шпильку для краватки, предмети чоловічого антуражу – оригінальну попільничку, набір сигар або пляшку гарного міцного напою.

Т.: Особлива розмова – сімейні подарунки. У багатьох сім'ях вони перетворюються, по суті, на заплановані покупки. Дружина каже чоловікові: «Наближається Різдво, давай купимо домашній кінотеатр». Чи не шкідливо трансформувати подарунки у тривіальні господарські потреби?

О.: Ну, домашній кінотеатр господарською потребою навряд чи назвеш. Не бачу нічого шкідливого в тому, що подружжя заздалегідь планує подарунки. Єдина умова – покупки мають бути святковими, а не буденними. Пилосос, праска та нові фіранки навряд чи можуть претендувати на роль подарунків. А ось новий автомобіль, одяг, хутро, прикраси, теле-відеоапаратура останнього покоління – словом, те, що не є предметами господарської необхідності – цілком. І такий момент: нерідко в сімейних стосунках подарунок використовують як засіб примирення – сторона, що провинилася, робить сюрприз стороні скривдженій. Думаю, це не завжди правильно. Принаймні у взаєминах не правових, а особистих. Залагоджувати за допомогою матеріальних цінностей особисті сварки та конфлікти – значить примітивно відкуплятися від того, хто почувається ображеним. Вчора ви в запалі пристрастей принизили чоловіка, а сьогодні даруєте йому кашеміровий шарф. Чоловік, можливо, і вдасть, що радий, проте в глибині душі розшифрує ваш подарунок так: «Ось тобі компенсація за вчорашнє і вважатимемо, що нічого не було!» Миритися треба в інший спосіб.

Т.: Напевно, найбільш багатозначні послання криються в любовних подарунках. На мою думку, за допомогою презенту навіть можна з'ясовувати стосунки, не вдаючись до слів. Подарував чоловік набір ручок, нехай дорогих, – отже бачить у жінці друга. А ось прикраси – зовсім інша річ. Явний натяк на закоханість.

О.: Безумовно, даруючи жінці коштовності, чоловік наголошує, як він її цінує. На початку стосунків краще дарувати своїм коханим те, що не зношується з часом: прикраси, статуетки, картини. Причому чоловік дарує більше подарунків жінці, а не навпаки, якими б самостійними та незалежними не були сучасні леді. Так заведено в нашому соціокультурному середовищі: чоловік дбає про кохану, виявляє великодушність, завойовує її, доводить свою чоловічу спроможність. Мені важко уявити ситуацію, коли жінка дарує своєму коханому перстень із діамантом.

Т.: Часом чую історії про те, як заможний чоловік, не будучи ні коханцем, ні кандидатом у такі, втім дарує жінці дуже дорогі подарунки – квартиру, автомобіль, подорож, річний абонемент у спортивний клуб. Про такі дари розповідають приятельки, «зірки» в інтерв'ю, гості ток-шоу. Лейтмотив наступний: «Чоловік просто захотів зробити мені приємне (вирішити мої проблеми)». Як ви вважаєте, ці жінки лукавлять? Наївні до непристойності? Чи брешуть, і їхні щедрі друзі – насправді щедрі коханці? А, можливо, чоловік просто робить матеріальний внесок, і потім вимагатиме «відсотки»?

О.: Делікатне питання. Я й сам чув такі історії. Якщо припустити, що жінки говорять правду, ми маємо справу з цікавим психологічним механізмом. Як показали дослідження психолога Володимира Лефевра, та й мої власні, серцевиною особистості кожної людини є так зване «етичне Я» – система ціннісних уявлень про себе та життя. А рушійним механізмом будь-якого вчинку будь-якої людини є потреба у підвищенні свого етичного статусу. Простіше кажучи, нам усім необхідно мати добрий вигляд у власних очах – тому іноді ми щось змушені робити для зміцнення самоповаги. Ось, наприклад, хоч як це не смішно звучить, для професійного злодія підвищити свій етичний статус – означає спритно і віртуозно обчистити квартиру, замкнену на надскладні замки. Для багатьох жінок достатньою і необхідною умовою для самоповаги є набуття запаморочливої фізичної форми. І так далі. Так от, роблячи дорогий подарунок, багатий чоловік, незалежно від того, чи усвідомлює він мотиви свого вчинку, чи ні, тим самим підвищує свій етичний статус. Він ніби каже сам собі: «Ось який я процвітаючий! Ось які у мене можливості! Ось яку владу я маю – можу вирішити важливу проблему іншої людини». Отже, яке завдання насправді вирішує такий подарунок – питання дуже делікатне.

Т.: Гаразд. Уявімо двох чоловіків. Обидва чудово ставляться до однієї жінки і хочуть зробити їй подарунок. Заробіток першого – тисяча доларів на місяць. Прибуток другого – п'ятдесят тисяч. Перший подарував їй старий автомобіль вартістю п'ять своїх зарплат. Другий – квартиру в центрі і також вартістю п'ять своїх зарплат. Грошові суми незрівнянні: п'ять і двісті п'ятдесят тисяч доларів. А моральна ж вартість цих подарунків однакова? Мені так здається.

О.: Як пише Володимир Лефевр, «такі колізії не допускають можливості їхньої етичної оцінки». Тому що ми з вами не врахували значущості цих чоловіків для жінки та її фінансові можливості. Розумієте, в чому річ: якщо вона сама може витратити на авто п'ять тисяч доларів, то подарунок першого чоловіка, як не крути, матиме для неї набагато меншу моральну цінність, ніж квартира від другого. Адже моральна цінність подарунків, які через різні причини ми самі собі не можемо зробити, зростає в наших очах багаторазово. Але мені здається, якщо жінка любить саме першого чоловіка, вона не прийме подарунка від іншого. Що стосується етичного статусу обох дарувальників, то, звісно, і перший чоловік, і другий підвищують власну самоповагу рівною мірою. Гідність їх вчинків вимірюється не ринковою вартістю предметів, а значенням витраченої суми для кожного. Правду каже народна мудрість: «Важливо не те, що ти зняв з себе сорочку і віддав нужденному. Важливо, скільки в тебе ще лишилося сорочок».

Т.: Щось мене знята сорочка збила з пантелику. Який же це подарунок? Швидше допомога.

О.: Ось ми з вами і знайшли принципову відмінність між благодіянням і подарунком. Купити жінці, яка тулиться в тісній комуналці, квартиру – це благодіяння. А ситуація дарування все-таки передбачає святкову атмосферу, спільну радість обох. Як ми вже говорили, подарунок – не предмет першої потреби. Це радісна, не повсякденна, неординарна річ чи ситуація. Американські психологи виокремили таку дисципліну – мистецтво робити подарунки, «подарункознавство». Вони вважають, що найважливіша психологічна функція подарунків – розрив повсякденності, наповнення радісними емоціями громадського чи особистого свята. А щоб опинитися у ситуації свята, зовсім не обов'язково чекати на червоний день календаря. Достатньо зустрітися з тим, кого давно не бачив, з'їздити у приємне місце, завершити масштабну важку роботу.

Отже, якщо наболіла проблема вирішується шляхом відданої сорочки – це, звичайно, добре, але повсякденність при цьому не розривається. Це не подарунок, а допомога. І ще. Повертаючись до чоловічих подарунків «ні за що», просто від щедрот, хочу попередити слабку стать про можливу підступність ситуації: а раптом чоловік задумав купити дорогим подарунком прихильність жінки? Вона, можливо, відгукнеться, у них зав'яжуться стосунки. І, можливо, вона навіть повірить у те, що це кохання. Але я як психолог вважаю: спочатку виникає кохання, а потім любовні подарунки. Якщо навпаки – це не кохання, а бартер.

Т.: А що говорить наукове подарункознавство про непотрібні подарунки з важкою енергетикою? Мені кілька разів дарували настінні африканські маски, які я, зізнаюся, викидала: дуже вже неприємні пики. Ну не могла я терпіти їх у себе вдома, хай навіть у шафі на лоджії.

О.: У подарунків є важлива особливість: вони вторгаються у ваш особистий простір, хочете ви того чи ні. У ваше життя несподівано вводяться якісь предмети, речі, речовини, які беруть участь у вашому енергетичному обміні з навколишнім світом. У цьому сенсі треба дуже добре подумати, від кого варто приймати подарунок, а від кого ні, які презенти «оселити» вдома, а які передарувати іншій людині. У передаруванні нічого поганого немає, просто в цьому випадку треба говорити не про дарування, а про перерозподіл речей. Ви не даруєте, а наділяєте. Головне при цьому – чесно сказати людині: «Знаєш, мені це не підходить, може, тобі сподобається?» Тим самим ви даєте людині право відмовитися, якщо річ їй не потрібна. А відрізнити добрі подарунки від поганих нескладно. Дослухайтеся до своїх відчуттів. Якщо вам хочеться, щоб подарована річ була поруч, якщо ви радієте: «І як же я раніше жила без цього!» – ваш подарунок. Якщо ж він викликає подив, роздратування, спантеличеність – не ваш. Не пускайте його у свій життєвий простір. І тим більше треба позбавлятися подарунка, якщо він псує настрій: дивитеся на картину, і вам стає не по собі.

Т.: Дуже важливо час від часу робити подарунки собі. Тільки не купувати заплановані супові тарілки чи теплі штани, а витратитись на щось розкішне, дороге, вишукане.

О.: Звісно. Можна в ресторан зводити себе і поласувати делікатесами. Або подарувати собі день у спа-центрі. При цьому треба частіше говорити собі: «Яка розумниця!», не чекаючи підходящої події на кшталт захисту дисертації чи перемоги над шкідливою звичкою. Прикрашайте своє життя, балуйте себе, іноді без жодного приводу. У подарунках – як собі, так й іншим – важлива стихійність, спонтанність. І пам'ятайте: вибираючи подарунок іншій людині, ви обов'язково щось їй повідомляєте. Постарайтеся, щоб вас правильно зрозуміли. І зраділи.

47. Люди світла і люди пітьми

Швидко, не замислюючись, дайте відповідь собі на запитання: «Я хороша людина?» Так? Ви впевнені? Ах, ви нікого не вбили і не зрадили. Читаєте праці філософів, дозволяєте подрузі плакатися вам у жилетку, зрідка жертвуєте на благодійність. Зрозуміло. Наслідуючи цю логіку, погана людина – ваш антипод. Але якби все було так просто, бездоганно чудові люди не шокували би оточення жахливими витівками, змушуючи всіх хитати головами: «Не інакше чорт поплутав».
Один дуже розумний дослідник людської природи все життя присвятив пошуку відповіді на це запитання. І видав розгублений висновок: «Є хороші люди, які роблять погані вчинки, і є погані люди, які роблять хороші вчинки». Пояснив, називається.
Що таке «поганість» і «хорошість»?

Тетяна Петкова: Олександре Федоровичу, нещодавно колега поставила мені невинне запитання: «Як думаєш, хороша людина – це хто?» Я сказала кілька загальних фраз на кшталт «той, на кого можна покластися» і «той, хто не колупається прилюдно в носі» й замовкла. Якось мілкувато вийшло. Я підозрюю, що насправді «поганість» і «хорошість» – категорії значно серйозніші, ніж звичні життєві міркування.

Олександр Бондаренко: Ви навіть не уявляєте, наскільки серйозні. Якщо позначити тему двома словами, то візьмемо за істину: у кожній людині є світла і темна сторони. У давнину люди образно називали ці частини силами пітьми та силами світла.

У XX столітті відомий психіатр Карл Юнг визначив темну сторону особистості терміном «тінь», яким користуються фахівці. Немає людини без тіні. Потрапляючи у різні життєві ситуації, ми сяємо різними гранями – то світлими, то темними.

Т.: Напевно, єдині, кого можна назвати людьми без тіні, абсолютно хорошими – це святі.

О.: Мій знайомий психолог Семен Есельсон досліджував життєвий шлях людей, зарахованих церквою до лику святих. І з'ясував цікаву річ: майже всі вони, крім юродивих, спочатку були зовсім не прекрасними, а неправедними людьми, великими грішниками. Певні події змусили їх різко змінити спосіб життя та своє ставлення до світу. І лише після цих подій вони стали абсолютно хорошими людьми. Але святість – категорія явно не повсякденна і не психологічна, тож давайте краще повернемося на землю і поговоримо про те, що таке в життєвому сприйнятті – «хорошість» і «поганість»? Є три критерії, які дозволяють нам зробити певні висновки. Перший – поведінковий: ми відзначаємо, груба людина чи ввічлива, обов'язкова чи ні, люб'язна чи безцеремонна. Другий – комунікативний: цікавий співрозмовник чи зануда, освічений чи невіглас, вихований чи хамуватий. Третій критерій – емоційний: нам важливо зрозуміти – ця людина сердечна, надійна, чуйна, схильна до співпереживання або ж черства, бездушна, безпринципна і підступна. Ну і фізична привабливість. Ми можемо заплющити очі на деяку невідповідність названим критеріям, якщо у людини приємна зовнішність. Але тільки якщо невідповідність не надто важлива. Хамство і підлість не компенсувати навіть найпрекраснішою зовнішністю.

Т.: Повсякденна думка зрозуміла. Приблизно так я і міркувала, коли відповідала колезі. А які наукові визначення «хорошості» та «поганості»?

О.: Тонке питання. Відомий психолог Ігор Смирнов багато років присвятив вивченню цієї теми. У вісімдесятих роках минулого століття він розробив метод глибинного психосемантичного аналізу особистості. Метод дозволяє встановити неусвідомлювані людиною способи її ставлення до себе та до світу – раз, і відкрити її справжні життєві смисли – два. Тобто за допомогою методу Смирнова можна зрозуміти, що для людини є найважливішим у житті, незалежно від того, що вона сама про це думає. Адже можна декларувати одні цінності, а бажати зовсім інших. Наприклад, якийсь політик бореться за відродження духовності, а сам прагне урвати від державного пирога шматок якомога солодший. Приклад із політиком – це усвідомлена розбіжність життєвих смислів. Але сенсаційність методу Ігоря Смирнова у тому, що він виявляє передусім неусвідомлені цінності. Людина може вважати себе шляхетним лицарем, нездатним на підлість, а аналіз особистості показує: в сприятливих умовах може зрадити і рідну людину, і Батьківщину.

Т.: Не можу навіть уявити механізм дії цієї методики. Яким чином Смирнов запропонував докопуватися до схованок особистості?

О.: У спрощеному вигляді це відбувається так. Є монітор комп'ютера, на якому з'являються різні образи: оголена жінка, гроші, церква, діти, сім'я, стадіон, автомобіль, стара людина – картинок безліч, вони швидко змінюються. Є детектор брехні – поліграф, що фіксує електромагнітні коливання мозку залежно від реакції на ту чи іншу картинку. За допомогою електродів людину підключають до поліграфа і показують картинки. У той момент, коли випробуваний бачить те, що вважає важливим для себе, він натискає кнопку – наприклад, чоловіки завжди реагують на зображення оголеної жінки. Одночасно детектор брехні безпристрасно фіксує неусвідомлювані смисли: зображення, на які людина кнопку не натиснула, проте мозок стрепенувся. Я сам проходив це тестування. І на картинку «гроші» кнопку не натиснув, хоча мозок мій відреагував. Значить, насправді гроші важливі для мене – а здавалося, що у моїй системі цінностей фінансовий статус як самостійний зміст відсутній. Ігор Смирнов завершив свої дослідження чудовим відкриттям: «Найбільшим одкровенням для мене стало те, що я виявив дві породи людей. Є люди благородні, а є ниці. Перші ніколи, за жодних обставин не зрадять і не вчинять підлість. Другі, опинившись у відповідній ситуації, здатні вчинити ницо, часом дивуючись самі собі: невже це я?!» Це не означає, що перші люди не мають темних сторін, а другі – світлих. І ті, й інші однаково здатні на дрібне непотребство штибу вкрасти книжку з бібліотеки або обдурити продавця на ринку. Але в серйозних, життєво важливих ситуаціях вони поводитимуться по-різному.

Т.: Напевно, наступним запитанням, яким зацікавився Смирнов, стало «А як же в природі існують такі різні люди?»

О.: У тому й річ, що чітко пояснити, як формуються ці дві породи, звідки беруться високі й низькі таємні сутності людського «Я», наука поки що не в змозі. Пояснити природу «поганості» і «хорошості» так само складно, як з усією ясністю осягнути еволюційні процеси людства. В цілому пояснити ще більш-менш можна, проте детальний механізм невідомий. Відомо лише, що справжній моральний зміст особистості визначається неусвідомлюваною (чи частково усвідомлюваною) структурою, що складається із світлих і темних сил. Решта – те, що людина про себе знає, те, як себе презентує, а також те, якої думки про неї оточення, – це форма, а не зміст. Між іншим, відкриття Смирнова сьогодні використовують деякі великі фірми, мені відомі такі факти. Психосемантичний аналіз особистості для солідної корпорації чи концерну проводить фахівець. Мета – протестувати нинішніх чи потенційних співробітників. Як правило, на ці заходи йдуть керівники фірм, в обороті яких крутяться мільйони, а перед співробітниками періодично виникає спокуса або непомітно привласнити гроші, або продати конкурентам якийсь секрет.

Т.: Виходить, оточення може довгі роки, а то й усе життя вважати людину хорошою – до того моменту, поки не виникне тестова ситуація. І тільки після того, як людина проявиться з темного боку, ми зрозуміємо, що перед нами – не така вже й світла особистість. Та й себе корисно, мабуть, перевірити, хоч і страшно. Пам'ятаєте, у «Пікніку на узбіччі» Стругацьких герой на ім'я Дикобраз вирушив до Зони, щоб попросити життя для свого брата, а натомість Зона піднесла йому мішок із золотом? І Дикобраз потім повісився – від сорому за себе.

О.: Справді, ми не можемо ручатися за себе, коли життя несподівано підсуне випробування. А раптом виявляться не благородство та великодушність, а «дикобразові» риси? Але все не так трагічно. Адже багато хто з нас щось таке потаємне про себе все-таки може зрозуміти. Як психологу мені втішно думати, що зріла, високорозвинена особистість здатна контролювати свої темні сили, навіть якщо обставини підштовхують її до низьких вчинків. Мені подобається прислів'я: «Навколо бруд, а він князь». Людина каже сама собі: «Мої власні закони важливіші, ніж закони поганих людей, які мене оточують. Я – кінцева інстанція і сам встановлюю правила своєї поведінки». Карл Юнг говорив, що людина повноцінно живе лише тоді, коли усвідомлює свою тінь. А познайомитися зі своєю темною сутністю можна двома шляхами: або вдатися до допомоги психотерапевта, або потрапити у конкретну життєву ситуацію, яка висвітить підвалини твоєї підсвідомості. Попереджаю, побачити свою тінь неприємно, а то й страшно. Але потрібно, якщо ти хочеш жити повним життям і не боятися самого себе. Тіні не треба зрікатися – це марно, вона все одно вилазитиме назовні. З нею треба впоратися.

Т.: Я знаю двох безперечно культурних, вихованих і, як мені здавалося, сильних духом людей, які раптово видали зовсім не властиві їм реакції. Моя приятелька Ганна позаздрила Ользі, дружині свого брата – тільки тому, що та на двадцять років молодша і оселилася у просторій батьківській квартирі (Ганна живе у маленькій квартирі чоловіка), а також має дорогу машину. Ганна зізнавалася, що відчула такої сили ненависть та заздрість, що сама злякалася. Охоплена ненавистю, вона навіть розповіла братові таємницю, що стосується минулого Ольги, хоча та, повіряючи Ганні свій секрет, просила нікому не говорити. А один мій знайомий, дізнавшись, що дружина захворіла на важку форму поліартриту, пішов із сім'ї, кинувши на прощання: «Не хочу в тридцять років ставати доглядальницею!» Точно знаю, що він потім страждав від своєї малодушності, але нічого вдіяти з собою не міг. Ці люди не впоралися з тінню?

О.: А знаєте, людина може навіть занедужати злом – заздрістю, ревнощами, ненавистю. Вона стає одержимою своїми ницими думками та бажаннями. Не спить, не їсть, виношує страшні плани знищення іншої людини, малює у своїй уяві різні жахливі ситуації, у які та може потрапити. Звісно, кожному з нас знайоме почуття заздрості чи ревнощів. Однак хворіють на ці почуття не всі, правда? Це як із імунітетом. Люди з міцною імунною системою рідко хворіють на грип, хоча, зрозуміло, вразливі для вірусів. А люди з ослабленим захистом валяться в ліжко від кожного чиху, почутого в магазині. У вашої знайомої Ганни відкрилися підвали підсвідомості, випустивши назовні чудовисько, тому що виявилися її болючі смисли: квартира, вік, можливо, невдоволення власним сімейним життям. Ганна вразлива, її психологічний імунітет не настільки міцний, як їй хотілося би. Так само і з тими людьми, що кидають хворих жінок або збанкрутілих чоловіків. Перш ніж людина потрапить в тестувальну ситуацію, вона ж щиро вважає, що в разі чого покаже себе шляхетною і порядною. Але психологічний імунітет виявляється слабким. Ось приклад. Чому на курорті всі такі привітні, добродушні? Тому що комфортно, годують тричі на день, пейзаж пестить погляд, немає жодних проблем: їж, пий та відпочивай. Так ось, є люди, які в благополучних життєвих умовах залишаються відмінними друзями, вірним подружжям і дбайливими дітьми. Але варто життєвим умовам змінитися, як труднощі відкривають їхню темну сутність.

Т.: Як же зміцнювати підвали підсвідомості, щоб вони тримали чудовиська під замком?

О.: Люди виробили різні способи зміцнення психологічного імунітету. Найбільш давня форма захисту – релігійна, коли завдяки вірі людина нездатна на погані вчинки, відкидає різні спокуси. Із сучасних захистів – заняття йогою, духовні практики, розвиток свого «Я» за допомогою психотерапії, збагачення внутрішнього світу. Стримуючих механізмів багато. Я знаю людей, які дуже активно займаються благодійністю, хоча насправді не відчувають особливої потреби допомагати іншим. Така перебільшена доброта – компенсаторний механізм придушення агресії. Деякі люди поринають у мистецтво. Загалом кожен шукає способи зміцнення власного психологічного імунітету відповідно до рівня свого розвитку. Ну і, зрозуміло, залежно від того, яку саме непривабливу сторону своєї темної сутності потрібно компенсувати. Мені здається, доросла людина, котра пізнала життя, може зрозуміти, яке з її чудовиськ найбільш небезпечне. Є люди неревниві й незаздрісні, але здатні запозичити якщо не гаманець колеги, то частину грошей фірми. А є такі, для кого взяти чуже – немислимо, проте така людина здатна оббрехати колегу в очах начальства, щоб усунути конкурента. Є люди, яких до того зжирає заздрість, що вони проклинають своїх успішних знайомих, бажають їм усіляких нещасть і радіють, коли ці прокляття збуваються. І водночас ці заздрісники неспроможні обдурити когось, ошукати – оскільки обман для них неприйнятний.

Т.: Ми у своєму ставленні до інших людей рідко беремо до уваги їхніх гіпотетичних чудовиськ. Я не маю на увазі крайні випадки, коли дізнаєшся, що твій знайомий – маніяк або відмовив у допомозі старенькім батькам. Зрозуміло, що з таким персонажем неможливо зберегти стосунки. Але одного разу я припинила спілкуватися з приємним у всіх відношеннях чоловіком, коли дізналася, що він вивіз у ліс свою кішку і кинув там напризволяще. Просто не змогла більше його бачити. А для іншої жінки, можливо, цей факт зовсім не став би на заваді спілкуванню. Ось зараз подумала, якщо ви, Олександре Федоровичу, здатні вивезти кішку чи собаку до лісу, мені буде дуже проблематично далі співпрацювати з вами. А що ви не хотіли би дізнатися про мене – із серії подібних «дрібниць»?

О.: Поспішаю вас заспокоїти: я ніколи і за жодних обставин не зможу позбутися тварини, тим більше у такий нелюдський спосіб. Я просто нездатний на це. А щодо ваших чудовиськ зараз подумаю... Ви, бува, ніколи з родичами не судилися, що називається, за межу – за частину квартири, дачу, ділянку?

Т.: Я – ні. Але знайома з тими, хто судився. Одна дівчина, назвемо її Дашею, розповідала, що її тітка з дядьком від одного судового засідання до іншого (а позов був за однокімнатну хрущовку) ніби перетворювалися на таких собі перевертнів, як у трилері «Муха». Наприклад, обзивали ще вчора гаряче улюблену плем'яшку повією і дармоїдкою. Даша була в шоці. Мені здалося, що після такого бруду, який випливає назовні в подібних ситуаціях, зберегти нормальні стосунки просто неможливо.

О.: Вам правильно здалося. Тому я й запитав, чи маєте ви подібний досвід. Ви не уявляєте, до якої міри ницості здатні дійти начебто пристойні й хороші люди, коли йдеться про поділ спадщини чи майна. Добре би йшлося про чужих людей, тут ще якось можна зрозуміти – не виправдати! – підлість, жорстокість, підступність. Але фахівці знають безліч випадків, коли через спадок брат був готовий убити сестру, а племінник – дядька. Мені глибоко огидні й самі ситуації, і люди, що дозволяють собі так разюче змінитися на гірше через шмат городу або половину дачного будиночка. І я б, напевно, не зміг спілкуватися з людиною, яка на моїх очах перетворилася б на «муху». Як психотерапевт я нерідко зустрічаюся з учасниками подібних подій та спостерігаю, як рідні люди стають смертельними ворогами.

На жаль, ситуації, які виявляють чорні сторони людей, досить поширені. Особливо це справедливо щодо обставин, які змушують зробити миттєвий вибір. Психологи добре знають: крайні ситуації розкривають людину, як ніщо інше. Один втече з палаючого будинку, а інший виноситиме непритомних сусідів. Та, власне кажучи, навіщо нам пожежа або аварія «Титаніка»? Розлучення – дуже промовиста ситуація. «Забарвлення» сутності людини під час розлучення проявляється як на лакмусовому папірці. Світлі люди поводяться гідно, а темні ділять кожну вилку, поливають колишнього чоловіка помиями, мстять дітям. А що роблять із людьми ревнощі? Розповім давній випадок, який стався у Києві. Двадцять років тому одна інтелігентна людина, співробітник НДІ, назвемо його Кирило, зненавидів Юрія, колегу. Кирилу здалося, що його дружина захоплюється Юрієм, і він занедужав ненавистю. Дійшов до того, що не міг спокійно бачити колегу, але намагався тримати себе в руках. А коли Юрій придбав собі «Жигулі» – ви врахуйте, що двадцять років тому нова «сімка» була практично «мерседесом» для радянської людини! – Кирило купив на ринку ковальський молот, о четвертій ранку прийшов до будинку Юрія і розтрощив машину. Ненависть надала йому сили, і він за короткий час встиг розплющити авто до жалюгідного стану, що не підлягає ремонту. Знищивши автомобіль колеги, Кирило швидко сів у свій та поїхав геть. Звісно, справою зайнялася міліція, але вона так і залишилася нерозкритою. Уявляєте собі шалену силу цих ревнощів-ненависті? Коли Кирило прийшов до мене лікуватися саме від ненависті, спочатку все питав: «Олександре Федоровичу, що зі мною було?!»

Т.: А що, від темної сутності можна вилікуватись? І як реагувати, якщо чудовисько близької людини спрямоване на мене?

О.: Так, від проявів «поганості» можна вилікуватись. Тільки лікуватися треба не насильно, а за власним бажанням – як від алкоголізму. У цьому випадку психотерапевт працює з мотиваційно-потребною сферою людини, зміцнює її психологічний імунітет – ту саму кришку підвалу, яка не дає чудовиськам поперти назовні. Або змінює чудовиськ. Але ж я розумію, що психотерапія – це в ідеалі. У реальному житті, якщо ви зіткнулися з підлістю по відношенню до себе, постарайтеся зрозуміти: чи вистачить у вас душевних сил пробачити цій людині? Як правило, відповідь підказують внутрішні відчуття. Якщо душевних сил не вистачає – треба розлучатися. У таких тестувальних ситуаціях є одна чудова сторона: люди, які гідно її пережили, ніколи не розлучаться. Тепер вони можуть довіряти одне одному на сто відсотків.

Т.: Олександре Федоровичу, скажіть, будь ласка, а психологам відомо, яких людей і з якою сутністю у світі більше – зі світлою чи з темною?

О.: Таку статистику неможливо зібрати. Адже вчені не можуть досліджувати величезну кількість людей, щоб зробити відповідні висновки. Натомість вчені знають головне: запас людської любові та вдячності більший, ніж запас ненависті. Сил добра в соціумі більше, ніж сил зла – саме тому життя тріумфує, а не руйнується. Будь, не дай Боже, навпаки – це була б війна всіх з усіма. Адже війна і всі ті неприємні випадки, про які ми сьогодні говоримо, – це все-таки аномалія, правда? Адже воюють ті, хто претендує на чуже. Хто не правий з самого початку. Хто, по суті, приречений. І якщо ми живі, і якщо іноді щасливі, і якщо нас хтось рятує, і ми когось рятуємо, значить, життя триває. І це дає нам надію на те, що хороших людей все-таки більше.

48. Доторкнися до мене

Про важливість спілкування без слів, про те, що мізки треба частіше відключати й про те, чому недоласканою у дитинстві людиною легко маніпулювати.

Тетяна Петкова: Олександре Федоровичу, ви мене щойно дуже здивували, сказавши, що вже пару днів слухаєте в машині The thousand kisses deep Леонарда Коена. Я її слухаю практично з ранку до вечора вже кілька днів! Щоправда, не в машині. Дуже чуттєва пісня. Як це нас із вами синхронно до Коена потягнуло?

Олександр Бондаренко: Коен – ще не так дивно. Коли ви запропонували поговорити про важливість відчуттів, я вразився, тому що сам останнім часом часто розмірковую про гаптономію (буквальний переклад із грецької «закон дотиків»). Цю методику спілкування батьків із плодом через дотик до живота вагітної жінки розробив голландський вчений Франц Вельдман. Однак сьогодні гаптономія отримала ширше призначення – це спосіб будувати стосунки дорослим людям через психотактильний контакт.

Т.: А у зв'язку з чим ви розмірковуєте про гаптономію? Чи є інформпривід?

О.: Таня, ми з цією темою просто потрапили у тренд. Сьогодні люди мають дуже сильний голод на відчуття. Режисер із США Джулія Локтєв нещодавно випустила в прокат незвичайний фільм «Найсамотніша планета». Простий сюжет: закохані юнак і дівчина вирушили у подорож до Грузії. У цьому фільмі практично немає слів, герої майже не розмовляють одне з одним – зате добре чутно дихання, дзюрчання води, коли вони вмиваються, вигуки, зітхання... І наприкінці фільму юнак і дівчина раптом усвідомлюють, що вони чужі одне одному, їх просто звело разом спільне середовище, а між ними нічого спільного немає. Сенс фільму ось у чому: те, що нас робить людиною, насамперед, мова – не вичерпує нашої людської сутності. І не є базою під час побудови взаємин. А ось невербальне спілкування набагато важливіше у стосунках між чоловіком та жінкою, батьками та дітьми, близькими людьми.

Т.: Можу припустити причини виникнення тренду: люди вже наїлися штучної реальності, комунікації із гаджетами – і хочуть, хоч як банально це прозвучить, людського тепла, живих дотиків.

О.: Люди починають розуміти, що лінгвістичні, мовні ігри, які так добре розвинені зараз, в епоху соцмереж – це лише один спосіб людського спілкування. У фільмі «Найсамотніша планета» велику роль відіграють погляди, дотики. Ви ж самі знаєте, як буває: торкнулась тебе людина – і ти наповнився енергією. І при цьому вона може вимовляти звичайний текст – звичайнісінькі слова, але ви відчули, що вам з нею хороше, ви з нею на одній хвилі.

Т.: Про гаптономію як про науку спілкування майбутніх батьків із плодом відомо вже давно, але про ключову роль тактильного контакту у спілкуванні дорослих людей заговорили лише останнім часом. Ніхто раніше не додумався, наскільки це важливо?

О.: Можливо, раніше просто не надавали такого значення поняттю «повнота відчуттів». Адже і тренд «погоня за відчуттями» теж з'явився не так давно. Ми нарешті стали розуміти, що життя, по суті, це сума відчуттів. Коли у нас з'явилася можливість купувати те, що нам подобається – а ще років двадцять тому в магазинах не було з чого вибирати – ми стали надавати значення відчуттям, які доставляє нам одяг та взуття, автомобіль та сумки. Ми почали знатися на тканинах і матеріалах, почали цінувати якість предметного середовища. І це дуже добре, я вважаю, тому що ми стали розуміти, що це таке – естетика повсякденності.

Т.: Але це стосується пострадянських людей. А увага психологів до гаптономії, наскільки я знаю, стала зростати на Заході. Як це пояснити?

О.: Нам здається, що радянська людина була заідеологізована. А насправді зазомбовані ідеологією були і інші країни: Німеччина, Італія, США. Якщо ви пам'ятаєте, британські комуністи прийняли програму «Британський шлях до комунізму» – це я все до того, що не треба думати, ніби лише у Союзі всі були «ідеологічними людьми».

Т.: Що таке «ідеологічна людина» з погляду психології? З чужими думками у голові, з нав'язаними стереотипами поведінки?

О.: Так, але не тільки. Ідеологічні люди спілкувалися між собою за допомогою мовних кліше – готових шаблонів.

Т.: Сьогодні повно таких людей. Тільки ідеологія вже не на рівні держави, а субкультурна: за допомогою кліше спілкуються у світі шоу-бізнесу, у професійному середовищі.

О.: Згоден. Зашаблонених людей сьогодні вистачає, і раніше їх було багато. Після того, як Франц Вельдман вивчив досвід людей, які жили в нацистській Німеччині, він зробив висновок: можливо, люди легко піддаються ідеологізації, піддадають під чужий вплив через те, що в дитинстві їх мало пестили – обіймали, погладжували? Його думка перегукується з думкою відомого американського психоісторика Ллойда Демоза про те, що недоласканість, недолюбленість дитини робить її надто сприйнятливою до чужих смислів та чужих цінностей.

Т.: Іншими словами, недоласканою у дитинстві людиною простіше маніпулювати, керувати?

О.: Так. Тому що вона сприймає і розуміє лише звукову, мовну символіку спілкування – і вірить гаслам, текстам, словам. Вона не має навичок невербального спілкування. І довіри до тілесного спілкування також не має. І недолюблена в дитинстві жінка дуже легко потрапляє до пасток чоловічих смислів, стає залежною від них.

Т.: Олександре Федоровичу, ми одного разу з вами вже говорили про те, наскільки важлива для людини тілесність, любов до свого тіла, отримання фізичних відчуттів. Виходить, недоласкана в дитинстві жінка не вміє отримувати всієї повноти тілесної радості?

О.: Це так, однак можна розвинути в собі відчуття радості тіла. Наш організм – завод із виробництва різних речовин, у тому числі й гормонів радості. Одні відчуття нас окрилюють, а інші тягнуть униз. І кожен із нас, прислухавшись до себе, може зрозуміти, що йому потрібно для продуктивного стану. Ось сьогодні дуже популярні різні тілесні техніки психотерапії, соціальні танці – і я як психолог пояснюю це тим, що люди хочуть досліджувати свою тілесність, отримувати більше задоволення від Я-фізичного. Адже недоласканість – це прокляття цивілізації. У Штатах жінка, народивши дитину, наймає бебі-сітера і виходить на роботу! А наші матусі-трудоголічки, вічно зайняті та вічно втомлені! Дуже важливий аспект теплоти, безпосередніх почуттів і відчуттів просто випадає з нашого життя.

Т.: Буквально вчора побачила у фейсбуці кумедну фразу: «Ввічливість сьогодні настільки рідко зустрічається, що її почали приймати за флірт». Те саме, напевно, відбувається із нормальною, не репресованою тілесністю – її теж сприймають як флірт! Я нерідко помічаю, що люди з мережевого маркетингу, психотерапевти частіше торкаються співрозмовника, беруть його за руку, погладжують по спині – і розмірковую: чи то людина просто до мене прихильна, чи то використовує техніку.

О.: А відчуття при цьому у вас які?

Т.: Різні. Одні дотики мені неприємні, інші нейтральні, а треті – радісні, і я вступаю з такою людиною в тактильний діалог: у відповідь торкаюся її, присуваюся ближче. Але ж річ, напевно, не в тому, чи щира ця людина, чи просто користується технікою, а в тому, як я ставлюся до неї?

О.: Ну, ми зараз не говоримо про контакт із неприємними для нас людьми, тут все ясно. Що стосується того, щирі дотики чи маніпулятивні, то тут критерій один: ваші особисті відчуття. Сьогодні розвелося безліч так званих тренінгів з пікапу, НЛП, управління людьми та іншої навколопсихологічної нісенітниці. Людей навчають техніці швидкого контакту з іншою людиною: «Доторкніться до його зап'ястя, затримайте погляд, покладіть руку на коліно»... І якщо людина позбавлена безпосереднього чуттєвого досвіду, звикла спілкуватися лише за допомогою слів і постів у соцмережах, вона моментально переймається довірою до маніпулятора. Адже це працює безпомилково, тому що спілкування тіл – тваринний рівень. Не в сенсі звіриний, а в сенсі фізіологічний, сенсорний. І цей сенсорний рівень нами благополучно було забуто і закрито – до останнього часу. Між іншим, не лише кінематограф, а й усе сучасне мистецтво починає розуміти, що тілесність як основа стосунків незаслужено витіснена з нашої свідомості. Йде відродження тілесності та культури людських відчуттів.

Т.: Одна відома журналістка в телеінтерв'ю розмірковувала про відчуття від предметного середовища: «Важливо, що ти носиш, що їси, що вішаєш на стіну...»

О.: А як же! Це дуже важливо – як ти відчуваєш цю сукню, як твоє тіло відгукується на цю тканину, як твоя шкіра реагує на дотик одягу. Ще важливо – у яких барвах купається твій погляд, які запахи відчуваєш. І це не снобізм, не гидливість: неякісні, погані відчуття руйнують красу нашого буття.

Т.: Я думаю, не лише красу буття можна зруйнувати, а й почуття, хіба ні? Що може бути інформативнішим за дотик, коли йдеться про чоловіка і жінку? Невже гаптономія не зацікавилася цим питанням?

О.: Звичайно, тілесний контакт, я не маю на увазі секс – це дуже важлива частина чоловічо-жіночих стосунків, і гаптономія цікавиться цим питанням. Приходить, наприклад, до фахівця пара на прийом, кажуть: «Ми так любимо одне одного, ми – єдине ціле», і відсмикують руки, випадково торкнувшись партнера. Родзинка в тому, що мозкова тканина і тканина нашої шкіри містять одні клітини – ектобласти. Тому шкіра така ж «розумна», як і мозок – і її реакції так само наповнені змістом, як і реакції мозку. У стосунках чоловіка і жінки дуже важливі такі чинники, як запахи, дотики, все те, що формує синестезичні, чуттєві відчуття. Ось усі вам кажуть, який цей чоловік чудовий, яка ви з ним чудова пара – а ви уникаєте його дотиків, не хочете, щоб він чіпав ваше волосся, не любите, коли він допомагає вам надягати пальто.

Т.: Так-так, ось про надягання пальта – це точно тестова ситуація. Іноді просто пірнаєш у рукави, намагаючись не торкнутися чоловіка, а іноді відчуваєш, як він тебе ніби обіймає твоїм пальтом. Ви пропонуєте довіряти цьому відчуттю?

О.: Якщо ви намагаєтеся не зачепити чоловіка, не торкнутися його ненароком – значить, не ваша людина. На фізіологічному рівні не ваша.

Т.: Тоді логічно припустити, що і секс із таким чоловіком буде не дуже.

О.: Ну, якщо ви не хочете його торкатися, надягаючи пальто, то про що говорити. Спробуйте домислити собі більше. І чесно відповісти собі на запитання: чи хочете ви чогось більшого? З іншого боку, як ми вже з вами сказали, чоловік може створювати у вас ілюзію, що він до вас небайдужий. Це така штучна чуттєвість: він вас обійматиме, цілуватиме, проте ваше тіло реагуватиме на нього, як на болоневий плащ або нейлонову сорочку – як на синтетику. Тіло задихатиметься, йому буде неприємно. Тому дуже важливо довіряти своїм враженням і відчуттям.

Т.: А в чому різниця між враженням і відчуттям?

О.: Відчуття – це реакція, позбавлена інтелектуального компонента. А враження – це відчуття плюс рефлексія цього відчуття. Ось у дощового черв'яка є лише відчуття. У людини – і відчуття, і враження.

Т.: На що варто покладатися у сприйнятті людини – на враження чи відчуття? На реакцію, яка все-таки передбачає включення інтелекту чи на первісну, тваринну реакцію?

О.: У міжособистісному спілкуванні – на відчуття. Увімкнувши голову, ви можете неправильно витлумачити поведінку іншої людини. Наприклад, переплутати ритуал соціальної ввічливості зі щирим інтересом до вас – коли людина, прощаючись, затримає вашу руку в своїй. Чому вона це зробила? Тому що їй не хочеться вас відпускати чи тому, що людина ввічлива, використовує ритуальний рух?

Т.: Можна і не вмикаючи голову переплутати.

О.: Не переплутаєте. Щире ставлення зчитується за ритмом дихання, по блиску очей, по позі. Головне – не почати це відразу аналізувати: «а як?», «а навіщо?», «а на що це схоже?» Тілесні сигнали, якщо вони щирі, не потребують розшифровки. Їх не треба намагатися зрозуміти, це помилка. Є речі, які не даються розумінням – вони даються лише відчуттям. Мені взагалі голови багатьох жінок хочеться не те що відключити – відгвинтити! Відгвинтити ці надто розумні, надто мислячі голови, продути насосом і поставити на місце. У голові відчуттів немає. Головне правило – відключити мозок.

Т.: Ну а якщо людина не любить дотиків – як розібратися, їй не подобаються саме твої дотики чи вона недолюблена у дитинстві?

О.: Треба за нею поспостерігати. Люди, яких мало обіймали в дитинстві, цуратимуться будь-яких ситуацій, у яких до них можуть доторкнутися. Вони не люблять ходити на масаж, до косметолога, перукаря. Насилу терплять довгий процес манікюру-педикюру. Зі складнощами танцюють, бо не довіряють своє тіло партнеру, бояться його наблизити. Якщо це чоловіки, їхні дружини часто страждають від такої відособленості. І діти страждають, бо тато відсувається від них.

Т.: Як би ви описали результат роботи методики гаптономії? Що вона робить із людиною – робить розкутішою, розвиває?

О.: Це спосіб ревіталізації, оживлення, перетворення соціального робота на людину з плоті та крові. Адже наші офіси забиті роботами – вони багато говорять, проте мало що відчувають. Знайомий айтішник розповів, як його п'ятирічна дитина, вийшовши на балкон, сказала: «Тато, дивись, яка графіка!» Дитина побачила гарний краєвид, чи то захід сонця, чи то іншу яскраву картинку – і змогла лише видати термін із татової роботи. У нас забиті канали чуттєвого сприйняття світу. Більшість людей не відчувають ні простору, ні інших людей, ні себе.

Т.: Це як із частотою? Люди просто не ловлять частоту синестетичного сприйняття?

О.: Добре ловлять частоту чуттєвого сприйняття психотерапевти, масажисти, біоенергетики. Припускаю, що рух нудистів і натуристів – це відчайдушна спроба вловити повноту відчуттів, запустити свої рецептори, набути втраченого смаку життя.

Т.: Ви сказали «смак», а я ось про що подумала: ще один сучасний тренд, любов до домашньої їжі, домашніх ресторанів – безхитрісних, дуже затишних, що пропонують просту смачну їжу – напевно якось пов'язаний із запитом на повноту відчуттів, як ви гадаєте? Адже в усьому світі інтерес до молекулярної кухні впав, а у нас вона взагалі провалилася з тріском! Адже там абсолютно штучні, ілюзорні відчуття.

О.: Погодьтеся, справжній чорний хліб із скибочкою домашнього сала значно смачніший, ніж страва молекулярної кухні. А головне – у ньому є енергія. Ми хочемо справжніх відчуттів – у тому числі від справжньої живої їжі, а не від молекулярних підробок під їжу. У нас втрачено натуральну, природну взаємодію із зовнішнім світом. Нещодавно дивився телепередачу, де один артист розповідав про свій досвід ночівлі в джунглях. Він спеціально приїхав до джунглів, щоби кілька діб там пожити – і не в хорошому готелі, а в наметі. Його запитали: «А навіщо вам це було потрібно?» І він відповів: «Я хотів відчути інше життя, відмінне від того, яким живу». І я його зрозумів. Я одного разу відпочивав у Коктебелі й мало не потонув. Сів у човен, відплив від берега, човен понесло у відкрите море, я стрибнув за борт і став пливти до берега, а було далеко... Словом, мене врятували, човен теж, я заплатив штраф рятувальникам – і, прийшовши до тями, зрозумів, що повернувся до життя! Я перетворився з нудного пересиченого життям відпочивальника на щасливу людину, перед якою світ розкрив безодню відтінків та смаків!

Т.: Олександре Федоровичу, а як відкрити ці канали повноти відчуттів менш екстремальним способом, ніж ваш?

О.: Це точно, необов'язково ризикувати життям. Я знаю, що багато хто використовує еротичний масаж – але це теж необов'язково. Головне – дозволити собі радіти цілковито і повністю. Знаєте, я давним-давно був у Казахстані – і мене вразило нічне небо. Таких гарних зірок, як там, я ніколи не бачив. Минуло багато років, а це відчуття живе в мені, і, дивлячись у небо, мимоволі шукаю ті зірки. Такі відчуття має кожен із нас. Кожен шукає свої зірки. У світі стільки вже зробленого, готового – і так мало спонтанного, справжнього! Так багато шаблонів, кліше – що ми радіємо імпровізації, прояву індивідуальності, особисто нам адресованого тепла і щирості.

49. Я, він і хтось іще

Дзвінок у двері. На порозі – вона. Струнка, ефектна, нахабна. Посміхається: «А я переспала з вашим чоловіком». Серце підстрибнуло, кров закипіла. Що робити?! Незворушно процідити: «Подумаєш, я з ним щодня сплю»? Розшматувати погань? Вигнати чоловіка до бісової бабусі? Осліпнути, оглухнути і продовжувати жити, наче й не було нічого?
А якщо вдуматися: може, й справді нічого не сталося?

Тетяна Петкова: Олександре Федоровичу, як психотерапевт із багаторічним стажем, дайте відповідь, будь ласка: тривале подружнє життя без жодного випадку зради – це звичайна справа чи утопія?

Олександр Бондаренко: Ні те, ні інше. Дослідження, які я проводив разом із колегами, показують: шлюби без зрад – рідкість. І ось чому. Одружилися молоді люди. Чоловік одержимий сексом, а 20-25-річній жінці потрібна не так фізична, як емоційна близькість. У цей час частіше зраджують чоловіки. Але чоловікові за 50, для нього секс втрачає пріоритетність – а дружина, навпаки, готова насолоджуватися інтимним життям за повною програмою. У цей час високий ризик жіночої зради. Уникнути зв'язків на стороні можуть ті люди, хто з молодих років добре розуміє ці закони інтимних стосунків, а отже, може хоч якось попередити їхнє порушення. Але найчастіше ми осягаємо цю науку на власних помилках.

Т.: Візьмемо сімейну пару, що одружилася одразу після школи. Чоловік і дружина в цьому випадку стали одне для одного першими сексуальними партнерами. Логічно теоретично припустити, як і єдиними. Чи буває так, що подружжя живе разом до похилого віку, не пізнавши інших чоловіків і жінок?

О.: Буває, хоча я назвав би це рідкісним винятком. Насправді ж ранні шлюби часто неблагополучні. Але те, про що ви говорите, все ж таки не міф. Іноді чоловік і дружина так ідеально підходять одне одному, що й думки не виникає про секс із іншим партнером. Такі випадки поодинокі.

Т.: Чи не можуть ці чоловік і жінка помилятися щодо своїх других половинок? Адже під час психологічних досліджень не всі кажуть правду. Одна моя знайома, назвемо її Машею, одинадцять років перебувала в безтурботній впевненості, що в чоловіка нікого немає і не було. І одного разу знайшла відверте фото чоловіка в обіймах незнайомки. Знімок було зроблено сім років тому. Стався скандал, чоловік виправдовувався, що все залишилося в минулому, але Маша божеволіє, каже: «Було один раз, буде і два, і десять». Сімейне життя розвалюється на шматки, і я не беруся прогнозувати, чи збережеться цей шлюб. А пара була – не розлий вода.

О.: З тим, що «було раз – буде і два, і десять», погодитись не можу. У одного буває один епізод, у іншого – кілька, а у третього – взагалі жодних «лівих» контактів. Закономірностей тут немає, все індивідуально. Та й стає таємне явним далеко не завжди – і дякувати Богові, бо не треба нам знати подробиці життя наших чоловіків і дружин. Тільки не всі це розуміють. Знаєте, серед моїх клієнток зустрічаються ті, хто любить поцікавитися у чоловіка на двадцятому році спільного життя: «Зізнайся, ти мені зраджував?» – що, власне, потім і приводить цих жінок до психотерапевта. Нещодавно був випадок, схожий на історію вашої знайомої. Світлана щасливо прожила із чоловіком сімнадцять років. І якось увечері після домашньої вечері наринув на неї особливий настрій, вона візьми та спитай чоловіка: «У тебе була інша жінка?» Той, певне, заразився особливим настроєм, бо спокійно відповів: «Так, була». Світлана страшенно засмутилася, втратила спокій, стала з підозрою прислухатися до телефонних розмов чоловіка, почала перевіряти його речі. Ну і знайшла у письмовому столі записну книжку чоловіка, а в ній – десятки номерів жінок із різних міст. Світлана остаточно підупала духом і зрозуміла, що треба щось робити, але що – вона не знала. І прийшла до мене на прийом. На щастя, у жінки чудове почуття гумору, що й допомогло їй подолати неприємне відкриття. Вона сказала собі: «Ну що ж, справа життєва. Чоловік у мене хороший, я сімнадцять років живу в коханні та щасті, навіщо все псувати?» Поклала вона телефонну книжку на місце і більше до чоловіка з небезпечними розпитуваннями не чіплялася.

Т.: Олександре Федоровичу, а що таке, з погляду психології, зрада і що – невірність? Погодьтеся, про сексуальних маніяків простіше говорити, ніж про зрадників: там все ясно, є склад злочину, очевидна вина. А ось що вважати зрадою – сексуальний контакт не з дружиною? І який сексуальний контакт? Оральний секс, як ми пам'ятаємо з історії з Клінтоном та Монікою, – це зрада. А пристрасний поцілунок, лагідні обійми – так чи ні?

О.: На мою думку, невірність – це стиль поведінки: нерозбірливість у зв'язках, постійний пошук нових партнерів. Про невірність слід говорити у двох аспектах: медичному (гіперсексуальність як захворювання) та морально-етичному (просто кажучи, розбещеність). А в побутовому розумінні зрада і невірність – часто синоніми. Розмовляючи на цю архіскладну тему, легко скотитись у категоричність, чого я як психолог дозволити собі не можу. Однозначності тема зрад не терпить. Ми не можемо заявити: «Це жахливо, це зрада» або «Це нестрашно, це зовсім не зрада», тому що чітких оціночних критеріїв на кшталт якоїсь шкали визначення зради не існує. Розібратися непросто. Я знаю випадки, коли сексу як такого між чоловіком і жінкою не було, проте я б на місці дружини цього чоловіка всерйоз занепокоївся, тому що він якийсь час роздумував, а чи не піти йому до тієї іншої. А дружина безтурботно вважала: «Якщо вони не спали разом – нічого страшного». Я вважаю, критерій визначення зради – не кількість або якість сексу на стороні, а ступінь шкоди, яку цей зв'язок може завдати. Виходячи з цього я сформулював кілька визначень зради. Перше: зрада – це нові стосунки з іншою жінкою або з іншим чоловіком, які несуть загрозу стосункам, які вже існують. Друге: зрада – це така подія, після якої чоловік чи дружина того, хто зрадив, відчувають, що вони більше не незамінні, і їхнє місце біля коханої людини може зайняти хтось інший. Ось у цьому полягає найстрашніша суть зради, яку жінка не в змозі зрозуміти і пробачити: виявляється, вона – не єдина, знайшлася та, з ким її чоловікові теж добре, а то й краще.

Т.: Чи правильно я зрозуміла, якщо відсутнє це відчуття – тобі знайшли заміну, віддали перевагу іншій – то ви не вважаєте позашлюбний контакт справжньою зрадою?

О.: Так. Поясню свою позицію. У Річарда Олдінгтона в романі «Смерть героя» є такий епізод. Закохані хлопець із дівчиною під час Першої світової війни розлучилися й зустрілися через п'ять років, до того ж зберегли почуття одне до одного. Коли вони зустрілися, дівчина спитала: «В тебе був хтось?» Хлопець відповів: «Нікого. Пара повій». Чи можемо ми вважати це зрадою? З чоловічої точки зору – ні, адже з відповіді зрозуміло, що герой нікого не любив, а оскільки не було почуттів, а просто задоволення фізіологічної потреби, то і зради не було. Щоправда, з жіночої точки зору все не так однозначно, бо слабка стать називає зрадою будь-який сексуальний контакт чоловіка з іншою жінкою. Лише небагато – дуже мудрих – дружин, розуміючи специфіку життя, впокорюються тією обставиною, що у чоловіків активована потреба завойовувати якомога більше жінок – це закладено у генах сильної статі природою. Я знаю кількох жінок, які настільки добре розуміють своїх чоловіків, що кладуть їм у дорожню валізу пакетик презервативів, коли ті збираються у тривале відрядження.

Т.: Оце так! Але хіба тим самим вони не кажуть чоловікові: «Зраджуй, коханий, на здоров'я»? Високі стосунки...

О.: Будемо чесними: життя є життям, і нічого тут не поробиш. Чоловіки ставляться до подібних пригод ситуативно: не надають їм значення, забувають про них наступного дня. А дружина, випадково дізнавшись про «страшну таємницю», сприймає її як нещастя. Хоча, повторюся, якщо позашлюбні контакти не загрожують вашим стосункам, драматизувати їх не варто. Як ми вже сказали, не так багато знайдеться подружніх пар, які прожили десятки років без жодного позашлюбного контакту. Але в тих сім'ях, де стосунки здорові, де люди люблять одне одного, цей, поза всяким сумнівом, малоприємний факт не впливає на найголовніше: бажання бути разом. А от якщо шлюб нездоровий, проблемний – тоді зрада є симптомом закамуфльованої незадоволеності. Іншими словами, якщо жінка щаслива у шлюбі, чоловік на руках її носить, у сім'ї повне порозуміння – і раптом вона випадково дізнається, що у нього у відрядженні була інтрижка з кимось, то розумніше відмахнутися від цієї інформації, пробачити чоловіка, не накручувати себе. А от якщо жінка розуміє, що її стосунки з чоловіком зовсім не такі, як їй хотілося б, а тут ще він дозволив собі скочити у гречку – у цьому випадку зрада спрацьовує каталізатором вибуху. Стосунки руйнуються.

Т.: Окрім того, що зрада девальвує відчуття нашої незамінності, ексклюзивності наших стосунків, вона завдає ще однієї серйозної шкоди: підриває авторитет чоловіка. Я маю на увазі відчуття гидливості, яке виникає у жінки. Гидливість ця не тільки фізіологічна, а й психологічна, адже мало хто з чоловіків здатний гідно поводитись у ситуації викриття. Більшість перетворюються на інфантилів: брешуть, намагаючись викрутитися, боягузливо звалюють провину на коханку, б'ються в істериці... Викритий у зраді чоловік поводиться так некрасиво, що його авторитет падає до нульової позначки. До речі, кілька чоловіків, з якими я обговорювала цю тему, зізналися, що такі ж відчуття у них викликають жінки, яких викрили в невірності: «Неприємно дивитися, як вона намагається виправдатися».

О.: Правильно. Іноді підрив авторитету одного з подружжя впливає на стосунки так само руйнівно, як і відчуття «я віддаю перевагу іншій/іншому». Ми виявляємо, якою жалюгідною, малодушною, агресивною може бути кохана людина – і перестаємо її поважати. Думаю, якби чоловіки уявляли собі той ступінь розчарування та огиди, які до них відчувають дружини, що дізналися про зраду, вони б добре подумали, перш ніж йти наліво. Адже, як ми вже з вами колись говорили, для жінки розлюбити чоловіка – значною мірою означає перестати поважати його. Як тільки цінність чоловіка в очах жінки падає – автоматично втрачається й цінність стосунків з ним. І всі кажуть жінці: «Ти з глузду з'їхала – розлучатися через одну інтрижку, у вас же діти, за плечима десять років прекрасного життя, пробач йому!», а вона розуміє, що пробачити вона давно пробачила, а от ставитися до нього, як раніше – не виходить. Вона його більше не шанує. У таких ситуаціях чоловікові дуже важко повернути колишній авторитет. Подібним чином реагують на зраду дружини і деякі чоловіки, хоча зазвичай реакція сильної статі пов'язана із ущемленим самолюбством та почуттям власництва. Вони перестають поважати дружину – і хоча бажають зберегти стосунки, не можуть змусити себе ставитись до жінки, як раніше.

Т.: Збереження стосунків – це те, гадаю, до чого прагнуть якщо не всі, то більшість вже точно. Тому ставлю найголовніше у цій ситуації жіноче запитання. Як чинити у разі підозри, що чоловік дозволив собі невелику пригоду?

О.: Я скажу, чого не робити. Насамперед, не варто шукати підтвердження своїм підозрам. Якщо ніщо не порушує звичного перебігу вашого сімейного життя, чоловік не змінився стосовно вас, все у вас добре, – краще не будіть собаку, що спить, не докопуйтеся до істини. А якщо факт гріха очевидний, і проігнорувати його неможливо, не виставляйте чоловікові ультиматуми на кшталт «Вибирай: вона чи я» або «Пообіцяй, що ти більше ніколи не будеш». Подібні розмови – формат спілкування батька з дитиною, а не дорослої жінки і дорослого чоловіка. Ви обоє чудово розумієте: ситуацію треба просто пережити і жити далі. І якщо чоловік клянеться, що там нічого серйозного, що це просто хвилинна слабкість, повірте йому, скоріше за все, так і є. Більш-менш спокійне, нетравматичне вирішення ситуації залежить лише від особистісних якостей чоловіка і дружини – від їхньої зрілості, мудрості, готовності до порозуміння. Якщо подружжя має ці якості, зазвичай, як показує практика, сім'ї зберігаються.

Т.: А знаєте, майже завжди у відповідь на запитання інтерв'ю «Чого не вибачите коханій людині?» я чую: «Зраду». Виходить, з одного боку, всі хочуть зберегти стосунки, а з іншого – демонструють непримиренність. А чого ж усе-таки не можна прощати?

О.: Не можна прощати зраду. Але позашлюбний сексуальний контакт і зрада – не одне і те саме. Якщо чоловік кинув дружину у біді, у хворобі, не пожалів, не допоміг – це зрада. А загуляв – пробачити можна. І треба. Адже похід наліво – це переважно секс, а сім'ї тримаються таки не на сексі. Психологічні дослідження показують, що союз чоловіка і жінки тримається на усвідомленні того, що вони одне для одного є надцінністю. Сексуальний порив – це короткочасне явище, а в супутники життя ми таки вибираємо тих, з ким хочеться ділити як плотські втіхи, так й інші радості, і хвороби, і труднощі. І якщо ви любите свого чоловіка, а він – вас, і обоє дорожите своїми стосунками, то правильна реакція дружини у разі зради чоловіка така: «Ну, загуляв, мерзотник. Але ж гроші в дім носить? Так. Про мене дбає? Так. Дітей обожнює? Так. А ось у подруги чоловік – так той пиячить. А у іншої подруги не п'є, не гуляє – але й копійки до хати не принесе... Ідеальних людей немає». Не поспішайте із заявами «Ніколи не пробачу!» – адже життя довше за наші образи.

Т.: Слухаю вас і ловлю себе на думці, що, по суті, зради не існує, допоки ми про неї не дізналися. Все йде як раніше. Ми щасливі. Картина світу райдужна. Але як тільки зрада випливає назовні, відразу все змінюється: сльози, страждання, розпач... Картина світу чорна. Що ж виходить – ми самі своєю реакцією робимо зраду нещастям? І як сформулювати провину того, хто зрадив – адже поки ми перебуваємо в невіданні, винних і немає?

О.: У моїй практиці був випадок. Звернувся до мене один із офіцерів силових структур: просить перевірити дружину на детекторі брехні – зраджувала вона йому чи ні. Я питаю: «А якщо зраджувала, то що?» «Уб'ю», – заявляє. «А якщо ні?» «Далі з нею житиму», – відповідає. Запитую: «Ви її любите чи ні?» «Люблю», – киває. Я порадив: «А якщо любите, так і живіть з нею, і не намагайтеся з'ясувати інформацію, яка вам зовсім ні до чого». Розумієте, кожна людина має право на особисте життя. І підглядати за цим особистим життям – все одно, що підглядати за кимось у лазні, у вбиральні. Або читати чужі щоденники. Іноді спроба проникнути в інтимне життя іншої людини, нехай навіть дуже близької, виходить антигігієнічною: бруднитесь ви, брудниться вона. Так от, відповідаючи на ваше запитання: зрада стає такою з моменту, коли починається бруд, болісне з'ясовування стосунків. Що ви намагаєтеся з'ясувати, яку провину шукаєте і навіщо?

Про вину в ситуації зради я б говорив у наступному. Наприклад, один із подружжя гуляє і при цьому ображає другого партнера, вважаючи його покірливою, безправною істотою. Або, наприклад, чоловік точно знає, що про його пригоди стане відомо (або вже відомо) дружині, і їй буде дуже боляче – і все одно зраджує. Або ще поширена ситуація: чоловік зрадив і прийшов до дружини каятися. Вина тут очевидна: ти ж знав, що своїми зізнаннями завдаси удару коханій людині – то навіщо вдарив? В інших випадках, коли в пригоді на стороні відсутня зловмисність, вона сталася випадково, і продовження немає, я не взявся б садити людину на лаву підсудних. Бо побоююся, розмірковуючи про зраду, пуститися в моралізаторство. Нема сумніву, перелюб – це гріх. Однак він зустрічається настільки часто і з різних причин, що аналізувати його за допомогою одних лише чорних і білих фарб нерозумно. Істина – це категорія наукового чи релігійного життя, але не повсякденного. Справа не в тому, що у вашому житті трапилася зрада, а в тому, як ви до неї ставитеся.

Т.: Декілька правил техніки безпеки в ситуації зради ми вже сформулювали: не починати розслідування; не сприймати те, що сталося, як крах стосунків; не шукати винних – в тому числі й не звинувачувати себе в тому, що чоловік сходив із кимось у готель. Бо багато жінок як реагують: «Він зрадив – значить, я погана», а це, на мою думку, неправильно.

О.: Звісно, неправильно. Адже ми вже з'ясували, що в чоловічій природі закладена така прикра для жінок штука, як схильність до полігамії. Тож звинувачувати себе не варто. Ще одне правило: спробувати заглянути в найближче майбутнє, перш ніж діяти. Якщо ви випадково дізналися, що чоловік ходив у готель з якоюсь жінкою, і не знаєте точно, чим вони там займалися (може, справи обговорювали, адже це не виключено?), запитайте себе: «Хочу я знати правду?» і «Чи стане мені ясною правда, після того як я запитаю у чоловіка?» Це болісні запитання. Але вони допомагають зрозуміти, які події ви хочете викликати своїми дізнаннями. Ви не хочете продовжувати жити із чоловіком? Тоді – вперед: активно викривайте, звинувачуйте. Ви хочете отримати доказ чоловікової провини, щоб маніпулювати ним? Ви мазохістка і бажаєте постраждати? Зрозумійте, всі ваші дії мають глибокий зміст, найчастіше прихований, не до кінця вами усвідомлений.

Наступне правило: з'ясуйте наміри чоловіка, утримавшись від звинувачень та претензій. Якщо ви хочете продовжувати жити з ним, можете дати зрозуміти, що ви в курсі його пригод і запитати: «Ми, як і раніше, живемо разом? Ми сім'я?» Якщо інтрижка чоловіка на стороні не загрожує вашим стосункам, це стане зрозуміло з його відповідей та поведінки. А якщо ви відчули загрозу – визначайтеся, що робити: боротися за збереження стосунків чи розлучатися.

І ще одне важливе правило – для тих, хто загуляв: нічого не розповідайте коханій людині, зробіть усе можливе, щоб вона чи він не дізналися про це ніколи. Ваша близька людина – не священик, не навантажуйте її сповіддю в очікуванні, що вам відпустять гріхи. Вона навряд чи готова приймати вашу сповідь, вона може зламатися. Тендітні речі на міцність не перевіряють.

50. Мужчини на час і мужчини назавжди

Чому сьогодні кохання перетворилося на проект, а закохані – на менеджерів? І що робити, якщо хочеться кохати з гарячим серцем, а не з холодною головою?

Тетяна Петкова: Олександре Федоровичу, нещодавно прочитала книжку Рейчел Грінуолд «Чому він не передзвонив?» Хіт минулого року. Мої приятельки всі на ній схиблені. Що зробила Рейчел? Вислухала версії 1000 жінок, чому чоловіки їм не передзвонили після першого побачення. А потім знайшла цих чоловіків – і запитала, чому вони не захотіли продовжувати стосунки. Мене ця книжка просто збила з пантелику. Одна і та ж поведінка жінки одним чоловікам подобалася, інших відштовхувала. Наприклад, жінка прийшла в гості до чоловіка і довго гралася з його собакою. Той, хто був налаштований на тривалі стосунки – ставив плюс («Вона добра і ніжна, любить тварин»), а той, хто шукав коротких пригод – ставив мінус («Надто сентиментальна, інфантильна»).

Олександр Бондаренко: Правди про ці стосунки не скаже ніхто. Не тому, що люди хочуть ввести в оману інших. Просто їм досить складно сформулювати свої очікування і враження. Розповідаючи про свої стосунки, кожен із нас відобразить лише свій відколок досвіду, своє враження – причому це враження часто-густо може бути оманливим, оскільки картинка сприйняття не відповідає дійсності. У нас же є в оці сліпа зона – коли ми просто не бачимо те, що в цю зону потрапляє. Так само й у психіці – нам часом неможливо дати об'єктивну оцінку нашим взаєминам, ми не можемо сказати, що було між нами насправді. І розібратися в сполученнях стосунків іноді не під силу навіть психотерапевту, не кажучи вже про письменника.

Т.: Рейчел Грінуолд – не письменниця, власне кажучи. Вона професійна сваха.

О.: Жінка оцінює ситуацію, виходячи зі своїх інтересів, мужчина – зі своїх, спостерігач, у даному випадку – сваха, переслідує свої інтереси. А сторонні люди дивляться з іншого боку і бачать ситуацію такою, як їм підказує їх особистий досвід. Що відбувається у пари насправді – краще розбиратися психотерапевту. Поділюсь своїми професійними спостереженнями – за останній рік кількість людей, які звернулися за допомогою до психотерапевта, зросла просто в рази! І це не лише моє спостереження, а й багатьох моїх колег. Причому якщо раніше приходили здебільшого із сімейними проблемами, то сьогодні все більше тих, кого хвилюють чоловічо-жіночі стосунки саме у точці «Що трапилося, чому він пішов, не подзвонив?» І коли ви запропонували цю тему для обговорення, я був уражений: як усе збіглося, ви теж вловили цю хвилю.

Т.: Та я останнім часом тільки й веду розмови з приятельками про те, чому він не зателефонував! Одна листувалася з молодим чоловіком, дуже ніжно, досить відверто – як раптом він перестав писати, зник. Друга дивується, чому знайомий із нею кілька місяців фліртував, намічалися серйозні стосунки – а потім чоловік різко змінився, перейшов на офіційний тон, перестав запрошувати на каву. Третя півроку зустрічалася з чоловіком, обговорювала спільне життя, планувала спільну дитину, а її коханий тихо з'їхав із теми. Жінки хочуть зрозуміти: чому? Що вони зробили не так?

О.: Знаєте, на першому місці за кількістю запитів до психотерапевта – залежність. Жінки не хочуть бути залежними від чоловіків. І питання «чому він не подзвонив?» – з цієї опери. Жінки хочуть ясності, вони більше не бажають мучитися невизначеністю. Якщо раніше вони погоджувалися бути стороною, що приймає, грати пасивну роль – прийде-не прийде, зателефонує–не зателефонує, то сьогодні їх це обурює і напружує. Якщо у кепській фінансовій ситуації жінки ще можуть заплющити очі на залежність від чоловіка – як було у 90-х, наприклад, то сьогодні вони навчилися заробляти, ухвалювати рішення і зрозуміли, що для щастя зовсім не важливо, який у тебе вдома унітаз – золотий чи фаянсовий. Натомість важливо знати, що чоловік із тобою чесний.

Т.: А малодушна тактика – зникнути, не передзвонити, нічого не пояснити, це хіба чесно?

О.: Це тенденція. Зав'язується роман, розвиваються нормальні стосунки. А потім чоловік їх припиняє. Я часто чую від жінок останнім часом: «чоловіки – обманщики». Інша річ, що вони, можливо, мимовільні обманщики, але ж жінкам від цього не легше?

Т.: Що означає – обманщики? Ми ж зараз не говоримо про альфонсів, аферистів, шахраїв?

О.: Ні-ні, не про них. Наша тема – чоловіки «на час», тимчасові. На відміну від «чоловіків назавжди», вони ставляться до жінки не як до лінії своєї долі, не як до важливої та цінної людини, а як до проекту. Мені здається, раніше такого не було. Ще кілька років тому чоловіки так не поводилися – ось сьогодні ще були хороші стосунки, а завтра вже все закінчилося без пояснень! Зрозуміло, я в жодному разі не хочу узагальнювати й стверджувати, що двадцять років тому чоловіки не зникали з ефіру. Зникали й раніше. Однак сьогодні явно простежується тенденція: чоловіки стали по-іншому сприймати взаємини з жінками. Вони ставляться до кохання обачливо, продумано, з холодною головою.

Т.: Як – продумано? Він же не може любити за розкладом: до двадцятого травня я люблю цю жінку, а двадцять першого зникну?

О.: Правильне слово – розклад. Сьогодні багато чоловіків ставляться до взаємин як менеджер до проекту, який має початок, кульмінацію, плато, завершення. Жодних романтичних думок «вона моя на все життя», навіть «вона моя» немає і близько. Він холоднокровно завершує стосунки, як менеджер закриває відпрацьований проект.

Т.: Який жах. Але ж жінка мучиться, божеволіє: «Зі мною щось не так, я припустилася помилки, як його повернути»! А він, виявляється, завершив проект?

О.: У жодному разі жінка не повинна звинувачувати себе, шукати свої неіснуючі дефекти. Це ні до чого, повірте. На консультацію до психотерапевта приходять вродливі жінки. Дуже гарні. Цілком адекватні. І розповідають про те, що чоловік не бажає продовжувати стосунки. Або обірвав їх. Коли я переконався, що це не поодинокі випадки, а нова тенденція, почав обмірковувати, в чому тут річ. І дійшов висновку, що це такий чоловічий спосіб реакції у відповідь на велику кількість самотніх жінок у нашому суспільстві. Простіше кажучи, чоловіки розбещені увагою і ставляться до жінки не як до особистості, а як до функції. Це перше, що спадає на думку. Але думати, що вся справа в розбалуваності мужчин, було би надто просто. І другий висновок: проектне ставлення до кохання – це відповідь людської психіки на декорації соціуму, що швидко змінюються. Наші цінності змінюються занадто стрімко, щоб ми ставилися до них як до цінностей. Якось ми з вами вже говорили про те, що років сорок тому вдарити свій автомобіль – це була трагедія. Автомобіль був дуже великою цінністю, авторемонтних майстерень мало. Сьогодні ми легко змінюємо одну модель на іншу, не прив'язуючись до своєї машини.

Т.: Невже можна провести аналогію із стосунками?

О.: Уявіть собі. Чоловік ставиться до зв'язку з жінкою як до ділового проекту: прикидає, які витрати тимчасові, емоційні та фінансові знадобляться, щоб отримати результат, потім стартує сам проект, потім – результат. Я не маю на увазі під результатом факт фізичної близькості, хоча і це теж. Чоловік під результатом має на увазі емоційну близькість, цікаве проведення часу. А потім вирішує, що проект закритий, йому від цієї жінки більше нічого не потрібно. Такий виверт свідомості: ми мислимо проектами, ми міняємо гаджети раз на півроку, автомобілі та побутову техніку раз на кілька років – і відбувається перенесення, ми починаємо думати, що й люди швидко і легко замінюються. Але ж кохана і дорога людина незамінна. І думати інакше – помилка незрілої свідомості.

Т.: Але чоловік закохується в жінку, прив'язується до неї! Хіба не боляче рвати стосунки?

О.: Як я вже сказав, мужчина «на час» не сприймає жінку як доленосну людину. Він закохується, нудьгує, чекає на зустріч – але ці почуття мілкі, не такі глибокі, як почуття жінки. У такі стосунки набагато більше емоційних інвестицій вкладає жінка.

Т.: А чому таке ставлення до кохання властиве чоловікам, а не жінкам?

О.: Для жінок любов завжди була і буде безумовною цінністю, запорукою щастя та задоволеності життям. Жінка не може зрозуміти, як можна ставитися до взаємин, як до проекту. Хоча і жінкам теж властива так звана гаджетна свідомість. Сучасні віяння такі, що люди психологічно сприймають як проект і народження дітей, і планування відпустки, і купівлю житла. Гаджетна свідомість передбачає обов'язкову заміну одного проекту іншим. Чоловіки частіше стають жертвами гаджетної свідомості, бо вони ближчі до світу техніки. Кажу «жертви», бо чоловіки таким ставленням збіднюють себе, обкрадають. Я нещодавно міркував про сучасних письменників-чоловіків: ну про що у них можна прочитати? Де, в яких книгах можна знайти таке ставлення до жінки, як у Хемінгуея? Як у Ремарка? Коли жінка – лінія долі? А зараз – ну ось таку «тьолку» зустрів, а потім ще іншу... Сучасна література не має чоловічого обличчя. Чоловіки пишуть про що завгодно – тільки не про чоловічо-жіночі стосунки. Немає цього чарівного ставлення до жінки як до цінності.

Т.: Точне спостереження: жінка перестала бути лінією долі чоловіка. Так! Саме лінією долі хочеться бути. Базовою цінністю, сенсом життя, знаковою людиною...

О.: Ось цього чоловіки і бояться. Вічний, архитиповий чоловічий страх – не впоратися з жінкою. Треба доводити, що він добрий здобувач, добрий коханець, добрий боєць, добрий господар. Вершитель долі, загалом. А «чоловік на якийсь час» – це не вершитель долі, який ухвалює стратегічно важливі рішення, а менеджер ситуації. Адже програма справжнього чоловіка яка? Зробити щасливою жінку. Так було у всі віки. І мені здається, що ми скоро перехворіємо на цю хворобу – я маю на увазі розважливий маркетинговий підхід до кохання. Цінність кохання як частини твоєї долі, як кармічного начала – до нас повернеться.

Т.: Ви маєте на увазі те кохання, яке людина згадує на схилі літ із захопленням і вдячністю? «Яке щастя, що в моєму житті це було», так?

О.: Саме так. І неважливо, чи одружилися чоловік і жінка, чи народилися у них діти – головне, що це кохання було не проектом, а сенсом життя обох. Такі стосунки – частина долі – вимагають тебе цілком, глибоко, а не поверхово.

Т.: Одна моя подруга сказала про свої стосунки з чоловіком: «Він торкнувся лише верхніх шарів епідермісу». Але ж «чоловіки назавжди», які не бояться любити і сприймають жінку як частину своєї долі, не вимерли як динозаври?

О.: Ні, що ви. «Чоловіки назавжди» є – подивіться навколо! Буває навіть, що й «чоловіки на час» стають «чоловіками назавжди» – якщо трапиться така хімія між двома, що життя без цієї жінки чоловік собі не уявляє.

Т.: А як розпізнати «чоловіка на час»? І як поводитися?

О.: Давайте спочатку скажемо, що право на існування мають різні стосунки – і на якийсь час, і назавжди. Нічого поганого в проектних відносинах немає – якщо і чоловік, і жінка усвідомлюють, що у їхнього роману є певні правила гри. Проблеми починаються тоді, коли жінка налаштовується на кохання як на долю, а чоловік як на черговий проект. Як це зрозуміти? Інтуїтивно жінка практично завжди може відчути, як її коханий до неї ставиться. «Чоловік на час» ніби німий – він не подає жодних сигналів про те, що «ти моя єдина, я хочу бути з тобою завжди». А у доленосних стосунках чоловік такі сигнали посилає – пам'ятаєте, як у фільмі про маршала Жукова: «Я хочу, щоб ти заплющила мої очі»? Чоловік дає зрозуміти жінці, що хоче бути з нею поруч довго, і його нічого не зупинить. У справжніх, автентичних відносинах немає перешкод. Навіть якщо чоловік одружений або жінка заміжня – це теж не перешкода. У мене великий психотерапевтичний досвід, я знаю, що говорю. Чимало неякісних шлюбів, коли люди живуть одне з одним за інерцією, бо «так уже вийшло». І коли хтось зустрічає справжнє доленосне кохання, навряд чи варто зберігати цей компромісний шлюб. Ще такий маркер – «чоловік назавжди» примчить на допомогу, рятуватиме жінку, піклуватиметься про неї, бо вона для нього надцінність – і в радості, і в смутку. А «чоловік на час» може запросити жінку на тиждень до Таїланду, чудово відпочити разом, але не відгукнутися потім на її прохання про допомогу. Тому що допомога – за межами проектних взаємин.

Т.: Моїй подрузі один її чоловік сказав: «Вибач, я не хочу обговорювати твої проблеми, це псує мені настрій». А вона хотіла розповісти йому про свою нову роботу, про те, як їй непросто у новій обстановці.

О.: Ось ще такий симптом проектних відносин: поки ви разом з цим чоловіком, все добре. Приємний вечір, радісний вікенд, пристрасні ночі. А коли чоловік іде, і жінка залишається одна, відчувається такий неприємний післясмак, занепокоєння, сумнів. Вона у глибині душі відчуває, що це стосунки – «не справжні». У них все, як би це сказати... Коректно. Поцілунки коректні, секс коректний, руки у чоловіка не тремтять, на SMS-ки та дзвінки він може і не відповісти. Чоловік не готовий, як ми вже сказали, вкладати у стосунки свої емоції, почуття, своє життя. Жінку не обдуриш. Ще раз хочу наголосити: «чоловік на час» – не негідник. І в таких стосунках теж можна отримувати задоволення. За умови, що жінка розуміє: її запросили до проекту, а не до життя. Коли ми називаємо речі своїми іменами, стає легше жити.

Т.: Олександре Федоровичу, а жінки, що приходять до вас на прийом, готові назвати речі своїми іменами?

О.: Звичайно, жінки до останнього захищають своїх чоловіків, виправдовують їх: «він так зайнятий на роботі», «склалися несприятливі для нього обставини»... Жінок «любов-проект» ображає і принижує. У них може виникнути базова недовіра до життя – і коли вони зустрічають «чоловіка назавжди», поводяться за невірною моделлю, відлякуючи справжнє кохання. Я пропоную жінкам ставитись до проектних романів як до тимчасового явища, корисного досвіду й пам'ятати, що світ величезний, і в ньому повно можливостей для доленосних стосунків.

БОНДАРЕНКО Олександр
ПЕТКОВА Тетяна

100 БЕСІД ІЗ ПСИХОЛОГОМ

Том 1

Редактор	*О. Гринюк*
Обкладинка	*А. Юдашкіна*
Верстка	*Н. Ковальчук*

WWW.HELVETICA.UA

Підписано до друку ______ р. Формат 60х90/16.
Папір офсетний. Гарнітура Arsenal. Цифровий друк.
Ум. друк. арк. 24,88. Наклад 300.
Замовлення № 0624-061.
Віддруковано з готового оригінал-макета.

Видавництво і друкарня – Видавничий дім «Гельветика»
65101, Україна, м. Одеса, вул. Інглезі, 6/1
Телефони: +38 (095) 934 48 28, +38 (097) 723 06 08
E-mail: mailbox@helvetica.ua
Свідоцтво суб'єкта видавничої справи
ДК № 7623 від 22.06.2022 р.

www.ingramcontent.com/pod-product-compliance
Lightning Source LLC
LaVergne TN
LVHW012036160826
845678LV00014B/2618